中国社会科学院创新工程学术出版资助项目

建设中国特色福利社会

景天魁 等著

中国社会科学出版社

图书在版编目（CIP）数据

建设中国特色福利社会／景天魁等著．—北京：中国社会科学出版社，2016.10

ISBN 978-7-5161-9342-6

Ⅰ．①建… Ⅱ．①景… Ⅲ．①社会福利—研究—中国 Ⅳ．①D632.1

中国版本图书馆 CIP 数据核字（2016）第 272900 号

出 版 人　赵剑英
责任编辑　姜阿平
责任校对　邓晓春
责任印制　张雪娇

出　　版　中国社会科学出版社
社　　址　北京鼓楼西大街甲 158 号
邮　　编　100720
网　　址　http://www.csspw.cn
发 行 部　010-84083685
门 市 部　010-84029450
经　　销　新华书店及其他书店

印　　刷　北京君升印刷有限公司
装　　订　廊坊市广阳区广增装订厂
版　　次　2016 年 10 月第 1 版
印　　次　2016 年 10 月第 1 次印刷

开　　本　710×1000　1/16
印　　张　22.5
字　　数　381 千字
定　　价　85.00 元

目　录

第一篇　中国特色福利社会的概念

第二篇　社会福利模式选择

第一篇

中国特色福利社会的概念

第一章

民生建设的“中国梦”：中国特色福利社会

第一节　关于“中国梦”的民生内涵

自近代以来，多少代中国人都在做“复兴”之梦。我们今天谈论“中国梦”应该与以往有何不同？与鸦片战争和辛亥革命时期、与新中国成立以来乃至改革开放初期的最大不同，是如习近平总书记所说，我们今天比历史上任何时候都更有信心、更有能力实现“中国梦”。也就是说，我们离“中国梦”的实现越来越近了。既然更接近了，那就应该看得更真切，说得更具体了，不能止于抽象，止于朦胧。“梦想”要“成真”了，但它要在实践上成真，就不能止于议论，止于“意见”；要有论据，要讲逻辑，要在科学上、学术上论证为真。到今天，“中国梦”已经不只是理想，它更是制度，是政策，是行动，是实际效果。一时做不到的，要有预期、有方案、有步骤，逐步实施、逐步兑现。总之，关于“中国梦”的讨论要具体化、明确化，为此就要专门化、科学化。

由于“中国梦”具有极为丰富的内涵，涉及极为多样的领域，只有从不同的角度做专门研究，才可能深入和具体。例如，“和谐社会”这个概念比较侧重于社会关系，它主要是指一种社会关系的状态；“资源节约型和环境友好型社会”比较侧重于人与自然的关系，它是指人的一种生存状态；“信息化社会”比较侧重人与技术的关系，它主要指人的一种交往状态，如此等等，都具体表示了某一侧面的社会特征。在“中国梦”的诸多领域中，民生建设是非常重要的方面，那么，怎样从这一角度界定“中国梦”，或者说，民生建设的目标是要建设什么样的社会，到目前为止还没有一个明确的概念。现在大家都在谈论“幸福”，但“幸福”不仅有客观的一面，也有主观的一面，它是一种心态，不是一种制度，甚至不是一种社会状态，不宜用来表达社会建设的目标。从社会发展的一般趋势看，从发达国家的普遍经验看，现在还找不到比“福利社会”更恰当的概念。当然，“福利社会”并没有统一的模式。我们所要建设的“福利社会”是“中国特色福利社会”。

提出建设中国特色福利社会，就必须回答这样三个问题：为什么要建设中国特色福利社会？建设什么样的福利社会？怎样建设福利社会？第一个问题是建设中国特色福利社会的目的和意义，第二个问题是福利模式的选择，第三个问题是制度机制建设方案。本书的三个篇章是分别回答这三个问题的。

第二节 建设中国特色福利社会问题的提出

一 对普遍福利时代来临的理论反应

2003年在农村地区推广建立新型合作医疗制度，标志着中国的社会保障制度建设开始跨越城乡二元分隔这道高墙，迈出了从特殊福利到普遍福利的具有开创性的一步。此后，社会保障普遍化的步伐逐年加快，特别是2007年开始在全国农村普遍建立最低生活保障制度，2009年开始建立新型农村社会养老保险制度，又在城市建立非职工居民医疗保险和养老保险制度，这样，社会保障覆盖面快速扩大，民生建设跨越许多限制，惠及全国人民，普遍福利时代的太阳就在中华大地上冉冉升起了。在这一背景下，学术界开展了关于中国社会建设目标的讨论。其中，从民生建设的角度，一些学者提出了建设中国特色福利社会的问题。较早发表有关文章的有：窦玉沛（2008）提出“适度普惠型社会福利”，徐道稳提出“构建发展型福利社会”[①]，郑功成提出“迈向中国特色社会主义福利社会”[②]，景天魁、毕天云以及刘继同等提出“建设中国特色福利社会”[③]，康新贵提出“多元化的福利社

① 徐道稳：《以发展型社会政策构建发展型福利社会》，《深圳大学学报》2008年第1期。

② 参见郑功成《中国社会保障30年》，人民出版社2008年版，第378—380页；郑功成主笔：《中国社会保障改革与发展战略：理念、目标与行动方案》，人民出版社2008年版，第107—110页。

③ 景天魁、毕天云：《建设中国特色福利社会的意义》，《学习与实践》2009年第9期；刘继同：《社会福利制度战略升级与构建中国特色福利社会》，《东岳论丛》2009年第1期。

会”[①]，何平、李实、王延中等提出“全民共享的发展型社会福利体系”[②]。另外，北京市等地的政府部门还提出“大民政”概念等。

自2008年、2009年以来，学术界对于以民生为重点的社会建设所要构建的社会是什么社会，进行了持续性地讨论。这些讨论，本质上都是对中国进入普遍福利时代的理论反应。讨论首先聚焦怎样确定民生建设的目标上。

二 明确民生建设的社会目标

“福利社会”不是一个其大无边的概念。众所周知，“社会”这个概念本身就是很难定义的，因为它通常有大、中、小的区分。在“社会”之前加限制词也分为三种情况：明确总体特征的、明确阶段性特征的、明确某一侧面（特定视角下）特征的。像“人类社会”是相对于自然界而言的，“文明社会”是相对于未开化的社会而言的，这些都是总体性社会概念；像“小康社会”“现代社会”等是表示社会发展特定阶段的概念，它们可以囊括政治、经济、文化等领域；还有大量的概念是既可以表示社会发展的阶段性特征，也可以表示某一侧面特征的，如，“工业社会”“农业社会”“和谐社会”“民主社会（国家）”“法治社会（国家）”“学习型社会”“老龄化社会”“信息化社会”“资源节约型和环境友好型社会”，等等，只不过在不同的语境下侧重点不同。如，“和谐社会”这个概念和“民生建设”联系很紧密，但还是有明显的区别。民生主要指人民群众基本的生活问题，如社会保障、社会福利、教育、就业、医疗、收入分配、公共服务等，生态环境质量及其保护，也应纳入民生问题的范围。随着经济社会的发展和人们生活水平的提高，还会有一些内容加进来，重点也会有所变化。那么，就我们现在以及可预见的未来而言，从民生的角度看，社会建设的目标是什么？显然，上述那么多描述社会的概念都不适合表达这一侧面的社会特征，而最合适的概念就是“福利社会”。换言之，所谓“福利社会”，并不是一个囊括经济、政治、文化在内的广义的社会概念，尽管福利社会的建设不可能不与经济、政治、文化条件紧

① 康新贵：《多元化的福利社会——对中国发展道路的探索》，《社会科学论坛》2009年第3期。

② 参见何平、李实、王延中等执笔《中国发展报告2008/09：构建全民共享的发展型社会福利体系》，中国发展出版社2009年版。

密相连，但在概念上，它主要是用来表示民生建设的目标。

“福利社会”这个概念，不论是就同一序列的概念而言，还是就上下位概念而言，与其他表示社会特征的概念没有重合关系。它与其他领域、条件、制度和政策是相互依存、相互影响的关系，并不是相互取代的关系——福利社会不是无所不包的，并不是提出福利社会就不需要提出别的什么社会了，或者有了别的什么社会的提法，就不需要再提福利社会了。就是说，“福利社会”概念具有独立存在的意义。尽管如此，人们对于“福利社会”的概念还是有不少疑虑，仍需要加以讨论。

第三节　“福利社会”概念释疑

一谈到“福利”，特别是“福利社会”，人们往往有种种疑虑，以为所谓“福利社会”，就一定是高福利，就容易吊高群众的胃口，造成财政压力，影响经济增长。其实，讲不清楚才容易引起误解，不讲更容易引起猜测，甚至造成混乱。只有敢讲、讲明，说清楚我们想建设的是什么样的福利社会，具备什么条件才能建设这样的福利社会，怎样才能逐步建成中国的福利社会，它要求每个人承担什么义务、做出什么贡献、享受什么权利，才能消除误解。目标明确，大家团结一心，为之奋斗。这样，建设中国特色福利社会，就会成为凝聚人心、催人奋进的发展动力，这在从温饱到富裕的更高发展阶段是非常必要的。

一　在概念释义上，“福利社会”与“福利国家”有何区别

其实在西方，“福利国家”概念与“福利社会”概念在历史上和内涵上都是有区别的。福利国家概念的形成早于福利社会概念，甚至在一定意义上可以说，后者是作为前者的替代概念而提出的。“福利国家”是20世纪中叶一些西方发达国家建立起来的一种福利制度体系，它强调由国家承担完全责任来满足社会成员的福利需求，主张即使在经费由社会成员缴纳，由社会组织运作的情况下，政府也要全面承担福利的资源分配和服务提供的责任。20世纪70年代后期以来，福利国家制度已经暴露了许多弊病，遭到了普遍的质疑。新自由主义反对由国家承担社会福利主体责任，认为这必然损害经济效率，主张在社会福利问题上应该充分发挥个人和市场的作用。然而，社会福利必要性的根据，恰恰在于面对人人难以回避的

社会风险，个人能力总是有限的，市场作用总是有边界的。新自由主义福利理论并没有回答在个人能力有限和“市场失灵”的情况下，由谁来替代政府承担福利主体的责任，因而它在理论上存在着严重的缺陷，在实践上带来了不良的后果。正是在对福利国家理论和新自由主义理论进行反思的基础上，到20世纪末，出现了“福利社会”概念。安东尼·吉登斯在阐释这一概念时更愿意使用“积极的福利社会”这一提法，本意是既不由政府完全承担福利支出，也不过分地推给个人和市场，而是强调由政府和其他机构以及个人合作承担福利责任。所谓“积极的”，不仅是指福利责任的合理分担，更是指把尽量加大在人力资本上的投资作为“基本原则”，这样的福利社会是“推行积极福利政策的社会”。正如安东尼·吉登斯所说：“在最近的关于福利问题的文献中，用‘福利社会’取代‘福利国家’已经成为一个约定的基调。”①

可见，尽管“福利社会”与“福利国家”有历史联系，但二者在概念上是替代关系。归结起来说，“福利社会”与“福利国家”的区别在于：第一，不是国家包办，而是充分发挥社会的自立、自主、自律作用，形成政府、社会组织、家庭和个人的合理均衡的责任结构；第二，政府机制与市场机制、社会保险与商业保险、政府组织与社会组织、法律强制与道德约束，在守住底线基础上追求平衡，既不是追求福利最大化，也不是追求效率最大化，而是追求适度、协调与均衡；第三，采取积极的社会政策，优先发展教育，优先鼓励就业，提升福利制度的自生能力，实现福利增长与经济发展的均衡，促进福利体系内部与外部的协调与均衡。

至于把“福利社会”与“高福利”等同起来，更是一种误解。因为，迄今为止，建设福利国家和福利社会的欧美国家都是发达国家，它们的福利水平确实比较高，这样人们就容易认为建设福利社会就是要搞高福利。其实，提出建设福利社会是主张政府与社会和个人合理分担福利责任，恰恰是为了防止不切实际地抬高福利。诚然，随着经济的发展，福利水平当然也要提高。但所谓“高福利”，首先不是一个水平的概念，而是一个结构的概念——福利支出占GDP的比例。如果这一比例是合理的，那么，福利水平高是与经济发展相适应的，因而就是合理的；反之，超出经济承

---

① ［英］安东尼·吉登斯：《第三条道路——社会民主主义的复兴》，郑戈译，黄平校，北京大学出版社、生活·读书·新知三联书店2000年版，第121—122页。

受能力追求高福利水平，就是不合理的。在这里，是结构合理性决定水平适当性。

二　在政策制定上，“福利社会”是否就意味着提供“免费午餐”，形成“福利依赖”

在习惯上，人们确实往往把福利理解成“免费”“白给”，但这只是在实行特殊福利（“小福利”）时期容易形成的对“福利”的“印象”。现在进入普遍福利阶段了，福利要面向所有国民，福利的内容也是多样化的，所有的福利都免费，对所有人都免费，那就是不可能做到的了，也不符合普遍福利的性质。福利总要有个来源，总要有人缴费，那谁来缴费？政府、财政本身并不产生福利。所以，福利提供方式必然多样化，有免费，有减费，有缴费。比如社会保险也属于普遍福利的范畴，它是由企业、单位和个人共同缴费的；公共教育，有的部分免费，有的部分缴费；公共服务是国家投资的，属于福利性质，但有的服务也需要缴费。总之，免费提供，只是特殊福利时代的福利提供方式。在普遍福利时代，是以权利与义务相统一为原则，人人（有劳动能力的）创造福利，人人（包括无劳动能力者）享受福利。归根结底，任何福利都是由劳动创造的。

至于是否一定会形成“福利依赖”，那要看政策是否得当。如果政策不当，在特殊福利情况下也可能形成一定程度的福利依赖；如果政策得当，在普遍福利情况下也未必形成福利依赖。“福利社会”与“福利依赖”之间并没有必然联系。

三　在投入导向上，提出建设福利社会，是否会引导过多财政资金投向民生，影响经济增长

首先，随着经济和社会的发展，财政资金增加投向民生的比例是一个必然趋势。在经济水平很低的阶段，为了集中力量发展经济，提出“先生产、后生活”是有必要的。经济水平提高了，从温饱阶段向富裕阶段迈进了，不仅民生需求会强劲增长，经济发展也越来越转向依靠消费、依靠民生需要的拉动。至于福利支出占财政支出的比重、占 GDP 的比重以多高为好，确实是一个需要认真研究的问题。认为这一比例越高越好，或者越低越好，都不是科学的回答。要找到恰当的比例，就要研究与福利支出和经济水平相关的各种关系，形成可以调节的有效机制。

其次，除了福利支出与它的外在变量的关系之外，福利支出内在的变量关系、内在结构优化也是一个重要方面。这里的关键，是要摒弃福利支出是纯粹的消费这一错误观念。早在19世纪下半叶德国社会政策学派就论证了财政的民生投入具有生产性。为了增强民生投入的生产性，就要通过结构优化，将福利支出由消费转变为投资。怎样改变福利投入的结构，把福利消费转变成发展性投资？最重要也是最成功的经验，一是投资于教育，二是投资于健康，三是积极促进就业，四是实行灵活的延迟退休政策，如此等等。总之，就是要确立“社会投资”的概念。“社会投资”有什么特点？在投资与收益的关系上，投资于甲，不一定能从甲那里得到回报，但可以从乙、丙、丁那里得到扩散性的回报；投资于当下，未必从当下得到回报，但可能从未来得到延续性回报。在投资与收益的效果上，投资于贫困家庭，可能有助于防止贫困的代际传递；投资于弱者，可能有助于增强社会的公平意识。这是社会投资概念与经济投资概念的重要区别——经济投资是直接获得经济效益，然后溢出为社会效益；社会投资是直接获得社会效益，然后转换为经济效益，这种经济效益可能更具有持久性、扩展性。

四　在时机选择上，现在提出建设福利社会，是否适时

笔者认为现在提出建设福利社会是适时的，不然就会错过时机。发达国家开始建设福利国家制度时，经济水平并不算高，而且大都在城市化水平达到50%、人均收入接近或达到6000美元时加快了建设福利制度的步伐。[①] 它们并不是先发达了然后才搞福利，而是在发展社会福利的同时取得较快的经济增长。它们的成功经验恰恰证明了经济发展与福利增长之间具有同步性。

我国现在的城市化水平已经超过50%了，且每年正以不低于1个百分点的速度快速提高；2013年中国GDP总量9.397万亿美元，人均GDP达到6905美元。在实践上，2007年以来，我们加快了覆盖城乡的社会保障和社会福利制度体系建设，而就在这段时间，我们不仅成功抵御了2008年以来国际金融危机的冲击，还迅速发展成为世界第二大经济体，

① 张秀兰：《金融危机与中国福利国家的构建》，参见《第五届社会政策国际论坛论文集》（上），第26页。

我们自己的经验也证明了发展社会福利和实现经济增长之间并不是矛盾的。适时加快社会福利建设步伐，是符合社会发展的一般规律的。

任何一个概念的提出，都可能有正效应，也可能有负效应。前面讨论了提出“福利社会”会带来怎样的疑虑；反过来看，不提“福利社会”会不会也有不好的效果？在一定意义上可以说，我们国家不是福利社会提早了，而是提晚了。正因为提晚了，才导致广大人民群众购买力低，产能过剩，社会矛盾突出，产业升级乏力。可以说，当前在转变经济发展方式过程中出现的很多困难，都与福利社会建设搞晚了存在直接或间接的联系。这一教训提醒我们：就保障经济发展来说，不明确提出福利社会建设目标，就不足以扭转经济与社会的失衡，不足以有效缩小贫富差距，不足以有效增强国内消费能力，实现对内和对外的经济平衡；就加强社会管理来说，不明确提出福利社会建设目标，就无法明确社会管理的重点，就无法明确社会公平正义的意义，就只能消极地“维稳”“刚性维稳”，而不是主动地建设和谐社会；对于广大群众来说，不明确提出福利社会建设目标，就不足以动员起新的奋斗热情，凝聚新的共识；对于广大干部来说，不明确提出福利社会建设目标，就不足以转变片面追求 GDP 的倾向，树立以民生为重的政绩观。而提出建设福利社会的目标，社会广泛支持，穷人得到实惠，富人脸上有光，政策公平正义，国家就会获得安宁的基础。

总之，现在提出建设福利社会，非但没有超越现实发展阶段的水平，反而是为基本建成现代化的中国社会奠定必要的福利基础。我们国家已经进入实现全面小康的关键阶段，在这个新增长阶段，经济增长的主要动力来自人民生活水平的提高，消费能力的增强，来自优先发展教育、增强人民健康、发展社会服务的需要——这些正是“普遍福利”的内涵，因此，福利建设恰恰是新阶段经济增长的主要源泉，是社会和谐、进步的主要保证。

第四节　福利模式的新选择

建设福利社会，可以选择适合自己的模式。世界上已有的“福利国家”或者“福利社会”，尽管有某些共同性，但并没有统一的模式。不论是“福利资本主义三个世界”“四个世界”，或是更多的“世界”，总而言之是多种多样的。至于“福利社会”，还是处于探索的阶段，更没有统一模式可言。我们要建设的中国特色福利社会，完全是一种制度创新、体制创新、理论创新，是立足于我国国情，依据中国经验，遵循中国道路进行的福利模式新选择。

一　中国只能走适合自己的福利发展道路，不应该也用不着照搬西方福利国家模式

西方发达国家在世界上首先创造了“福利国家”模式，这是它们的一大贡献。后来者需要学习和借鉴，甚至希望模仿先行者的成功经验，这也是很自然的。问题是福利模式与经济发展模式、技术发展模式、生态和环境保护模式等有所不同，虽然那些领域也很复杂，影响因素也很多，但比较而言，福利问题除了受到各种客观外在因素影响外，更多地受到主观因素、心理因素、文化因素的影响。一个好的福利模式应该是最适合它所面对的人的特点的模式。我们讲以人为本，在福利问题上尤其要重视人的感受。比方说，同样是劳动，如果是被迫劳动，人们会感到很痛苦；如果是自愿的享受型的劳动，即便是累得大汗淋漓，人们也感到很愉悦。我们在当前阶段所关注的福利还主要是生活保障、看病、上学之类的基本需求，将来这些需求都不成问题了，人们就会更在乎自身价值的实现、自我才能的展现、自身意愿的满足、生活环境的赏心悦目等，所谓“天人合一”的那种境界。也许到那时，所谓社会福利的真正要义和丰富内涵才能充分展现出来——福利模式是人的一种满意的和理想的存在方式和生活状态——在这种模式下，人们感到安全、感到惬意、感到振奋、感到幸福，能够体验到生命的价值、生活的意义、社会的可意。打个比方，选择经济的、技术的、生态的模式，好比是选择火车一类的公共交通工具，只要是安全、快速、合用、舒适就可以了；而选择福利模式好比是选择衣服、鞋帽，必须考虑是否合身、合意。这是从福利模式的特性而言的，是首先要考虑的。

其次，从实践效果看，发达国家的福利模式，有成功的地方，也有严重的缺陷。它们经过长期的探索，特别是吸取了最近几十年的经验教训，纷纷在进行艰巨的福利改革。人家自己都在改革，我们何必去照搬呢？我们即使要学习，也要有分析地学、历史地学，要看到它们的昨天、今天和明天的趋势。福利国家模式原来标榜的就是高税收、高福利，但其实这是表象，不是制度的实质，其实质是责任单一化、机制刚性化。正是由于制

度机制的缺陷，高税收、高福利带来了高负债率、高失业率。现在看来这种模式已经出了很大的问题，其最影响发展活力的就是高负债率、高失业率。当然也不是所有欧洲国家都面临如此严重的问题，主要是南欧的一些国家危机比较严重。这就警示我们，将来我们的人均收入达到较高水平了，我们是不是要照搬欧洲现在的高福利制度呢？也不行。要想办法让我们的福利制度既能够普惠，体现公平，又能够保持社会发展的活力，这两个方面，我们要兼得。不能光提高福利，把经济负担搞的很重，使许多人没有很高的就业积极性。所以习近平总书记说的一句话非常关键："人世间的一切幸福都是要靠辛勤的劳动来创造的。"对于没有劳动能力的人，主要是儿童、老人、残疾人等，社会才免费提供福利。这些福利的来源也只能是劳动的人们创造的。因此，我们不能够脱离开劳动的创造，脱离开经济的发展，空谈福利。超过经济承受能力的所谓"高福利"将来也不是我们的选项。

再次，从发展阶段看，发达国家早已经完成工业化，进入了后工业化阶段，而我们还处于工业化的中后期、城市化的中期阶段。对于我们来说，发展是第一要务。即使是发达国家那些最成功的福利经验，最普遍的福利共识是否适合我们，也需要审视，因为我们与它们处于不同的发展阶段。更何况，尽管它们在相当于我们今天的发展阶段加快发展社会福利是正确的，但从一开始就埋下了体制和机制上难以消除的祸根——责任单一化、机制刚性化。如果我们不及时吸取教训，从我国发展极不平衡、低端劳动力占比偏大的国情看，我们更容易形成政府背不动的公共债务，更难以应对庞大得多的失业群体。

这里面有很多道理，我们必须要讲清楚。我国现在号称世界第二大经济体，那指的是经济总量，但是，对于社会保障和社会福利来说，总量是不能解决全部问题的，关键是要看人均。因为养老是每一个人的事情，上学也是每一个人的事情，得病是发生在个人的身上，这些都不是总量的问题。我们国家经济总量很大，但是人均发展水平还较低，而对于社会保障和社会福利的发展来说，最大的制约因素是人均发展水平。

我国的最大优势是人力资源丰富，但这个最大优势也容易转变为最大劣势。造成这个转变的重要因素就是福利水平太高，导致就业欲望下降，像希腊现在的失业率那么高，许多人不愿意去就业了。我们国家无论如何不能出现这个情况，我们没有"欧盟"，没有人能救我们。我们无论如何要把就业放在优先战略地位，大家都勤奋工作，创造财富，那么，全国人民的日子才好过。如果只有一部分人创造财富，另一部分人光享受，不想干活了，不想吃苦了，哪怕这部分人占的比例不大，也会因我国人口基数大而形成庞大的“依赖族”，整个国家发展的可持续性就难以保持。

诚然，我国现在的社会保障和社会福利水平总体上说还比较低，不会产生严重的福利依赖。但不能由此认为，现在提出防范产生福利依赖问题就是无的放矢。我们必须在加快推进社会保障和社会福利制度建设的同时，在制度还没有定型，还具有改革余地的时候，搞好制度机制设计，防范重蹈某些欧洲国家高债务率、高失业率的覆辙。绝不能等问题都很严重了，甚至陷于危机了，再来改革，那代价就太大了，等于白白浪费了历史给后来者留下的吸取教训的机会。如果说先行者犯错误是难以避免的，那么，后来者重蹈覆辙就是难以原谅的了。

为此，我们必须从中国国情和发展需要出发，定义“中国特色福利社会”。这一点其实是在以往的改革开放过程中，我们一直自觉坚持的。我们在制度设计方面有很多探索和创新，也有我们自己的优点，已经为形成中国特色福利社会概念准备了一定的实践基础。

二 中国特色福利社会的定义

古人的“大同社会”① 其实一直是中华民族锲而不舍、孜孜以求的福利社会理想。这一理想，不仅体现在邓小平关于社会主义本质的论述，特别是“共同富裕”的概念中，而且在党的十七大、十八大报告中得到了充分的体现和升华，即“努力使全体人民学有所教、劳有所得、病有所医、老有所养、住有所居”②。这不仅比《礼记》和康有为的《大同书》描述更为全面，而且提出了“要坚持全覆盖、保基本、多层次、可持续的方针”，做出了办好教育、搞好就业、增加居民收入、推进城乡社会保障体系建设、健全全民医保体系等具体工作部署，从而丰富了中国特色福

① “大道之行也，天下为公，选贤与能，讲信修睦。故人不独亲其亲，不独子其子，使老有所终，壮有所用，幼有所长，矜寡孤独废疾者皆有所养。……”转引自杨天宇撰《礼记译注》（上），上海古籍出版社2004年版，第265页。

② 胡锦涛：《高举中国特色社会主义伟大旗帜 为夺取全面建设小康社会新胜利而奋斗》（2007年10月15日），《中国共产党第十七次全国代表大会文件汇编》，人民出版社2007年版，第36、38页。

利社会的实践内涵。

习近平总书记在十八届中央政治局常委首次与中外记者见面会上说："我们的人民热爱生活，期盼有更好的教育、更稳定的工作、更满意的收入、更可靠的社会保障、更高水平的医疗卫生服务、更舒适的居住条件、更优美的环境，期盼着孩子们能成长得更好、工作得更好、生活得更好。人民对美好生活的向往，就是我们的奋斗目标。"这是对民生建设的"中国梦"的明确概括。这里的每一句话谈的都是福利，因而也是对中国特色福利社会的明确表述。

这样，依据我国悠久的思想资源，依据我们对社会建设目标长期探索的理论成果，依据我们从事的小康社会与和谐社会建设的丰富经验，可以形成中国特色福利社会的如下定义：中国特色福利社会，是全体人民都能够各尽所能，都对社会做出自己的贡献，同时能够公平地享有社会福利，合理地分享经济和社会发展成果，经过全体人民的不懈努力，逐步实现"学有所教、劳有所得、病有所医、老有所养、住有所居"等民生目标的社会。其特点是：普惠性福利与工作福利相结合、权利与义务（即享受福利与承担相应的缴费义务及相关责任）相结合、无差别的公平与有差别的公平相结合。

三　底线公平福利模式——理想与现实的统一

所谓"无差别的公平与有差别的公平相结合"，就是"底线公平"。它不同于西方盛行的"一般公平"和"抽象公平"。这看起来是一个公平观问题，是一种理论观念，但其实是最现实不过的制度问题、机制问题、政策问题。底线公平福利模式是一种理想，却是最切合实际的理想；它又是现实的，从现在起就可以逐步做到的，却是最有希望通向理想、实现理想的。理想性和现实性是怎样在底线公平福利模式中得到统一的呢？

（一）在理念上，以底线公平原则处理好公平与效率的关系，既促进社会公平，又保持社会活力。与"一般公平"和"抽象公平"的理念不同，我们拒绝所谓福利最大化或者最小化的极端逻辑，不认为可以不顾实际条件、脱离经济基础和发展阶段，也不认为福利越高越好或者越低越好；不认为福利水平越高就会越公平，也不认为越压低福利水平就能越有效率。我们认为，公平与效率是可能统一的，要实现二者的结合就只能追求福利的适合性。一个福利模式，要能够健康地、持续地运行，发挥预想的作用，就必须考虑社情、人情的基本特点，应该是最适合它所面对的人的特点的模式。要以人为本，既不是以经济为本，也不是以福利为本，不是福利越多越好，而是越适合人的需要越好。所谓“适合”，表现为四个方面：一是适度性，这主要是与经济发展水平要协调，否则难以持续；二是适应性，主要是要适应市场化和城市化的社会情势；三是适用性，主要是适合人的生活方式、生活态度；四是适当性，适合人伦、人情，具有道德上的正当性。

为什么底线公平最有利于达致社会福利的适合性？因为底线公平福利模式的要旨，首先是守住底线，只要守住了底线，就可以保证社会成员的基本生活需要得到满足；它又不止于守住底线，而是通过守住底线，为实现公平与效率的统一提供保障。在中国的国情下，只有通过守住底线，才能实现社会的均衡。只要底线守住了，社会均衡就有可能得到实现。而实现社会均衡，在福利方面就是以适度福利为目标，不是以福利最大化或最小化为目标。按照中国文化的精神，在福利目标上，笔者主张“福利中道论”。正如在饮食上，一二十年前，中国人还热衷于追求精米精面，什么“富强粉”之类的。20 世纪 80 年代中期以后，温饱问题解决了，肉、蛋、油的人均消费量急剧上升，也就经过十来年，肥胖症、高血压、糖尿病等“富贵病”很快成为主要的健康杀手。现在又努力减肥，回过头来追求“全麦”、粗粮、野菜。人们羡慕山村老人，他们粗茶淡饭，坚持劳动（活动），家庭和睦，心胸豁达，就能长寿。如果有条件含饴弄孙，那就其乐融融了。所以，福利社会是个发展问题，更是个观念问题。价值追求、生活方式、人生态度不改变，搞出多少 GDP 也不管用。曾几何时，也就三五年，最多七八年前，GDP 还是不可撼动的最大目标，就像最高统帅，无人敢质疑，这两年，风向逐渐转变了，特别是 2012 年东部发达地区一年有长达半年以上笼罩在雾霾之中，GDP 的最高统帅地位保不住了。连党的十八大报告这样一个政治纲领性文件都辟专节讲生态文明，说明原有发展方式已经到了不文明的程度了。其实，不是 GDP 本身有什么不好，它不过是一个经济指标，根子在发展观念出了问题。现在，很多人还像当年崇拜 GDP 一样崇拜高福利，如果不解决福利理念问题，不以适度福利为目标，不实行福利中道论，不讲底线公平，那么，中国或者不可能建成福利社会，或者即使福利提高了，人民也未必幸福，而且不可持续。

（二）在制度设计上，处理好基础部分与非基础部分的关系，既满足基本需要，又保留理想空间。既然我们追求的社会目标，不是欧洲那种高福利的模式，而是与我们的经济发展水平相适应的、与中国特色社会主义市场经济相协调的中国特色的社会主义福利社会，那么，在制度设计上，底线公平理论所坚持的，也是我们在改革实践中取得成功的，就是建立由三个层次构成的底线公平制度体系：体现权利一致性的底线福利制度，反映无差别的公平理念，主要包括最低生活保障制度、公共卫生和基本医疗制度、义务教育制度和公共福利服务等；体现需要差异性的非底线福利制度，反映社会福利的效率理念，主要包括各种形式的“个人账户”制度、完全积累制度和商业保险制度等；兼顾权利一致性和差异性的跨底线福利制度，包括医疗保险制度、养老保险制度、失业保险制度，以及社会互助、社会服务制度等。例如，养老保险，就分为基础养老金和个人账户两部分，这样的制度设计有很大的优点：每个人的积极性都可以调动起来，每个人的责任都明确地承担起来。每一个人都从基础部分福利的满足中获得安全感，并且兑现对共济的责任；又从对非基础部分福利的追求中获得成就感，增强个人自尊自信，增强对家庭和社会的责任感和归属感。这样既体现了现实性，又体现了理想性——只要多劳动、多缴费、多作贡献，就有提高生活品质的广阔空间。

（三）在机制设计上，处理好政府、社会、家庭和个人的关系，刚性与柔性相结合。中国13亿人的社会保障和社会福利，这么大的盘子，全叫政府背，背不动；叫个人和家庭自己兜底，有相当多的部分是兜不住的。最现实的途径就是各方合理分担、合力共担。以往我们只是认识到这是现实的，某种意义上也是迫不得已的，现在看来，它也是最理想的途径。

为什么是最理想的？从个人角度来说，如果烟酒无度，胡吃海塞，自我作践，损害了健康，自己不负责，却叫政府和社会承担责任难道是合理的吗？空谈什么“全民免费医疗”，那种话只是说着响亮，听着悦耳，实质上扭曲了个人与社会的责任关系。现在，所有的富裕国家都在为飞涨的卫生医疗支出伤脑筋，所有的高福利国家都对居高不下的失业率一筹莫展。我们必须吸取教训，在制度机制上努力创新。这里，关键问题就是处理好政府、社会、家庭和个人之间的责任关系，建立科学合理的责任结构。其实，个人健康这种事情，让个人承担应该承担也能够承担的责任，有利于督促个人自律、自爱，有助于从得了病不得不就医的以医疗为主的模式，转变为以预防保健为主的健康模式；养老这种事情，让家庭和个人承担应该承担也能够承担的责任，有利于巩固家庭纽带，密切亲情关系；就业这种事情，要求一切有劳动能力的人都必须劳动，必须缴费或缴税，才能获得相应的社会福利。贡献越多，享受越多，这有利于促进个人自尊自强。理想的实现，要依靠每一个人的劳动，每一个人的奉献。所谓“普遍福利”，不可能是普遍白得，都想天上掉馅饼，那是空想，不是“理想”，而所谓“理想”只可能是合理地想、有理地想。不可以只享受，不做贡献。所谓“福利社会”就是责任共担、成果共享的社会，而所谓共享，在社会主义阶段只能是按劳分配，不可能各取所需，就是将来真的可以各取所需了，也是以各尽所能为前提条件的。

在机制问题上，不是苦于无法解决“福利刚性”吗？处理好政府、社会、家庭和个人的责任关系，建立合理的责任结构，就可以做到该刚则刚，该柔则柔。如果政府全包，公共资源不要白不要，就会导致有些人甚至认为占有公共资源是多多益善，把能多要多占公共资源看作“有本事”“有能耐”。如果让个人和家庭承担该承担的部分，刚性就变成柔性的了，就不是多多益善了，花钱就知道心痛了。可见，处理好政府、社会、家庭和个人的关系是解决福利刚性问题的关键。在这里，问题转移到了如何确定合理的比例关系上。比例关系确定得好，就可以刚柔相济，处理不好，就刚柔相克。例如，医疗报销比例怎样科学确定？现在我们总结经验，把住院报销与门诊报销区别开，把病种区别开，把基本药品与非基本药品区别开，都是争取在细化过程中找到合理的报销比例。经验证明，只要报销比例偏高，住院天数就会延长，乱开药、多开药的现象就会增多。具体确定合理的比例，要做细致的研究。

与刚柔相济机制密切联系的是强制与自愿结合机制。西方创立的社会保险制度，参保机制一般是强制的。当然，社会保险因为讲究大数法则，完全没有强制是不行的，但在中国农村，面对缺乏保险意识、收入一般不固定且内部差异很大的亿万农民，不讲自愿也是行不通的。我们在新型合作医疗的机制设计中，允许自愿参保，很多地方缴费等级可以自选，且缴费期限仅为一年，让农民看到实实在在的利益。十年下来，农民的参保意识基本形成了，成为习惯了。这样坚持下去，参保机制就可能逐渐在自愿基础上增加强制性，比如，缴费年限由一年逐步延长，就可以增强保障能力。新型农村合作医疗创造的强制与自愿相结合的机制，是一项很有意义的创新。

刚柔相济机制、强制与自愿结合机制的实现，还需要有一种技术性的反馈调节机制的配合和支持。成本与效益之间，投入与产出之间，要形成信息反馈回路。一笔财政经费投下去了，效果如何？财政出资与个人缴费比例微调了，反应如何？医疗报销比例、基本药品目录调整了，效应如何？如此等等，构成反馈回路，相关各方据此做出行为修正，争取整个过程平稳有序、效益优化。所以说，反馈调节机制应该成为系统运行和社会管理的重要机制。

以上由刚柔相济机制、强制与自愿结合机制、反馈调节机制共同组成了底线公平的社会保障和社会福利机制。

（四）在体系建设上，处理好经济增长与福利增长的关系，实现社会福利体系的内外均衡和协调。对于社会保障和社会福利建设，要树立“体系”的概念，其主要含义是：第一，在狭义的社会保障和社会福利概念中，不要把社会保障和社会福利看作一项一项单个的、孤立的制度，更不能把它们过分地归结为社会保险这一种制度，社会保险即使可以作为主干，它也必须有其他各种各样制度的扶持和配合，共同构成一个功能齐备、运转自如的完整体系。要把社会保险和商业保险结合起来，不要因为强调公益性，而忽视和排斥市场性、营利性，问题只在于要让它们各得其所、各用其长，不是相互排斥、相互取代，而是共同协作以满足不同人群的多层次、多样化需要；要把社会保险和社会救助、社会慈善结合起来，充分发挥民间的力量，给个人、团体和各类社会组织保留发挥作用的广阔空间。

第二，扩大社会保障和社会福利的内涵，形成广义的“普遍福利”（“大福利”）概念。特别是要突出公共教育、卫生健康、就业促进、公共服务等等在福利体系中的地位和作用。大量研究证明，教育投入具有很高的经济回报率，像芬兰、韩国等教育投入很高的国家，经济发展的后劲就很足；卫生健康本身既是福利，也是对发展的投资，而且是一种积极的投资——增进健康，减少疾病，就可以减少医疗开支，健康就形成了新的生产力；劳动就业既是福利的源泉，也是社会正义、社会安定的基础。每个有劳动能力的人都靠劳动吃饭，是最大的社会正义，是最好的社会秩序，而促进劳动就业是最重要的社会管理。

第三，全面认识经济增长和福利增加之间的关系，研究它们之间的正负效应，找到增大和保持正效应，减小和避免负效应的节点，建立健全保持正效应避免负效应的长效机制，尽可能地使经济增长与福利增进之间形成和保持正向激励的关系。对此，需要做大量的研究和艰苦的探索。

60 多年来，我们在社会保障和社会福利制度建设方面进行了艰辛的探索，积累了丰富的经验和教训；同时，台湾地区学者较早发出了“建立本土社会福利体系的呼声”[①]，虽然两岸制度情形有所不同，但同文同种，人文特点相同。台湾著名学者詹火生教授曾将影响社会保障和社会福利制度的诸因素归纳为情境因素（情境的偶发因素）、结构因素（政治结构、经济结构、社会人口结构等）、文化因素（政治文化和一般文化）、环境因素（社会的外在因素）[②]。我们如能既从经济角度，又从人文角度总结两岸社会福利基本经验，就有可能探索出最适合中国人特点和需要的福利模式。若能如此，那我们就可能在西方为人类贡献了虽然各具特点但有明显共性的西方福利模式之后，也创造出适合中国人的福利模式。

由上所述，我们可以形成包括福利理念、制度机制、政策和服务三个层次，由社会保险、商业保险、社会救助、社会慈善，加上教育福利、卫生健康、就业促进、公共服务等要素构成的体系内相互协调，又与经济、政治、文化体系内外平衡和适应的普遍福利体系。由此形成的中国特色福利社会是在一个有十三四亿人口的东方大国建设起来的福利社会，这是人类历史上的伟大实践、伟大创新。它是经过多少代人艰辛探索，汇集了无数真知灼见而得到的结果。中国特色福利社会具有理想性，但不是遥遥无期；它具有现实性，又不能一蹴而就；它具有必然性，却要求我们付出极大的主观努力才能实现；它具有客观性，又给我们留下了无限的想象空间！

---

① 古允文：《不确定的年代——走在钢索上的国际社会福利发展》，载詹火生、古允文编《社会福利政策的新思维》，财团法人厚生基金会 2001 年版，第 129 页。

② 詹火生：《台湾社会福利发展的政治、经济、社会、环境分析》，载詹火生、古允文编《社会福利政策的新思维》，财团法人厚生基金会 2001 年版，第 3 页。

第二章

迈向普遍福利时代

第一节　普遍福利时代的来临[①]

国内外的思想家、预言家们习惯从产业形态（农业社会、工业社会）、科学技术（第一次、第二次，现在又提出第三次科技革命）、社会制度（资本主义、社会主义），甚至特殊人物和特殊事件等角度，在严格或不严格的意义上划分“时代”。我们在这里从福利发展的角度提出一个“普遍福利时代”的说法，可能有点唐突，人们不大习惯。因此需要略作说明。

是否可以以及应该如何从福利发展角度划分所谓“时代”，需要做专门研究。这里所说的“普遍福利时代”，是相对于“特殊福利时代”而言的。“特殊福利”和“普遍福利”本是两种福利制度的类型，这里用它们指称社会发展的大的时期，无非是想说明“普遍福利”的必然性，亦即强调普遍福利不是特殊国家、特殊地域、特殊时期的一种制度安排，而是任何国家、任何地区，只要实现工业化、现代化，它就必然实行普遍的福利制度，区别只在于“普遍”的形式和程度，这是社会发展的必然趋势。

经济增长、科学技术进步，最终要为绝大多数人而不是只为少数人增进福利，而以往的各种经济的、技术的乃至社会的进步都未能很好地实现这一目的。几百年来，资本主义创造了如此巨大的物质财富，可是贫富差距的鸿沟越来越深；第二次世界大战结束60多年来，世界经济获得了突飞猛进的发展，而富国与穷国的对立却越来越严重；新技术革命取得了辉

---

① 本节内容是在景天魁为《社会福利思想与制度》丛书（中国社会出版社出版）写的总序的基础上增删和修改而成的。

煌的成就，全球化浪潮带来了巨大的商机，可是财富越来越向富裕国家集中。凡此种种，证明人类尽管在如何创造财富方面表现得很聪明，但在如何分配和享有财富方面至今未能开辟出一条现实的合理途径。世界在走向富裕的同时，能不能也走向公正？一个不公正的世界对大多数人来说有什么意义？到哪里去寻找发展和公正的结合点？

当前，全球性金融危机更引起了人们对这一问题的深入思考。美国是世界上最大的发达国家，但这一次把全世界拖进了灾难之中。美国确实很富有，它却是发达国家中贫富差距最大的国家，它拥有最多的富豪，但也有最多的贫困人口。美国人口普查局有关收入、贫困率和医疗保险覆盖率的年度报告表明，2007 年美国有约 3730 万人生活在贫困之中，超过人口总数的 12%。① 美国农业部 2007 年 11 月发表的家庭食物安全报告称，大约 3550 万美国人在食物方面缺乏保障。② 其实，金融危机的根源是社会危机，而社会危机并非自今日始。还在 20 世纪 90 年代初，由美国联邦储备委员会做的一项研究就发现，美国占人口总量 1% 的上层人口的净财富超过占总人口 90% 的下层人口的净财富！③ 众所周知，这次危机是由次贷危机引发的，有人就把原因归之为金融监管不力，可是，这么多穷人买不起住房，贷款买房还不了贷，即使加强了金融监管，也难以消除其背后的原因。

更有甚者，美国为了维持自己的高消费，还大举借债。华尔街上有一个显示美国国债总额的时钟，2008 年年底美国欠的国债总额接近 10.2 万亿美元（10.2 兆美元），平均每个家庭分担的债务总额达到 8.6 万美元。作为世界巨富的美国，向全世界借债，那么世界的情况又是怎样的？世界银行表示，2005 年发展中国家有 14 亿人口日收入不足 1.25 美元。此前，世界银行曾称 2004 年时有 10 亿人口生活在日收入 1 美元的贫困线以下。④

---

① 罗恩·谢勒：《人口普查局年度报告显示：美国中产阶级和贫困人口双增长》，《基督教科学箴言报》2008 年 8 月 27 日（参见《参考消息》2008 年 8 月 28 日）。

② 帕特里克·琼森：《饥饿问题挑战美国》，《基督教科学箴言报》网站，2007 年 12 月 11 日，《美国 3550 万人食不果腹　每年数十万残疾人领不到社保金》（参见《参考消息》2007 年 12 月 12 日）。

③ Gilbert Dennis and Joseph A. Kahl, 1992, *The American Class Structure: A New Synthesis*. 4th ed. Belmont, Calif.: Wadsworth. 转引自［美］戴维·波普诺《社会学》（第十版），李强等译，中国人民大学出版社 1999 年版。

④ 《全球贫困人口知多少》，《参考消息》2008 年 8 月 28 日。

世界最富有的10%人口，控制着世界上85%的财富。由也许6000人、7000人或8000人组成的“超级阶层”，拥有比地球上其他阶层大得多的权力。[①] 世界经济秩序如此不合理，难怪美国华尔街的金融海啸顷刻间就能席卷全球。

像美国这样的富裕国家，在国内，有那么多人连基本生活都维持不了，那么多人根本没有偿还银行贷款的能力；在国外，欠下10多万亿美元的国债，靠花世界人民的钱维持国内的高消费。国内不公平和国际不公平所致的社会失衡达到如此程度，如果不闹危机，那才是咄咄怪事。按照现有这条路，那个跑在最前头的国家，率先陷入了危机，说明这条路有问题。那么多国家都跟着跑，它们注定也面临危险。危险在哪里？危险不只是危机本身，还是在陷入危机之前所确立的那套理念和目标以及被认可的世界经济结构和规则。正是这些理念、目标、结构和规则，引导和制约着人们不论在经济、政治、技术等方面怎么努力向前，都难以躲避危机，而且不论跑得快跑得慢，都在导致少数人、少数国家越来越富，多数人、多数国家越来越穷，且导致世界越来越不公正、不公平、不合理。

2009年度达沃斯世界经济论坛的主题是“重塑危机后的世界”，世界各国不仅要采取更加积极有效的措施摆脱历史罕见的全球金融危机，更要推动建立公正、公平、合理、健康的世界经济新秩序，找到符合全人类福祉的全球治理之道。把过去那种只有少数人、少数国家才能享有的福利，变为所有人、所有国家都能享有的福利。所以，让人类真正迈向普遍福利的时代，是摆脱金融危机、经济危机、社会危机的根本途径，是全球治理的目的和方向。

那么，为什么经济增长那么多，科学技术发展那么快，世界却没有变得更公平、更合理呢？政治家们、经济学家们都从自己的视角去研究，而从社会发展和社会福利的角度，有一些不可回避的问题是必须回答的，而且社会学家、社会福利和社会政策专家也应该发出自己的声音。

正如研究金融危机，不能只就金融谈金融、就经济论经济一样，在社会学、社会福利和社会政策研究中，尽管学界曾经对贫困、贫富差距、社会保障和社会福利等问题做过大量研究，但同样不能就贫困谈贫困、就福利论福利。我们的视野要更加开阔：不仅要了解今天，还要了解昨天，了

① 吴妍敏：《“超级阶层”全球约8000人》，《南方日报》2008年4月8日。

解历史；不仅要观察中国，还要观察世界。例如，所谓福利国家的困境并不在于某一国国内的财政困难，而在于贫富越来越悬殊的世界难以支持少数国家的高福利、高消费。只有走向更加公正、公平、合理、健康的世界，才能真正从根本上摆脱这场名为金融危机的信念危机、信心危机、结构危机和体制危机。

所谓“福利国家”理论、“福利资本主义理论”等的最大局限是：只以占世界人口零头的少数富国为观照范围和实践基础，它们的视野未能“普遍”到占世界人口大多数的不发达国家，甚至未能顾及富裕国家内部的广大贫困人口。那样的“福利”其实同时就是“失利”，就是贫困，就是灾祸，不是什么真正的福利。“福利”这个概念的真正含义是普遍享有而非少数人独享的利益。所以，让人类真正迈向普遍福利的时代，是社会学、社会福利和社会政策研究的崇高目的和历史使命。

所谓“普遍福利”，是一个“大福利”概念，它是面向所有社会成员的多方面福利需求的，其中包括：就业保障、生活保障、安全保障、养老福利、健康福利、教育福利、住房福利等。我们以往熟悉的是“小福利”即特殊群体享有的福利：老年人福利、儿童福利、残疾人福利、妇女福利、贫困救助、优抚安置等。从特殊福利转变为普遍福利，不仅概念不同，制度、机制和原则等也不尽相同。例如，普遍福利并不否认差别，不限于单向的惠予。特别是普遍福利和经济发展之间要保持协调、均衡的关系，普遍福利不是经济发展的负担，而是保证和促进经济持续健康发展的不竭动力。很显然，这里有大量新问题需要给出科学的回答，而回答这些问题正是社会学、社会福利和社会政策研究义不容辞的任务。

福利社会是一个与人类的理想、与人们的追求紧密相连的概念，福利研究是一个渗透着价值关怀的研究领域，我们应该为人们思考这些问题提供一些可资参考的东西。如果能再进一步，能为明确福利社会的概念，选择合适的福利模式，走出正确的实现福利的道路多少有所助益，那将荣幸之至。

第二节　从特殊福利迈向普遍福利

社会福利制度是以保障和改善民生为宗旨的社会制度，在以民生为重点的社会建设中具有举足轻重的战略地位。经过 60 多年的发展和改革，我国的社会福利制度建设取得了巨大成就，同时也存在一些突出问题。在全面建成小康社会与构建和谐社会的历史条件下，迫切需要在继承历史的基础上把中国社会福利制度推向新的发展阶段。我们认为，从特殊福利（以下简称“小福利”）迈向普遍福利（以下简称“大福利”）是中国特色福利制度发展的新阶段，逐步实现这一转变非常必要，而且时机已经到来。

一 特殊福利概念及其局限

（一）特殊福利概念的含义

在我国，理论界和实务界对社会福利概念的界定和使用存在着不同的理解，但长期以来，占主导地位的观点是小福利概念。小福利概念的核心观点是从狭义角度界定社会福利，主要指以下三种含义。

一是指为弱势群体提供的福利即特殊福利。这种福利观从福利供给对象的角度界定社会福利，认为社会福利的对象不是全体社会成员，而是部分特殊成员即社会弱势群体，社会福利是国家和社会为弱势群体提供的收入和服务保障，主要包括老年人福利、儿童福利和残疾人福利。这个意义上的福利概念类似西方学者所说的“选择性福利”或“补救性福利”。

二是指由民政部门提供的福利即民政福利。这种福利观从福利供给主体的角度界定社会福利，认为社会福利是由民政部门代表国家提供给弱势群体（如老人、残疾人、孤儿和优抚对象等）的收入和服务保障。[①] 这种福利观强调国家（政府）的福利供给责任，认为国家（政府）是最重要甚至唯一的责任主体，把社会福利等同于国家福利或政府福利。这个意义上的社会福利概念是我国民政福利实践中最常用的定义，也是中国人最熟悉的福利概念。正是因为这种福利观的长期存在，我们才能准确地理解民政部门提出“社会福利社会化”的由来及其本质含义。

三是指居于社会保障体系最高层次的福利。这种福利观从福利供给目标的角度界定社会福利，认为社会保障体系包括社会救助、社会保险和社会福利三个层次，社会福利是社会保障体系的最高层次。[②] 社会救助的目

① 周良才主编：《中国社会福利》，北京大学出版社2008年版，第3页。

② 孙光德、董克用主编：《社会保障概论》，中国人民大学出版社2000年版，第26—33页。

标是维持社会成员的最低生活水平，社会保险的目标是维持社会成员的基本生活水准，社会福利的目标是提高公民的生活水平和生活质量。这个意义上的社会福利概念在我国社会保障研究中具有相当的代表性，认为社会福利属于社会保障的下位概念，是社会保障体系的一个组成部分。

（二）特殊福利概念的局限

小福利概念的三种含义实际上可以归纳为两种类型的福利观：第一类可称为“补救性的小福利观”。第一种和第二种含义虽然理论界定的角度不同，但二者在实践中没有本质区别。之所以称之为“补救性的小福利观”，是因为二者都是针对已经存在的社会问题进行“事后补救”，二者都坚持福利供给对象的选择性，二者都强调国家（政府）承担主要的福利供给责任，属于“雪中送炭”式的福利。第二类可称为“发展性的小福利观”。第三种含义的小福利概念所强调的不是社会福利的补救功能，而是突出社会福利对于改善和提高社会成员生活质量的作用，属于“锦上添花”式的福利。实事求是地说，这种类型或成分的社会福利在我国社会保障体系中还比较少。

综观小福利概念，其主要存在四个局限：第一，福利对象的局限。小福利概念把福利对象仅仅限于部分社会成员即弱势群体，社会福利似乎只是社会弱势群体的“专利”。然而，社会福利的本质属性是社会性，最终要覆盖到所有的社会成员，才是真正的社会福利。第二，福利内容的局限。小福利概念以人群为标准来划分社会福利的内容，这种划分标准很值得商榷。我们认为，只有以社会成员共同的基本福利需求为标准划分社会福利的内容，才具有本质分类的意义。第三，福利主体的局限。在小福利概念中，福利供给主体比较单一，基本上或主要局限于国家或政府，社会福利基本等同于“国家福利”或“政府福利”。众所周知，现代社会的福利供给主体应该是多元化的。第四，福利方式的局限。小福利概念把社会福利与社会救助和社会保险并列，认为只有免费供给或无偿供给的才是社会福利，排除了社会救助和社会保险的福利属性。更进一步说，这种认识还会加剧或助长社会成员视福利为“免费午餐”的意识。

总之，小福利概念的狭义性导致的狭隘性，势必使绝大多数社会成员被排斥在社会福利的范畴之外。按照小福利概念，社会救助和社会保险不属于社会福利的范围，只接受过社会救助和社会保险的社会成员可以说“没有享受过社会福利”；长久如此，可能会导致相当数量的社会成员产生社会福利权利上的“相对剥夺感”，这是一个可以预见的“非预期后果”。因此，随着社会历史条件的变化，扩展小福利概念的内涵与外延已势在必行。

二　普遍福利概念及其意义

（一）普遍福利概念的含义

在社会福利学界，国外学者一般在广义上使用社会福利概念，国内也有少数学者赞成和主张大福利概念，认为社会福利的外延大于或等于社会保障。关于社会福利与社会保障的关系，国内学术界已有多篇文章进行过专门讨论，但问题依然没有解决。本书不想纠缠于此，而是换一种思路讨论大福利概念。

本书中的大福利概念包括以下四层含义。

第一，大福利是以全体社会成员为对象的社会福利。从发展的角度看，社会福利最终要覆盖所有的社会成员。这里的全体社会成员有两个意思：一是所有的社会成员都将纳入社会福利体系的保护范围，都能享受到社会福利；当然，这不等于所有社会成员都能享受同等的社会福利，都能享受相同的社会福利。二是所有的社会成员都能享受某一福利项目。如我国正在构建的医疗保障体系（城镇职工基本医疗保险制度、城镇居民基本医疗保险制度和新型农村合作医疗制度）将实现“全民医保”，满足全民的健康福利需求。

第二，大福利是以社会成员的基本福利需求为本的社会福利。大福利概念以社会成员的基本福利需求为中心，社会成员的基本福利需求主要包括教育福利需求、工作福利需求、健康福利需求、养老福利需求和居住福利需求，大福利概念中的福利内容（项目）主要包括教育福利、就业（工作）福利、健康福利、养老福利和住房（居住）福利等。由于这些福利项目集中反映了民生的基本内容，大福利也可以叫作以民生为本的社会福利。

第三，大福利是多元主体共同提供福利支持的社会福利。大福利概念中的福利供给主体包括政府组织、市场组织和社会组织（即民间组织）等现代社会中的三大部门，最主要的组织包括家庭、政府、单位和非营利性组织（或慈善组织），其中最重要的是政府。

第四，大福利是包括社会救助、社会保险、公共福利和社会互助四种供给方式的社会福利。在大福利概念中，社会成员获得福利的途径既有缴费性方式（社会保险），也有免费性方式（社会救助和公共福利），既有强制性方式（社会保险），也有自愿性方式（社会互助）。

上述四层含义清楚地表明，大福利之所以为大福利，正是因为它具有对象的广泛性、内容的基本性、主体的多元性和方式的多样性四大特征。相对于小福利概念，这些既是大福利概念的特点，也是大福利概念的优点。

（二）普遍福利概念的意义

第一，有利于划清中国特色福利制度与“福利国家”和“高福利”的界限。

普遍福利是一个具有中国特色的概念，反映了中国特色福利制度的发展方向，体现中国特色福利制度新阶段的特征，不同于“福利国家”和“高福利”。

首先，“大福利”不是“福利国家”。众所周知，“福利国家”是一个具有特定内涵的概念，背后隐含着浓厚的政治含义和意识形态色彩。“福利国家”最早产生于发达的西方资本主义国家（英国）。尽管西方发达资本主义国家在建立和完善社会福利制度的进程中确实属于“先行者”，但发展社会福利不是资本主义社会特有的“专利”，而是工业化、市场化和现代化的必然要求和产物。社会主义制度的先进性和优越性要求社会主义国家高度重视人民大众的民生问题和福利问题，不断扩大社会福利的覆盖面，提高社会成员的福利水平。因此，提出和实施大福利，与“福利国家”之间没有本质联系。

其次，“大福利”不是“高福利”。提出“大福利”不是鼓吹“高福利”。就中国目前社会福利的覆盖面和水平而言，问题的关键不是“福利过剩”和“福利过度”，而是覆盖面窄、水平低，即“福利不足”和“福利缺乏”。根据国家统计局公布的数据，截至2008年年底，全国参加城镇基本养老保险的人数为21890万人，参加城镇基本医疗保险的人数为31698万人，参加失业保险的人数为12400万人，参加工伤保险的人数为13810万人，参加生育保险的人数为9181万人。尤为突出的是，占中国人口总数54.3%的农村居民尚未有完善的社会养老保险制度，规范的农村最低生活保障制度也未形成，等等。正因为如此，十七大报告才提出要“加快推进以改善民生为重点的社会建设”，到2020年基本建成覆盖城乡居民的社会保障体系。但实际上，到了2013年，全国参加城镇职工基本养老、基本医疗保险的人数分别仅为32218万人、27443万人，建立覆盖城乡居民的社会保障体系任重道远。

第二，有利于促进社会保障体系建设中“碎片化”制度的有机整合。

我国社会保障体系建设实践中存在着非常突出的“碎片化”或“分散化”现象，迫切需要整合。一是理论界定与管理实践之间的脱节。在理论界定中，社会保障包括社会救助、社会保险和社会福利（小福利），但是，我国新组建的“人力资源和社会保障部”（原“劳动与社会保障部”）长期以来只是主管社会保险（社会福利与社会救助由民政部门主管），其准确的名称应为“人力资源和社会保险部”。二是同一福利制度被分割在不同的政府主管部门。如健康福利制度（或医疗保障制度）中的城镇职工基本医疗保险和城镇居民基本医疗保险由劳动保障部门主管，新型农村合作医疗制度由卫生部门主管，城乡医疗救助由民政部门主管。三是不同社会身份的社会成员参与的社会保障项目不同，享有不同的社会保障待遇。党政机关的国家工作人员不参加失业保险，公办事业单位不参加养老保险，企业人员则“五险俱全”。四是农民工的社会保障“进退维谷”。由于常年在外，农民工参加农村社会保障存在着“人保分离”，参加城镇社会保障又受“户籍排斥”和“制度排斥”。五是失地农民的社会保障“左右为难”。失地农民既非市民，也与有地农民不同。参加农村社会保障无法满足保障需求，参加城镇社会保障受到“身份排斥”。总之，中国社会保障制度中的分散化或碎片化现象，使透视中国社会保障体系犹如“雾里看花”，有时连专业人士都会觉得“一头雾水”，更不要说普通老百姓的“茫然”了。

导致社会保障制度“碎片化”的原因很多，其中的一个重要原因就是缺乏大福利观念。大福利概念以社会成员的基本福利需求为标准划分福利项目和福利制度，把同一类型的福利需求整合起来，尽可能地减少和避免碎片化问题。

三　从特殊福利走向普遍福利的条件已基本具备

（一）经济条件

经济基础是决定社会福利范围大小和水平高低的根本因素，没有坚实的经济基础作为支撑，再好的设想也可能只是“美丽的画饼”。经过30年的快速发展，我国的经济实力不断增强，为小福利走向大福利奠定了坚实的经济基础。根据国家统计局发布的《2008 年国民经济和社会发展统计公报》，2008 年中国 GDP 总量达 300670 亿元人民币，按照 2008 年平均汇率，其可折合 43274 亿美元；2013 年中国 GDP 总量已经超过 9 万亿美元，人均 GDP 已达到和接近 7000 美元，均为 2008 年的 2 倍。国际经验表明，当一个国家的人均 GDP 超过 3000 美元，意味着这个国家的经济发展进入一个新阶段，也意味着这个国家发展社会福利的经济能力明显增强。另外，随着 GDP 的快速增长，我国的财政收入增幅显著，2008 年全国财政收入 6.13 万亿元，比 2007 年增长 19.5%；2013 年全国财政收入更是高达 12.9 万亿元，超过 2008 年的 2 倍。在现代社会中，政府是社会福利供给主体中的主导力量，政府掌握和拥有的公共财政资源越多，保障和改善民生的能力就越强，利用再分配机制促进社会公平正义的条件越好。

（二）思想基础

中国共产党是为人民谋福利的政党，毛泽东倡导的“全心全意为人民服务”，邓小平提出的“共同富裕”，江泽民主张的“三个代表”重要思想，已为小福利走向大福利提供了丰富的思想理论基础。特别是胡锦涛总书记提出的科学发展观，为小福利走向大福利提供了直接的指导思想。科学发展观的本质和核心是以人为本，坚持以人为本，就是要从人民群众的根本利益出发谋发展、促发展，在经济发展的基础上不断满足人民群众的基本福利需求，努力提高人民群众的物质文化生活水平。胡锦涛同志在党的十七大报告中对社会建设理论的系统阐述，为小福利走向大福利提出了全面具体的要求。十七大明确提出，到 2020 年，我国将基本建立覆盖城乡居民的社会保障体系，人人享有基本生活保障。为了实现这一目标，要“推进以民生为重点的社会建设”，“努力使全体人民学有所教、劳有所得、病有所医、老有所养、住有所居”。

社会建设的“五有”目标，直接对应于广大人民群众的五种基本福利需求；既是民生问题的基本层面，也是大福利概念框架中的基本内容。因此，实现社会建设“五有”目标的过程，其实就是实施大福利的过程；大福利的实施，标志着中国特色福利制度进入一个崭新的历史阶段。

（三）实践基础

从小福利迈向大福利不是“突发奇想”，更不是“另起炉灶”，而是对已经存在的社会保障建设实践和成效的发展和提升。改革开放 30 多年来，我国的社会保障体系不断丰富和完善；特别是近几年来，社会保障制度建设在城乡普遍开展，成效显著。目前我国已经建立起以下福利制度：一是就业保障制度，包括失业保险制度、工伤保险制度、城镇下岗职工再就业服务制度、农民工就业保护制度、大学毕业生就业促进制度；二是生活保障制度，包括城镇居民最低生活保障制度、农村居民最低生活保障制度、农村五保户供养制度、流浪人群生活保障制度和灾民生活救助制度；三是养老福利制度，包括城镇基本养老保险制度、农村社会养老保险制度和老年人福利服务制度；四是健康福利制度，包括城乡公共卫生服务制度、城镇职工基本医疗保险制度、城镇居民基本医疗保险制度、新型农村合作医疗制度和城乡大病医疗救助制度；五是教育福利制度，包括免费义务教育制度、职业教育补助制度、农民工子女教育制度和特殊教育制度；六是住房福利制度，包括经济适用房制度、廉租房制度、住房公积金制度和住房补助制度等。

总之，如果用大福利概念来衡量，我国已经初步形成了大福利制度的基本框架。回顾改革开放30多年来中国社会保障（福利）事业的发展历程，是一个社会福利不断拓展和深化的过程，这个过程的实质就是从小福利迈向大福利的过程。因此，从小福利迈向大福利的过渡，已经拥有比较扎实的实践基础和制度基础，接下来的任务主要是以更加自觉的大福利观念指导实践。

四　从特殊福利迈向普遍福利的时机已经到来

全球金融危机为从小福利迈向大福利提供了非常好的机遇，实施大福利正当其时。理由有三。

（一）借鉴应对经济危机的成功经验

综观社会福利制度发展史上的重要历史事件和重大成就，基本上都不是发生于经济繁荣时期，而是出现在经济萧条和经济危机时期。德国是世界上第一个实行社会保险制度的国家，德国的社会保险制度酝酿于19世纪70—80年代德国的经济萧条时期。当时的俾斯麦政府为了应对经济萧条引发的社会问题，颁布和推行了一系列社会保险法令，包括1883年的《疾病社会保险法》、1884年的《工伤事故保险法》和1889年的《老年和残障社会保险法》。美国的现代社会保障制度诞生于20世纪20—30年代的经济大萧条时期，是美国在大萧条中转危为安的重要支柱之一。1935

年的美国正处于大萧条时期，经济状况恶化，财政收入窘迫，但在罗斯福总统的领导和主持下，制定和通过了美国历史上第一部《社会保障法》，确立了以社会保险制度为核心的美国社会福利模式。英国是福利国家的首创者，其福利国家模式的诞生与“贝弗里奇报告”密不可分。“贝弗里奇报告”发表于第二次世界大战正酣的1942年，是英国战后重建社会保障计划的一部分。当时的英国处于“战时经济”状态，虽然不属于经济危机时期，却是一个经济困难时期。

历史经验表明，越是经济困难时期，普通民众的福利需求越是强烈；“雪中送炭”式的社会福利远比“锦上添花”式的社会福利更能凝聚人心，更能赢得人心，更能产生积极的社会心理效应。

（二）保障民生以应对金融危机的有力举措

肇始于美国次贷危机的全球金融危机正在梯次蔓延，其负面影响的范围日益扩展，程度日益加深。金融危机的直接后果是影响经济增长和经济发展，而在经济衰退中将不可避免地出现企业倒闭、失业增加，收入降低，消费下降等现象；最终结果是影响广大民众的生活质量，甚至降低人们的生活水平，引起人们的心理和精神震动，严重时可能导致社会危机，损害社会稳定。全球金融危机的负面影响已在我国的经济和社会生活中逐步显现，保障民生成为应对金融危机的关键；保民生，就是保稳定，就是保发展。

在金融危机面前，中国政府高度关注民生问题，这是非常正确的应对之策。2007年10月提出以民生为重点的社会建设，2008年11月出台4万亿元经济刺激计划，其中近1万亿元直接与民生工程相关；2009年3月的“两会”上，温家宝总理在政府工作报告中提出，为保证新医疗改革的顺利实施，今后三年将投入8500亿元的财政支持。社会福利制度是以民生为本的社会制度，保障和改善民生离不开完善的社会福利体系。在新中国的历史上，以如此宏伟的气魄和巨大的投入加强社会保障建设还是第一次。在金融危机背景下，抓住我国重视改善民生的机会，实施大福利政策，加大社会保障投入，扩大社会保障覆盖面，既能增强全国人民应对和抵御金融危机的信心，又能加快覆盖城乡的社会保障体系进程，还能为经济振兴提供社会支持，可谓“一举多得”。

（三）拉动内需以促进经济增长的重要途径

推动经济增长的主要动力来自四个因素即四架发动机：政府购买和投

资、外贸出口、企业投资和居民家庭消费。[①] 全球金融危机导致外需下降，我国2008年下半年以来外贸出口逐月下滑，2009年1—2月出口总值1553.3亿美元，比上年同期下降21.1%。[②] 在金融危机背景下，推动经济增长的立足点是启动和扩大国内需求。拉动内需既要依靠政府购买和投资，也要依靠企业投资，归根结底要依靠居民家庭消费。但是，近几年来，在我国存在一个具有"悖论"性质的现象：一方面是经济高速增长和城乡居民收入不断增加，另一方面却是最终消费率尤其是居民家庭消费率不断下降。如果居民家庭消费长期疲软，最终消费率持续走低，那么，通过居民家庭消费拉动内需，通过扩大内需促进经济增长的路径就难以实现。

为什么会产生这种矛盾现象？其中一个很重要的原因就是我国的社会保障体系还不完善，所能提供的保障范围与保障程度有限，这导致大多数低收入家庭存在"后顾之忧"：有钱不敢花，有钱不能花，有钱不敢消费（不是不想消费），而是将有限的钱存储起来，以备生病、失业、养老和子女教育之需。[③] 通过实施大福利政策，加大社会保障投入，完善社会保障体系，增强社会保障能力，普通家庭才能对未来有稳定明确的预期，也才敢花钱，才敢消费；居民家庭消费和国内需求才能被真正撬动，中国经济才能走向一个收入增加拉动消费—消费增长拉动投资—投资扩张推动经济增长的良性循环轨道。由此可见，实施大福利政策并非纯粹的"消费性"投资，也是一种"生产性"投资，社会福利保障的生产性功能对于保持经济增长的可持续性具有重要基础性作用。所以，实施大福利政策是拉动消费和内需，进而推动经济增长的有效途径。

---

① 韦森：《减税富民，启动内需之本》，《社会学家茶座》2009年第1期，山东人民出版社2009年版。

② http：//www. gov. cn/gzdt/2009—03/11/content_ 1256672. htm，2009年4月1日。

③ 韦森：《减税富民，启动内需之本》，《社会学家茶座》2009年第1期，山东人民出版社2009年版。

第三章

建设中国特色福利社会的认识和实践基础

第一节　建设中国特色福利社会的现实可行性

一　为什么现在要讨论建设福利社会的问题

在中国这样一个发展中国家，是否能提出建设福利社会的问题？大家知道，目前可以称得上福利国家的都是很发达的国家，主要是欧洲一些国家，亚洲的日本也可以算是一个福利国家。在 OECD（经济合作与发展组织）那些国家中，美国的争议比较大，因为好多人不同意美国是福利国家。奥巴马现在很高兴他的医保方案通过了。他在到处演讲说明为什么要搞全民医保的时候说过，在富裕国家中只有美国没有全民医保有点说不过去，这就是他的一个理由。到目前为止的一般看法是，要成为福利国家或福利社会是需要相当雄厚的经济基础的。过去我国没有提出福利社会这样一个概念，我们都是讲社会保障。当然，首先要说明的是，福利国家和福利社会这两个概念还是有区别的。按照吉登斯的说法，福利社会是对福利国家在某种意义上的否定。也就是说，福利国家有很大的问题。在反思的基础上，现在提出福利社会的问题。①

这个问题对于我们来说具有一定的挑战性，即现在提福利社会是否合适。首先，在中国提福利社会有什么根据，是不是一个很恰当的提法？这个问题的提出是最近的事情，在十七大报告中，中央提出了以民生为重点的社会建设。中央在提出这个问题的时候，"民生"的含义就超出了社会保障的范围，即把过去一般不放在社会保障中的教育、住房、就业等问题都放在了

① ［英］安东尼·吉登斯：《第三条道路——社会民主主义的复兴》，郑戈译，黄平校，北京大学出版社、生活·读书·新知三联书店 2000 年版，第 122 页。

"民生"这个大概念中。十七大报告中还用了"老有所养、病有所医、住有所居、学有所教"这样一些类似于中国人非常熟悉的"大同社会"的提法，这样就把大家的思想拉回到了中国自古以来憧憬的社会中。这在中国是有传统的，从《礼记》到康有为、谭嗣同、孙中山，都延续了大同社会的思想。这就提出了一个问题，即我们以民生为重点所要建设的社会是什么社会？过去我们提"小康社会"。邓小平同志对"小康社会"的含义讲得很清楚，比较侧重于经济指标。后来，胡锦涛同志又提出"和谐社会"，这个概念比较侧重于社会关系，它是指一种社会关系的状态。它和现在包括六个大方面的"民生"还有一定的区别，但联系是很紧密的。自党的十七大以来，从中央到地方明显加快了覆盖城乡的社会保障和全体人民共享的社会福利制度的建设步伐。那么，社会建设的目标是要建设什么样的社会？从总体上说是全面的小康社会，从社会关系和状态来说是和谐社会，从民生本身而言是什么社会？近年来，学术界对此进行了热烈的讨论，提出了多种见解。如窦玉沛提出"适度普惠型社会福利"（2008），徐道稳提出"构建发展型福利社会"[①]，郑功成提出"迈向中国特色社会主义福利社会"[②]，刘继同提出"构建中国特色福利社会"[③]，康新贵提出"多元化的福利社会"[④]，何平、李实、王延中提出"全民共享的发展型社会福利体系"[⑤]，景天魁提出"普遍福利"概念并和毕天云提出"从小福利迈向大福利"的构想[⑥]，北京市等地的政府部门提出"大民政"概念（2009）等。这样，民生建设的目标是"中国特色福利社会"的论断就浮出水面。这种论断，在2008年金融危机爆发以来迅速得到强化。但同时，不论是学术界还是政府部门，对"福利社会"的提法都有种

---

① 徐道稳：《以发展型社会政策构建发展型福利社会》，《深圳大学学报》2008年第1期。

② 参见郑功成《中国社会保障30年》，人民出版社2008年版，第378—380页；郑功成主笔《中国社会保障改革与发展战略：理念、目标与行动方案》，人民出版社2008年版，第107—110页。

③ 刘继同：《社会福利制度战略升级与构建中国特色福利社会》，《东岳论丛》2009年第1期。

④ 康新贵：《多元化的福利社会——对中国发展道路的探索》，《社会科学论坛》2009年第3期。

⑤ 参见何平、李实、王延中等执笔《中国发展报告2008/09：构建全民共享的发展型社会福利体系》，中国发展出版社2009年版。

⑥ 景天魁：《迈向普遍福利时代》，http：//www.sociology.cass.cn/shxw/shgz/t20090708_22532.htm；景天魁、毕天云：《从小福利迈向大福利：中国特色福利制度的新阶段》，《理论前沿》2009年第11期。

种疑虑，归结起来就是：要不要建设福利社会、能不能建设福利社会和怎样建设福利社会？笔者想主要依据底线公平理论[①]对此做一些讨论和论证。

二 要不要建设福利社会

（一）建设福利社会不是主观的选择，而是社会发展的必然

社会福利发展的一般规律表明，从传统农业社会的“补缺型”福利转变为现代工业社会的“制度型”福利是必然趋势。现代社会福利制度是工业化、城市化的产物，也是社会现代化的主要标志。人类社会进入20世纪40年代以来，社会福利（保障）制度在全世界迅速普及，建立社会福利制度的国家数量急剧增长，到20世纪末期，世界上已有172个国家和地区建立了不同形式、不同程度的社会福利制度。[②] 在全球现代化的过程中，社会福利现代化的水平不断提高，发达国家无一例外地建立了比较完善的福利体系。即使在陷入深刻的金融危机、财力空前困难的情况下，美国的奥巴马政府还把普及医疗保障制度作为克服金融危机的措施，要改变其在发达国家中唯一一个没有覆盖全民的医疗保障的历史。许多发展中国家也在积极建设福利社会，因为这种趋势不是发达资本主义国家的专利，而是人类进步的共同追求。正如郑功成所说：“应当承认这样一个客观事实，即福利社会是人类共同的追求，并不因为肤色、民族及意识形态的差异而不同，不仅真正的社会主义一定是人民幸福的福利社会，而且以福利国家为代表的西方福利社会的发展实践总体上也是成功的，它不仅维系了并且还在继续维系西方世界的繁荣与稳定。”[③] “迈向福利社会是人类社会发展的客观要求和必然趋势，是人类不懈追求的理想目标。”[④]

（二）建设福利社会不是对未来的预期，而是现实的要求

现在提出建设福利社会的问题，是不是适时？笔者认为也是适时的。理由是我们过去对“福利国家”和“福利社会”有所误解。因为，当中国人关心这个事情的时候，建设福利社会的欧美国家确实已经很发达了。这就给我们一个印象，即搞福利社会或福利国家的必须是发达国家。其

---

① 参见景天魁《底线公平：和谐社会的基础》，北京师范大学出版社2009年版。

② 张彦、陈红霞：《社会保障概论》，南京大学出版社1999年版，第24页。

③ 郑功成主笔：《中国社会保障改革与发展战略——理念、目标与行动方案》，人民出版社2008年版，第108页。

④ 同上书，第107页。

实，这个认识是不恰当的。欧美国家最初开始建立福利制度的时候，其经济还谈不上多么发达，二战后欧美国家大幅度提高福利水平的时候，人均GDP基本上和我们现在差不多，为5000—6000美元。最近，张秀兰发现一种规律性的现象，发达国家都是在城市化水平达到50%、人均收入接近或达到6000美元时加速了建设福利制度的步伐。我国2008年的城市化水平、人均收入如按购买力平价计算，也接近这一数字。[①] 我们现在的城市化水平也接近50%了，但其实这要看怎么计算。我们国家很复杂，有常住人口和流动人口。2010年，北京市的统计人口是1700万人，实际居住人口大概2200万人，光流动人口就有好几百万人，他们算不算城市人口也是个有争议的问题。所以中国城市化率到底是百分之多少，也不是特别精确。从这两个指标来看，可以说我们基本具备了迈向福利社会的条件。

我们没有必要拘泥于数字本身，因为在解决了温饱问题以后，人民群众就会有新的期待，要求过上幸福生活的愿望更现实地提出来了，要求经济和社会发展能“给人民带来更多福祉”[②]。张秀兰把满足人民对福利的需求，提高到国家认同的高度[③]。笔者在前两年也曾提出，如果说改革开放前期，我们靠带领人民致富，首先让一部分人先富起来，成功地获得了全国人民的认可和支持，巩固了党的执政基础，那么，今后几十年，我们必须靠带领人民共富，过上公平、和谐、幸福生活，才能进一步获得人民群众的认可和支持，进一步巩固党的执政基础。所以，建设中国特色福利社会正是集中体现了人民群众的新期待。

现实也提醒我们，是到了建设福利社会的时候了。不然，光就经济论经济，连好多经济问题也解决不了。为什么邓小平讲到2000年时就要突出地解决分配问题，但10年过去了，问题还是没有解决？为什么多年来一直讲扩大内需，可就是难以如愿？为什么一再强调缩小地区和城乡差距，可差距仍然在扩大？问题就在于一个不合理的财富结构、利益结构、

---

① 张秀兰：《金融危机与中国福利国家的构建》，《第五届社会政策国际论坛论文集（上）》，第26页。

② 胡锦涛：《高举中国特色社会主义伟大旗帜　为夺取全面建设小康社会新胜利而奋斗》，《中国共产党第十七次全国代表大会文件汇编》，人民出版社2007年版，第9页。

③ 张秀兰：《金融危机与中国福利国家的构建》，《第五届社会政策国际论坛论文集（上）》，第27页。

阶层结构已经形成了。然而，解决这些问题的新出路还有待探索，还没有形成强大的社会共识，更没有形成可行的社会政策。

不论是资本主义还是社会主义的市场经济，都善于解决创造财富的问题，但不能很好地解决分配财富的问题。在世界范围内，财富增长速度越来越快，南北差距和贫富差距也拉得越来越大。我国实行市场经济以后，找到了快速致富之路，却没有找到公平分配之策。我们有解决穷人问题的经验，却没有解决富人问题的经验，特别是在自己领导下冒出一个富豪阶层，怎么对待？不搞劫富济贫，还有什么高招？必须想办法叫富人自觉掏出钱来，而最好的办法就是发展社会福利。

不明确提出福利社会目标，就不足以扭转经济与社会的失衡，不足以有效缩小贫富差距，不足以有效增强国内消费能力，实现对内和对外的经济平衡。而提出建设福利社会，明显可以得到社会的广泛支持；富人也可以由此尽到社会责任，改善自身形象；政府更可以名正言顺地增加税收，调节收入分配。因此，提出这一目标可以实现三方共赢。

另外一个因素，是这次金融危机给大家的启发。这次金融危机对发展中国家，特别是对所谓“新兴经济体”提出了严峻的问题。就是说，我们这些发展比较快的国家如果不及时考虑建设比较健全的社会保障体系或社会福利制度，就会严重影响自身抵御包括金融危机在内的各种危机的能力。这次金融危机发端于美国，受影响最大的是欧洲。吊诡的是，金融危机后欧盟主席巴罗佐讲了一段话，他说这次金融危机使欧美国家受到的冲击最大，但欧美社会损失很小。美国和欧洲好多国家的失业率都达到或超过了10%，但是饿不死人，基本上没有恐慌情绪。然而，经济发展较快的一些发展中国家，特别是东亚、中东、拉美的一些国家，虽然受金融危机的冲击并不严重，但社会损失很大。例如，在这次危机中中国就有2000多万农民工返乡，他们没有失业保险，回去以后吃什么，喝什么？这和欧美有社会保障、社会福利国家的情况大不一样。所以，这就促使包括学术界、政府部门都考虑加快社会保障制度建设问题。再从远一点说，自二战以来全世界经济发展都很快，但社会发展差距是拉大的。最突出的表现就是经济越发展，世界范围内的贫富差距就越拉越大。穷国和富国之间的差距和一国内部穷人和富人之间的差距越拉越大。这说明二战后人们在如何发展经济的问题上动的脑筋太多了，在怎么搞好社会生活这个问题上动的脑筋太少了。提出怎么建设福利社会的问题，它背后的动力就是找到一种社会发展的深层逻辑。我们不能像二战以来那样，过分追求经济利益，失去了经济与社会的平衡，要看看能不能建设好的社会状态。这也是这两年明确提出建设福利社会的一个背景。

但是，长期以来，我们习惯于从“小福利”即“民政福利”的概念上理解“福利”，认为那是主要由政府承担的，可以无偿享受的利益。社会福利应该指“大福利”即“普遍福利”，它的制度和机制都不同了。但这里涉及的不仅是概念问题，还有一系列的实际问题。无论是学术界还是政府部门，都有两个顾虑：建设福利社会，会不会形成福利依赖，降低社会活力？会不会减缓经济增长速度，影响实现既定的经济发展目标？

上述两个顾虑也是需要充分考虑的，因为这实际上提出了中国能够建设什么样的福利社会的问题。

三　建设什么样的福利社会

（一）中国不能照搬西方福利国家模式，过去不能，现在和将来也不能。

自改革开放以来，我们一直坚持从中国国情出发，坚持实事求是的原则，经济改革如此，社会改革也当然如此。一般来说，经济现象和社会现象都很复杂，但社会现象受到历史和文化等因素的影响还要更甚一些，因而，不同国家的社会制度之间的区别，往往要比经济制度的区别更大。在我国，社会主义市场经济尚且具有自己鲜明的特点，那么我们要建设的福利社会就更会与西方福利国家有实质性的不同。

其实在西方，福利国家概念与福利社会概念在历史上和内涵上也是有区别的。福利国家概念强调以国家的形式满足社会成员的福利需求，即使在经费由社会成员缴纳，由社会组织运作的情况下，政府也是主要的组织者和最后责任的承担者。在福利国家制度运行了几十年，暴露出许多弊病以后，一些国家在反思的基础上提出了“福利社会”或“积极的福利社会”，其本意是强调由社会成员和社会组织更多地承担福利责任，社会和政府合理分担。正如吉登斯所说：“在最近的关于福利问题的文献中，用‘福利社会’取代‘福利国家’已经成为一个约定的基调。”[①]

① ［英］安东尼·吉登斯：《第三条道路——社会民主主义的复兴》，郑戈译，黄平校，北京大学出版社、生活·读书·新知三联书店2000年版，第122页。

（二）我国并没有“福利国家”的历史实践，但我们有独到的福利思想渊源，有自己的福利社会的理想类型。

古人的“大同社会”① 其实一直是中华民族锲而不舍、孜孜以求的福利社会理想。这一理想，不仅体现在邓小平的“小康社会”概念中，也被纳入了他关于社会主义本质的论述特别是“共同富裕”概念中。而在党的十七大报告中，这一思想得到了充分的体现和升华，胡锦涛在报告中提出要“加快建立覆盖城乡居民的社会保障体系”，“努力使全体人民学有所教、劳有所得、病有所医、老有所养、住有所居”②。在 2009 年 5 月 22 日中共中央政治局第十三次集体学习会上，他又强调：“要坚持广覆盖、保基本、多层次、可持续的方针”，重申了十七大报告中的与“大同社会”有着渊源关系的社会建设目标。③

这样，依据我国悠久的思想资源，依据我们党对社会建设目标问题长期探索的宝贵成果，依据我们从事的小康社会与和谐社会建设的丰富经验，可以形成中国特色社会主义福利社会的如下定义：中国特色社会主义福利社会，是全体人民都能够各尽所能，都对社会做出自己的贡献，同时能够公平地享有社会福利，合理地分享经济和社会发展成果，真正实现共同富裕的社会。其特点是：普惠性福利与工作福利相结合、权利与义务（即享受福利与承担相应的缴费义务及相关责任）相结合、无差别的公平与有差别的公平相结合。经过全体人民的不懈努力，逐步实现“幼有所育，学有所教，劳有所得，病有所医，老有所养，住有所居，弱有所助，贫有所济”等民生目标。

（三）中国没有必要照搬西方福利国家模式，我们的福利社会应该建立在更加科学的基础上。

既然是福利社会，不论是西方的还是中国的，当然应该有共同的属性。而对于西方的模式和经验，不论是“福利国家”还是“福利社会”，

① “大道之行也，天下为公，选贤与能，讲信修睦。故人不独亲其亲，不独子其子，使老有所终，壮有所用，幼有所长，矜寡孤独废疾者皆有所养……”参见杨天宇撰《礼记译注》（上），上海古籍出版社 2004 年版，第 265 页。

② 胡锦涛：《高举中国特色社会主义伟大旗帜　为夺取全面建设小康社会新胜利而奋斗》（2007 年 10 月 15 日），《中国共产党第十七次全国代表大会文件汇编》，人民出版社 2007 年版，第 36、38 页。

③ 胡锦涛：《加快推进社会保障体系建设　实现社会保障事业可持续发展》，《光明日报》2009 年 5 月 24 日。

我们都应该研究和吸取对自己有用的合理成分。但是，中国特色福利社会与西方“福利国家”“福利社会”相比，不但社会和文化基础不同、历史和现实经验基础不同，科学基础也有所不同。

一个好的福利模式不是比多么理想，而是比实际效果，比可行性和可持续性，要在理想性和可行性之间找到结合点。西方福利国家模式有很多优点，但在许多方面不适合中国国情。前者的主要缺点不是福利水平高——高福利待遇本身不一定是缺点，而是机制不灵活，过于刚性，缺乏柔性调节机制。福利国家的根本问题在现象上是福利水平高，实质上是缺乏柔性调节机制。

正因为西方福利国家是先行者，它们在制度设计时没有经验，对经济发展和社会福利的关系等许多问题也没有经验体会，也没有科学的研究作为基础。后来经过几十年的运行，发现问题了，但要改革就不那么容易了。我们是后来者，有条件更深入地研究福利国家和非福利国家的经验，把我们的福利社会建立在更为科学的基础上。

第二节 怎样建设中国特色福利社会

一 立足于中国经验，回答发达国家未曾很好回答的基本问题

这个基本问题就是经济发展与社会公正的协调和统一问题。也可以表述为无差别的公平和有差别的公平的关系问题，或者是福利刚性与柔性调节的机制问题。

西方人从17—18世纪继承下来的公平观就是一般公平、抽象公平，正是这种公平观使他们在设计社会福利制度时，只考虑公平的一般性和抽象性，而正是这种公平观埋下了福利刚性的种子，使他们错误地假设了福利供给能力的无限性，忽视了福利需求的层次性和需求满足的阶段性；也正是这种公平观使他们忽视了福利对于经济和社会发生影响作用的两面性：福利既可以成为经济发展的动力，也可以成为经济发展的负担；既可以成为社会共识的基础，也可以成为道德风险的根源；既可以成为社会团结的基石，也可以成为社会动荡的诱因，后一种情况在近年多次发生的英法社会动乱中可以得到印证。①

① 参见郑秉文《英法大罢工的制度根源社保模式》，中国养老金网，2006年4月26日。

真正的问题在于：单独讲经济发展，已经很难，但不是最困难，在一定意义上，人们已经想出了很多办法促进经济实现快速发展；单独讲社会公正，已经很难，但也不是最困难，至少在理论上，人们也为实现公正想出了许多办法。真正困难的，至今在理论和实践上还没有很好解决的难题，是怎么实现发展与公正的统一，怎样把公平和效率结合起来，怎样把无差别的公平和有差别的公平结合起来——二者怎么协调，怎么互相促进，而不是相互分离，也就是要找到发展与公正的结合点和均衡点，找到一条线：平均主义走不通，福利国家走不通，小福利局限性已被突破，而走底线公平的福利道路才是可行的选择。而这个福利模式是建立在探讨福利社会建设的基本问题的基础之上的。

底线公平理论真正的发现，就是底线公平要比一般公平更有利于真正实现社会公平——这是福利建设的关键之点。

历史证明，靠"一般公平""一般平等"之类的公平观，恰恰不能实现真正的公平。它也许可以带来富裕社会，却不能带来公平社会。自 19 世纪以来，世界财富总量剧增，但贫富差距也急剧扩大。

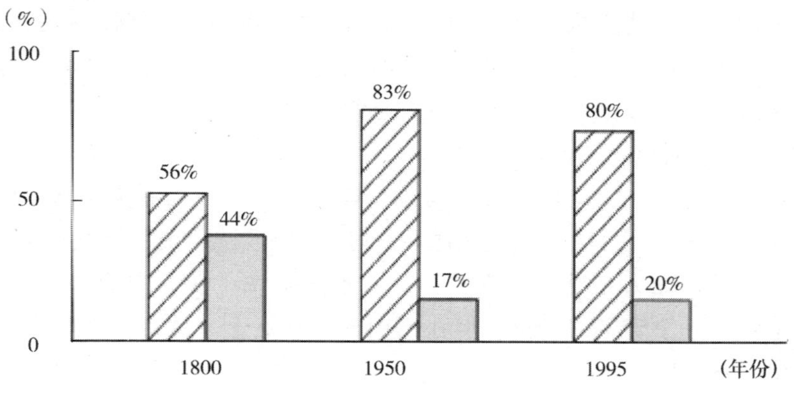

图 3—1　贫、富国家 GDP 分别占世界 GDP 的比重

资料来源：引自丁元竹《社会公平的历史考察与中国构建和谐社会的政策选择》，载《中国—欧洲社会政策论坛"社会政策与和谐社会"论文集》（2007 年），第 90—91 页。

马克思、恩格斯曾尖锐批评所谓“一般公平”“一般平等”，指出所谓“一般公平”“一般平等”其实是掩盖了不公平、不平等。[①] 底线公平超越了17—18世纪资产阶级思想家发明的“一般公平”“一般平等”，根本区别于像蒲鲁东等人那样的“永恒公平”的废话，同时也不是马克思、恩格斯设想的只有在共产主义社会才能实现的公平公正。它是在社会主义阶段可能实现的适度公平。它不是只要低水平的公平，而是探讨怎样实现真正的、全面的、可持续的公平，怎样在公平和发展之间找到平衡。它是一种发展模式理论，也是制度理论、机制理论，而不是简单地论述社会福利是低水平还是高水平的问题。

二　认真研究福利社会建设的科学基础问题

至少有以下10个问题是基础性问题：福利支出占GDP的比重、福利支出占财政收入的比重、社会福利责任结构（含政府责任和市场机制的分工）、社会福利需求结构、社会福利供给结构、社会福利分配原则、社会福利分配方式、社会福利需求和供给的均衡度、社会福利调节机制、社会福利效益评估。既然是“基础性问题”，那它们就难以最终解决，只要福利建设还在进行，它们总会以某种形式表现出来；即使一时解决了，遇到条件的变化，或者发展到新的阶段，它们又会成为基础性难题；或者说，对这些问题的回答或解决，只能是相对的、暂时的、局部的。这里，只是从底线公平理论出发，对这些问题做初步的讨论。[②]

（一）福利支出占GDP的比重

福利支出所占比重是社会各利益方博弈的结果，福利支出与GDP的恰当比例多少为宜？既不是越高越多越好，也不是越低越少越好，应该有一个以科学论证为基础的合理结论。在理论上说，在一个确定的时间点上，应该有一个确定的比例，但在不同的时间点上，这个比例是变化的。所以，在一个时期内，这个比例应该分布在一个区间内，它不是一个固定的数字，而是表明一个恰当的关系和有效的机制。

以底线公平为社会福利的基本理论，可以较为成功地确定福利支出占

---

① 马克思：《哥达纲领批判》，载《马克思恩格斯选集》第3卷，人民出版社1995年版，第304—305页；恩格斯：《论住宅问题》，载《马克思恩格斯选集》第3卷，人民出版社1995年版，第147页。

② 顾金土博士对本节的写作提供了帮助，特此致谢。

GDP 的比例。为了论述的方便，本书将社会各领域中的福利分为底线部分福利（设为 BW）和非底线部分福利（设为 NBW）。非底线部分福利就是底线以上部分的福利。根据底线公平理论，底线部分的福利责任是由政府承担。底线以上部分福利的责任由政府、社区、单位、家庭等多个社会主体承担。

从现实社会福利运行来看，底线部分福利的特点是：项目内容弹性小、对象相对固定，容易测量；非底线部分福利的特点是：内容弹性大、对象复杂，不易测量。有了底线公平理论作基础，我们就可以在众多复杂的社会福利类型和内容中抓住相对稳定的、易测量的底线部分福利，用这个变量值来探讨社会福利与 GDP 的关系。

社会福利总支出（W）分为底线部分福利和非底线部分福利，社会福利支出与 GDP 的关系也可以分为两个部分，一是底线部分福利与 GDP 的关系；二是非底线部分福利与 GDP 的关系。现实中，三者之间的关系会有多种变化：总福利占 GDP 比重可能适当、偏高、偏低，底线部分福利占总福利比重也可能适当、偏高、偏低，非底线部分占比也可能适当、偏高和偏低；三种变化可能交叉出现，如总福利占比适当，底线部分福利占比偏高，非底线部分占比偏低；总福利占比偏低，底线部分福利占比偏低，非底线部分占比偏高。他们之间呈现不同的关系代表社会福利存在不同的问题，需要分别对症下药。根据底线公平理论，底线部分福利是三者关系的关键，因为它是刚性的，而非底线部分福利是弹性的，因此，要让三者与 GDP 均有适当的比例关系，首先应该要让底线部分福利与 GDP 保持适当比例（令为 RBW）。

$$RBW = BW/GDP = BW/W \cdot W/G \cdot G/GDP = Q \cdot P \cdot H$$

式中的 G 就是国民收入总和，Q 是底线部分福利占社会总福利支出的比重，P 是社会福利支出占国民收入的比重，H 是国民收入占 GDP 的比重。其逻辑关系是指底线部分福利占比与国民生产总值、国民收入、总福利支出的比重有关。

目前，我国底线部分福利占比偏低有直接和间接原因，直接原因是总福利支出占比还比较低，底线部分福利占社会福利总支出的比例偏低（这是一个社会福利的内部问题，根源在于建立以什么理论为原则的社会福利制度）；间接原因是社会福利支出占国民收入总和的比例偏低（这是一个二次分配问题，根源在于社会福利制度的推行的深度和广度不够），以及国民收入总和占 GDP 的比例也偏低（这是一个初次分配问题，根源在我国经济结构和初次收入分配制度）。非底线部分福利最终取决于 P 和 H，也就是说，只有经济增长和国民收入在 GDP 中的比例提高了，它才可能得到提高。

从这里我们可以看出，社会福利制度的运行是一个系统的问题，没有 GDP 的增长，社会福利制度就难以进步，但仅仅有经济增长也是不够的，必须在初次分配、二次分配和社会福利内部分配三个环节都比较合理或处理合适，社会福利事业才能稳定、健康地发展。

从研究的角度看，明确这一比例，有几个必须给出科学回答的问题：(1) 福利支出的准确计算；(2) 不只是参照国外经验，而且要找到决定这一比例的要素及其相互关系；(3) 找到能够调节它们相互关系的机制。解决了这三个问题，这一比例的确定才算有了科学依据，才能避免随意性。

这里的社会福利应该是总量概念，即政府投入、企业投入和个人投入，也即相关主体的社会福利责任的总和。也即二次分配数量在国内生产总值的比例。再分配的数量越大，可调节的社会福利越多，市场分配的空间也相对较小。

（二）福利支出占财政收入的比重

福利支出占财政收入的比重问题，主要是如何处理福利支出与政府其他支出之间关系的问题。根据底线公平理论，民生的基本需求是政府必须承担的责任。依据社会成员基本生活条件和现状，比照目前国家发展水平的要求，可以比较准确地衡量底线部分福利需求。财政支出可以分为三大块：福利支出、公共事务支出和政府自身支出。如果说公共支出（如国防、外交等）所占比重是执政方略问题，那么，政府自身支出所占比重就是执政廉洁和能力问题。所谓“执政为民”的最重要标志就是福利支出与政府自身支出在财政支出中所占比重。当然，从合理性来说，也不能认为福利支出所占比重越大越好，任何关系的合理性都要有一个依据科学的“度”。

这个“度”怎样确定？社会福利制度首先应该确定一条底线，界定财政支出对社会福利支出的责任，根据财政支出能力弹性地进行社会福利分配。按照底线公平理论，社会成员的基本生活需要，特别是中低收入者的基本生活需要是政府必保的，如此，社会福利支出占财政收入的比例问题就可以转化为“如何确定底线部分福利占财政收入的比重”问题。该问题的关键在于底线的确定。确定了底线，也就是确定了底线部分福利的需求量，也就可以将它与财政收入水平进行比较。经过一段时间的校正，我们也可以总结出两者之间比较合理的比例关系，然后，就可以建立两者之间的联动机制，保证底线部分福利（当然各个社会福利领域中的底线是不一样的，都需要时间的校正）处于合适的水平。比如低保水平的调节，如果社会福利总支出增长，那么，低保水平就可以根据低保金的总量以及低保对象数量合理地确定低保水平线。当然，这需要详细的经济社会基础调查。底线部分福利支出可以表达为：

$$BW = \int (B - X)\,dx$$

$$B = f(GF, NW)$$

X 为现有的底线部分福利，B 为应达到的底线部分福利，GF 为政府的财政收入，NW 是财政中的非福利支出。如果是动态情况，那么底线部分福利取决于上一年的财政收入和非福利支出的情况。

这个问题的实质就是上面所述 W 和 NW 的比值关系。关键是要分析那些非社会福利支出（行政管理费、军队费用、警察费用、产业性投资等）是否恰当、是否必要。

福利支出适度与否不能只看其与经济增长情况的关系，好像经济增长快，福利支出增长也应该快。其实，二者的关系没有这么单纯，它是受政府的执政理念、政治制度、经济制度、文化传统和意识形态等多种因素影响的。20 世纪 80 年代，人们普遍认为北欧国家的福利水平太高，可是，当英国撒切尔政府和美国里根政府推行新自由主义，鼓吹缩减社会福利时，北欧国家却逆势而为，增加了福利总量，只是相对比例有所降低。他们认为高福利是基本适度的。可见，对于何为“适度”的评价标准还需要加强研究。

科学地解决福利支出占财政收入的比重，不能只有一个原则性的要求（社会保障水平与经济发展水平相适应），也不是只参照国外的做法和经验（因为不完全具有可比性），而是要真正找到确凿的根据，正确的比例关系，这是底线公平理论的初衷——在不稳定的因素中找出比较稳定的因素；在不确定的关系中，找出比较确定的关系；在相互交错的关系中找出具有标志性的关系；在难以把握的总体中找出有代表性的局部。将最低生活保障制度、义务教育制度以及公共卫生和医疗保障制度共同作为“底线公平”的标志性制度，绝不是说其他制度都不重要，或者都不要了。底线公平是在研究一个复杂问题时运用“分解法”的尝试，它可能有这样或那样的缺陷，但它讨论的问题是制度合理性、政策合理性，福利相关变量相互关系的科学根据问题，不能简单地将其看作福利水平高低以及公平概念是否全面的问题。

解决福利支出占财政支出的比重问题的关键是明确社会福利的责任结构。

（三）社会福利责任结构

社会福利的责任主体主要是政府［中央、省、市、县、乡（镇）政府］、市场、社会（企业、民间组织和社区）、家庭和个人。社会福利责任的配置原则就是把各方积极性都发挥出来，形成最佳组合。其中，明确政府责任的底线和市场机制起作用的边界十分重要。社会保障制度改革以来的经验教训告诉我们，很多问题就出在这上面。为什么计划经济时期经济水平那么低，却没有发生过考上大学因贫不能入学的问题？为什么那时农村经济水平很低，依靠合作医疗，农民基本能够有医可就？为什么 20 世纪 90 年代以后，GDP 翻了几番，却出现严重的“上学难、上学贵”“看病难、看病贵”问题？可见，什么都推给市场，政府与市场没有明确的责任界限是要出大问题的。

社会福利制度要精心设计责任结构，发挥各方积极性，既要顾及经济增长的需要，又要适度满足人们的福利需求。根据底线公平理论，公共财政应承担社会福利底线部分的责任，国家、社会、家庭和个人共同承担底线以上部分的福利责任。国家和社会的责任分担比例主要取决于社会福利项目的社会效应如何。如果福利项目的社会效应（有外部正效应和长远效应）越大（如义务教育、公共卫生、公共服务等），那么，政府和社会承担的责任就要更多。这样的配置原则既是为了充分发挥社会福利支出的效能，也可以限制社会福利需求的盲目增长。

在建立责任共担的筹资结构方面，我国在实践中有一些值得重视的探索。新型农民合作医疗制度的筹资结构就与欧美国家的医疗保险制度差别很大。我国有七八亿农民，他们的医疗问题怎么解决？完全由财政承担？承受不起；让农民自己负担？他们收入太低，缴不起费；农民没有工作单位，又不能像职工那样由企业和用人单位出大头。怎么办？责任共担。中央财政出一部分，地方财政出一部分，农民个人出一部分。刚开始是中央财政出10元，地方财政出10元，农民自己出10元。有的经办人员就说，农民自己只出10元，还要一家一家动员，干脆让中央财政全出算了。这个中央财政也确实出得起，但如果农民不出这10元钱，那对于某些农民来说，医疗报销就成了不得白不得，不要白不要，不花白不花的公共资金，对于另一些农民来说，反正自己没生病，他对合作医疗的运行就不关心。而让农民出这10元钱，他就有一份责任、有一份关心。所以，这个均衡机制是很巧妙的，筹资结构实际上也是责任结构、管理结构、监督结构。例如在有的地方出现“瞒报”“骗保”现象，有的县级财政不想出钱，就编造虚假的农民参保人数，本来只有1万人参保，却上报中央财政说有2万人参保了，中央财政支出了应支付部分，但是县级财政却分文不出，就用中央给的2万人的费用来支付1万人的医疗补偿金。像此类问题，只有让群众广泛参与，他们都是利益攸关者，众人的眼睛都盯着，才能保证制度的健康运行。

（四）社会福利需求结构

社会福利需求因社会发展阶段、地方条件、文化、经济水平的不同而不同。底线公平理论中所指的底线部分福利是基本福利，它的弹性小，必须满足，一般也比较容易满足；非底线部分福利，如享受性福利以及部分发展性福利，需求弹性大，难以满足。对于预防社会风险效率高、长远利益大的福利，如公共卫生、教育等，政府必须优先予以满足。对于具有外部负效应的社会福利，如某些特殊（特权）福利，必须加以限制和约束。

合理的需求结构必须优先满足人民群众的基本生活需求，划分基本部分与非基本部分；在基本需求的满足上又要有优先次序，重在保证弱势群体或中低收入者的基本需求。要形成合理的需求结构，就必须有调节、有引导，有优先次序，有不同的需求满足策略。如果抽象地谈论机会平等，或者一般社会公平，不仅难以确定人们福利需求的合法性，而且难以将社会福利输送到真正需要它的人手中。唱高调的后果，往往却是优先满足了富人的需求。谁有钱满足谁，谁缴费保障谁，缴费越多就给付越多，社会保险就办成了商业保险。本来应该促进社会公平的社会保障制度，反而扩大了不公平。

（五）社会福利供给结构

在任何社会、任何时候、任何情况下，福利总是稀缺的，即使一个社会富得流油，福利也是极易耗尽的。因此，福利供给总是一个难题。历史上，福利供给无非三种办法：一是抓阄式，这是最没有办法的办法，不管合理不合理，大家都没有话说；二是平分式，数人头，人人均得；三是有先后、有重点，次序和重点就是结构，就是政策。前两种没有什么科学合理性可言，后一种要做到科学合理也难。而从底线公平出发，就可以明确次序与重点。底线公平的思路是很清楚的，它是强调面向大多数人特别是中低收入群众的需求的，这是政府的责任，是社会政策的重点和灵魂。

与底线公平是维护大多数人特别是中低收入者的利益不同，所谓“一般公平”却实质上维护少数富有者和强势集团的利益。这是二者的根本区别。为什么会有这一根本区别？在存在较大差距的情况下，表面上的“一般公平”，会因强势集团的作用形成利益导向，实际上造成福利向强势一方倾斜。此时，按照底线公平的要求，政府就要出于维护大多数人特别是中底层收入群众的利益，以财政手段满足他们的需要。……福利供给是要有调节的，不能全都跟着市场跑，有的开发商不是声称他是专给富人盖房子吗，可以，那你按市场规则走，但是政府实行差别税率：对豪宅，每平方米征很高的税，比如1万元；而对盖面向大众的商品房的，每平方米只征500元的税；盖廉租房的，政府给予补贴，比如每平方米倒补开发商500元。现在的问题是没有调节，没有政策，没有思路。政府要用政策调整供给结构，亮出自己的导向，也就是表明政府的性质（维护谁的利益）。

（六）社会福利分配原则

保护劳动、维护基本人权和体现社会价值导向是社会福利分配的三个原则。

由于社会福利通常优先分配给没有劳动能力和丧失劳动能力的人，或者只要贫困，不论何种原因都给予福利补贴，以体现人道关怀，这种表象给人一种错觉，似乎福利与劳动没有关系，享受福利是基本人权。人权是要维护的，可是拿什么去维护呢？人权本身不能产生福利，福利是由劳动创造的。割裂了福利与劳动的关系，福利就成了无源之水。所以，在实行普遍福利的同时，必须坚持就业优先政策，就业收入必须大幅度地高于失业待遇，以便刺激有劳动能力的人愿意就业，必须就业，珍惜就业岗位。一般情况下，最低生活保障金应明显低于最低工资标准，失业保险金应明显低于平均工资水平，甚至可以考虑把失业保险金大部分转为就业培训补贴。如属主动失业，管理部门可以把失业保险金降低到与最低生活保障金接近的水平；如属被动失业（如国家产业政策调整或雇主裁员），用人单位要为其支付生活保障金，直至其再次就业为止，以此阻止随意裁员，减少被动失业。

保护劳动、维护基本人权和体现社会价值导向要三者兼顾，既体现社会公平，又激发社会活力。

（七）社会福利分配方式

不同的福利内容要选择合适的分配方式：无偿、低偿、有偿，不在于财政是否支付得起，而在于形成合理共担的机制。

无论社会福利制度多么健全，维持一个社会正常运转的基本条件仍是绝大多数人拥有自立能力。通过自己的力量维持生计并实现发展，这种自立能力对于每个个人或家庭都是必要的。但人们还需要一个收入调节及保险机制以推行再分配，既为他自己，又为别人，实现风险共担。以保证能够满足那些缺乏自立能力的个人和家庭的基本需要，并帮助他们形成和增强自立能力。

因此，选择无偿、低偿还是有偿，不是取决于财政能力，不是财政充裕就可以无偿提供福利，而是要看福利项目的类型，福利接受者的情形，以及是否能够发挥福利项目的社会效益。一般地说，享受型福利通常采取有偿或低偿提供方式，生存型福利一般采取无偿提供方式。发展型福利的情形比较复杂，可以视情况采取无偿或低偿方式。

在具体实践中，各地创造了许多更细致的政策和规定，例如在新型农村合作医疗体制下，在县内就医就与到市内、省内以及省外就医，住院报销比例各有不同。

（八）社会福利需求和供给的均衡度

任何均衡的实现和保持都很难，而社会福利的需求永远大于供给，不论国家多么发达，经济多么景气，福利供给能力总是有限的。因此，要实现并保持二者的均衡，就必须探索并找到均衡点或均衡度。

流行的说法是，社会保障（社会福利）水平要与经济发展水平相适应，要建立经济增长与福利增长的联动机制，听起来很有道理。可实际上，不论是经济发展还是社会福利，都会出现难以预料的情况，吊诡的是，在经济下行，甚至面临危机的时候，因为失业严重、企业经营困难，物价上涨，所以社会保障和社会福利需求可能更强烈；而在经济顺利增长时，因就业容易，企业盈利，职工收入增加，物价也往往不高，所以，此时虽然财政收入盆满钵溢，社会保障（社会福利）需求压力却不大。

所以，底线公平理论主张区分基础部分与非基础部分，确保基础部分在任何情况下保持稳定，让非基础部分随情势波动，在这种有动有静中，寻求动态均衡。依靠基础部分的稳定性，保持社会保障和社会福利水平的确定性和可预期性，也就是保持人心和社会的基本稳定；让非基础部分去适应和调节经济波动，这既可以降低社会风险，又可以寻求福利需求与供给的动态均衡。

新型农村合作医疗的人均筹资水平并不高，从开始时的每人 30 元，到现在平均 200 元，增长虽然很快，但人均水平还是很低。几年运行下来，这一体系却没有出现大的亏空。为什么？就是在制度中设计了需求与供给的平衡机制——“起付线”和“封顶线”。因为新型农村合作医疗在开始阶段只面向大病提供住院报销，以解决农民看不起病和因病致贫问题，所以规定“起付线”；但因总的经费有限，不能满足所有人的需要，如果有一个或几个患大病的人把所有经费都花光了，其他人就享受不到了，显然有失公平，所以设定了“封顶线”。这两条线两头一卡，就能够控制总收入和总支出，所以新型农村合作医疗没有欠账。比起现行城市职工医疗保险制度，新型农村合作医疗制度在需求和供给的平衡上就更加有效。

（九）社会福利调节机制

社会福利是最具刚性的，上调容易，下调难。下调几乎没有可能性，近几年的英法大罢工，都是因为政府试图调低某项福利，结果引发社会动荡，导致政府首脑下台。其实，即使上调也未必就容易，无论调多调少，也无论得多得少都能闹得鸡飞狗跳。可是，经济是有波动的，有时还有危机；人口结构是变化的，也会有危机。因此，社会福利总是要调节的，不能软调，就得硬调。如果一个社会保障和社会福利制度已经定型了，人们的利益关系已经固定了，再想调节就难上加难。我国的社会保障和社会福利制度正在建立和完善的过程中，如能预先设计好调节机制，正像修建房屋时，预先铺好水、电、气、电话、上网管线一样，运行起来，一旦需要调节，就方便了。我们要抓住这个难得的“窗口时间”，把调节机制设计和预装好。

社会福利调节分为外部调节和内部调节，前者主要是与经济发展状况的关系，后者主要是各福利主体之间的关系。外部调节机制应建立在经济社会调查信息基础之上，信息包括财政收入、国家安全支出，自然灾害损失、国际收支平衡程度，人均居民收入、基尼系数以及人口结构等。尼古拉斯·巴尔 2002 年 11 月在《致中国读者》中提到，“对中国尤为重要的是，建立养老保险的关键将取决于一系列公共部门和私人部门的前提条件，公共部门的前提条件包括：养老保险改革一揽子计划的政治支持；执行税收与缴付的行政能力；维持宏观经济稳定的能力；有效的监督管理。私人部门的前提条件是：充分完善的人口信息；金融资产与资本市场的存在；私人部门足以管理基金增值的能力”。内部调节机制建立在社会分层和流动、福利分配原则和方式、福利需求变化预测，供给能力及其持续能力的评估等的基础之上。

社会福利的供给和需求既有市场机制，也有计划机制；既有政府机制，也有社会机制。随着社会福利供给的增加，无论是总量的增加还是人均福利水平的提高，人们对于社会福利都将产生更大的需求。必须考虑道德风险问题，及时掌握基础信息，以便采取预防性措施。

底线公平理论之所以把社会福利区分为基础与非基础部分，并相应地把调节机制也分为刚性的与柔性的，目的在于明确政府责任与市场边界，明确福利供给的优先次序和重点，以刚性机制为主保障基本生活需要，以柔性机制为主调节非基本生活需要；以刚性机制为主保障中低收入者的基本需要，以柔性机制为主调节享受性需要。这样，刚柔相济，适时适度地调节与经济、政治等外部因素的关系，随其变化而变化，因变而生，因变而稳；同时，刚性和柔性结合，变与不变互补，以不变维护弱势群体利益，保障全体社会成员的基本生活和发展需要，以变化适应条件制约。

（十）社会福利的社会效应

社会福利的有效调节，依赖于对社会福利效应的准确测量。只有明确福利支出的效应如何，各种调节机制和手段才能适当地发挥作用。例如，最低工资标准提高了一定幅度，它对职工生活产生了什么影响，使企业成本增加多少，给就业状况带来何种变化，如此等等。从社会福利支出到人们福利得到改善，这中间有许多个环节，比如市场组织的参与、民间组织的服务、社区服务、家庭服务等，都需要经济社会调查信息和数据。

社会福利的社会效应主要体现在：基本生活需要的满足、发展潜能的开发、阶层关系的调整、社会稳定的维持、人力资本的提升、社会认同和道德水平的提高等方面。它们都可以用一系列指标加以测量。如贫困发生率、就业率、发案数、人均受教育程度、住院人数、人均预期寿命、社会参与度、满意度、认同度等。

利用对社会福利效应的测量，依据底线公平理论，我们可以确定底线部分社会福利向量，通过对它的控制来调节社会福利状态和社会福利效应之间的关系。其原理是，根据前期的社会福利效应指标，确定各项社会福利的底线部分支出，底线部分的社会福利支出会影响社会整体的福利状态，反过来，又会产生新的社会福利效应，形成一个反馈，然后进入下一轮调节过程。通过对社会福利运行数据的分析还可以优化输出反馈矩阵，改善系统性能，提高社会福利运行效率，改善社会整体福利状态。根据这个原理，结合社会控制论方法，我们可以建构社会福利的输出反馈控制系统。

$$x(k+1)=Ax(k)+Bu(k), \quad x(0)=x_0$$

$$y(k)=Cx(k)$$

式中，$x(k)\in R^{n\times 1}$为社会福利状态向量，$u(k)\in R^{m\times 1}$为底线部分福利支出向量，$y(k)\in R^{r\times 1}$为社会福利效应向量（可观测向量）。A、B、C 均为参数，可通过实证数据加以确定。A、B 分别为第 k+1 期社会福利状态与第 k 期社会福利状态和第 k 期底线部分福利支出之间的回归系数矩阵，C 为社会福利效应与底线部分社会福利支出之间的回归系数矩阵。H 为输出反馈矩阵，是待定的。

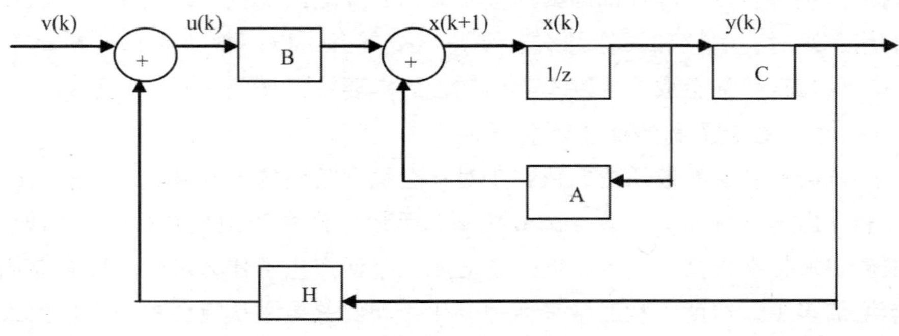

图 3—2　社会福利的反馈机制

由此，依据底线公平原理，我们就可以建立起福利反馈机制。也就是说，当福利支出发生以后，效果怎么样，能够鲜明地反映出来。不能像有的高福利国家那样，直到大街上懒汉成群了，才知道福利水平高了。但是福利又是刚性的，降不下去。我们把底线部分的福利支出当作一个向量，建立起福利反馈机制，就有了解决在福利社会中称为“老大难”的福利刚性问题的可能。

以上 10 个问题都是建设福利社会的科学基础问题。社会保障、社会福利搞了这么多年了，很多问题还是不甚了了。在社会保障、社会福利问题上，说空话、大话很容易，但毫无益处。靠唱高调、随意许诺，赚掌声、拉选票，是不负责任的。有意义的是冷静地、理性地对待每一个问题，讲究科学依据和科学论证，由此为中国特色福利社会奠定可靠的科学基础。

三　当前社会福利实践的主要难题

我国的社会福利建设已经进入快车道，亟须解决的问题很多。当前以及今后一段时间，最难解决的问题有以下两个。

（一）运用底线公平理论解决社会保障普遍覆盖问题。现在农民工数量多、流动性大，要设计一个能够包容农民工的福利制度太难。在欧洲，社会保障最初是面向工人的，即保障那些有固定工作、固定收入的人。而我国农民工收入不高，也太不稳定，没办法定期定量地缴纳保险金，设计并建立相应保障制度的成本太高了。所以，现在我们面临的第一个难题就是扩大制度的包容性、灵活性。这个问题怎么解决？这就用上了底线公平理论，可以区分基础部分和非基础部分。基础部分主要由财政支出，部分由企业支出，这是社会统筹部分。个人缴费部分主要是在个人账户上，因此，只要把社会统筹部分提高层次，全国一致就可以了。养老保险一定要全国统筹，不要搞那么大的差别。为什么农民工流动时难以把社会保险金全带走？主要是因为国内地区差距大、城乡差距大，这是我们与欧洲的最大差别，造成了制度衔接有问题。

（二）解决制度之间的整合问题。正因为存在地区差别、城乡差别，还有种种身份差别，以及历史原因，社会保障制度形成了被称为“碎片化”问题，城市职工有医疗保险，现在又搞了城镇居民医疗保险，此外，还有新型农村合作医疗。新型农村合作医疗又是县级统筹，一个县一个办法。这就使制度相当混乱，进而产生各种不平等、不公平。现在，能不能把这些五花八门的制度整合起来？这个问题也可以按照底线公平原则来解决。

总之，制度覆盖面的问题和制度衔接、制度整合的问题是当前以及今后社会福利和社会保障制度建设的难点。如果能够解决这两个问题，我们的社会福利体系就能有很大的改观。

四　中国特色福利社会的实践基础

令人备受鼓舞的是，建设福利社会已经不是纸上谈兵，而是在全国兴起的生动实践。许多先进地区已率先进行了建设福利社会的大胆尝试。例如，江苏省江阴市是全国著名的百强县（市），长期在经济发展上居全国县市之首，并于2005年率先达到江苏全面小康市指标。在巩固提升全面小康建设成果的基础上，江阴市对自身的发展理念和目标进行了冷静的审视，又一次开风气之先，提出了建设“幸福江阴”的新构想，果敢地超越多年来紧紧围绕GDP增长的路径依赖，把改善民生更多地纳入政府考核和社会协调发展体系中，实现由富裕江阴到幸福江阴的转型和跨越。顺应人民渴求幸福的愿望，激发人民创造幸福的热情，共建共享幸福生活。

尤其可喜的是，放眼全国，勇敢探索建设福利社会之路的，不光是东部发达地区，一些原本被认为是落后的地区也闪亮登场，如陕西省北部的神木县，这个被作家路遥称为“没有比这更苦难的土地，没有比这更苦难的河流”的地方，正在打造成“中国第一福利县”①。几年前，这里探明一个储量占全国1/12的大煤矿，神木很快跻身全国百强县之列，财政收入10年增长了100倍。由于是爆发型致富，仅2008年1年，全县就新冒出上百个亿万富翁，而一些穷人却依然看不起病，上不起学。在贫富悬殊的社会里，政府该如何作为？神木县领导们的思路很明确：必须考虑大多数人的利益，扶助弱势群体，动用公共财政，健全社会福利，让全体人民共享发展成果。于是，他们给住院医疗设计了较低的报销起付线，其余全免，同时实行12年免费义务教育，孤寡老人残疾人免费供养的福利模式。

我们看到，在落实科学发展观的过程中，全国各地的发展思路和社会气象出现了历史性的深刻变化：西部地区的经济发展速度超过了东部，农民的收入增长速度超过了城市，许多省市由扩大地方差距转为缩小差距，不论财政状况如何的省市都在推动和谋划社会保障的省级统筹，实现城乡之间、地区之间的公共服务均等化，各级政府开始积极承担起公共福利责任……总之，中央和地方、政府和民间、东部和西部、城市和乡村都在以理性的热情，主动或者被动地跨入新的发展阶段。

---

① 施雪钧：《神木：设计“中国第一福利县”》，《文汇报》2009年7月30日。

当今，中华大地正在涌动的，不是20世纪80年代村村点火、户户冒烟的大办乡镇企业的热潮，不是90年代县县引资、村村招商的工业化浪潮，也不是21世纪初的人人炒股、家家上市的虚拟经济狂潮，而是在科学发展观指引下，走向共同富裕，建设中国特色社会主义福利社会的高潮。这是30多年的改革发展成果真正落实到每个老百姓身上的伟大实践，是中国人的生活品质和幸福指数历史性提升的新阶段，是中华民族实现民富国强的新征程。

第三节　建设中国特色福利社会的意义

改革开放30多年来，我国社会福利体系的改革和重构取得了显著成就，已进入从小福利迈向大福利的历史阶段①。为了进一步“迈向普遍福利时代”②，特别需要深入思考中国社会福利发展的方向和远景目标。近年来，学术界对此进行了富有意义的探索，提出了颇具启发性的见解。如徐道稳提出“构建发展型福利社会”③，郑功成提出“迈向中国特色社会主义福利社会”④，刘继同提出“构建中国特色福利社会”⑤，康新贵提出“多元化的福利社会”⑥。我们也赞同“建设中国特色福利社会”的主张，同时认为还需要作进一步的系统研究。本书先讨论建设中国特色福利社会的意义。从“全球性”与“地方性”相结合的视角看，建设中国特色福利社会的意义主要体现在以下五个方面。

一　实现社会福利现代化的必然趋势

从社会福利发展的普遍规律看，建设中国特色福利社会是实现社会福利现代化的必然趋势。综观社会福利的发展历程，大致可分为两大阶段：

① 景天魁、毕天云：《从小福利迈向大福利：中国特色福利制度的新阶段》，《理论前沿》2009年第11期。

② 景天魁：《迈向普遍福利时代》，http://www.sociology.cass.cn/shxw/shgz/t20090708_22532.htm。

③ 徐道稳：《以发展型社会政策构建发展型福利社会》，《深圳大学学报》2008年第1期。

④ 参见郑功成《中国社会保障30年》，人民出版社2008年版，第378—380页；郑功成主笔《中国社会保障改革与发展战略：理念、目标与行动方案》，人民出版社2008年版，第107—110页。

⑤ 刘继同：《社会福利制度战略升级与构建中国特色福利社会》，《东岳论丛》2009年第1期。

⑥ 康新贵：《多元化的福利社会——对中国发展道路的探索》，《社会科学论坛》2009年第3期。

传统农业社会时代的“补缺型”福利和现代工业社会时代的“制度型”福利。从发展社会学的视角看，现代社会福利制度产生于农业社会向工业社会转型的历史时期，既是社会现代化的需要，也是社会现代化的产物，还是社会现代化的标志。以18世纪70年代的第一次工业革命为起点，全球的社会现代化进程已经历了三次高潮。人类进入20世纪特别是40年代以来，在第三次现代化浪潮中，社会福利（保障）制度在全世界得到空前发展。20世纪初，只有少数几个欧洲国家通过立法建立了以社会保险为核心的社会保障制度。截至1940年，建立包含任何一项社会保险项目的社会保障制度的国家有57个；1958年，建立社会保障制度的国家有80个；1977年增加到129个，1995年达到165个。① 到20世纪末期，世界上已有172个国家和地区建立了不同形式、不同程度的社会保障制度。②

由此可见，在全球现代化的过程中，建立社会福利制度的国家不断增加，社会福利在各项事业中的地位日益提升，社会福利的范围不断扩大，社会福利的水平逐步提高，社会福利制度日渐完善。一句话，社会福利现代化的水平不断提高。这种趋势不是发达资本主义国家的专利，而是人类进步的共同追求。正如郑功成所说：“应当承认这样一个客观事实，即福利社会是人类共同的追求，并不因为肤色、民族及意识形态的差异而不同，不仅真正的社会主义一定是人民幸福的福利社会，而且以福利国家为代表的西方福利社会的发展实践总体上也是成功的，它不仅维系了并且还在继续维系西方世界的繁荣与稳定。”③“迈向福利社会是人类社会发展的客观要求和必然趋势，是人类不懈追求的理想目标。”④

从中国现代化的发展趋势看，建设福利社会是中国特色社会主义现代化的必然选择。当代中国正处于从传统农业社会向现代工业社会转型的历史时期，既是一个社会现代化的加速期，也是一个社会福利大发展的机遇期。社会福利现代化既是中国特色社会主义现代化的组成部分，也是中国特色社会主义现代化的重要目标。在中国社会福利现代化的过程中，我们必须认识到，世界上没有完全相同的福利制度，更不存在实现社会福利现

① 郑功成：《社会保障学：理念、制度、实践与思辨》，商务印书馆2000年版，第18页。

② 张彦、陈红霞：《社会保障概论》，南京大学出版社1999年版，第24页。

③ 郑功成主笔：《中国社会保障改革与发展战略——理念、目标与行动方案》，人民出版社2008年版，第108页。

④ 同上书，第107页。

代化的唯一模式。历史经验表明，迈向福利社会的道路是多样化的，“福利国家模式”并非唯一途径，中国应该也必须走具有中国特色的福利社会之路。一方面，中国特色福利社会不是“孤立”的社会制度，必须与中国特色社会主义的经济制度、政治制度和文化制度相适应。建设中国特色福利社会，必须坚持社会主义公有制的主体地位，必须坚持人民民主专政的国家政权，必须坚持马克思主义的指导地位。另一方面，中国特色福利社会不是“断裂”的社会制度，必须尊重新中国社会福利事业演进中形成的“路径依赖”。建设中国特色福利社会，必须总结和吸取新中国成立60年来在社会福利制度建设中积累的经验教训，必须以已经形成的历史结果为制度创新的出发点。

二 超越“中等收入陷阱”的必由之路

从一些国家经历“中等收入陷阱”的教训看，建设中国特色福利社会是中国超越“中等收入陷阱”的必由之路。按照世界银行的定义，人均GDP在824美元以下的国家属于低收入国家，在825—3254美元的国家属于低中等收入国家，在3255—10064美元的国家属于高中等收入国家，超过10065美元的国家属于高收入国家。[①] “中等收入陷阱”反映了许多国家在经济社会发展过程中普遍存在的一个困境，即人均GDP长期徘徊于中等收入状态而停滞不前，难以顺利进入高收入国家的行列。

长期落入“中等收入陷阱”而“难以自拔”的典型代表是拉美国家。例如，阿根廷、巴西、墨西哥的人均GDP分别在1961年、1975年和1974年达到1000美元，经过20年的发展后，阿根廷、巴西、墨西哥的人均GNP分别为2560美元（1981年）、3690美元（1995年）和4590美元（1994年）；若以等值美元计算，阿根廷1981年的2560美元只相当于1961年的700美元，巴西1995年的3690美元只相当于1975年的1382美元，墨西哥1994年的4590美元只相当于1974年的1719美元。[②] 拉美国家为什么长期落入“中等收入陷阱”？根本原因之一是政府未能有效地发挥调节收入分配的职能，没有及时通过建立完善的社会保障制度来调整收

① 蔡昉：《中国经济如何跨越“低中等收入陷阱”?》，《中国社会科学院研究生院学报》2008年第1期。

② 郭克莎：《人均GDP1000美元后的长期发展进程——东亚和拉美国家的经验教训及其启示》，《开放导报》2005年第1期。

入差距。“在社会保障制度方面，人们享受养老、医疗等的待遇往往因其所在部门、行业与政府讨价还价能力的大小而出现重大差别，大多数拉美国家都没有建立诸如工伤保险、家庭救助等主要面向体力劳动者和贫困家庭的保障机制；在教育领域，公共教育开支过分地向高等教育倾斜，因而主要是高收入阶层从中受益；经常性的高通货膨胀严重损害了工薪阶层的实际收入；国家的税收政策、信贷政策等则长期有利于高收入阶层，等等。”① 20 世纪 80 年代启动私有化改革后，大部分拉美国家的社会保障覆盖面并未得到相应提高，所有国家的养老保障覆盖面反而呈下降趋势，各国平均的参保覆盖率由改革前的 38% 下降到改革后的 27%，下降了 11 个百分点。② 由于社会保障制度在调节收入分配中的功能严重不足，拉美国家的贫富差距和两极分化现象越演越烈，基尼系数居高不下，反过来又成为“拖累”经济发展的重要因素，形成贫困的恶性循环。

与此同时，我们也看到“中等收入陷阱”并非不可跨越的“鸿沟”，东亚的日本和韩国就是成功超越“中等收入陷阱”的典型代表。日本、韩国的人均 GDP 达到 1000 美元的时间分别为 1961 年和 1977 年，20 年之后，日本、韩国的人均 GNP 分别达到 12840 美元（1986 年）和 10550 美元（1997 年）。③ 日本与韩国之所以能够成功超越“中等收入陷阱”而跨入高收入国家的行列，社会保障制度功不可没。日本社会保障制度的真正发展始于 1945 年日本战败之后，在 1945—1961 年，日本不仅确立了社会保障的各分支制度体系，而且创建了社会保障管理体系和法制体系。20 世纪 60 年代以后，日本迅速步入高速经济发展时期，与这一时期的社会保障制度建设之间有着直接的因果关系。④ 经过 60 余年的发展，日本已经建成一套比较完备的社会保障体系，并在消除两极分化和提高收入分配公平化方面发挥了重要作用，目前的基尼系数仅为 0. 25。⑤ 韩国社会保障

① 苏振兴：《增长、分配与社会分化——对拉美国家社会贫富分化问题的考察》，《拉丁美洲研究》2005 年第 1 期。

② 房连泉：《增强社会凝聚力：拉美社会保障制度的改革与完善》，《中国经贸导刊》2009 年第 7 期。

③ 郭克莎：《人均 GDP1000 美元后的长期发展进程——东亚和拉美国家的经验教训及其启示》，《开放导报》2005 年第 1 期。

④ 崔万有：《日本社会保障制度及其发展演变》，《东北财经大学学报》2007 年第 1 期。

⑤ 蔡昉：《中国经济如何跨越“低中等收入陷阱”?》，《中国社会科学院研究生院学报》2008 年第 1 期。

制度的建立始于20世纪60年代，与韩国的经济起飞基本同步，并随着经济的快速发展进行相应的调整与改进。[①] 在1997年亚洲金融危机之后，韩国政府加大社会保障制度的改革力度，1999年实行了新的国民养老保险法，将国民养老保险制度覆盖面扩大到全体劳动者，公共养老金的覆盖率从1982年的5.6%迅速增加到2000年的61.3%。[②] 韩国的社会保障制度有效地促进了财富的公平分配，目前其基尼系数仅为0.32。[③] 韩国政府还进一步提出了社会福利制度建设的宏伟目标，即到2020年把韩国建设成为福利制度完善的发达国家。[④]

2008年，我国的人均GDP已突破3000美元，国内外已有学者开始讨论中国的"中等收入陷阱"问题。2007年4月，世界银行出版以"金融风暴十年祭"为主题的《东亚经济半年报》，回顾了1997年亚洲金融风暴后东亚各国取得的经济成就，同时警告东亚经济要防止陷入"中等收入陷阱"，特别指出要解决好普遍存在的收入差距扩大问题。[⑤] 杨速炎认为，中国已进入"中等收入陷阱"阶段，至少面临四大陷阱：一是收入分配差距拉大问题；二是城市化问题；三是资本账户开放问题；四是产业升级问题。[⑥] 中国如何才能摆脱和超越"中等收入陷阱"？日本韩国和拉美国家的发展经验已经表明，能否及时加强社会福利体系建设是能否超越"中等收入陷阱"的关键。在社会福利发展方面，中国目前最突出的问题不是"福利过剩"而是"福利不足"，不是"投入过度"而是"投入不足"。根据人力资源和社会保障部公布的数据，截至2008年年底，全国参加城镇基本养老保险人数为21891万人，参加城镇职工基本医疗保险人数为19996万人，参加城镇居民基本医疗保险人数为11826万人，参加失业保险人数为12400万人，参加工伤保险人数为13787万人，参加生育保险

---

① 杨玲玲：《韩国社会保障体制建立的过程、特点及成因》，《科学社会主义》2008年第6期。

② 王国辉、蔡旭：《韩国社会保障制度及对中国的启示》，《辽宁工程技术大学学报》（社会科学版）2004年第2期。

③ 蔡昉：《中国经济如何跨越"低中等收入陷阱"?》，《中国社会科学院研究生院学报》2008年第1期。

④ 王振东：《韩国社会保障制度改革及其对我国的启示》，《东南亚纵横》2008年第6期。

⑤ 世界银行：《东亚要摆脱中等收入陷阱》，《国际融资》2007年第5期。

⑥ 杨速炎：《中国经济面临"中等收入陷阱"挑战》，《观察与思考》2009年第3期。

人数为9181万人，全国参加农村养老保险人数为5595万人。[①] 根据民政部公布的统计数据，截至2008年年底，全国城镇低保对象为1111.1万户、2334.6万人，全国农村低保对象为1966.5万户、4284.3万人。[②] 相对于一个拥有13亿人的人口大国来说，现有的社会保障覆盖面还远未满足人民群众的保障需求。正因为如此，胡锦涛同志在十七大报告中提出：到2020年，全面建设小康社会的重要目标之一就是“基本建立覆盖城乡居民的社会保障体系，人人享有基本生活保障”。只有加快建设中国特色福利社会，提高社会保障的覆盖面，才能实现人均国民生产总值到2020年比2000年翻两番（即人均GNP4000美元）的经济目标。

三　中国特色社会主义社会建设的目标

从中国特色社会主义事业的总体布局看，建设中国特色福利社会是中国特色社会主义社会建设的长远目标。中国特色社会主义事业是整体发展和全面进步的事业，其总体布局由经济建设、政治建设、文化建设、社会建设和生态文明建设等方面构成。“五位一体”的总体布局，鲜明地体现了社会建设的战略地位。从正向的角度讲，社会建设是中国特色社会主义事业的“五根支柱”之一，中国特色社会主义事业不能没有社会建设。从反向的角度讲，缺少了社会建设的社会主义事业至少是不全面的社会主义事业，甚至不是中国特色社会主义事业。所以，社会建设直接关系到中国特色社会主义的本质，关系到中国特色社会主义的完整性；只有站在中国特色社会主义本质的高度，才能正确地认识和把握社会建设的战略性、全局性和长远性，才能深刻地理解社会建设在中国特色社会主义事业中的战略地位。社会建设在中国特色社会主义事业中的战略地位，还体现在社会建设与经济建设、政治建设、文化建设和生态文明建设的相互关系中。只有正确认识与处理社会建设与其他四大建设的关系，才能全面把握社会建设的战略地位。从横向的角度看，经济建设、政治建设、文化建设、生态文明建设和社会建设分别具有各自的特质和内涵，五者之间自成体系，相对独立，不能互相替代。这意味着五大建设在空间上没有等级之分，必

---

① 《2008年度人力资源和社会保障事业发展统计公告（节选）》，《社会保障制度》2009年第6期。

② 《2008年民政事业发展统计公报（摘录）》，《社会保障制度》2009年第3期。

须给予同等的重视；意味着五大建设在时间上没有先后之别，是同一过程的五个方面，而非五个阶段，必须同时推进。在处理五大建设的关系时，任何“等级论”“高低论”和“先后论”的思想观点都是片面的甚至是错误的，需要在建设中国特色社会主义事业的实践中给予特别的关注。中国特色福利社会属于社会建设的范畴，自然也是中国特色社会主义事业建设中不可或缺的重要内容。

作为中国特色社会主义事业总体布局之一的社会建设，需要确立发展的长远目标。在“五大建设”理论提出之前，我们对社会建设的相对独立性和重要性的认识不够深刻，对社会建设的内容规划不够全面，社会建设的范围边界比较模糊，社会建设的长远目标不够明晰。在党的十七大报告中，胡锦涛同志明确提出“加快推进以改善民生为重点的社会建设”，并进一步指出：“社会建设与人民幸福安康息息相关。必须在经济发展的基础上，更加注重社会建设，着力保障和改善民生，推进社会体制改革，扩大公共服务，完善社会管理，促进社会公平正义，努力使全体人民学有所教、劳有所得、病有所医、老有所养、住有所居，推动建设和谐社会。”[①] 胡锦涛同志对社会建设理论的系统阐述，为全面推进社会建设提出了具体要求，指明了前进方向。社会福利制度是以保障和改善民生为宗旨的社会制度，社会建设的“五有”目标，直接对应于人民群众的五种基本福利需求（教育福利需求、工作福利需求、健康福利需求、养老福利需求和居住福利需求），这既是民生问题的基本层面，也是现代社会福利制度的基本内容。中国特色福利社会是以人为本、以民生为重、以增进人民福祉为目的的社会，具体而言，就是“劳有所得的社会、贫有所助的社会、学有所教的社会、病有所医的社会、老有所养的社会和住有所居的社会”。由此可见，中国特色福利社会与社会建设的目标之间具有内在的契合性，建设中国特色福利社会就是中国特色社会主义社会建设的长远目标。正是在这个意义上，我们赞同郑功成教授的说法：“中国社会保障制度建设的远景目标甚至中国社会发展的远景目标，即是迈向中国特色社会主义福利社会！”[②]

---

① 胡锦涛：《高举中国特色社会主义伟大旗帜　为夺取全面建设小康社会新胜利而奋斗》，人民出版社 2007 年版，第 37 页。

② 郑功成主笔：《中国社会保障改革与发展战略——理念、目标与行动方案》，人民出版社 2008 年版，第 108 页。

四　缩小贫富差距实现共同富裕的途径

十一届三中全会以来，邓小平同志就一直高度重视我国社会主义现代化建设中的共同富裕问题，并对共同富裕与社会主义之间的内在联系进行过深刻系统的论述。1985 年 3 月，邓小平在《一靠理想二靠纪律才能团结起来》的讲话中指出："社会主义的目的就是要全国人民共同富裕，不是两极分化。如果我们的政策导致两极分化，我们就失败了。"[①] 1985 年 5 月，邓小平在《搞资产阶级自由化就是走资本主义道路》的讲话中强调："社会主义与资本主义不同的特点就是共同富裕，不搞两极分化。创造的财富，第一归国家，第二归人民，不会产生新的资产阶级。"[②] 1986 年 9 月，邓小平同志在接受美国记者电视采访时提出："社会主义原则，第一是发展生产，第二是共同富裕。"[③] 1992 年年初，邓小平同志在南方重要谈话中重申："走社会主义道路，就是要逐步实现共同富裕"；"社会主义的本质，是解放生产力，发展生产力，消灭剥削，消除两极分化，最终达到共同富裕。"[④] 邓小平同志从社会主义本质的战略高度论述了实现共同富裕的极端重要性，认为共同富裕是建设中国特色社会主义必须坚持的根本原则。

反观改革开放 30 多年来的发展历程，我们确实在解放生产力和发展生产力方面取得了辉煌成就，国民经济高速增长，社会财富迅猛增加，人民生活显著改善。但与此同时，我们在防止两极分化、缩小贫富差距和实现共同富裕方面存在严重问题，集中表现为收入差距、城乡差距和地区差距的不断扩大。研究显示，"中国农村居民收入差距的基尼系数从 1979 年的 0. 24 上升到 2005 年的 0. 38。与此同时，城镇居民收入差距也一直处于一种不断扩大的趋势，基尼系数从 1979 年的 0. 16 左右上升到 2005 年的 0. 35"[⑤]。全国收入差距也呈不断扩大趋势，全国的基尼系数在 1978 年为

---

① 邓小平：《邓小平文选》第三卷，人民出版社 1993 年版，第 110—111 页。

② 同上书，第 123 页。

③ 同上书，第 172 页。

④ 同上书，第 373 页。

⑤ 参见何平、李实、王延中等执笔《中国发展报告 2008/2009：构建全民共享的发展型社会福利体系》，中国发展出版社 2009 年版，第 11 页。

0.3 左右，2002 年上升到 0.45 左右，2007 年达到 0.48。[①] 城乡差距和地区差距也是越拉越大，“城市人均收入相当于农村人均收入的 3 倍多，2004 年达到 3.23∶1，如果加上其他的补贴、福利等，实际上是 5∶1 或者 6∶1……1990 年，东部地区人均 GDP 分别相当于中部和西部地区的 1.5 倍和 1.84 倍，2003 年就上升到 1.91 倍和 2.38 倍”[②]。尽管不能把目前的贫富差距简单地认定为两极分化，但由此导致的社会矛盾和社会问题已影响到社会和谐与社会稳定，迫切需要采取有力措施解决收入分配问题。十七大报告提出：到 2020 年，要基本形成合理有序的分配格局，基本消除绝对贫困现象，建成中等收入者占多数的小康社会。

导致贫富差距的原因是多方面的，其中一个非常重要的因素就是收入分配关系没有完全理顺。长期以来，我国初次分配领域中过度强调效率原则而轻视公平原则，再分配领域中的公平原则也落实得不好。因此，要从财富分配的角度缩小贫富差距，实现共同富裕，必须深化分配制度改革。可供选择的基本途径有两条：第一条途径是着力改进初次分配，提高初次分配的公平性。根据十七大报告提出的要求，必须在初次分配中处理好效率与公平的关系，提高居民收入在国民收入分配中的比重，特别是提高劳动报酬在初次分配中的比重。第二条途径就是改进再分配，建设福利社会。再分配虽然也要讲效率，但其根本原则是坚持社会公平，唯有通过政府主导的再分配机制才能进一步弥补和解决初次分配中遗留的不公平问题。实践一再证明，社会福利制度是调节收入分配、缩小贫富差距的重要手段。通过健全社会福利体系，扩大社会福利范围，增加社会福利对象，优先保护弱势群体，有助于缓解和克服分配不公，有利于消除两极分化，有利于实现共同富裕。在这个意义上，建设中国特色福利社会不仅是缩小贫富差距实现共同富裕的途径，更是坚持社会主义本质的途径。

五　应对全球金融危机的有效举措

肇始于美国次贷危机的全球金融危机正在梯次蔓延，并在一定程度上演变为全球经济危机，在一些国家和地区甚至引发了社会危机。面对金融

---

① 中国发展研究基金会编：《中国发展报告 2008/2009：构建全民共享的发展型社会福利体系》，中国发展出版社 2009 年版，第 11 页。

② 景天魁：《底线公平：和谐社会的基础》，北京师范大学出版社 2009 年版，第 68 页。

危机，唯有采取积极的应对措施，才能避免“金融危机→经济危机→社会危机→政治危机”的恶性循环。从辩证的角度看，金融危机既对各国的社会福利制度提出了严峻挑战，也为各国的社会福利制度创新提供了良好机遇。综观社会福利制度发展史上的重要历史事件和重大成就，基本上都不是发生于经济繁荣时期，而是出现在经济萧条和经济危机时期。越是经济困难时期，普通民众的福利需求越是强烈；“雪中送炭”式的福利远比“锦上添花”式的福利更能凝聚人心，提升民众信心。[①]

金融危机发生后，国际社会纷纷采取各种应对措施，其中最引人注目的一个共同策略是：全球检讨反思社会政策，强调社会政策的作用，并着手加强和完善社会福利体系。[②] 中国社会科学院社会政策研究中心的潘屹在《金融危机下社会政策的全球性复归和中国社会福利体制的建立》一文中指出，自1788年在英国出现第一次经济危机以来，国际上相继出现了应对经济危机的四种方式，社会政策就是主要方式之一。但在20世纪70年代的经济危机爆发后，深受新自由主义影响的国际社会却把矛头指向社会政策，削减社会福利。此次金融危机让国际社会重回社会政策，创新重视社会政策的功能：一是检查金融危机对社会福利的冲击；二是强调社会政策的作用；三是制定具体社会政策对抗危机；四是重新思考新自由主义。[③]

他山之石，可以攻玉。自2008年下半年以来，全球金融危机的负面影响已在我国的经济—社会生活中逐步显现，保障和改善民生成为应对金融危机的关键。社会福利制度是以民生为本的社会制度，趁着金融危机背景下保障和改善民生的机会，建设中国特色福利社会正当其时。一方面，通过建设中国特色福利社会，增加社会保障投入，扩大社会保障覆盖面，既能加快覆盖城乡的社会保障体系进程，又能增强全国人民应对和抵御金融危机的信心。另一方面，通过建设中国特色福利社会，完善社会福利体系，增强社会保障能力，提升大众的消费信心指数，才能真正撬动居民家庭消费和国内需求，进而发挥社会福利制度的生产性功能，保证中国经济

---

① 景天魁、毕天云：《从小福利迈向大福利：中国特色福利制度的新阶段》，《理论前沿》2009年第11期。

② 参见潘屹《金融危机下社会政策的全球性复归和中国社会福利体制的建立》，http://www.sociology.cass.cn/shxw/shgz/t20090708_22528.htm。

③ 同上。

走向“收入增加拉动消费—消费增长拉动投资—投资扩张推动经济增长”的良性循环。令人欣喜和振奋的是，中国政府已经采取了非常及时和正确的应对之策。2007 年 10 月，胡锦涛总书记在党的十七大报告中首次提出“以改善民生为重点的社会建设”；2008 年 11 月，中央政府出台 4 万亿经济刺激计划，其中近 1 万亿元直接用于民生工程；2009 年 3 月的两会上，温家宝总理在政府工作报告中提出，为保证新医疗改革的顺利实施，今后三年政府将投入 8500 亿元的财政支持；2009 年 5 月 22 日，中央政治局举行第十三次集体学习，内容是世界主要国家社会保障体系和我国社会保障体系建设；2009 年 6 月 24 日，温家宝总理主持召开国务院常务会议，会议决定 2009 年在全国 10% 的县（市、区）开展新型农村社会养老保险试点，弥补农村社会保障体系的最大“短板”。这一系列重要举措，既顺应世界潮流又立足于中国国情，事实上已拉开了建设中国特色福利社会的大幕。

综上所述，建设中国特色福利既是对全球社会福利发展趋势的积极顺应，也是对超越“中等收入陷阱”经验的认真吸取，既体现了“以人为本”的科学发展观，也符合全面建设小康社会的根本要求。中国特色福利社会建成之日，就是中国特色社会主义的优越性得到全面充分体现之时。

第二篇

社会福利模式选择

第四章

制约福利模式选择的物质因素

第一节　引言

远的不说，自第二次世界大战以后全世界福利制度加快发展以来，已经出现的大大小小的福利模式真如繁花绽放，一时难以准确得出到底有多少模式。就连具有归类性质的“福利世界”也已经有多个。广为接受的是1990年社会政策学家艾斯平—安德森划分的“福利资本主义三个世界”——自由型福利国家、保守或合作型福利国家、社会民主型福利国家。① 此后，福利制度在后发达国家、发展中国家广泛推行，又有学者认为拉美国家可算作第四个“福利世界”；东亚国家和地区的福利制度尽管内部差异较大，但总是有若干共同的特点，尤其是福利文化和社会心理方面的共同性总会对制度发生一定影响，故而也有人认为可称为第五个“福利世界”。福利国家也好，福利世界也好，福利制度也好，福利状态也好，总之，全世界已经有了丰富的经验和创造，对于像中国这样的后来者而言，已经用不着也没有可能另起炉灶，再来一个绝对意义上的所谓“创新”。所以，我们用的词是“选择”。

但是，福利模式的选择，又不是那么简单。毕竟，就连选择一件衣服，都要考虑到尺寸、布料、款式、品牌等因素，福利模式选择的影响因素就更多，经济、政治、社会、文化，很难说有哪一个因素不与福利模式选择有关。而且，这里其实不仅仅是选择而已。“量身定制”，要做到与经济条件相适合、与政治制度相适应、与文化特点相适宜、与社会和心理

---

① ［丹麦］考斯塔·艾斯平—安德森：《福利资本主义的三个世界》，郑秉文译，法律出版社2003年版，导论第3页。

状况相适当，就必须确定恰当的标准、可行的路径、正确的方针和政策，其实这些都必须要有创新。

可见，对于福利模式的研究来说，选择与创新是密不可分的。其中有许多方法论问题。例如，第一，不能不问统计口径的差别，直接比较相关统计数据。不同国家关于“社会保障支出”的统计口径，有的包含社会保险，有的不包含社会保险；至于“社会支出”“福利支出”等，统计口径更是差别很大。南京财经大学林治芬教授在专门做了比较分析后指出：“切忌拿中国不含社会保险的财政社会保障支出比重，同福利国家包含社会保险，甚至是全口径社会保障支出比重直接进行对比，以过度放大我国与发达国家政府社会保障责任差距的偏误结果，影响政府决策和公众视听。”①

第二，不能简单以福利水平的高低判定福利模式的优劣。一国福利水平高低受许多因素影响，因此，要在与相关因素的关系和相互作用中评价一个福利模式，不能简单地以福利水平的高低判断福利模式的优劣。如果不顾相关条件是否具备，过高的福利水平不仅没有可持续性，而且不利于经济发展，反而会带来社会危机，并最终不利于实现每个人的福祉。我们提出社会保障水平要与经济发展水平相适合，就是因为归根结底，经济发展水平是社会保障水平的先决条件；而且，我们是发展中国家，有着与发达国家不同的经济发展目标（指标），我国从发展全局考虑，需要保持经济高速或中高速增长，而发达国家的 GDP 每年只有低速增长或不增长，这对于投资与消费的比例、政府各项支出的比例都有重要影响。脱离开经济、政治、社会、文化条件，单独比较福利水平是没有意义的。

第三，不能简单以社会支出占财政支出比例的高低，判定社会政策的好与差。社会政策也不是孤立运行的。一个国家的长远发展战略、基本国情和经济政治体制，都对社会政策具有重要影响。我们常说，社会主义的一个重要优点就是能够集中力量办大事，这就意味着财政支出的比例会受到很大制约。事实上很难比较“办大事”的社会效益与直接用于个人消费的效益，比如，耗资数千亿、耗时十多年、搬迁几十万人的南水北调工程，给沿线数省几亿居民带来的效益，与将这些投资直接用于个人消费

① 林治芬：《不同统计口径“表达”政府责任不同——政府社会保障财政责任统计国际比较》，《中国社会保障》2012 年第 3 期。

（包括社会保障支出）的效益，恐怕是无法比较的。这里其实是一个复杂的权衡。所以，社会政策也必须与经济、政治以及文化等各种制约因素相协调。

第四，不能简单以单项制度的评价代替对整个福利模式的评价。不同国家不仅有不同的基本国情，还处于不同的发展阶段。发达国家因为贫困人口占比很低，所以社会保障支出中用于养老和医疗的占比很高，而发展中国家存在着较大比例的贫困人口，扶贫和生活救助在社会保障和社会福利支出中所占比重较大。因此，单单拿出养老金水平或人均医疗保障水平做比较，就有失偏颇。而且，就是人均 GDP 水平差不多的国家，由于国家总体发展战略不同，其福利模式也有很大差异。例如，希腊和韩国，前者的福利支出中占比最高的是养老福利，后者却是教育福利。

因此，我们研究中国社会福利模式的选择问题，不是将重点直接放在福利模式本身，而是重点研究影响福利模式选择的制约因素；不是脱离这些影响因素抽象谈论福利模式的优劣，而是追求福利模式与这些制约因素相适应、适合、适宜和适当。这是我们的主导原则和研究取向。

如上所述，影响福利模式选择的制约因素很多，大体上可以区分为物质因素和精神因素两个方面。由于难以面面俱到，我们只能在众多因素中确定几个重点：一要重视基础条件——基本的国情、社情和人情；二要重视经济和社会风险；三要重视文化传统；四要重视基本制度的价值取向。

第二节　社情人情[①]

一　基本社情与人情

一个福利模式，要想能够顺利建立起来，并且能够健康地、持续地运行，发挥预想的作用，就必须考虑社情人情的基本特点。过去我们在探索社会福利模式时，重视经济条件和社会福利的关系，这固然是基本的方面，但不是唯一重要的方面。没有一定的经济条件当然难以建立现代福利制度，但并非经济条件越好，福利模式就一定越好。福利是为了人的，它既要满足人的物质需要，也要符合人的主观感受。一个好的福利模式其实应该是

① 本书曾作为 2011 年海峡两岸社会福利学术论坛的主题演讲稿宣读过，笔者谨向出席论坛的两岸社会福利专家致谢！

最适合它所面对的人的特点的模式。要以人为本，既不是以经济为本，也不是以福利为本，不是福利越多越好，而是越适合人的需要越好，正如美味不是越多越好一样。所谓“适合”，表现为四个方面：一是适度性，这主要是与经济发展水平要协调，否则难以持续；二是适应性，主要是要适应市场化和城市化这样的社会情势；三是适用性，主要是适合人的生活方式、生活态度；四是适当性，适合人伦、人情，具有道德上的正当性。

60 多年来，海峡两岸在社会福利模式上各自进行了艰辛的探索，积累了丰富经验，虽然制度情形有所不同，但两岸同文同种，人文特点相同。台湾学者较早发出了“建立本土社会福利体系的呼声”[①]，为此，就要从大陆称为“国情”，实际包括政治、经济、社会、文化、生态等诸因素出发，詹火生教授把它们归纳为情境因素（情境的偶发因素）、结构因素（政治结构、经济结构、社会人口结构等）、文化因素（政治文化和一般文化）、环境因素（社会的外在因素）[②]。如能既从经济角度，又从人文角度总结两岸社会福利基本经验，那么就有可能探索出最适合中国人特点和需要的福利模式。果能如此，那我们就可能在西方为人类贡献了虽然各具特点但有明显共性的西方福利模式之后，也创造出适合中国人的福利模式。

（一）基本社情人情三大特点

1. 经济总量大，人均收入低——民间福利需求大，而自供能力弱，需求与供给错位，“社会福利”成为“财政福利”。

中国大陆制定的 2011—2015 年的国民经济和社会发展规划（“十二五”规划），是特别强调要坚持民生优先的一个发展规划，只有真正从片面追求 GDP 转变到重视民生问题，才能真正实现高质量的，可持续的发展。但是解决民生问题，要比发展经济更为复杂。经济体制改革，任务固然艰巨，但从国际上说，搞市场经济已经有了比较成熟的经验。而解决民生问题需要一些基础性条件，需要探索民生建设的基本规律，才能把改善民生这一美好愿望建立在科学的、理性的基础之上。

现在很多人讲，我们的国内生产总值已经跃居世界第二位，完全有能

---

① 古允文：《不确定的年代——走在钢索上的国际社会福利发展》，见詹火生、古允文编《社会福利政策的新思维》，财团法人厚生基金会 2001 年版。

② 詹火生：《台湾社会福利发展的政治、经济、社会、环境分析》，詹火生、古允文编《社会福利政策的新思维》，财团法人厚生基金会 2001 年版。

力解决民生问题了，福利模式也要从“补缺型”转变为“适度普惠型”了。确实，我国的财政能力已经今非昔比了，应该并且能够在新的发展阶段，满足人民群众提高生活品质的新期待。但是，这种认识并不全面，特别是忽略了民生问题的特殊性。民生问题与经济问题有一个重要区别，就是后者更依赖经济总量。发展经济，只要经济总量大，就可以集中力量办大事：修高速铁路、研制大飞机，上重大项目，13 亿人，每人省几块钱，就可以造航母。民生问题却是更依赖人均收入水平。生活需要是从个人角度说的，吃饭、看病、上学，别人都代替不了。而大陆基本经济社会情况的最大特点，恰恰是经济总量大、人均收入低，大到总量占世界第二，低到人均大约排世界第 100 名。经济总量大，固然是一大优势，例如中央财政有较强的转移支付能力；经济总量大可以解决最低生活保障问题，因为处于最低生活保障线以下的人口毕竟所占比例不太高，虽然低保金要完全由财政负担，中西部地区甚至完全由中央财政负担，这在经济总量增大的情况下是可以承受的。但是，是否生活保障和社会福利的所有问题都可以靠经济总量大就可以得到解决？显然不能。对于社会福利问题，与经济总量相比，人均收入水平更起决定作用。福利的需求，主要是就个人需求而言的。福利需求有特殊与普遍之分，现代意义上的福利是人人都需要的，清新的空气，清洁的水，顺畅的交通，起码的居住空间，都是福利。教育，是发展权的重要组成部分，现在讲究终身教育，从小到老，都有受教育的需求，这些福利需求是普遍化的。因此，我们主张从小福利迈向大福利。① 许多福利问题是可以靠经济总量大来解决的。

但是，养老、医疗等需求是无限的，而且既有政府的责任，也有家庭和个人的责任。纳入“大福利”框架内的各项社会保险，个人是要缴费的。人均收入水平低，个人缴费能力就弱，很容易形成对财政的依赖，形成债务危机的风险就大。自 2002 年开始试点以来，在广大农村普遍实行的新型农村合作医疗制度，各级财政和农民个人的出资比例是4∶1（2011 年筹资水平是每人每年 150 元，其中，财政出 120 元，个人出 30 元），基本不具备可积累性，基本起不到调节收入分配的作用，制度自生能力弱，可持续性堪忧。从 2010 年开始在农村推行的养老保险制度，基础养老金

① 景天魁、毕天云：《从小福利迈向大福利；中国特色福利制度的新阶段》，《理论前沿》2009 年第 11 期。

完全由财政负担，现在仅为每人每年660元的标准，财政尚可承受，以后还要持续提高，如何承担？基本国情的这一特点，给我们提出了一个严峻的问题，就是人均收入居世界第100位左右的国家，能否照搬人均收入居世界前10位的国家的社会保障和社会福利制度？显然不能。经济总量大、人均收入水平低这个特点，严重制约了我们对福利模式的选择。但光说不能也不行，因为我们毕竟经济总量大了，应该担负起解决民生问题的责任。那么，如何在经济总量较大而又人均收入水平很低的国情条件下，走出中国特色的民生之路，让古老中国也能进入现代福利社会？世界上没有这种现成的经验，需要我们去探索、去创新。

2. 城市化落后于工业化，福利需求主要集中在农村，而供给能力主要集中在城市，需求与供给脱节，导致“一国两策”①。

虽然我们已经进入工业化中后期，吸纳劳动力能力较强的制造业产值居世界第一，但农村人口仍占大多数，在13亿人口中还有7亿多是农民，这样的情况也会严重制约福利模式的选择。工业化使人口迅速集中到城市，原来的家庭和社会的某些联系被割断，但是工业化、城市化也创造了一个条件，即工资性收入，而且这种收入一般是连续的，只要有工作，这种收入就是可预期的。这种条件恰恰使社会保险制度的诞生成为可能。可以按周、按月领工资，就可以定期定额缴费，费用的征缴和发放就是可计算的。并且工资形式还可使运作成本降得很低，参保人数越多，制度运行平均成本就越低。而农民的特点却是收入不稳定，而且不是连续的。到年终才能得到货币收入，不像工资那样形式化，而且收入先进入个人腰包，要征缴，就有了讨价还价的余地，征缴多少，很难计算，并且无法预期。这样，制度运行成本就很高。更何况广大农村民生需求极大，而地方财力特别是农民个人的缴费能力很低。现在的新型农村合作医疗制度就遇到这个困难，一年收费一次，每年都可以自愿选择参保或退保，根本不能形成积累。

发达国家的福利制度，是在工业化、城市化程度较高的情况下才普遍推行的。美国在1920年时城市人口就超过农村人口，但到30年后的1950年，即《社会保险法》颁布15年后，才将农业工人和家庭佣工纳入养老

---

①　参见陆学艺《走出“城乡分治，一国两策”的困境》，载《陆学艺文集》，上海辞书出版社2005年版。

保险覆盖范围。[①] 人口中的大多数是城市人口，有缴费能力，而且有比较稳定的缴费能力，这是社会保险制度得以建立和运行的重要条件。发达国家有缴费能力人口与无缴费能力人口之比值远远大于中国。这就给我们提出了又一个难题：我们在有缴费能力人口远远少于无缴费能力和只有较弱缴费能力人口，而且前者主要集中在城市，后者主要集中在农村，在城乡分割、“一国两策”的国情条件下，如何能够建立起让13亿中国人都能过上有尊严的生活的现代社会福利制度？这是对中国智慧的严峻挑战。

3. 地区差距、城乡差距、居民收入差距很大。制度分设，资源分割，碎片化严重。

发达国家城乡差距很小，一般而言，制定一项制度不需要特别考虑城乡差距。几乎没有哪一项政策存在只能在城市实行，不能在农村实行的问题，也很少有不同地区存在着不同利益诉求的问题。而我国的城乡差距在世界上来说是很大的，仅城乡居民收入差距就达到3.3∶1，加上广大农村地区交通和水电等条件较差、文化教育水平偏低、卫生医疗条件欠缺，导致城乡之间的实际收入差距很大，一般认为可能达到5∶1或6∶1。这就造成了一个严峻的问题，同样是养老和医疗，城市与农村制度分设，农民工的社会保险关系难以接续，养老关系难以转移。积累下来，就形成所谓“碎片化”的情形。

制度碎片化形成的基本原因是三大差距，城市一套制度，农村一套制度。拿养老来说，公务员、事业单位、企业职工各有一套制度，城镇职工和城镇居民又有不同制度；医疗保障，看起来是三大制度——城镇职工医疗保险、城镇居民医疗保险和“新农合”，但细致一看，也是五花八门，各县不同，各市不同，甚至不同人群也不同。企业内部，国有企业一套，集体企业一套，私营企业、个体企业也各不同。而且标准千差万别，北京市城市职工医疗保险人均筹资水平2200多元，而新型农村合作医疗的筹资标准低得多，2011年刚提到150元，相差十几倍。制度之间不能兼容，没法协调，更没法统一。而且相互割裂，各自封闭。

（二）目标性问题

以上三大特点的存在，是短期内无法回避、难以解决的问题。尽管这

① 胡务：《美国城乡社会养老保险接续模式的演变》，《中国社会保障》2011年第4期，第35页。

些基本特点会逐渐有所改变，人均收入将会明显增长，城市化率会逐年提升，社会差距会趋于缩小，但要发生根本性的转变还要经过一个相当长的时间，例如二十年、三十年或者更长。显然，我们既不能无视这些基本特点的存在，去设计理想的福利制度，也不能等待城乡差距、地区差距和居民收入总差距基本消除了，再去着手建设社会福利体系，而必须踏踏实实地从我国基本国情出发，不但要建立起好的福利制度，还要通过福利制度的建立，促进人均收入的提高、推动城市化进程，缩小社会差距，这就有极大的难度。不能简单地以为只要增加了福利支出，就一定有助于城乡差距、地区差距和居民收入差距的缩小和消除，如果制度设计考虑不周，有时可能事与愿违。例如，新型农村合作医疗，在大病住院报销比例低于50%的情况下，贫苦农民依然不能就医，也就不可能在“新农合”中得到财政的医疗补助。财政补助是被较富裕的农民得到了，因为他们交得起住院预付款。这不就形成了富者越富、贫者越贫的情况吗？这种结果难道是实行新型农村合作医疗的初衷吗？这项制度本来是要解决农民看不起病的问题，结果却是帮助富裕农民去看了病——实际上是帮助扩大了收入差距。可见，在存在着巨大社会差距的情况下，福利制度的设计初衷在实践中会发生扭曲和偏离。

这样，我们就需要提出一个总的问题——目标性问题：在经济总量大、人均收入低、城市化滞后于工业化、存在着严重的三大差距的基本国情下，如何让中国人过上能够满足基本生活需要的、有尊严的生活？有没有可能以及如何在中国建立起适合自己社情、人情的福利社会？

二　通往福利社会的途径问题

（一）西方福利模式三大警示

能不能以及如何设计适合中国的福利模式，首先需要研究现代福利模式已有的经验。我们不考虑各个福利国家的具体差别，不论它们是什么模式，民主主义的、保守主义的、自由主义的，它们的共同优点至少有两条：第一，降低了发生社会冲突的概率，缓解了社会矛盾，延续了资本主义的生命。19 世纪直到第二次世界大战以前，欧美国家经常发生大罢工、大游行，社会冲突不断。自从第二次世界大战以后，欧美国家普遍实行了较高水平的福利制度，游行示威之类的社会冲突大大减少了。这种变化不一定完全是实行福利制度的结果，但由于人们有饭吃，即使失业了，也有较高的生活保障和福利待遇，社会矛盾也就不至于太激烈。第二，社会结构逐渐向着有助于稳定的定型结构演变。实行较高的福利制度，首先会使绝对贫困人口大大减少，中等收入阶层也就不容易降为贫困者。同时，城乡差距、工农差距在实行较高福利的国家也很容易缩小。

但是，从 20 世纪 70 年代以来，福利国家制度越来越暴露一些很难克服的缺点或者称为福利危机。

第一个问题是失业率居高不下。许多人想方设法请病假、休假，不上班，长期依赖失业保险金，不愿意再就业，OECD 国家失业率一般在 7%—10%，较低的荷兰、日本等，失业率也在 5%—6%。这成了福利国家的一个顽疾。（见图 4—1）

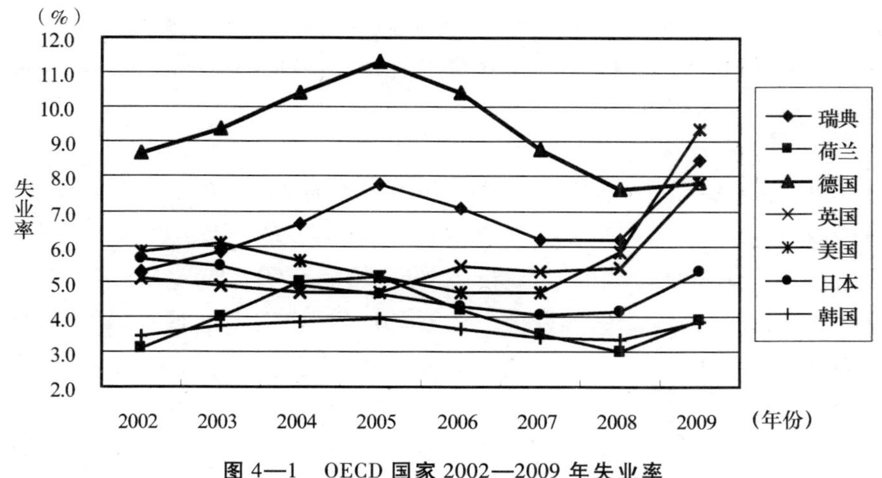

图 4—1　OECD 国家 2002—2009 年失业率

资料来源：Labour market statistics：Labour force statistics by sex and age：indicators，OECD Employment and Labour Market Statistics（database）.

更为严重的是，发达国家的失业有长期化的趋势，12 个月及以上的长期失业率，德国占失业人口的一半，其他国家多数都达到 20%—30%、30%—40%。（见图 4—2）

第二个问题是公共债务。2008 年以来的国际金融危机，暴露了发达国家政府金融负债率太高的问题。美国政府、公司和私人累计欠债总额已高达 200 万亿美元左右，如果按照美国现有人口 3.05 亿人来计算，人均欠债约为 70 万美元，每个家庭（按每户 3.1 人）欠债 217 万美元。欧盟

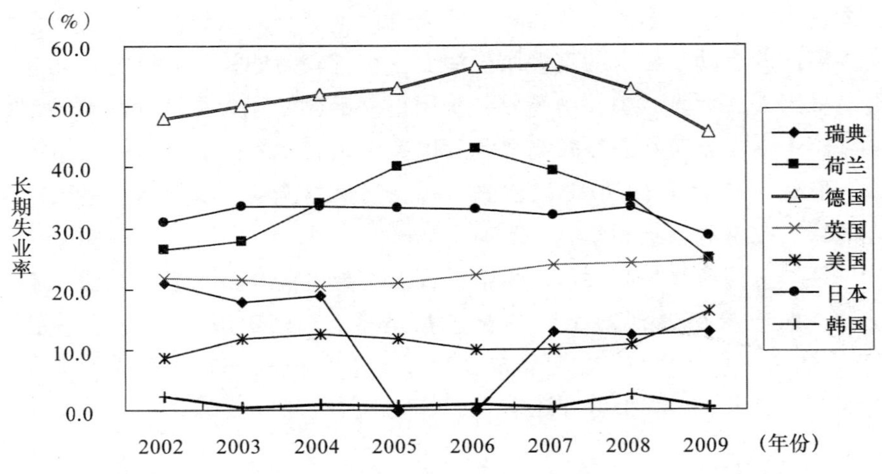

图 4—2　OECD 国家 2002—2009 年长期失业率（12 个月及以上）

资料来源：By duration：incidence，OECD Employment and Labour Market Statistics（database）.

各成员国政府债务占 GDP 的比例在 2010 年提高到 79.6%，预计 2011 年将提高到 83.8%。而欧元区 16 国当中，有 12 国到 2011 年政府债务占 GDP 的比例仍将超过《稳定与增长公约》规定的 60% 的红线，其中希腊、意大利和比利时高居 100% 以上。截至 2010 年 12 月底，日本的国家债务余额已高达 919 万亿日元，日本国民的人均债务负担已增至 721 万日元，超过日本 GDP 比重的 100%。

债务危机的形成原因很多，各国情况也很不同，但福利制度总或多或少是一个原因。日本经济在走下坡路的时期，福利却往上升，这样持续一二十年，债务就迅速增至目前世界最高。（见图 4—3）

第三个问题是贫富分化的全球化。发达国家国内收入差距缩小，是以造成国际贫富差距拉大为代价的。发达国家国内的基尼系数不是太高，它们引起世界范围贫富差距拉大，靠的是国际垄断资本的作用。沃勒斯坦的现代世界体系理论揭露了财富向核心国家集聚，贫穷向边缘国家发散的趋势。

根据联合国《2005 年人类发展报告》数据，现在世界上最富有的 500 人的收入总和大于 4.16 亿最贫穷人口的收入总和。2007 年 9 月 12 日英国《卫报》报道：现在，世界上最富有的 225 人的收入与最贫穷的 27

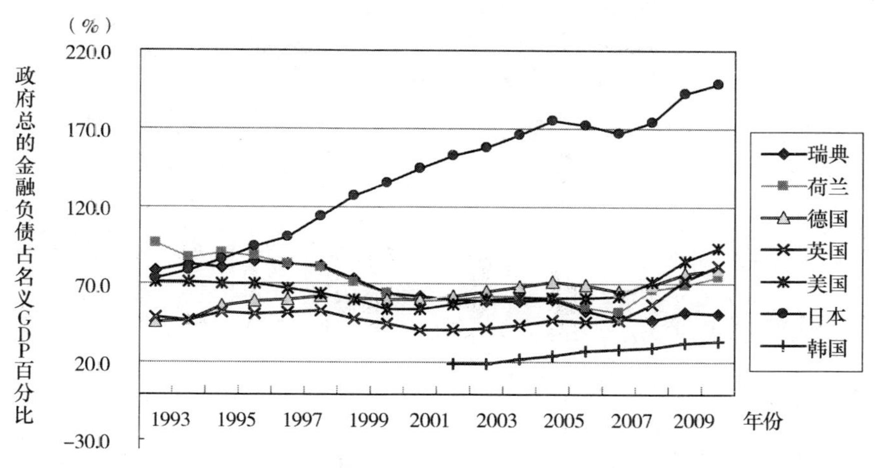

图 4—3 OECD 国家政府总的金融负债占名义 GDP 百分比

资料来源：OECD Economic Outlook 88 database.

亿人的收入相等，相当于世界所有人口收入的 40%。2007 年，美国最富有的 1% 家庭占有全美家庭 43% 的金融财富，20% 的家庭所拥有的家庭金融财富占美国家庭金融财富总额的 93%。比尔·盖茨、沃伦·巴菲特、保罗·艾伦三人总资产比世界上最不发达的 43 个国家 GDP 的总量还多。

到底福利国家的高福利有多大比例是国际垄断资本带来的，各国情况不同，难以一概而论。少数国家内部高福利与全球范围贫富分化加剧同时存在，却是国际经济格局的整体性现象。从这个全球视角观察在少数国家实行的福利模式，可知它是特殊历史过程的产物，它的存在是需要高昂代价和特殊条件的。它对我们的启示在于：中国过去和将来都不会有那样的特殊条件，即使有，也绝不是我们可以选择的道路。正如近来有人在谈到所谓“G2”（美中共治）时所说，中国人不怕当世界第二，美国人害怕当不成世界第一，因为它的许多利益是靠霸主地位维持的。由此可以理解，西方福利模式是现有世界体系的一个组成部分，一定程度上是依赖现有不合理的、不公平的世界体系而存在的。

同样，即使我们无法准确计算出西方福利模式在失业率高企、债台高筑中所起的作用，但它足以警示我们：对于我们这样一个人力资源大国来说，主要优势不是资本，不是技术，尽管它们在未来的经济发展中的贡献率会稳步提升，我们长期的优势在于劳动贡献率。不论出于多么美好的愿望，任何导致福利依赖，造成失业率升高的政策，都将把我们的最大优势转变为最大劣势，最丰富的资源转变为最沉重的包袱。

遗憾的是，这种危险在中国是非常容易发生的。我们远没有实行多么高的福利，仅仅搞了一个最低生活保障制度，就出现了“吃低保”的问题。在一些城市，只要低保金水平达到或接近最低工资标准的1/3，按一家三口人计，低保金总额再加上附着在低保户资格上的种种福利优待，就已经高于就业可能拿到的工资，一些低保金水平偏高的城市，失业率就要偏高。我们这个人口大国，不要说10%的失业率，就是失业率每增加1个百分点，把农村劳动力也统计在内的话，失业人口就将达到800万人（2010年年末大陆城乡就业人员接近7.9亿人，据估算，劳动年龄人口在2014年将达到最高峰9.97亿人），再加上他所抚养的家庭人口，新增的需要救济的人口就将超过台湾总人口（2300万人）。如果失业率再增加1—2个百分点，再大的经济总量也将消耗殆尽。

中国经济活力的主要源泉，一是廉价劳动力多，并且劳动参与率高；二是政府负债率低，投资能力强。劳动力廉价，不能也不应长期保持，但较高的劳动参与率却必须长期保持；政府投资比例大不应长期保持，但政府负债率低，从东亚一些国家的经验看，无疑是一大长处。例如，韩国、新加坡在2008年以来的金融危机中的表现，与欧美明显不同。它们的公共债务水平较低，政府投资能力强，经济回升就快。这与它们的福利支出占GDP的比例只有6%左右不无关系。另外，这些国家的公众对福利的依赖程度较低，自立能力较强，就业率高于欧美，也是一个重要原因。

当然，由此不能得出结论，福利支出占GDP的比例低，经济就一定有活力。世界上这一比例更低的国家还有很多，它们的经济未必就发展快。我们可以得到的启示有以下几方面。

第一，在目标设定问题上，韩国和新加坡的经验告诉我们，不要以为只能设定与西方福利模式相同的目标，只是因为目前条件不具备，无法照搬，才在实现方式上有所不同。而是在目标模式的选择上就可以与西方福利模式有区别，要想办法避开或者解决它难以避开或解决的问题。

第二，在途径问题上，西方模式的三大教训，正是中国的三个优势最容易转化为三大劣势的关键点。如果照着西方模式走，不但走不通，还会使优势丧失殆尽。这当然并不是我们在建设中国福利社会的道路上可以踌躇不前的理由，但确实是我们必须认真对待的警示：选择好的福利模式，选择恰当的路径，关系到中国的前途！

（二）途径性问题

我们依据已有福利模式的经验和教训，就可以把前面提出的总的目标性问题分解为四个途径性问题。

第一，福利模式的适度性问题：怎样找到经济发展与社会福利的均衡点？经济发展和社会福利如何达到动态的均衡？

第二，怎样明确政府和市场的界限？无非是两个极端，一个是政府干预主义，另一个是市场放任主义。例如，这几年房地产搞成这个样子：计划经济时期统统是福利分房，完全没有市场作用；住房商品化以后，又走向另一个极端，政府什么都不管了，不论穷富，统统去买商品房。这两种倾向，在福利政策上是一大教训，这说明在福利政策上明确政府和市场的界限也像在经济政策上一样是一个关键问题。

第三，怎样确定政府、社会和个人的责任？自20世纪80年代中期以来，我们在教育问题上吃的亏就说明了这个问题的重要性。本来基础教育主要是政府管，即使在"文化大革命"期间，都没有听说哪个小孩因为家庭困难连小学都上不了。但在1985年后的若干年间，县级以上各级财政陆续不给义务教育出资，义务教育让乡、村两级承担。在农村实行家庭联产承包责任制以后，集体经济解体了，义务教育就只能是靠父母出钱了，那还能叫义务教育吗？

第四，什么是在福利问题上应该抱持的公平观？以往的福利理论认为越平等越好，越公平越好，否认差别，认为有差别就是不公平。考虑到我国的基本国情，城乡差距、地区差距和收入差距那么大，而且在短期内不可能消除，很显然，搞绝对拉平那是"大锅饭"，历史证明是行不通的。我们有必要找到一种新的公平标准，既不是效率主义，也不是平等主义，而是要实行有差别的公平，就是笔者说的"底线公平"[①]，底线公平就是希冀解决这四个途径性的问题。

三 现实途径就在脚下

古允文教授曾经形象地称西方福利发展是"走在钢丝上"[②]。相对而

① 景天魁：《底线公平：和谐社会的基础》，北京师范大学出版社2009年版，第11页。

② 古允文：《不确定的年代——走在钢索上的国际社会福利发展》，载詹火生、古允文编《社会福利政策的新思维》，财团法人厚生基金会2001年版，第129页。

言，发达国家人均收入高，城乡差别小，收入差距一般也不比我们大，因而经济社会发展比较平衡，即使这样，它们的福利制度还在空中走钢丝，我们的经济社会发展存在着不平衡的基本特点，那就根本不能在空中走钢丝，否则就极容易摔下来。我们必须脚踏实地，这个“地”，就是中国社会和人文的基础——基本的社会结构、家庭结构、生活方式、人伦人情以及人文精神。

60 多年来，两岸各自独立地在探索通向现代福利之路，并且，由于历史的、意识形态的、政党政治的原因，在主导思想上也尽可能表现出区别来。但是，在刻意追求区别的情势下，两者还是免不了出现共同点，那就是中国根深蒂固的基础性的东西。我们认为想变而变不了，想殊途而不得不同归的东西就是中国的根，就是中国福利制度的基础，就是适合中国人的福利模式的精髓。

中国人历来讲究中庸，中庸不一定是“中间”，而是兼顾、包容、协调。既不是效率的最大化，即福利越低越好，也不是福利最大化，即保障水平、福利水平越高越好。这就冲击了以往福利研究的基本假设：不论是福利经济学还是其他学科，过去的基本假设或者判断标准，就是福利水平越高越好，越值得向往，但是现在我们把它给改变了。因为按照这种思路，在我们这种基本国情下就无路可走。实行高福利制度，在人均收入水平如此之低的情况下，实行得了吗？如果说效率越高越好，那么对经济发展就越有利，用于投资的钱就越多，福利只能是“剩余型”，标准压得很低，或者只搞一点救济。可是这两条路在现在都走不通，更没法通向中国特色的福利社会。所以，已有的基本的假设和思维定式就全冲击了，我们不是追求那种最大化，而是追求适度、适当、均衡。

这样一来，我们设定目标模式的标准和选择路径的思路，都转到中国文化的基础上来：不追求最大化或最小化这两个极端，而追求“适合”（适度、适应、适用、适当）。我们处处离不开、脱不掉基本国情那三大特点，而适合那三大国情特点的福利模式，就是中国人的现实可行的福利道路。

（一）福利模式的适度性

一般认为，所谓福利模式的适度性，主要是指福利水平要与经济发展水平和状况相协调。在体制上，刻画福利模式的主要指标是福利支出占 GDP 的比重。对于发展中国家来说，还要重视福利支出增长率与 GDP 增长率的相对均衡性。均衡的标准是什么？经济增长7%，福利也增长7%就是均衡吗？不能完全画等号。标准就是两条：第一，经济能支撑和持续，福利增长没有超出经济的支撑能力。也许有一段时间，可能福利增长速度超过了经济增长速度，但只要经济能够承受就可以。往往在经济增长下滑的时候，为了解决失业等生活问题，反而要求更多的福利支出。第二个标准，福利增长不仅不是经济增长的负担，反而能够成为刺激经济增长的动力。这样的福利模式就高明了。一定的福利增长，可以增强居民的消费能力，当经济增长迫切需要提高消费需求的时候，适时提高福利支出，企业就能够生存，生产就能够发展，对经济增长就有正效应，但如果消费已经过度，超出了经济的支撑能力，再去继续提高福利，增加消费，那就只能阻碍经济发展。

进一步说，所谓“适度”，不仅是个经济问题，也是社会人文问题。适度与否，也不能只看福利水平是否与经济发展水平相适应，还要看福利需求本身是否适度；不能认为只要经济承受得了就是适度的，适度性还要有社会的、人文的标准。现在的世界，一会儿是货币危机、债务危机、经济危机，一会儿是核爆炸、核泄漏、核污染，一会儿是股市泡沫、房市泡沫、资产泡沫。人类已经制造出了福利危机，也制造了“福利泡沫”。抽象地说，人类对幸福的追求是无止境的，但现实地说，它又必须是有止境的、有限度的。

所以，“度”不仅来自外在的限制，也来自内在的合理性。生活充裕就好，但不是钱越多越好，那些赌博、嫖娼、吸毒者，大多是有点钱的；医疗有保障就好，但不是药越多、越贵、越新越好；美味偶尔尝尝挺好，吃多了就与毒药的效果类似。韦伯说资本主义是理性化的，但资本主义也是最疯狂的。幸福是永无止境的，福利既可以是人类进步的动力，走偏了，无节制地耗费资源，无休止地争夺利益，无所不用其极地施展手段，人类最终就只有走向万劫不复的结局。那就不是选择福利模式而是选择毁灭模式了。

“度”就是界限，相对于人来说，既有外在的界限，也有内在的界限。相对于福利制度来说，经济条件是外在约束，制度本身要有内在约束。这样，“度”就很难确定。底线公平理论就是想在经济发展和社会福利之间找到均衡点。为什么要确定一条底线？一些人以为底线公平就是主张低水平的保障、低水平的福利，这是望文生义。所谓底线是社会成员在基本需求面前的权利一致性，是处理以上几个关系的平台，不是一个福利水平高低的问题。什么是底线的标志？我们要找到容易把握的、能够明确以上关系的界限。第一是最低生活保障线。并不是说只要搞最低生活保障就可以了，而是因为低保完全是政府的责任，以此画线比较明确。第二是公共卫生和基本医疗，这也是政府的责任。基本医疗，例如新型农村合作医疗中政府出资的部分，例如艾滋病、白血病、肾透析，这些会给一般家庭带来难以承受的负担的病种，政府和社会要提供保障。第三是义务教育。教育是人人需要的基本的发展需求。吃得上饭，看得起病，上得起学，这是政府不可推卸的责任，是一条责任的底线。为什么不将养老作为画线的标志呢？养老问题很重要，但也很复杂，它是多样化的需求，既有豪华型的养老，也有维持基本生活的养老，不都是政府的责任，在很大程度上是个人和家庭、社区和社会的责任。这样画线和联合国的人文发展指数是差不多的。人均收入、平均受教育年限、人均预期寿命，这主要来源于阿玛蒂亚·森的理论。这样就便于测量人文发展水平。

用底线公平的办法确定福利模式的适度性，只能是间接的。但在实践上却是有用的。第一，它有助于在社会福利制度的建立过程中，明确重点。由于存在巨大的社会差距，福利制度的重点必须面向中低收入群体，这是人口的绝大多数。不能重点保富人，更不能越富越保，这不符合我国的基本国情。前几年社会保障扩面为什么推不动？每年讲扩面，就是扩不大，养老保险、医疗保险，每年只能新增1000万人左右，以这样的速度，要覆盖全民就得100年。原因在于七八亿农民收入水平低，缴费能力弱，几亿非职工的城市居民也缺乏缴费能力。近几年突破僵局，关键是改变思路，把重点放在中低收入群体，中央财政出大头，个人出小头，新型农村合作医疗、农民养老保险、城镇非职工居民的医疗和养老保险，都是以财政资金支持和补贴个人缴费，带动社会资金。不能越是有钱就越保，越是有钱的看病越省钱，越享受优惠，这样搞下去，大多数人的问题能解决吗？重点一定要明确，绝对不能80%的医疗资金投给城市，其中又有80%投给大城市，其中又有80%投给大医院。资源分配严重不公平，那就根本谈不上适度与否的问题。

第二，我国的基本国情，要求社会保障和社会福利发展只能循序渐进，而在有序推进的过程中，底线公平有助于明确次序。福利国家的社会福利“从摇篮到坟墓”，无所不包，名目繁多。儿童津贴、单亲母亲补贴等，应有尽有，要都搞，我们搞不起。一定要根据自己的发展阶段，老百姓最迫切的需求，分出轻重缓急，有步骤地推进。我们搞得最成功的，是从 1999 年开始，以中央财政为主建立城市最低生活保障制度，当时每年只花了几十亿元、一百多亿元，在几年时间里，迅速建立起城市低保制度，使在发生几千万国有企业职工下岗失业的严峻情况下，没有出现社会动荡。这是在最恰当的时候干了最恰当的事。这表明，正确的次序是先解决吃饭问题、就业问题，基本生活保障问题。在农民看病问题最迫切的时候，以中央财政出资为主建立新型农村合作医疗，老百姓说是“政府掏钱给我们看病，过去从来没有过”。这个次序反映了人民群众在发展过程中的迫切需要，也就是底线公平所说的低保、公共卫生和基本医疗、义务教育（吃饭、看病、上学）一定要优先保障，而且要用财政的力量来确保。2010 年，国家颁布了 2010—2020 年“教育发展纲要”，发展教育，继基本生活保障和医疗保障之后，成为“十二五”乃至“十三五”期间的重中之重。把人才资源大国变成人才强国，具有战略意义。底线公平从理论上解释了在实践上为什么要保基本、有重点、讲次序。其他方面的福利需求，可以在保基本的前提下，采取多种方式有步骤地加以解决。

实践中的重点、次序问题，虽然不直接就是福利模式的适度性问题，但它们是适度性应有的效果。当然，我们应该进一步从中找到它们之间的一些内在关联的量，也许可以更直接地对适度与否作出刻画。

（二）福利模式的适应性

中国发生了从计划经济向市场经济的转轨，同时也在发生从农业社会向工业社会的转型，不论是从社会结构变动的深刻性、身份转变的剧烈性，还是从人口流动的规模和职业变动的速度而言，都是史无前例的。在这种大转变的时代，要建立相对稳定的福利制度谈何容易，就连本以为确定的西方福利模式都进入了“不确定的年代”，我们又如何能够建立比较确定的福利模式呢？关键是要增强它的适应性。适应市场化所带来的社会结构和职业的变化，适应城市化所带来的大规模的人口流动和身份转变。为此，首先要解决的就是所谓制度刚性问题。

发达国家福利制度之所以发生支付危机，主要是由于制度刚性。而制度刚性主要来自“越界”：一是保基本和非基本的界限；二是政府与市场的界限。哈耶克曾批评社会主义是“致命的自负”，现在看来，至少在福利问题上，福利国家也是“致命的自负”，在经济快速发展的时候，高估了财政支付能力，越过了贝弗里奇划定的保基本的红线；为了意识形态斗争的需要与苏联东欧社会主义国家在搞军备竞赛的同时，大搞“福利竞赛”，社会主义国家声称消灭了失业，福利国家就把失业保险金搞得比苏东国家的工资还高。

汲取已有的经验教训，我们在福利制度改革基础上建立的各项制度都明确划分为基础部分和非基础部分。财政保基本，以农村养老保险为例，财政给每一个60岁以上的老人每月55元，一年660元，这显然只能保障基本生活。高于基本生活保障的养老需求，应该依靠个人积累的养老保险金、一生劳动的积蓄、家庭和儿女尽孝，来满足更高的养老需求。这里有基本的部分，有非基本的部分。二者之间的界限就是底线，底线只是明确了各方的责任，不是限制福利的水平，而恰恰是便于实现合理的福利需求。

在农村医疗问题上，我们走过了曲折道路。20世纪80年代，由于人民公社的解体和集体经济的式微，农村合作医疗失去了经济的支撑，除山东招远、广东高要、江苏苏州等地的少数农村一直坚持合作医疗制度之外，在广大农村都没有继续实行。90年代初，中央政府曾试图恢复农村合作医疗，但财政无力支持，乡、村两级没有能力，只好无果而终。一直到21世纪初，七八亿农民的卫生医疗需求积累成巨大的负担，“看病难、看病贵”成为社会舆论的焦点。不仅是农民收入低看不起病，农村医疗体系在不少地方已基本瘫痪，村里没有卫生室，乡镇卫生院有的转制，有的解体，多数难以支撑，部分农民即使有钱也得跑到城里去看病，这就从一个侧面进一步扩大了城乡差距。面对这种局面，政府必须担起责任，财政必须出手。2002年经过试点，从2003年开始实行农村新型合作医疗制度，主要特点是财政出大头、农民出小头。最初人均筹资水平仅为30元，中央财政出10元，地方财政出10元，农民个人出10元。随后，筹资水平逐步提高，财政投入所占比例，也由2∶1提高到4∶1（在人均筹资50元时，各级财政出40元，农民个人出10元；人均筹资100元时，各级财政出80元，农民个人出20元；2011年，人均筹资提高到150元，各级财政出120元，农民个人出30元）。虽然筹资水平仍然不算高，但财政出资比例已经很高；虽然住院报销比例只达到40%左右，但广大农民看病难、看病贵状况已有明显缓解；虽然这项制度在很多方面还需要进一步健全和完善，但到目前为止没有人能发明出比它更可行、更管用、更得到农民认可的制度。在这个意义上，新型农村合作医疗，就是目前最能适应“经济总量大、人均收入低、城乡差距大、农民缴费能力弱”这个基本国情特点的制度。

为了扩大社会保障覆盖面，重点要解决人口流动、非正规就业、非职工居民的参保问题。社会保险的一套硬性制度设计，必须软性化，增加灵活性，增强包容度。缴费和给付要分档次，既可固定缴费，也可一次、随时或集中缴费。为了适应人口流动，既可以带走个人账户部分，也可以带走基础部分，即统筹部分，这对于促进人员从高收入地区向低收入地区流动，人员流动带动财富也随之转移，对于促进缩小城乡之间、地区之间差距都是有益的。

在制度设计上，刚性与柔性相结合；在参保、缴费问题上自愿与强制相结合，在运作机制上政府与市场相结合，适应了现实国情，创造了新的经验。

（三）福利模式的适用性

社会福利是面向人们的切身需要的，正所谓南甜北咸，西辣东鲜，适用与否的主要影响因素是生活方式和文化习惯。按照我们的“大福利”概念，除养老和医疗之外，还要包括就业、教育、住房、安全等。各国统计口径不一样，难以用数据比较。但不论哪种福利模式，养老和医疗都是大项，我们就以这两项讨论适用性问题。

2009 年年底，中国大陆 65 岁以上老年人口约为 1.67 亿人，其中 80 岁及以上的高龄老人约为 1900 万人，失能老人达 1000 多万人，半失能老人达 2100 多万人。按国际平均每千名老人占有床位 50 张计算，约需床位 900 万张，如这些老人都进入养老机构，需要护理人员 2000 万人。而目前大陆养老机构仅有 22 万名护理人员。

而据北京市调查，90% 的老人希望居家养老，愿意在社区养老的占 7%，愿意到机构养老的只占 3%。当年，英国最初搞养老福利时，也曾实行集中养老，很快发现不仅财政难以支撑，老人们也因为不习惯纷纷跑回家了。考虑到老人们对养老方式的选择意愿，北京市提出的方针是：以居家养老为基础，以社区养老为依托，以机构养老为补充。

首先，要为居家养老创造条件，每年春节，几亿在城市工作的子女回农村老家看望父母，规模之大，旅途之难，成为世界一大奇观，每年可以为交通运输部门增加大量 GDP，这种“常回家看看”却有别样的辛酸。

应考虑允许高龄农村老人（70岁或75岁以上）随子女迁移进城，享受城市老人的老年津贴，在积极推动城乡居民养老和医疗制度整合的基础上，这是可以办到的。对于那些不愿进城的老人，农村里应该发扬乡情亲情，鼓励和支持邻里互助、开展社区照护服务。

大力发展城乡社区公共服务，既可以解除上班职工特别是外出打工者的后顾之忧，又可以解决上亿低技能人员就业问题。城乡都要大力发展公益性社会服务组织，开展服务技能的专业化培训，提高社区福利服务能力。

中国大陆现有7亿多农民，农村人口最多时达到9亿人，卫生医疗需求之巨大，令世界上任何一个政府都望而生畏。20世纪六七十年代，湖北、山东、广东等地农民自己创造的合作医疗和赤脚医生制度，靠一根银针、一把草药，开辟了农民通往健康之路，虽然水平不高却很方便管用。这一经验在全国大力推广后，创造了被世界卫生组织称道的一大奇迹。当然，限于当时经济条件，合作医疗对于缓解农民医疗需求的作用是很有限的。但它让广大农民第一次感受到了通过合作途径，依靠社会福利解决看病问题的曙光，同时，也让政府领悟到依靠本乡本土资源解决单靠政府难以解决的社会问题的希望。

合作医疗还有一个启示，就是国民健康不仅是一个医疗体制问题，还是一个就医文化、医疗模式问题。我们现在讲中西医结合，回避了体用之争，从就医文化和医疗模式而言，中医的“治未病”思想、整体观念、辨证施治原则，更具有“体”的资格，而西医的价值则主要在于“用”（方法技术）。如果搞颠倒了，那就技术统治体制，其结果正如现在所看到的，抗生素一代一代地频繁更新，病菌也道高一尺、魔高一丈，终于“培养”出超级病菌，将来还会“培养”出超超级病菌，这种医疗模式颠倒了医学科技与医疗服务的关系，医疗服务被医学科技绑架，成了新药试验场。如此下去，再高的医疗投入，再庞大的医疗体系都无济于事。看看那些长寿乡，基本上靠人与自然的和谐共处，山好水好，生活方式好，心态平和，百病不生。即使现代人难以回到那种天人合一的状态，也要努力遵循天人合一的道理。人类要不要在自己的生命问题上、幸福问题上，像搞军备竞赛一样，无休止地争斗下去？何况争斗的对象是自然规律，非要跟“天”过不去，就只能自讨苦吃了。

台湾在福利提供适用性方面有一条值得重视的经验，就是大力发展福利服务。适用不适用，不是单看资金投入多少，更主要是看有效性，福利对于民众的可及性、可得性。这就有个福利提供方式的问题。在台湾，几乎所有的景点、公共活动，都靠志愿者提供服务，而且其公益性服务组织、慈善组织比较发达，已成为福利服务的主力军。同时，在台湾的福利支出总量中，政府在福利服务上的支出仅次于社会保险支出，占到第二位，这一比例比许多发达国家都要高。（见图 4—4）

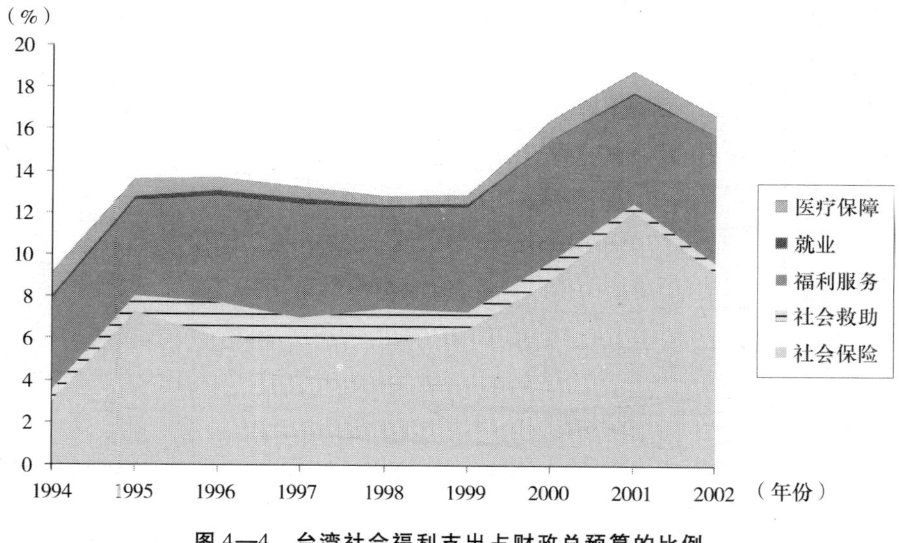

图 4—4　台湾社会福利支出占财政总预算的比例

资料来源：张嘉仁：《政治、社会结构的变迁对社会福利支出的影响》，《民主政治与社会福利》学术研讨会论文。

（四）福利模式的适当性

所谓“适当性”，主要是从权利和道德的层面而言的。不论是对哪种福利模式而言，防范道德风险都是很棘手的事情。我国自古就有自强不息的君子之风，但直到现在，许多人面对福利还是存有“不要白不要”的心态，即使已经脱贫了，也不愿摘掉贫困户、贫困县的帽子，甚至于绞尽脑汁骗保骗费。这里主要涉及两个问题，一是权利；二是责任。

当前，我国正在城市居民中推行养老保险和医疗保险制度。社会保险在“福利国家之父”贝弗里奇那里非常明确，“所有处于工作年龄段的公民都需要根据自己的保障需求缴纳相应的费用，已婚的妇女则由其丈夫替其缴纳”，“社会保险待遇应当是缴费的回报，而不是政府提供的免费午餐”①，这体现了权利与义务一致的原则。可是，我们在实践中，为了扩大覆盖面，为了吸引居民参保，基础养老金、医疗保险金的主要部分是财政出资，实际上相当于养老和医疗的福利津贴。那么，对于那些有劳动能力而不就业的人要不要给予这种福利待遇？如果按照一般人权、普遍人权原则，当然要给。在英国，不但只要是人就享有福利权，哪怕他天天躺在公园里晒太阳，就连他的狗也有福利。在一些欧洲国家老年社会支出占到 GDP 的 10% 甚至更多，而在韩国，这一比例只占 1.5% 左右。（见图 4—5）

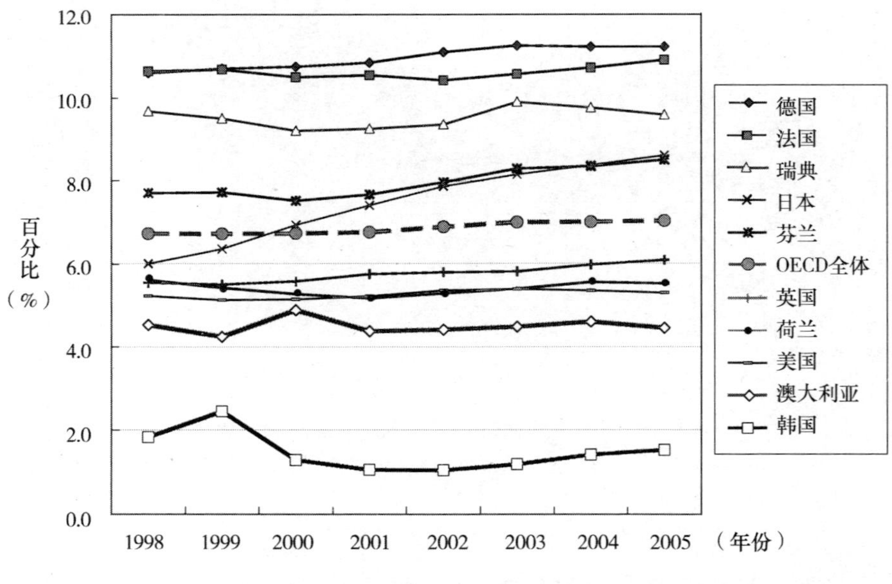

图 4—5　OECD 国家老年社会支出占 GDP 比例

韩国（东亚其他一些国家和地区在一定程度上也有类似性）与欧洲一些高福利国家在福利制度上差异很明显，背后的文化差异也很明显。韩国的原则是“生产第一，福利第二”，强调“不劳动者不得食”（当然是对有劳动能力者而言），强调福利接受者的自强自立。因此，它的主要福利支出并不在养老方面，而在教育方面，1970—1993 年韩国预算支出中，

① ［英］W. H. 贝弗里奇：《贝弗里奇报告——社会保险和相关服务》，中国劳动社会保障出版社 2004 年版，第 9 页。

教育费占 12.7%—18%，而社会保障及福利费只占 4.3%—9.3%。[①] 政府对大众教育的关注极大地提高了韩国的人口素质。

我们在计划经济时期虽有平均主义“大锅饭”，但要吃上“大锅饭”，必须劳动（挣工分或工资），现在，如果既有平均主义的福利，又可以不劳而获（对有劳动能力者而言），那就会极大地助长福利依赖。目前我国虽然低保水平不高，但在一些大城市已经出现了一些人甘愿吃低保，不愿就业的情况。福利模式的可持续性不完全在于福利支出占 GDP 的比重，如果机制不对，内在活力减低了，即使福利支出占比不高，也可能难以持续，甚至会出现财务危机。

确实，由于工业化、城市化的快速推进，家庭的结构和功能发生了深刻变化，任何福利模式选择都必须正视这一客观趋势；一代一代人，观念变化很大，传统文化受到极大冲击，人们的价值观念已经多元化了。正因为如此，我们要加快社会福利制度建设，积极应对各种风险。但是，即便如此，也有问题值得思考：社会福利建设怎么适应工业化、城市化？是主动帮助工业化、城市化力量瓦解基础社会结构、割断天然社会联系，还是努力维护它们，使之转型，增强它们的适应能力，同时尽可能发挥它们在新形势下的作用？毕竟我们不能低估中国基础性社会结构和文化基础的坚固性和适应能力，2008 年国际金融危机中惊现的一幕就是证明，当时我国有 2000 多万农民工失业，但社会安然无恙，他们哪里去了？回到了农村，回到了家庭，他们多数在农村还有土地，可依靠家庭维持基本生活，积蓄发展能量，家庭仍是他们最可靠的避风港。

工业化和城市化在瓦解家庭、削弱家庭功能，社会保障和社会福利制度就要维护家庭、增强家庭功能，这样，社会才能取得平衡。一些先富裕起来的农村，在用农民的传统智慧给我们做示范：北京市草桥镇花香村年终分红，年龄越大奖金越高，90 岁老太太一年得 4 万元，儿子劳动一年得 2 万元奖金，孙子就更少了，老太太自然是众星捧月，儿孙争相孝顺。“华夏第一村”江阴市华西村，谁家有 90 岁以上的老人，年终就给这老人的每个子女奖励 1 万元，有一个老人有 23 个子女，就得到 23 万元奖金，这样的激励，这样的导向，自然就起到了安定社会的作用。这是农民

---

① 顾俊礼、田德文：《福利国家析论——以欧洲为背景的比较研究》，经济管理出版社 2002 年版，第 342 页。

教给我们的策略：你要化解养老危机吗？就请尊重老人吧！

再强大的福利制度也要强调家庭和个人的责任，何况我们这样一个有着自强自立的文化传统的国家？更要强调权利与责任的结合，发挥我们优势资源的作用。如果自己的孩子不尽孝，难道别人的孩子一定有义务替你的孩子尽孝吗？把养老责任完全推给社会，就相当于要求别人的孩子替你的孩子尽孝，诚然，一些个人可以自愿这样做，社会也可以动员一些人这样做，但这不完全是社会的责任，个人要承担没有教育好自己孩子的责任。孩子要承担赡养父母的责任，这是道德责任，也是法律责任，国家即使财力充足，也不应该包办、替代这种责任，因为这会引起社会固有的深层结构的最终解体。

养老本不应有什么危机，危机是人自己造成的，即使有了，也是可以化解的；医疗本不应有什么危机，危机是人自己造成的，也可以由人来化解。生老病死、世代更替本是自然之道，越是顺应它，越能延年益寿，越违抗它，越是自食苦果。

（五）结论

在我国三大基本国情前提下，我们主张选择补缺型与普惠型相结合、刚性与柔性相结合、强制与自愿相结合、政府与市场相结合、差别与一致相结合、权利与责任相结合、整体协调与多方共担相结合的福利模式，这样一种综合的、包容的、多元的、协调的福利模式，既符合中国传统的融通性思维方式，也符合中国国情、社情、人情，也许还能更符合世界上广大后发展国家的情况和需要。

依据中国历史文化、中国固有的家庭结构、社会结构和人文精神，依靠经济持续繁荣和政治民主昌明，就可能创造出中国人需要的，世界人民希望中国人创造的福利模式，这种模式是能够化解老龄化危机的养老保障和福利制度，是能够化解卫生医疗支出危机的健康模式，是能够激励人们积极就业、努力创新、讲求贡献、不多索取的幸福模式，而不是鼓励消费越多越好、消耗越大越好、人类难以满足、地球不堪重负的福利模式。

第三节　经济条件

影响福利模式的经济因素很多。从欧洲福利国家的情况看，影响最大的莫过于20世纪70年代的“石油危机”和21世纪初由金融危机引发的经济危机。由于社会保障和社会福利制度的运行需要有相对平稳的经济环境，因此，下文着重以2007年以来的金融危机为背景，讨论如何改进福利模式的制度设计，以增强其适应能力和可持续性的问题。

一　金融危机逼出“大福利构想”

金融危机对经济和社会生活的方方面面都会产生深刻影响，但其中大多数影响都主要是“危”而不是“机”，唯独金融危机与社会福利之间的关系有点特别。尽管人们在主观上并不喜欢靠金融危机来刺激社会福利的发展，但现代社会福利制度的滥觞与扩展，的确与经济危机之间具有某种内在的联系。应该说，欧美社会保险和福利制度的几次重大进展，都与经济危机有着密切的关联。一方面，像20世纪30年代的大萧条、40年代的困难时期迫使政府不得不对严重的贫困、失业、疾病等社会风险加强应对和干预，而最有效的干预手段就是增进福利；另一方面，福利制度不仅带来了社会安定，也充当了走出危机、发展经济的动力，这是始料未及的。这就不难理解，在此次全球金融危机中，为什么尽管美国深陷危机的旋涡，财政极其困难，奥巴马政府还是要强力推行全民医疗保障；而中国大陆的一揽子经济刺激计划，必须把扩大内需作为重点，其中的关键就是加快建立覆盖全民的社会保障制度。这样，社会保障和社会福利也就成了拉动经济、走出危机的动力。

但是，此次金融危机与以往毕竟不同，人们对经济危机和社会福利之间关系的认知也更为成熟和理性了：不再是消极地应对，而是积极地去构建，去创新，去争取人类福祉的历史性大发展。笔者的理解是，如果说，以往人们发展社会福利主要是为了减缓和抵消经济危机对社会秩序和社会生活的冲击，那么，此次国际金融危机则刺激我们思考，能不能再进一步探索这样的福利制度和福利模式：它的保护伞更大一些，防火墙更高一些，以至于在将来，金融危机和经济危机即使发生了，也不再会轻易影响到基本的社会秩序和基本的社会生活——人们不必感到恐慌，生活秩序不会遭到扰乱，生活质量不会明显下降；或者更进一步，这样的福利制度和福利模式能不能与其他配套制度和条件一起，甚至能在一定程度上减少、抵御和防范金融危机和经济危机的发生？这就是笔者提出“大福利构想”的初衷。

也许这个设想具有乌托邦的色彩，但我们看到，这次应对金融危机，各国纷纷采取了与以往不同的姿态和策略：推行积极的财政和货币政策，努力振兴经济；G20（世界主要经济体）峰会频繁举行，各国主动加强协调，共同应对。从效果看，已经基本可以肯定，其避免了金融危机导致经济大萧条的可能，一些经济大国出现了止跌回升的势头，尽管完全走出金融危机还有一个艰苦的过程，甚至不排除有发生反复的可能，但与历史上的同类情况相比，至少可以肯定的是，经济衰退的时间可能短一些；历史上那种由经济危机而导致战争乃至世界大战的情形不会重演。不仅如此，趁应对此次金融危机之机，人们还进一步探讨了形成新的国际货币体系、形成更加公平合理的世界经济新秩序的可能性。总之，那些平常情况下难以提出来讨论的问题，借危机之机就可以提出讨论了；那些平常情况下难以达成共识和共同行动的事情，现在有希望达成了。

这就给了我们一个鼓舞，我们是不是也可以不限于只是考虑如何被动地从福利角度应对金融危机，不是仅仅局限于就业和社会福利本身，我们能不能也趁机提出一些与社会福利有关，但不限于社会福利的问题？这就是笔者提出“大福利构想”的缘起。

二 “大福利构想”的含义和内容

所谓“大福利”，主要是指：

第一，全民普遍享有，特别是要覆盖城乡居民。

第二，跨部门、跨领域、跨地区、跨身份，即尽可能取消部门分割，实行部门合作、事业整合；削弱或者取消不同领域、不同地区之间不必要的差别；在不同群体（例如农民工）的身份差别一时难以取消的情况下，也要尽可能把他们纳入福利体系之中。

第三，内容上的多样化，不仅包括传统意义上的社会福利（小福利），也包括各种社会保险、社会救助以及慈善事业、商业保险在内，即社会保障；不仅包括社会保障本身，还扩展到就业、教育、住房、卫生健康、社会服务、公共福利，乃至与此有关的公共财政和税收以及与民生有关的金融体系上。

第四，主体多元，政府、企业、民间组织、家庭和个人广泛参与，协同运作，各负其责，形成合理的责任结构。

“大福利”包括“大就业”“大教育”“大保障”“大服务”和“大金融”。“大”的含义是普遍、开放、协同、整合，也就是我们早在2001

年就提出的“基础整合”的概念,[①] 所以,“大福利构想”也就是“基础整合的福利体系”。

(一)“大就业”

金融危机对就业的影响非常严重,提出的挑战也非常深刻。解决就业问题,最根本的一点,是不能再局限于原有的“就业”概念和解决就业的思路,要跳出就业看就业,到传统就业思路之外寻求解决之道。这就是树立“大就业”观念。

1. 解决收入分配问题是真正解决就业问题的关键

我们习惯认为,就业和收入分配是虽然有关却相互独立的两码事。以往我们长期撇开收入分配讨论就业问题,现在看来,不解决收入分配问题,就业问题已经无法有效解决了。前两年,南方出现的“民工荒”已经敲响了警钟。最近,南方一些城市好不容易经济回暖了,企业订单增多了,但是再次出现招工难,有些企业缺工达 1/3 以上,许多岗位无人来就。企业提供的职位及薪酬待遇无法吸引农民工,是导致“民工荒”的主要原因。据了解,有的城市给普通工人开出的工资为每小时 3.5—5.5 元,即使按最高限算,一天工作 8 小时,一个月工作 22 天,一个月的工资也就 968 元,还不到当地实施的 1000 元最低工资线。工人们为了多拿点钱,只能加班加点干活,几乎每天都工作 12 个小时,即使这样,每个月的工资也只有 1500—2000 元。[②]

当前,中国大陆劳动收入占国民收入的比重偏低,2003 年为 61.8%,2005 年为 45.3%,2006 年为 44.6%。劳动要素在企业内部分配中的比重也低,初次分配存在资本回报率不断提高、劳动力回报率持续下降的趋势。[③] 与其他国家比较来看,我国已落入了劳动收入占比最低的国家之列。国际惯例是,自我雇佣者的收入中有一部分应该计入资本所得,而中国大陆在 2004 年前一直把自我雇佣的收入全部计入劳动所得,因此,劳动收入占比实际还是被高估的。[④]

当前,从解决收入分配问题入手解决就业问题,有两个着重点:

---

① 参见景天魁主编《基础整合的社会保障体系》,华夏出版社 2001 年版。

② 时娜、彭超:《“民工荒”倒逼产业升级提速》,《上海证券报》2009 年 9 月 23 日。

③ 张茉楠:《中国经济复苏关键看能否破解三大失衡》,《上海证券报》2009 年 9 月 22 日。

④ 陆铭、范子英:《中国出口导向路径不会有根本性改变》,《上海证券报》2009 年 9 月 22 日。

（1）大幅增加中低收入阶层的收入，才能真正拉动内需，刺激内需型经济发展，从而增加就业岗位。（2）切实缩小城乡差距、地区差距，才能有效解决就业问题。北京的大学毕业生说什么也不愿意离开北京，宁愿当“啃老族”，为什么？涨工资北京带头涨，城市越大，收入越高，福利越好，这种情况下大学生怎么能愿意到边疆、到农村、到基层？那里有工作没人干，这里有人没事干，这哪里是就业问题，这是收入分配制度问题。不解决收入分配问题，怎么可能解决就业问题？慢说每年有600多万大学毕业生，就是不扩招，也照样会有就业困难。

2. 解决就业问题不能以放慢产业升级步伐为代价

再度出现的“民工荒”，也将产业升级及结构调整问题重新提到企业面前，特别是那些至今仍没有完成升级换代，依然延续着以前“低成本、低利润”的加工贸易方式的企业压力很大。在工人供不应求的背景下，企业不得不提高工资及福利待遇，导致劳动密集型为主的企业用人成本普遍提高，曾经的成本优势正在慢慢消失，这也迫使一些企业加快了产业升级步伐。一些企业添置新的机械设备，以前需要多人完成的一组作业，现在只需一个人就可以完成，工业化程度大为提高，这对缓解“民工荒”大有帮助。在产品结构上，他们也开始逐渐加大高端产品的研发投入，毕竟高端产品的技术含量更高，更具有竞争力。①

但从解决就业问题的角度看，由于经济结构和产业结构的升级、技术进步带来资本有机构成的提高，我国经济增长吸纳劳动力的作用有所减弱，再加上中国劳动力供给长期大于需求，经济增长对资本、技术的弹性更高，而对劳动力的弹性更小。2003—2007年GDP年增长率均在10%左右，而就业人口年增长率平均在0.8%左右，即GDP每增长1个百分点仅能带动80万人就业。经济高速增长并没有对就业产生多大拉动力，反而在一定程度上对就业增长产生了挤出作用。②

如此一来，产业升级和扩大就业之间就形成了尖锐的矛盾，能不能为了产业升级而减少就业？目前，全国各地有大约1.5亿外出打工的农民工，未来一二十年，正值城市化高潮，至少还将有两三亿农村劳动力需要

---

① 时娜、彭超：《“民工荒”倒逼产业升级提速》，《上海证券报》2009年9月23日。

② 陆铭、范子英：《中国出口导向路径不会有根本性改变》，《上海证券报》2009年9月22日。

到城市就业，就业压力如此之大，迫切需要企业提供就业岗位；反过来，能不能为了扩大就业而减缓产业升级？目前，国际国内市场竞争如此激烈，我们多年实行的低端、低价、低附加值的出口战略越来越行不通了，只有提高技术含量、提高产品档次才有出路。

这就出现了一个似乎无解的悖论：不提高劳动报酬，就不能吸引就业；提高了劳动报酬，对于许多劳动密集型企业来说，竞争力就会降低；为了提供竞争力，就要产业升级，而技术含量高了，就业系数就要下降。这一升一降的循环，光靠抓就业解决不了，光靠抓收入分配也解决不了。

怎样才能打破这个循环？要大力发展中小企业，因为它们吸纳劳动力的能力较强；要大力发展服务业，特别是像社区服务业、餐饮业之类的大众化产业，因为它们的技术含量不是太高。这些都是很对的。但是，关键因素却不在就业途径本身，而在教育，在“大教育”。教育搞得不好，就业和收入分配的循环、就业与产业升级的矛盾，就是趋于双下降的恶性循环；教育搞得好，就会实现双上升的良性循环。

（二）“大教育”

大学扩招以来，高等教育已经出现了泡沫。2009 年，大学生初次就业率仅有 67%，它本身已经造成了新的就业压力，火上浇油之际，怎么能靠发展教育来解决就业问题呢？从发展战略讲，不仅解决就业要靠教育，产业升级要靠教育，解决收入分配问题也要靠教育。一言以蔽之，教育不兴，整个现代化问题就解决不了。关键是能够担此重任的教育，不是传统意义上的教育，而是“大教育”。

1. 教育要向就业延伸、与就业紧密挂钩

办教育不等于只办学校，教育部门不能给学生发完毕业证就将其推出校门不管，校方对未能就业的学生，要负责与企业等用人单位联系，开展就业培训；对就业率太低的专业和经过后续培训仍不能就业的专业必须及时调整。

在发达国家，教育改革总是和一个国家的经济社会发展密切结合在一起的。中国的教育与社会需求之间没有紧密的对应和关联，因此，一方面企业缺乏技能人才，另一方面大学生找不到工作。中国的外资企业发现中国的大学生并不具备一两种有用的技能，很多外资企业需要亲自到中国培养有用的学生。缺乏有用的人才已经成了中国产业升级和技术升级的一大障碍。[①]

2. 改革教育体系，形成素质教育、职业教育和研究型教育的合理结构

目前，教育体系的一个缺点，是从基础教育直到大学教育其实都是强调素质教育的，忽视职业和技能教育的环节，这使不少大学生毕业后“回炉”选择就读职业教育，以获得一技之长来提升自身就业竞争力。

而职业教育的发展受到社会各界的广泛关注，很重要的一个原因就是职业教育的高就业率，2005—2008 年 4 年间，我国中等职业教育的就业率一直保持在 95% 以上。2009 年，中职教育计划招生总数达到 860 万人，已经赶超普通高中规模。[②] 中职教育规模与普通高中规模之间应该找到一个比较合理的比例，在产业结构发展的不同阶段，这一比例应该不同。前一时期，初中及以下文化水平的职工是许多制造业职工队伍的主体，将来，对高端技术人才的需求越来越大，中等职业教育和高等职业教育所占比例也应该逐步上升。

3. 企业和所有用人单位也要主动与学校教育相衔接

办教育不光是教育部门的事，而且是全社会的事。德国、澳大利亚等职业教育比较发达的国家，都有一套比较成熟的职业教育与更高教育层次相衔接、学校与企业和用人单位相衔接的制度。企业和用人单位不能只管用人，要把用人和培训结合起来，适当借鉴日本经验，即使不搞终身雇佣制，也要鼓励建立稳定的雇佣关系，不得随意解雇员工，如果必须解雇，也不能推出门了事，要根据被解雇人员的条件和意愿，与有关就业服务部门共同承担再就业培训责任，把这当作企业社会责任的重要内容。

4. 政府部门要打破条块分割，不能把就业和教育问题只当作个别部门的事

中国最大的资源是人力和人才，要比重视资本更加重视人，在发展思路上真正以人为本。所有财政、税收、工、农、商、学、兵等都要与就业和教育相衔接。像英国那样设立《人力服务委员会》，像美国那样颁布《就业培训合作法》，把现有的人力资源和社会保障部作为这个委员会的

---

① 郑永年：《中国的教育改革和教育泡沫》，《参考消息》2009 年 5 月 21 日。

② 杨国营：《教育在改革与创新中前进》，《参考消息·北京参考》2009 年 9 月 15 日。

执行机构。

由“人力服务委员会”或“人力资源委员会”及其执行机构管理和协调的“国家就业和教育协调体系”包括：（1）支持中小企业发展的产业体系；（2）大中小、国私外均衡发展，相互竞争而又相互补充的金融体系；（3）面向民生、鼓励创业、支持中西部发展的财政体系；（4）教育和就业相结合的大教育体系；（5）就业和培训法律体系。

5. 建立国际化的人才战略，从全球视野筹划教育和就业问题

1978—2008 年的 30 年间，中国大陆共有 130 多万人出国留学，留学目的地遍及 100 多个国家和地区。部分留学人员回国后，对我国工农产业、第三产业及高新科技产业的发展起到了重要的推动作用。目前，许多企业制定了“走出去”战略，但大量缺乏外语人才、技术和管理人才，真正了解国际市场、能够熟练掌握世界贸易和经济规则的人才更是凤毛麟角。据说，日本在境外的资产比在本土的资产还要多，中国将来也会有这一天。因此，绝不是中国人多了就业就难，怕的是有事无人能干。要从全球视野统一筹划大就业和大教育，尽快实现由人力资源大国向人力资源强国的转变。

（三）“大保障”

发展“大就业”和“大教育”，背后要靠“大保障”。所谓“大保障”，主要指普遍享有，广泛覆盖，特别是要覆盖城乡全体居民。众所周知，在 2003 年以前，我们的社会保障制度仅仅限制在城市职工的范围内。改革开放以后，社会保障制度改来改去，也还在城市里打转转，每年即使扩大保障面，幅度也很有限，养老保险和医疗保险这两大险种，每年新增加 1000 万人左右，远远不及城市人口增加的速度。从 2003 年在农村推行新型合作医疗制度开始，社会保障的城乡壁垒逐渐被打破，国家和地方财政掏钱给农民看病，开创了“大保障”的历史，受到了亿万农民的衷心欢迎。2007 年，我国开始在农村建立最低生活保障制度，解决贫困问题有了新的制度保障。2008 年，开始推行城市居民的医疗保险，许多城市面向城市老年人发放养老补贴；2009 年，在农村建立养老保险制度试点，标志着真正普遍享有、覆盖城乡的社会保障制度框架已经基本建立起来了。2003 年以来，中国大陆实现“大保障”的步伐一步快似一步，与此同时，提高统筹层次、提高社会保障金占 GDP 的比重、解决农民工和灵活就业人员的保障问题、取消不必要的差别，促进社会公平等重点和难点

问题，也纷纷提上日程。“大保障”作为“普遍享有，广泛覆盖”的含义正在充分显现。

“大保障”的另一含义是指保障的项目广泛、形式多样。中国国情复杂，政治、经济、文化差别明显，社会需要千差万别。社会保障、社会福利是最直接满足人民生活需要的，一定要五谷杂粮均备，酸甜苦辣齐全。西方只有几百万人、几千万人的国家可以实行单一福利制度，我们千万不能追求单一制度，形式单调，那其实是不符合国情，不适合人民需要的。总体上，要以社会保险为主，也要大力发展社会救助、慈善事业、商业保险，让它们有充足的空间去满足不同方面、不同层次、不同群体的需要。参与“大保障”的主体也是多元的，政府、企业、社会组织、家庭和个人要各负其责，合理分担，要形成可持续、充满活力、运作有序的社会福利责任结构。

大保障也好，大福利也好，从根本上说，不是国家惠予的，而是人民贡献的，在基本方面，体现的是义务与权利的统一。当然，也有一部分是惠予性的。能够普惠的福利还是“小福利”，不是“大福利”。真要全民普惠，在个别事项上还可能，在所有生活与发展方面，在所有需要方面都“普惠”，不但在我们国家做不到，从西方福利国家实际情况看，也很难做到。从效果看，降低社会发展活力，是西方福利国家本身难以克服的顽疾。我们提“普遍福利”，含义是普遍享有，但享有的形式既包括给予（惠），也包括缴费（各尽其责）；既有无偿获得，也有有偿获得和低偿获得，总之，除了无劳动能力者、无缴费能力者以外，都应是义务与权利统一的。这就既能实现福利共享，又能保持社会活力，从中国大陆社会保障和社会福利制度改革30年来的实践看，效果是基本值得肯定的。

（四）“大服务”

社会保障体系好不好，不完全取决于保障体系本身，还取决于有没有好的支撑体系。社会服务体系就是使社会保障体系能够落实并且增效的支撑体系。

社会保障主要指资金保障，但光有资金保障不能解决现代社会的保障问题，服务保障的作用越来越大。比如，城市里有的老人在家里死了也没有人知道，臭了才被发现。这个人不一定没有资金保障，可能有足够的养老金，但是为什么会出现这样的惨剧呢？我们现在重视的，比如煤矿出事故了，死人了，这有人管，那么一个老人在家里死了谁来负责呢？没有人对此负责。这说明，这类事情还没有纳入我们的保障制度。我们固然需要有以资金支撑的社会保障制度，但还一定要有一个有助于好的制度实现的条件和环境。再比如，现在许多老年人得了一些慢性病，慢性病到医院也没有多少医治的办法，光靠医疗保障制度也不行，而主要在于日常的生活调理和护理。主要取决于生活服务和医务护理。即使在医院里看得很好，回到家里如果没有人管了，对他的所谓保障就实现不了，更不用说很多病是没有什么药可以解决的，病人的实际需要是靠服务来满足的。由此可见，"大保障"要靠"大服务"。这一点，也是我们当年提出"基础整合的社会保障体系"时的一个主要想法。

长期以来，在社会建设领域，公共服务建设在很多方面接近零，我们今天有必要强调公共服务对社会保障的重要性。其实，许多社会服务，例如社区公共服务体系建设可以充分发挥社区人力资源（离退休人员、邻里互助等）的作用，成本最低效果最好，是非常符合中国传统和国情的。

中国的社会保障，与西方福利国家、福利社会可以有很多区别，但其中最主要的区别应该是体现在更贴近基层群众，更便于基层群众的参与，更适合发挥我们中国的文化优势。我们可能无法与西欧一些国家来比社会保障金水平的高低，但是，不见得我们中国人就不可能有一个好的社会保障。从我国的国情出发，用社会服务体系来支撑社会保障体系，就可能是一个很符合中国国情的、成本很低而效益很好的制度。比如，我们社区里有很多离退休人员，有些企业里的职工不到50岁就退休了。如果我们能够以社区的形式把他们组织起来，以很低的成本来服务，比如动员五六十岁的人去照顾七八十岁的人，在邻里之间开展养老护理、医疗照顾、婴幼儿看护等，很多事情都可以有人管了。而这种"管"，不需要像西方那样靠公司、靠一些专门的机构，那样的成本太高。现在，像北京等许多城市的社区就是把离退休人员发动起来，给他们找点事做，他们还挺愿意，觉得被社会承认了，被社会尊重了，觉得自己还挺有用。这是一种非常丰富的资源。这样做，既能满足人民群众的需要，又能增强社会团结、增强社会凝聚力，还能够帮助社会保障制度夯实社会基础。

社会服务体系建设与社会保障制度建设的关系，要放在社会建设整体布局中去研究。社会服务体系建设可能是各项社会建设的关键，当然也是真正实现和完善社会保障制度的关键。

（五）“大金融”

狭义的金融是指货币以及类货币（股票、债券等）及其有关的经济活动。这里所谓“大金融”，其实是想指支持以上所说的“大就业”“大教育”“大保障”“大服务”的资金支持体系。因为所谓福利，总是脱不开资金支持这一重要基础的。讨论应对金融危机的福利问题，最后也不能不落脚到金融体系上来。

1. 大力支持中小企业发展，创造足够的就业岗位

美国金融危机袭来，我国一度有1/3的中小企业歇业和停产；2000多万农民工返乡。

中小企业的瓶颈是资金，返乡农民工、大学毕业生创业的瓶颈也是资金。必须改革金融体系，盘活民间金融。现在，北京等城市出台了一些支持中小企业发展的金融政策和做法。但是，光有政府政策不行，要创造新的金融体系。大、中、小银行要分层次，大银行不能以其垄断地位与中小银行争利，光捡肥肉吃，哪里利润丰厚，就到哪里霸吃霸喝。房地产利润高就涌向房地产。大银行是航空母舰，既然抗风险能力强，就应该更多地支持技术创新，支持风险大的新兴产业，支持中小企业。国家办的政策性银行，更应该像斯里兰卡的小额信贷银行那样，支持农民、农民工和大学生就业和创业，支持职业培训和就业开发。

2. 加大对教育的投入，扩大教育福利

改革教育制度，降低教育成本，也就会降低大学生的就业预期。目前大学生的家庭支付成本太高，所以对就业回报的期望也就太高。如能适时适度扩大教育福利，扩大助学金、奖学金规模，增强对就业前的技术培训和职业培训的财政支持，学生和家庭对职业的挑剔程度就会降低，回报社会的意识就会增强，相应的，就业压力就会减轻。

金融系统是运作“钱”的，趋利避害是市场经济的本性。那么，金融系统要不要以及怎样体现以人为本呢？能否做到以人为本，而不是以资本为本，以民生为本，而不是以GDP为本？关键就看是投资于人，还是投资于“物”；是为了人的发展，还是只为钱的增加。投资于教育，就是投资于长远发展，是开发和扩大发展的源泉。试想，如果我们把解决就业问题当作投资的重要目标，或者在有利于解决就业问题的前提下再考虑利润回报率，以实现充分就业为途径谋取利润增加，从战略上选择就业优先增长的经济增长模式，那么，就业问题就可以得到解决，就业和经济发展

就可以双赢；如果我们在要素投入上，注重通过人力资源的充分开发利用来促进经济增长，那么，我们这样一个拥有13亿人口的国家就具有任何国家都不能比拟的经济优势；如果在产业发展上，能选择把产业升级与扩大就业相结合的道路，把经济结构调整的过程变成对就业拉动能力不断提高的过程，把改变城乡二元经济的过程变成统筹城乡就业的过程，那么，我们就可以避免许多本来可以避免的矛盾，减少和降低许多本来可以减少的成本和代价，我们的经济就能够保持平稳健康发展，社会也能够保持稳定，实现和谐。在这里，金融系统的目标设定，金融结构的合理化，金融动能的正确发挥，无疑具有关键的作用。

3. 财政资金要向民生倾斜，向基层倾斜

要用财政资金引导社会资源，注重解决民生问题，加快公共福利、公共服务体系建设，这对于当前启动内需、克服金融危机、发展经济，对于破解就业难题，实现社会稳定，都是一个重要途径。

总体上讲，现在存在的主要问题还是福利供给不足，就是过去财政对教育、卫生、社会保障的投入水平很低，这是主要方面。前些年，我们在GDP高速增长的同时，对卫生、医疗、社会保障的投入，在GDP中所占比例不是在增长而是在降低，而且这个比例，如果与日本和韩国、与世界平均水平相比要低得多。例如，在医疗卫生支出中财政所占比例只有17%，80%以上是个人和家庭负担，这是造成“看病难、看病贵”问题的主要原因，有些中低收入的家庭掏不起医疗费，出现了因病致贫、因病返贫现象。所以，解决财政投入不足的问题是目前的主要问题。同时，我国现在也出现了福利刚性的问题，大量的医疗卫生资源配置不合理，对城市特别是大城市的投入与对农村的投入不成比例。最近几年相关部门正在努力纠正这种问题，但还需要一个较长的过程。

三　“大福利构想”的实质和意义

（一）形成社会团结的广泛基础

对于一个社会来说，“大福利构想”所追求的目标，不是福利供给最大化，不是无条件地要求福利水平最高，其应与经济发展水平相适应，并不是可以随便设想的。但福利效益最大化是可以设想的，即在给定的福利供给条件下，使有限的（任何时候都是有限的）福利供给获得最大的社会效果。这是福利制度和福利模式研究要承担的责任。笔者提出的底线公平理论就是指建立一个合理的公平结构：区分无差别的公平和有差别的公平。在基本生活保障方面，实行无差别的公平，政府和社会要保障满足社会成员的基本生活需要，但同时要求每一个有劳动能力的人要给社会作贡献；在基本生活保障以上要实现有差别的公平，每个人得到的福利要与其对社会的贡献挂钩，鼓励人们多作贡献，尽可能避免和消除只索取不贡献的情况，这样才能激发社会发展的活力。当然，对差别水平也要有限制，要根据经济发展水平和历史文化传统，确定适当的差别度，并且一般应该通过民主方式得到大多数社会成员的认可。

按照这样的公平结构建立的福利制度和福利模式，吸取了福利国家注重普惠性、平等性的优点，避免了福利依赖、社会活力下降、经济增长缓慢的缺点；吸取了实行积累制国家激发个人责任的优点，避免了社会共济不足的缺点。

中国文化传统中，人民大众接受适当差别的能力较强，而不是像西方文化那样强调抽象公平、抽象人权；另一方面，中华民族团结意识较强，个人原子化意识淡薄，所以，把无差别的公平和有差别的公平结合起来，把个人（家庭）责任和社会共济结合起来，是切实可行的。这样，既能够实现适度公平，增进社会团结，又能够保持和激发社会活力，在社会经济发展中实现发展与公正的统一。基于这种统一的社会团结是最广泛的团结。

（二）探索建设东方型福利社会

对于一个地域，具体就是对于东亚地区来说，探索建设东方型福利社会是很有意义的。如果说，从19世纪到20世纪上半叶，随着西方工业化、城市化以及西方式的现代化的崛起，必然出现从俾斯麦的社会保险制度到贝弗里奇的福利国家构想以及到第二次世界大战以后福利国家实践的高潮，终于形成了比较成熟的西方福利模式，那么，从20世纪下半叶以来的东亚崛起到21世纪世界发展重心向亚洲的转移，必将出现东方式的现代化模式，随之而来的将是东方型福利社会的诞生。

笔者在2006年访问日本，2007年在北京举行的中、日、韩“寻求东亚的新范式——探索政治、社会、文化和谐的未来道路”的论坛上所作的主题发言中，都曾经探讨过这个问题。[①]

① 参见景天魁《底线公平：和谐社会的基础》，北京师范大学出版社2009年版。

1. 东方型福利模式可以作为亚洲社会团结的基础

自从欧洲共同体成功建立以来，就给了亚洲社会一个激励：亚洲特别是东亚地区，能不能也像欧洲那样实现某种形式的一体化？许多人虽然意识到在全球化时代地区一体化是必然趋势，但是看到东亚地区经济制度差别很大，政治制度差别更大，就难免对东亚的联合或者一体化持消极态度。近年来，情况有所变化，中、日、韩等国纷纷接近东南亚联盟，先后签订自由贸易协定，但东亚地区的整合仍然举步维艰。的确，经济整合虽然是一条可行的道路，但在市场经济条件下，利益纠葛也难免带来得失的盘算，乃至竞争和纷争；政治整合难度更大，利益集团之间的对立需要相当一个过程才可能缓和与化解。相比之下，东亚社会具有相近的社会结构，包括家庭结构、企业结构、人情关系等，相互之间容易适应和认同。是否可以在经济途径、政治途径之外，探索一条社会整合的途径，也许通过建立一个好的福利模式，可以为亚洲将来形成一个好的社会模式奠定基础。而建立社会联结，能够更容易地体现互助、合作，创造融洽的社会氛围和人文环境。

笔者提出的底线公平，最便于扩大社会共同性。因为它强调首先要保障每个人的三项最基本的权利，即：生存权、教育权和健康权。当个人和家庭无力保障这些基本权利时，政府要守住这条底线。当然，由于各个国家和地区的发展水平不同，情况会不一样，例如在中国大陆，所谓教育权，目前主要还是指九年义务制教育，将来中国发达了，可能政府财政管的受教育年限就要长得多，这里是可以有差别的。但是这三项权利是政府必保的。而在保证这三项权利方面，首先，在每一个国家和地区内部都非常容易达成一致；其次，任何一个国家和地区的不同阶层，都比较容易承认在这三项权利面前大家应该是平等的。例如，在中、日、韩之间，虽然我们的福利制度、福利水平有很大的差别，但是保证这三项权利应该是共同的，也就是说不管福利制度如何，福利水平如何，在这上面可以找到最大的共同性。

在东亚地区如能建立这样一个福利模式，尽管社会内部差别、阶层差别比较大，我们还是可能用这个办法来增进社会团结，增加社会不同阶层、不同收入水平者、不同文化信念者之间的认同。这样，福利模式就可以作为一个平台和基础，使大家建立起一种社会共同联系的纽带。在2008 年四川汶川大地震和 2009 年台湾南部大水灾期间，两岸同胞发自内心地相互支援、相互关怀，慷慨相助、大爱无疆，这事实上冲破了政治上的种种羁绊，但这主要是靠情感，靠道德，能否在此基础上尝试建立更稳定可靠的社会共同联系的纽带？例如，两岸之间的共同约定、协定，应对经济危机和自然灾害的共同行动纲领，在福利问题上按照最容易达成社会共识的底线公平原则，建立某些半制度化、制度化的行为规范。两岸血脉相连，同宗同源，如能带这个头，推及东亚，推及亚洲，岂不是中华民族对人类作出的莫大贡献！

当然，这里的意思仅仅是模式一致，原则一致，不是制度统一，更不是福利水平统一，也绝不意味着收入高的国家和地区要给收入低的国家和地区“买单”。如果在模式选择和原则确定上能够达成一致，具体做法就不难解决，而如能在模式和原则上达成一致就很有意义。例如在中国大陆，就既要解决福利投入不足的问题，也要警惕福利刚性。在日本、韩国以及其他福利水平相对较高的国家和地区，已经面临福利刚性的困扰，也出现了福利资源浪费，有些福利供给过分慷慨的情况。这就说明，在东亚的福利模式中，掌握好公平底线也是一个非常重要的共同性问题。

2. 东方型福利模式可以作为亚洲引领世界的基础

人们正在议论21世纪可能是亚洲世纪。不管这种说法准确性如何，我们总可以思考一个问题：亚洲拿什么来影响和引领（如果可能的话）世界？常见的说法是靠经济，经济总量大了，说话分量就大。这有一定道理，但我们也看到有的经济大国在世界上也起不到什么引领作用。再有一种说法是靠技术，在历史上确有一些技术如蒸汽、电力技术等扮演过重要角色，但科学技术发展却表明，先进技术更新越来越快，现在有些重大新技术，用不了几年就让位给其他新技术，可能风光不再了。我们可以探索一种新途径，从一个好的福利模式走向一个好的社会模式，以此影响和引领世界。为什么可以有这样的期待呢？

在东亚的经济模式中，以及在我们设想的福利模式中，在经济与社会的关系、政府与市场的关系、政府与社会的关系等方面，都具有与西方国家和福利国家制度不同的特点。我们这种共同性不抹杀各自社会的个性，东亚各国和地区之间由于社会制度、经济体制、文化之间有差异，仍然可以保留自己的个性。亚洲社会的基础，既包括要扩大共同性，也包括要包容差异性。这就使我们建立的福利模式，一方面，与美国那种过分强调市场机制和个人主义的福利模式不同，我们比较强调社会的作用，比较强调政府和市场的合作，而不是过分地强调市场的作用；另一方面，与欧洲福利国家那种过分强调平等和国家作用的模式不同，它们在福利增长的过程中形成了刚性的增长机制，就是福利只能往上升，不能往下降，一旦涨上去了就降不下来。其实，经济的发展总是有升有降的，一旦发生了经济危机，或者经济增长趋缓，财力就支撑不起了，所以福利国家制度的改革是不可避免的，这种改革还一直延续到现在。东方型福利模式会有更大的活力，我们可以比它们保留更多的差别，实现的是有差别的公平。这样，我们的模式也会有更好的包容度，而要有更好的包容度，还需要有更强的协商和沟通的能力，这样一种能力是可能依靠我们东亚的文化来提供的。

3. 一种新社会地理学

对东方型福利模式乃至社会模式的期待，还可以找到理论的支持。按照2008年诺贝尔经济学奖获得者克鲁格曼的新经济地理学理论，资源配置范围越广，越可能优化，收益越可能递增。由于生产规模扩大带来产出的增加，从而带来生产成本的下降，各国或区域间通过发展专业化和贸易，就可以提高收益；要素的集中是经济规模的反映，地理上的集中形成大型的聚集地区，其规模优势远远大于某一个部门或产业的集中优势，从而为整个地区获得竞争优势创造了前提。这个道理，我们从最近30年中、日、韩之间经济联系的加强和贸易量的扩大对地区经济优势所起的作用，以及海峡两岸经济往来和合作带来的实际效益，可以明显地体会到。

如果说，克鲁格曼是从贸易理论的角度说明了这个道理，那么，早些年的诺贝尔经济学奖获得者、“欧元之父”罗伯特·蒙代尔则从货币理论的角度论证了推进大中华货币区是唯一正确的选择。他同样从经济规模扩大则效益倍增的道理出发，力主推进人民币的国际化，建设华元区。许多经济学家相信人民币区域将成为越来越重要的货币区，国际货币体系应将人民币纳入国际货币基金组织推出的一揽子货币体系中，从而建成一个稳定的一揽子货币体系。①

从应对金融危机的福利政策与社会政策出发，笔者主张一种新社会地理学，其基本原理是：社会空间越大，资源配置越可能高效和优化；人们的活动空间越是广阔，人的才能发挥的余地越大，人的自由越是能够充分实现；人的自我实现程度越高，人的幸福感越强。因此，在全球化的时

① 《推进大中华货币区是中国唯一选择》，《环球时报》专版2009年9月23日。

代，在区域一体化的趋势下，以“独立”为标榜的画地为牢、自我封闭，无非是对世界文明发展大势的一种抗拒，是违背时代潮流的一种愚昧，是少数政治人物出于一己私利而对大众福祉的一种伤害。

经济和社会发展的客观法则是势必冲毁任何狭隘意识的。我们也有这样的经验。20 世纪 90 年代，上亿农民工进城务工，而当时正值国有企业改革，几千万职工下岗待业，许多人担心农民工抢了城里人的饭碗，一些城市出台了五花八门的措施，限制农民工进城。从一般见识讲，城市里岗位有限，农民工涌进来，城里人就业就困难了，道理好像说得通。但是，上述经济学和社会学理论超越了一般见识，空间或者规模扩大的意义是不可否认的。实际结果证明，农民工挡也挡不住，奇怪的是，他们不但没有抢城里人的岗位，反而开辟了许多新的就业岗位，催生了许多新的产业，干了城里人不肯干的工作。就业岗位是有层次的，劳动分工是可以扩大的，现在城市里许多产业根本离不开农民工，甚至城里人离开农民工就没有办法生活了。当然，农民工的身份问题总是要解决的，但那是另外一个问题。

同样道理，美国的就业市场近年来有了不少限制，但他们也应该看到开放的益处。在高新产业聚集的“硅谷”，笔者就看到有条台湾街，那么多华人在美国，对经济社会发展起到了不可忽视的作用。2004 年笔者到台湾，看到台湾当局对大陆新娘在台湾就业和生活施加了种种限制，比对越南人、菲律宾人限制还苛刻，笔者在大会发言中公开表示反对。现在，这种歧视改变了。人们的理性最终总会确信科学道理比貌似有理的一般见识更高明，任何狭隘意识最终都是站不住脚的。

其实，不仅是新贸易理论、新货币理论、新社会地理学等会支持“大福利构想”之类的见解，人的理性、人的良知也总是会支持对中国人、亚洲人、全球人的福祉有所助益的见解和主张的。因为，按照知识发展的规律，运用科学方法得到的知识，总会逐步转化为常识，也就是说，一般见识总是要改变和更新的。

（三）构建对经济危机具有防范功能的全球社会基础

对于全球社会来说，造成这次金融危机的原因，根本就不是发展中大国与美国的贸易不平衡。不平衡是有的，但这是现象不是根源。如果说失衡，最根本的是穷国和富国的失衡。即使从第二次世界大战以来看，世界范围的贫富两极化越来越严重，世界经济体系越来越不合理。无论是帝国主义和新帝国主义理论，还是依附理论和世界体系理论，都说明了以往资本主义一体化的历史，就是财富从边缘向中心、从穷国向富国集中的历史。美元的独霸地位会形成所谓“磁吸效应”，全世界的相当一部分财富被吸附到一个国家，甚至一个华尔街。早在此次全球金融危机之前，就有“华尔街打喷嚏全世界感冒”的说法，此次金融危机印证了华尔街危机殃及全世界的恶果。

从根本上说，全世界面临的就是经济体系不合理、社会不公正的问题。尽管单靠福利体系建设难以解决如此艰难的问题，但福利制度的研究和建设仍应该对此作出应有的贡献。“大福利构想”意在建立一个相对独立于经济体系的社会体系，它更强调社会体系包括福利体系的自稳定、自协调机制，例如，“大福利”搞得好，虽然不能避免出现失业问题，却可以使失业给社会、给民众生活造成的冲击尽可能减少；“大教育”搞得好，可以有效增强人们的竞争能力、适应能力、应付危机和化危为机的能力；而如果有了“大保障”和“大服务”，即使面对各种风险和危机，人们也可以安然无恙；有了“大金融”更可能直接对抗和化解金融和经济风险。所以，“大福利”作为对经济危机具有防范功能的全球社会基础也是可以预期的，至少是有必要去争取的。

第五章

制约福利模式选择的精神因素

第一节　文化传承①

观察中国，可以从了解中国社会福利着眼；发展中国，可以从推进中国福利建设着手。简言之，福利反映中国，福利塑造中国。这个说法本身，就反映了一个巨大的“观念”变化。过去长期流行的潜意识和明规则是：社会福利仅仅是经济增长和社会结构变化的结果。因此，要了解福利，必先了解经济；要增进福利，必先发展经济。现在，这个观念发生变化了，在某种场合甚至颠倒过来了——经济建设要服从于增进福利的需要，社会发展的基础和目的是社会福利的发展。因此，本书尝试“从福利看中国”。

社会福利可以分为思想、制度和实务三部分。在以往的福利研究中，或许出于“实际”的需要，或许出于“实证”的追求，我们研究制度（包括政策）和实务（包括服务）比较多，而认为对思想观念的研究，比较“虚”，难以实证。本节也想倒过来试试，看看能否对福利观念的演进梳理出一个“顺序”来，能否由此加深对制度变革和实务工作的理解。

而一提起“福利观念”，人们往往想到的是工业革命以来西方发达国家的各种社会福利政策、福利模式以及相应的各种观念论述，似乎“福利”是西方发达国家的专利，好像只有他们才拥有最有价值的福利观念。其实，“福利”这个概念在中国古已有之，而且内涵极其丰富，而演变至

① 本节原为笔者于2011年10月29日在韩国社会福利学会的讲演稿。此次发表前又做了补充修改。趁此机会，感谢韩国社会福利学会的盛情邀请，并向在会上提问和评论的韩国社会福利专家表示谢意！

今的中国福利观念可谓源远流长，成分复杂，形式多样，变化巨大。所以，笔者也倒过来，不是从西方寻找福利观念的源头，而是从考察中国现当代福利观念的历史渊源开始。

一　中国现当代福利观念的历史渊源

（一）福利观念的滥觞

汉语“福利”这个概念是由“福”和“利”两个字组成。按照《说文解字》的理解，“福，佑也。以示畐声”[①]。事实上，古人高明的地方，是在于从一开始就认识到“福”是相对的，与“福”相对而紧密相连的就是“祸”，老子说过“祸之，福之所倚；福之，祸之所伏”。后来，“福”进一步被引申为“神降吉祥以助人获取幸福”。

古人另一个高明的地方，是一开始就意识到“福”是多方面的，从不同的角度、对不同的人，含义既有共同性，也有所侧重。《尚书·洪范》中讲过与“六极”相对应的“五福”，“一曰寿，二曰富，三曰康宁，四曰攸好德，五曰考终命”[②]，考，通老。考终命：老而善终也。即努力达到长寿、富裕、健康安宁、遵行美德、高寿善终等五种幸福。把“福”的形式与内容具体化为“天下第一福”的则是清朝康熙皇帝。康熙皇帝为孝庄皇后60大寿写的“福”字构思独特，寓意深刻，一个“福”字包含了“多子、多才、多田、多寿、多福”五种寓意。这也广为今天的人们所接受。“福利”这个词最初却来源于“福祉”并与“福祉”相互使用。《易·大有》篇中讲“赐我福祉，寿算无极”[③]。西汉初年的燕国人韩婴在《诗》中提到“是以德泽洋乎海内，福祉归乎王公”[④]。这里的“福祉”就包含着物质和精神两个层面上的好处。“福利”这个名词最早出现在《后汉书·仲长统列传》中，该著作收录了东汉末年仲长统的《理乱篇》一文，其中便有“使奸人擅无穷之福利，而善士挂不赦之罪辜”的论述[⑤]。在这里，“福利”主要就是指物质层面上的“幸福和利

① （汉）许慎：《说文解字》，上海古籍出版社2007年版，第3页。
② 转引自闫红卫《四书五经简注》，山东友谊出版社2004年版，第664页。
③ 转引自焦延寿《焦氏易林》，中华书局1985年版，第49页。
④ 转引自赖炎元《韩诗外传今注今译》，商务印书馆股份有限公司1980年版，第99页。
⑤ 王先谦：《后汉书解集》，中华书局2006年版，第579页。

益”，这也成为今天“福利”含义的一部分。[1]

（二）福利思想类型

中国学者萧仕平在《福利社会学》中，把中国传统福利思想概括为六种类型：儒家型、道家型、墨家型、法家型、儒道混合型和农民型。

儒家福利观集中体现在它的创始人孔子的养民、保民、利民思想中，他倡导“尊五美”“屏四恶”：子张问于孔子曰：“何如斯可以从政矣？”子曰：“尊五美，屏四恶，斯可以从政矣。”子张曰：“何谓五美？”子曰：“君子惠而不费，劳而不怨，欲而不贪，泰而不骄，威而不猛。”子张曰：“何谓惠而不费？”子曰：“因民之利而利之，斯不亦惠而不费乎？择可劳而劳之，又谁怨？欲仁而得仁，又焉贪？君子无众寡、无小大，无敢慢，斯不亦泰而不骄乎？君子正其衣冠，尊其瞻视，俨然人望而畏之，斯不亦威而不猛乎？”[2]

儒家型社会福利思想主张“德政”，要求统治者予取有度，以利于民众福祉，同时主张严格的等级秩序。这种社会福利思想对中国历代封建统治者实行轻徭薄赋、救济、救灾等政策和措施产生了重要的影响。

道家型福利观集中体现在老子“小国寡民”的自为思想中，其有关“甘其食、美其服、安其居、乐其俗”的提法，指出了“福利”应有的四种生活目标。老子提出的“天之道损有余而补不足”，主张均富，使百姓尤其是那些穷困孤独者能够拥有基本的生存权利等思想，成为后世所有的公平性福利主张的最经典的依据。

墨家型福利观以“兼相爱”“交相利”为思想原则。墨子提出了具有鲜明“爱民”“利民”特色的社会福利思想，他反对苛税重役，主张轻徭薄赋，要求统治者给人民以饱暖和歇息的满足。

法家型社会福利观的基调是反社会福利的。它从维护君主绝对专制出发，反对国家为百姓提供基本的社会福利。这一思想的代表人物韩非以“人性自为论”为理论基础，以“贫富分化合理论”和反“足民”论为主要内容，提出了非常具体的、系统的反社会福利观。

所谓“儒道混合型福利观”主要是指宋、元、明时期一些思想家的观

---

① 高和荣：《福利社会学基本概念》，见（景天魁等著）《福利社会学》第一章，北京师范大学出版社2009年版，第4页。

② 萧仕平：《社会福利思想》（下），见（景天魁等著）《福利社会学》第三章，北京师范大学出版社2009年版，第97页。

念，他们儒道混杂，融合儒、道以及佛学的一些社会福利思想，提出了混合型的福利主张。例如，邓牧在老子“小国寡民”思想基础上，设想一个健全福利的社会；李贽提出“童心论”，论证为百姓提供基本生活保障的合理性等等。

农民型福利观是基于平等主义的福利主张，古代农民追求的理想社会是“太平”世界，“等贵贱，均贫富”是其理想目标。例如，太平天国农民起义领袖洪秀全就提出建立“有田同耕，有饭同食，有衣同穿，有钱同使，无处不均匀，无人不饱暖”的理想社会。

（三）福利观念的传承

不论中国古代社会福利思想分为多少类型，都表明福利问题无一例外地是各个学派都要思考和回答的重要问题，而他们所做出的回答，几乎囊括了有关福利可能给出的各种主张的雏形，因而成为中华民族福利思想的丰富源泉，对现当代福利思想具有深刻影响。

这种深远影响集中体现在“大同理想”的强大感召力上。“大同理想”的经典表述，见于《礼记·礼运》篇：“大道之行也，天下为公，选贤与能，讲信脩睦。故人不独亲其亲，不独子其子。使老有所终，壮有所用，幼有所长。矜寡孤独废疾者，皆有所养。男有分，女有归。货恶其弃于地也，不必藏于己。力恶其不出于身也，不必为己。是故谋闭而不兴，盗窃乱贼而不作。故外户而不闭，是谓大同。”① 这一论述，确立了福利是一种理想社会，是一种道德的高度，执政的高度，价值的高度（好人、善人），给予社会福利崇高的历史和社会地位。从此以后，所有的社会福利思想观念的演变、所有的福利观念和制度的进步，都与这一思想有着明显的渊源和继承关系，或者说，都是这一思想的坚持或者变形，发挥或者运用。

自汉代以来，这一思想不仅表现在各种观念中，也体现在救济和慈善行为中，且程度不同地表现在制度和法令规定中，如家庭津贴、家族互助、工赈救荒、义仓、义学等制度和规约。尽管在社会实际上，大同社会仍然只是理想，但它代代相传，生生不息，很多志士仁人不顾条件所限，或者稍有条件，都要积极去试验、去实行、去推动这一思想的实现和发展。

---

① 《礼记·礼运》（汉·戴圣记），转引自蔡汉贤、李明政、徐娟玉编著《中华社会福利经典选析》，松慧有限公司 2011 年版，第 44 页。

直到近代，倡导戊戌变法的康有为著《大同书》，对于各种福利制度做了非常具体的设计，对于救济、居住、交通、衣食诸项均有细致的规划。其中，关于医疗的设想，就很接近现代的医疗保障制度："大同之世，每人日有医生来视一次，若有病则入医院，故所有农牧、渔场、矿工、作厂、商店、旅馆，处处皆有医生主焉，以其人数多寡为医生之数。凡欲食之品，皆经医生验视而后出。……大同之世，人无所思，安乐既极，惟思长生。而服食既精，忧虑绝无，盖人人皆为自然之出家，自然之学道者也。"[①] 台湾学者蔡汉贤等认为："《大同书》除了受西方资本主义进化论学说和空想社会主义思想的影响外，还依据《春秋》公羊三世说和《礼运》中的"小康""大同"说，表述了人类历史的三个阶段，即由"据乱"进为"升平"（小康），由"升平"进为"太平"（大同）。《大同书》中追寻的理想社会，是一个既有中国社会理想特色，又有西方空想社会主义色彩的世界。"[②] 这一评论，其实道出了直至今日中国社会福利思想的一大特点：自近代以来，对西方社会福利思想的引入，其实都是结合在中国传统的社会福利思想之中，都在一定程度上"本土化"了，只不过"本土化"的程度、方式不同而已。至于孙中山《建国方略》中的社会建设纲要，更是以"天下为公"为最高理念，体现了厚重的历史脉络和精神传承。我们今天，也要从这样深厚的历史渊源，来理解中国现当代社会福利思想。

二　中国现当代福利观念面面观

中国现当代福利观念可以区分为三种类型：特殊福利观念、福利改革观念、普遍福利观念。每种类型又包括若干种福利观念，这些福利观念的不同组合，也许可以在一定程度上反映福利观念演变的历史过程或阶段。

（一）特殊福利诸观念

在长期的历史过程中，社会福利主要是特殊性的。特殊性的福利观念具有顽强的生命力，尽管历经沧桑巨变，这种观念几千年来一直绵延不断，至今仍然具有很大的影响力。所谓特殊性福利观念，主要包括：认为福利是恩赐、是救济、是特权、是白得。

---

① 康有为：《大同书·去苦界至极乐》，转引自蔡汉贤、李明政、徐娟玉编著《中华社会福利经典选析》，松慧有限公司2011年版，第63页。

② 蔡汉贤、李明政、徐娟玉编著：《中华社会福利经典选析》，松慧有限公司2011年版，第63页。

1. 福利是恩赐

中国长期处于封建社会，“普天之下，莫非王土；率土之滨，莫非王臣”。所有的好处都与皇权结合在一起，慢说是获得福利，就是被皇帝赐死，也必须跪拜在地，谢主隆恩。所以，福利一般是作为恩赐之物，福利的赐予是君与臣、君与民关系，以及推及所有官民关系的主要形式。再推及民间，富人对穷人、家族对族人、父母对子女、师傅对徒弟、教师对学生的各种接济、赠予、教导、关怀，都是恩赐，因而都是“福利”。这样，“福利是恩赐”不仅是一种观念，它还广泛渗透到政治制度、阶级关系、社会伦理、血缘亲情之中，深深地扎根于中国社会的基础结构，从物质层面到精神乃至心理层面无不有所表现。

虽然封建社会已经被推翻一百年了，但“福利是恩赐”的观念在现代社会仍有表现。前些年，每到过年过节，各地官员走访看望贫、弱、残，或受灾的民众时从怀里掏出的红包，尽管里面装的都是公家的钱，但受苦受难的老百姓还是千恩万谢。这几年，形式变了，福利通常是采取“社会化发放”，或者通过银行直接划到受众的账户上，改变了官民之间直接赠送的形式，“恩赐”观念就逐渐淡漠了。其实，知道感恩并没有什么不好，知恩图报是应该提倡的美德，问题是这种观念如果与官民关系结合在一起，就既扭曲了这一关系，也偏离了“福利”的本质。

2. 福利是救济

救济既是一种福利提供方式，也是一种福利的性质。作为一种福利观念，在中国历史上早已有之。宋代程颐已经总结出“赈济论”，对于救济的原则，对象如何甄别，方法如何讲究，怎样运用有限资源救济更多的人，都有深入的论述。宋代富弼甚至具体总结出救荒煮粥事宜十七条，对人员、物料、分配、顺序，以及管理制度等皆有论及，足见当时累积的经验已经非常丰富。[①] 但是，从古至今，这种社会福利主要表现为对困难群体的社会救助，救助对象局限于鳏、寡、孤、独、废、疾者，而且救助内容仅限于最基本的物质供养以及最简单的疾病医治，救助层次相对比较低下，社会福利所设定的目标自然也就比较低，往往仅限于为特殊群体提供最基本的物质生活资料。

① 蔡汉贤、李明政、徐娟玉编著：《中华社会福利经典选析》，松慧有限公司 2011 年版，第 140—145 页。

基于此形成的福利观可称为“补救性的小福利观”。其特点：一是福利供给对象的选择性；二是福利水平低下；三是大多针对已经存在的社会问题进行“事后补救”，没有预防性；四是一般主要依赖政府承担首要的福利供给责任。因此，这种所谓“福利”只是“雪中送炭”。

3. 福利是特权

以上所说的“福利”，不论是作为“恩赐”，还是作为“救济”，无非都是一种选择，而选择就具有排斥性。首先，选择是一种权利，谁来选择？其次，选择的结果是排斥了谁？如果是把大多数人都排除在外了，那么，剩下的是什么人呢？一种是前述救济对象，不救济他们，社会就要失序、失稳；另一种就是掌握权力、靠近权力的另一类特殊群体。他们获得的福利，是一种特权的产物。

如果从“平权”的观念看，作为特权的福利都是要否定的，但是迄今为止，还没有一个社会阶段能够完全取消作为特权的福利，可见，它在某些方面是得到社会认可的，在另一些方面是得不到社会认可的。只要福利是由政府提供的，那么就会有一个部分是特权福利，只不过在不同的社会制度下，享受特权福利的特殊群体不同而已。

基于此，一般不把前述救济性福利看作特权福利，尽管那种福利具有特殊性、选择性，而只把掌握权力或权力庇佑的特殊群体所获得的福利看作“特权福利”。这里的一个重要区别，是特权福利所满足的需求层次是更高的。

4. 福利是白得

这种观念与福利的供给方式有关。在特殊福利的情况下，福利的获得只基于身份认定，无须获得者的付出或交换（缴费、付费等），这就明显区别于社会保险，而把社会福利仅仅从获得方式上局限为“免费获得的利益”，认为只有免费供给或无偿供给的才是社会福利。这种认识还会加剧或助长社会成员视福利为“免费午餐”的意识。

“福利是白得”的观念既是特殊福利制度的产物，又能反过来加固一些社会成员的身份意识，从而支持了特殊福利制度。这种福利观念的狭隘性，势必使绝大多数社会成员被排斥在社会福利的范畴之外，导致相当数量的社会成员产生社会福利权利上的被剥夺感或“相对剥夺感”。

（二）福利改革诸观念

随着经济和社会的发展，任何把绝大多数人排斥在外的观念和制度都难以维持，福利观念就更是如此。改革中必然碰到福利与经济、福利与政治的关系的问题，因而就有了认为福利是负担（消费）、是动力（投资）、是政绩、是战略的种种观念。

5. 福利是负担（消费）

如果把经济增长当作唯一的目标，或者将其置于至高无上的地位，就很容易把福利支出看作纯粹的消费，因而就把福利看作社会的负担。所以，在相当长的历史时期内，西方社会福利在自由主义经济理念支配下，认为政府提供社会福利必定会增加经济发展的成本，削弱国家的经济竞争力，社会福利长期被局限在济贫与慈善的范围内。

中国在改革开放的前期，也曾经从否定计划经济时期平均主义“大锅饭”式的社会福利，走向了另一个极端——大幅缩减甚至在有些方面基本取消了社会福利：企业从“国家福利”，变为“单位福利”，随着大批国有和集体企业效益下降甚至倒闭，职工福利大幅减少，大批职工领不到养老金，报销不了医疗费。在农村，随着人民公社制度的解体，合作医疗制度也失去了经济支撑，农村缺医少药，农民被“看病难、看病贵”问题严重困扰；农村养老保险试点被迫叫停，占全国老年人口大多数的农村老人面临养老危机，甚至许多农村养老院都一度难以为继。20 世纪 80 年代中期，还一度大幅减少财政对义务教育的经费支出，一些地方的农村小学教师难以足额领到工资，一些困难家庭的孩子被迫辍学，一度发生严重的“上学难、上学贵”问题。这一段历史教训，来自在市场经济条件下，如何处理经济发展与社会福利的关系的错误认识，其中核心的观念就是认为福利是社会的负担，是发展经济的包袱，是为了发展经济可以舍弃的可有可无的消费。

其实，认为福利是负担这一观念是普遍存在的。例如，据有关资料，韩国在社会福利观念上也有被称为“生产主义”的取向。1994 年福利社会学家霍利廷（Ian Holliday）在概括韩国社会福利模式的特征时曾经提到：政府倾向于使社会政策从属于经济政策；把社会福利事务看作市民社会的事务，而不是政府的责任；国家在社会福利的提供上主要是规制的制定者，而不是福利的供给者。[1] 当然，“负担论”表现形式

① 杨玲玲：《韩国社会福利模式的特点、问题及对我国的启示》，《中国党政干部论坛》2009 年第 9 期。

是多种多样的。

“福利是负担”这一观念背后的经济发展与社会福利的关系问题，是社会福利的一个基本的理论问题。我们的目的不是评论，而是总结、反思、探讨，稍后还要讨论这一问题。

6. 福利是动力（投资）

与“福利是负担”相对立的观念，就是强调福利对于经济和社会发展的支撑和促进作用，认为福利是经济发展的动力。这种观念一般产生在纠正片面强调经济发展，忽视民生问题的时候。大力改善民生，提高劳动所得在国民收入中所占的比重，发展社会保障和社会福利事业，既可以增强居民消费能力，拉动经济发展，也能够缓解和消除社会矛盾，为经济发展提供良好环境。从而在消费和投资的均衡中，使福利成为经济和社会发展的动力。

促进就业、发展教育、增进人民健康，既是福利，又是投资，而且是支持经济长期持续发展的可靠动力。

东亚国家人力资源丰富、劳动力素质较高，优先发展以出口为导向的制造业，较好地解决了就业问题，从而发挥比较优势，支撑了20世纪后期“四小龙”的经济起飞和此后30年来中国经济的快速发展。提高劳动力素质，就科学文化方面而言，主要是发展教育；就身体条件而言，就要靠发展医疗卫生事业增强人民体质。就业、教育和医疗，是最积极的福利，或者称为“积极的福利”“社会投资型国家”（Anthony Giddens），或者称为“发展型福利”（James Midgley）。

据2000年《国际统计年鉴》资料，东亚次发达地区和国家在社会发展支出上已与发达国家较为接近，其主要原因在于其对教育的投入水平较高，不少国家在这方面的支出均占政府开支的15%以上，而发达国家则占2%—6%。[①] 韩国经济快速发展的一个成功经验，也是实行以工作为取向的福利改革，坚持生产第一，福利第二，[②] 而且高度重视发展教育，提高劳动者技能和素质。1970—1993年韩国预算支出中，教育费占

① 郑秉文、方定友、史寒冰：《当代东亚国家、地区社会保障制度》，法律出版社2002年版，第46页。

② 杨玲玲：《韩国社会福利模式的特点、问题及对我国的启示》，《中国党政干部论坛》2009年第9期。

12.7%—18%，而社会保障及福利费只占4.3%—9.3%。[①]

7. 福利是政绩

社会福利既然主要是由政府推动和实施的，那就总会表现为政绩。在选举政治中，福利甚至可以转化为选票。例如，台湾每到大选的时候，两个主要政党就要炒作老年津贴问题，反对党会提出大幅增加的要求，2011年就提出给每个老人增加1000新台币的津贴，一来可以赚取老年人的选票，二来可以让执政党难堪，因为执政党是要实际从财政中掏钱的，太多了，掏不起，2011年就只能每人增加316元。在选举政治中，这种场景司空见惯，在福利问题上喊价，是政党争斗的主要话题之一。美国奥巴马总统的医疗改革法案和最近提出的向富人增加征税1.5万亿美元的议案，都引得两党之间吵得一塌糊涂。

即使不谈选举政治，福利仍然是政绩，照样会引申为政治话题。例如，指标攀比：中国城乡居民的最低生活保障金标准是由各个城市自行确定的，于是，一些城市之间就相互攀比低保金水平，不是依据物价和基本生活资料需求做科学测定，而是看左邻右舍，竞相抬高低保金水平。新型农村合作医疗筹资水平、报销比例由各县市确定，更容易搞得五花八门、各显神通。

再如，形象工程：各地一窝蜂地建养老院、老年活动中心、公共服务大厅，这个搞样板工程，那个建创新基地。这些固然是顺应了客观的需要，但同时也有炫耀政绩的意图。

8. 福利是战略

福利作为执政者的战略，古已有之。春秋时期齐国政治家管子提出"九惠之教"（一曰老老，二曰慈幼，三曰恤孤，四曰养疾，五曰合独，六曰问病，七曰通窮，八曰振困，九曰接绝），亦即九种福利政策，认为其是"立国之要、治国之必、安国之需"[②]，就是国家发展战略。

其实，不用说古代，就是现代福利制度，从诞生之日起就打上了作为政治策略、国家战略的烙印。1881年，德皇威廉一世在黄金诏书"德国社会政策大宪章"中坦言，社会恶害的矫正只靠镇压社会民主党的煽动

① 顾俊礼、田德文：《福利国家析论——以欧洲为背景的比较研究》，经济管理出版社2002年版，第342页。

② 《管子·入国》，转引自蔡汉贤、李明政、徐娟玉编著《中华社会福利经典选析》，松慧有限公司2011年版，第10—11页。

骚扰是不够的，还要逐渐寻求办法，积极增进劳动者的福祉。[①] 俾斯麦关于劳工的三种社会保险法是与“社会党镇压法”几乎同时颁布的。这位铁血宰相之所以搞社会福利，不是发什么善心，而是一种政治策略。但我们不能因此就否定社会福利的社会历史作用。

福利作为一种战略，只是福利的一种社会属性，并不是它的全部属性。更不是所有人、所有政治势力都只是把它作为政治战略或政治手段。即使把它作为战略，也有与人民群众根本利益一致的战略，有与人民群众根本利益不一致的战略。如果把增进人民福祉作为执政的宗旨，把改善民生作为发展的目的，那就把目的和手段统一起来了。在应对 2008 年以来的国际金融危机的时候，我们就可以看到增进福利与国家战略的高度一致性。在金融危机面前，中国政府高度关注民生问题，2007 年 10 月提出以民生为重点的社会建设，2008 年 11 月出台 4 万亿经济刺激计划，其中近 1 万亿元直接与民生工程相关；2009 年 3 月的“两会”上，温家宝总理在政府工作报告中提出，为保证新医疗改革的顺利实施，今后三年将为此投入 8500 亿元的财政支持。2009 年 3 月，中共中央和国务院根据新的社会经济形势以及广大人民群众的医疗卫生服务需求，在《中共中央国务院关于深化医药卫生体制改革的意见》中，提出建设覆盖城乡居民的公共卫生服务体系、医疗服务体系、医疗保障体系、药品供应保障体系，形成四位一体的基本医疗卫生制度；2009 年 6 月 24 日，国务院常务会议决定 2009 年在全国 10% 的县（市、区）开展新型农村社会养老保险试点；2009 年 7 月，卫生部、财政部和国家人口和计划生育委员会 3 个部门联合颁布《关于促进基本公共卫生服务逐步均等化的意见》，提出 9 项国家基本公共卫生服务项目，为发展和推进新型城乡基本公共卫生服务提供了基本框架；2009 年 9 月，国务院发布《关于开展新型农村社会养老保险试点的指导意见》，这是一项发展农村社会保障事业，惠及几亿农民的制度建设。这一系列密集发布的制度和政策，在中国社会福利发展史上前所未有，是具有里程碑意义的。它们既顺应世界潮流又立足于中国国情。社会福利制度是以民生为本的社会制度，以应对国际金融危机为契机，大力推进福利事业的发展，既是应对和抵御金融危机的重大战略之一，也是以民生为本的执政理念的体现。

---

① 和春雷等：《当代德国社会保障制度》，法律出版社 2001 年版，第 53—54 页。

（三）普遍福利诸观念

坚持福利的普遍性是现代福利的基本观念。它既是对特殊福利的否定，又是对特殊福利的扩展；既是福利改革的原则和宗旨，又是福利改革的结果。普遍福利观念包括：认为福利是权利，是责任，是制度，是心态。

9. 福利是权利

普遍福利观认为福利是公民的一项基本权利。按照马歇尔的讲法，公民权利由民事权利、政治权利和社会权利组成。社会权利是公民权利的最高形式，它的实现以社会福利制度的发展为条件。社会权利包括哪些内容？表述最完备的当属欧洲共同体 1989 年通过的《共同体基本社会权利宪章》，其中列出的以下 12 种权利基本上都是福利权利：改善生活和工作条件的权利，自由迁徙的权利，就业和取得报酬的权利，得到社会保障的权利，自由选择职业和参加集体谈判的权利，接受职业培训的权利，妇女得到和男人一样的平等待遇的权利，得到信息与咨询及工人参与管理的权利，得到医疗和安全保障的权利，儿童和青少年得到保障的权利，老年人得到生活保障的权利，残疾人得到生活保障的权利等。[①]

我国在改革开放以前，人们基本上避谈福利权利，好像福利完全是一种享受，而享受在那时候是必须忌谈的。改革开放以后的一段较长时间里，人们也很少谈福利，由于只强调发展经济，福利也不是作为一种公民应该享有的权利，而是作为一种社会关怀、社会照顾来看待的。好像只有发展才是硬道理，谈福利就有影响经济发展之嫌。从 20 世纪末，特别是进入 21 世纪以来，随着人们的法律观念、权利观念的逐步增强，福利是一种基本权利这样一种观念才凸显出来，人们从过去那种忌谈福利、避谈福利、少谈福利的状况，转而产生了视福利为权利、为基本要求、为发展目的这样一种新认识，其主要表现是：因城市拆迁、农村征地引发的维权事件明显增多，其实过去也搞拆迁、征地，补偿标准其实很低，但群体性事件很少，而进入 21 世纪以来，由此引起的各种冲突大幅上升，几乎成为维护社会稳定的重头；近年来，企业退休职工、退伍转业军人以及一些利益受损的群体，要求提高退休金等福利待遇的事件频繁发生；医患纠纷、环保纠纷、食品药品安全事件，明显增加。凡此种种表明，人们经常

① 彭华民：《社会福利与需要满足》，社会科学文献出版社 2008 年版，第 80 页。

把福利看作基本权利的观念在迅速增强。

但是，权利有抽象的也有实在的，而能实现的权利才是具体的、现实的。权利分无条件的和有条件的，分无差别的与有差别的。其中有条件和有差别的部分，是与责任对等的，所以，当把福利看作一种权利时，不可回避它的另一面——作为责任的福利。

10. 福利是责任

实际上，只要一提福利，就有一个谁来承担、谁来提供、谁来负责的问题。当得到福利的人认为这是他的权利时，提供福利的人就认为这是他的责任。问题只在于权利与责任能不能分开？如果权利与责任可以分离，那就必定有一些人只享受福利而不承担责任，那么，责任由谁承担？如果权利与责任不能分离，要享受权利，就要承担责任，那么，责任如何分担？也就是责任结构问题。其实，“福利权力论”“福利需要论”，都是割裂了权利与责任、需要与供给之间的关系，而这种关系是不能割裂的。“天上不会掉下馅饼”，世上也没有“免费午餐”，总是要有人“买单”的。在这个意义上可以说，福利的责任承担和责任结构，是福利制度的实质所在。

然而，既然是承认普遍福利，就总会有一些人因无承担责任的能力，而需要并可以享受福利，否则就谈不到福利的普遍性。其实，在特殊福利的制度下，福利的获得与福利的供给一般都是分离的。那么，哪些人可以不承担福利责任而有权获得福利呢？无承担责任能力的人群。这在特殊福利制度下本来是很明确的。但按照普遍主义福利观念，福利必须扩大到每一个公民，当然就需要覆盖占人口大多数的有承担福利责任能力的群体。这样就有两个问题无法回避：第一，在有承担福利责任能力的群体中，是否也有人可以将福利权利与福利责任相分离？如果不可以，那么总会有一些人，例如失业者、疾患者会来冲击福利权利与福利责任之间的不可分离性；如果可以，那么，总会有一些有承担福利责任能力的人，会利用这种可分离性，不承担福利责任而获取福利。第二，在有承担福利责任能力的群体中，是否要坚持福利权利与福利责任的一致性？多尽责任的多获得的，少尽责任的少获得？如果坚持一致性，那么这种福利制度将缺乏共济能力，减弱对于收入分配的调节功能；如果不坚持一致性，总会有一些有较强承担责任能力的人试图少承担多获得；另一些只有较弱承担责任能力的人甚至会把少承担多获得当作自己应有的权利。

从实践经验看，只要实行单一责任主体，由政府负全责，就总会有一些具备承担福利责任能力的人群，试图利用只在无承担福利责任的人群那里才适用的福利权利与福利责任的可分离性，而不承担责任却获取福利，或者少承担责任多获取福利。不论是由于这种情况根本无法彻底避免，还是由于即使能够避免却成本太高，总之，福利依赖已成为不可避免的伴生现象。区别仅在于程度不同而已，随着福利病的蔓延，政府公共债务越积越高。改革的办法，就是从单一的责任主体向多元的责任主体转变，让社会组织、家庭和个人承担各自的责任，建立政府、社会、家庭和个人的合理的责任结构。

总之，福利责任结构是否合理，对于福利制度的健康运行乃至能否存续具有决定性的作用。

11. 福利作为制度

现代社会福利的一个突出特点，就是它越来越以制度的形态出现，人们习惯于认为，越是完备的和成熟的社会福利，就越要“制度化”。在学术上，也通常把现代社会福利定义为“国家和社会为实现社会福利状态所做的各种制度安排”[①]。于是，所谓社会福利建设，就是建立越来越多的制度，让制度管住每一种需求（养老、退休、医疗等），让制度管住每一个人（不论老少、男女、阶层等）。于是，福利国家都建立了庞大的社会福利制度体系，并且这个体系还与相应的法律体系、政治体系、文化体系相结合，形成一种国家体制或国家形态。

制度化，的确是现代社会福利的一大优势。因为特殊福利有强烈的选择性，容易受主观意志、政治情势的影响，与此不同，普遍福利把福利制度化了，它基本上排除了随意性和临时性，具有了稳定性和可预期性。因而，普遍福利有可能有助于实现一种良好的社会状态——安定、有序。在这种社会状态中，福利表现为一系列规定好的制度体系，它确定了每个社会成员在社会利益结构中的位置，确定了个人与社会之间风险共担、利益共享关系。詹姆斯·米基利把社会福利看成“当社会问题得到控制时，当人类需要得到满足时，当社会机会最大化时，人类正常存在的一种情况或状态”[②]，他其实就是指的这种高度制度化的情形。

---

① 尚晓援：《“社会福利”与“社会保障”再认识》，《中国社会科学》2001年第3期。

② Midgley, James, *Social Welfare in Global Context*, London: Sage, 1997.

但是，制度化也有缺点，就是容易导致固化、硬化。一项福利一旦制度化了，再要想调整就相当困难，在一些被认为福利制度已经定型化的国家，福利制度的调整和福利待遇的改变，常常会引起利益受损群体和阶层的不满和抗议，甚至引发社会动荡。而社会福利又确实需要随着经济条件、人口结构等情况的变化而做出调整，这样，制度化在具有稳定性优点的同时，也丧失了应变性，这是它的一个内在矛盾。制度化的另一个缺点，就是容易造成“只见制度不见人”的情况。人人都面对制度，而不是面对人，这固然使福利具有了客观性、外在性的优点。但是，福利毕竟还是具有主观的、情感的一面，特别是福利服务，需要人与人之间，嘘寒问暖、关怀体贴，面对面、手拉手地进行语言和感情交流，这就不是制度化所能代替的了。

12. 福利作为心态

正如吉登斯所言：“福利在本质上不是一个经济学的概念，而是一个心理学的概念，它关乎人的幸福。”[①] 普遍福利不仅是制度体系，它还是一种心理感受。福利的提供不仅可以让广大人民普遍从经济发展中获益，及时提高生活品质，它还可以在主观方面，提升人们的生活满意度和幸福感。

迄今为止，各国建立的以各项社会保险制度为主的福利体系，主要提供的是资金保障，是物质福利。而福利既有物质的方面，也有精神的方面，特别是随着物质需要的基本得到满足，精神方面的福利需求会日益突出。例如，养老，不仅是解决老年人的吃饭问题，还要满足他们的精神需求，帮助他们克服孤独感、恐惧感，使他们安享晚年、乐享晚年；医疗，也不只是解决缺医少药的问题，还要提倡健康的生活方式，由被动的医疗模式转变为主动地预防疾病的身心健康模式。就业保障，也不应仅是在人们遭遇失业以后才给他发放保险金，而是在其有劳动能力的生命阶段，主动加强培训，形成培训——就业——培训提高的良性循环，将失业风险化解在贯穿生命全程的学习过程之中；社区，也不仅仅是居住场所，而且应该是通过各种服务纽带联结起来的温馨的生活共同体。总之，社会福利将越来越凸显其作为一种美好社会心态调节剂的性质和功能。

① ［英］安东尼·吉登斯：《第三条道路——社会民主主义的复兴》，郑戈译，黄平校，北京大学出版社、生活·读书·新知三联书店2000年版，第121页。

第二节　价值目标

一　社会主义制度与社会保障的完善和发展

社会保障制度是在诸多经济和社会制度中，与民生联系最为紧密的制度，也是最直接地体现社会主义优越性的制度。特别是在经济和社会制度多元化的情况下，社会保障制度更应发挥维护底层群众利益，满足人民群众基本需要的重要功能。

现代社会保障制度滥觞于西方资本主义国家，而且在西方发达国家社会保障水平还可能比较高，那么，如何理解社会保障与社会主义的内在联系呢？的确，在资本主义社会和社会主义社会都可以实行社会保障制度，但是，虽然社会保障与资本主义的基本经济和政治制度有相适合的一面，从根本上说却是相矛盾的，而与社会主义的基本经济和政治制度却是相一致的。现代社会保障制度虽然诞生在欧洲，但它在资本主义制度下却存在着无法克服的内在矛盾。现代社会保障制度的经济前提，一是工业化大生产，二是基于基本利益一致的分配关系，即再分配体制。资本主义生产是按照资本的逻辑进行的，它的目的服从于资本无限扩张的本性，财富分配当然也要尽可能地向资本方面集中，这是符合它的本性的，因此，它不可能建立起基于基本利益一致的分配关系。而任何以社会的名义进行的再分配，对于资本主义生产来说都是外在的、被迫的。像社会保障这样的再分配制度，并不是资本主义生产本身所需要的，充其量也不过是维护资本主义社会秩序的一种手段，也就是说，它非但不是资本主义生产的目的，反而是与资本主义生产目的相矛盾的。资本主义生产和社会再分配之间不可能建立起基本利益一致的关系，就其本质而言是相冲突的。正是这个基本矛盾决定了西方社会保障制度的演变过程。

既然社会保障与资本主义的基本经济制度相矛盾，资本主义国家为什么还要建立社会保障制度呢？第一，为了缓和阶级矛盾，维护社会的稳定。1881 年，德皇威廉一世在黄金诏书“德国社会政策大宪章”中说得很明白，社会恶害的矫正只靠镇压社会民主党的煽动骚扰是不够的，还要逐渐寻求办法，积极增进劳动者的福祉。① 俾斯麦关于劳工的三种社会保

① 和春雷等：《当代德国社会保障制度》，法律出版社 2001 年版，第 53—54 页。

险法是与“社会党镇压法”几乎同时颁布的。

第二，为了摆脱意识形态斗争中的被动地位。说来甚为有趣的是，西方资本主义国家之所以实行社会保障制度，主要动机之一是与社会主义做斗争，用劳资协调和阶级调和来“围剿社会主义”[①]。吉登斯在谈到福利国家这种第二次世界大战以后出现在欧洲的、以实行社会保障为主要社会制度的国家形式时说道：“实际上，创立福利国家的目的之一就是要驱散社会主义的威胁。19世纪末在德意志帝国创建社会保险制度的统治集团对自由放任经济学的轻视程度并不亚于他们对社会主义的鄙视。但是，俾斯麦模式被许多国家争相效仿。贝弗里奇于1907年访问德国，其目的就是学习这种模式。今天存在于许多欧洲国家的这种福利国家模式，正像民族—国家的公民身份中包含的许多内容那样，是在战争中并且在战争的促使下产生的。”[②]

这就不难理解，为什么在苏联解体、东欧剧变以后，欧美国家立即掀起了批判福利国家和社会保障制度的狂潮，撒切尔夫人和里根在英美执政期间为什么敢于大力缩减社会福利支出，推动所谓的社会保障制度改革？因为苏联和东欧的社会主义失败了，西方资本主义感到没有意识形态和社会制度的竞争对手了，他们当然乐得卸下或减轻社会保障的包袱。至于拿到台面上说的什么“福利负担过重”“福利依赖”云云，早已有之，为什么到此时拿来说事？因为社会主义的压力消失了，他们不喜欢社会保障的本意可以表露出来了。日本学者武川正吾也认为，（东欧）社会主义的崩溃降低了资本主义国家过度保护劳动者的必要性，从而导致了福利国家的衰落。[③] 可见，所谓“福利国家危机”的根源主要不是什么福利支出过重，这个问题可能存在，但根源主要是政治性的，是福利国家的内在矛盾决定的。而西方福利国家的内在矛盾并不是通过缩减福利支出就可以解决的，正如德国学者克劳斯·奥菲所说，在战后时期，福利国家曾作为社会矛盾的政治解决方式而受到广泛赞誉，但是在20世纪70年代以后，它却

① ［英］安东尼·吉登斯：《第三条道路——社会民主主义的复兴》，郑戈译，黄平校，北京大学出版社、生活·读书·新知三联书店2000年版，第116页。

② 同上书，第115页。

③ 日本东京大学武川正吾于2007年出版了《连带与承认：全球化与个体化背景下的福利国家》一书，杨刚在为该书写的书评中介绍了上述观点。参见杨刚《连带与承认——不容忽视的福利国家社会学视角》，《国外社会科学》2010年第2期，第145页。

成了新的矛盾和政治分裂的根源，“阶级妥协的机制自身已成为阶级冲突的目标”①。而这一切，皆是其内在的基本矛盾使然。

社会主义基本经济制度与社会保障制度却是完全一致的。卡尔·波兰尼指出，本质上，社会主义是工业文明的内在趋势。在社会主义制度下，工业化大生产自然地要受到社会的“直接调控”，市场也成为“附属于社会的制度”②。社会主义生产从根本目的来说是与社会再分配相契合的。

在实行社会主义制度的发展中国家，如果说社会保障在一定历史阶段不健全，保障水平不高，那不是由于社会主义生产与社会再分配之间有根本性矛盾，而是由于生产力水平低，经济保障能力弱。

当然，社会保障制度并不能单独地体现社会主义优越性，它是否体现社会主义优越性取决于基本的经济制度和基本的政治制度。也就是说，在资本主义经济制度和政治制度下，它发挥的是维护资本主义的功能；在社会主义的基本经济制度和政治制度下，它发挥的是维护社会主义的功能。只是因为社会保障与社会主义生产的目的完全一致，与社会主义的基本经济和政治制度完全一致，所以，社会保障制度的完善和发展过程自然也就是发挥社会主义优越性的过程。

二 中国特色社会主义与社会保障的基本理念

我们肯定社会主义基本经济制度与社会保障制度的一致性，并不等于说，社会保障制度的完善和发展就必然是一帆风顺的。事实上，中国社会保障制度的完善过程是与对“什么是社会主义、怎样建设社会主义”的探索过程相一致的。经过新中国成立60多年、改革开放30多年以来的不断探索和改革，我们逐渐加深了对社会主义的本质、社会主义发展规律的认识，同样，对于怎样完善社会保障制度，确定什么样的模式，怎样在完善社会保障的过程中体现社会主义的优越性，我们也经历了长期、艰苦的探索过程。

（一）完善和发展社会保障需要明确的四个基本关系

以往的探索过程表明，要想解决好怎样在完善社会保障的过程中体现

① 克劳斯·奥菲：《福利国家的矛盾》，郭忠华等译，吉林人民出版社2006年版，第2页。

② 卡尔·波兰尼：《大转型：我们时代的政治与经济起源》，冯钢、刘阳译，浙江人民出版社2007年版，第198页。

社会主义优越性这个问题，就必须正确认识以下几个基本的关系。

一是怎样认识社会保障与经济发展之间的关系。以往的主要倾向是把社会保障看成经济发展的负担，或者顶多是经济发展的一个伴随物，一堆不得不处理的养老、医疗、失业、贫困等问题和麻烦。这样认识社会保障与经济发展之间的关系，就只能等财政有了余钱了，富人富得流油了，发挥点“溢出效应”，社会保障的事能办则办，不能办则不办，愿意多办则多办，不愿多办则少办，谈不上是一项基本的社会制度，也谈不上是政府必须承担的责任。而从社会主义的本质和目的而言，社会保障是反映国家性质的一项基本制度，是体现执政宗旨的一条基本责任。

从积极的角度看，社会保障不仅是经济发展的重要条件，还可以是经济持续发展的不竭动力。在2008—2009年应对国际金融危机的经历中，人们认识到，社会保障不健全是造成内需不振的重要原因，而大幅度提高对社会保障的财政投入和社会投入，不仅对扩大内需发挥了明显作用，还对刺激经济复苏、拉动经济增长乃至推动经济发展方式转型起到了无可替代的作用。现在，人们的认识有了一个巨大的提升：社会保障与经济发展是可以相互促进、相互协调的。人们不再强调片面的经济发展或者单一的社会公正，而是努力寻求经济快速发展与社会公正的平衡与统一。从我国经济社会发展的现实来看，改革开放30多年来，我们基本上已经找到了促进经济发展的路子和办法，但对于如何实现社会公正，实现公平的收入分配，还需要进行更多的探索。现在的关键之一，就是通过完善和发展社会保障，实现经济发展和社会公正的统一。

二是怎样认识政府与市场的关系。在完善和发展社会保障过程中，政府与市场的关系到底怎么处理，政府和市场作用的界限应该怎样划分？在实践上经常出现混淆不清的问题。例如，新医改争论的焦点就在于如何处理政府和市场的关系；再如，教育尤其是义务教育就涉及政府与市场的关系问题。这个问题自20世纪80年代以来也一直存在争论。到21世纪初，愈演愈烈的“看病难、看病贵”“上学难、上学贵”，就是政府和市场的关系没有处理好的结果。温家宝总理在谈到这个教训时说：“一些大学功利化，什么都和钱挂钩？这是个要命的问题。”“文化教育卫生事业的发展，基本取向应该是公益性的，决不能‘一风吹’地搞产业化。”①

① 温家宝：《大学功利化是要命问题，须有办学自主权》，新华网，2010年2月2日。

在吸取以往教训的基础上，我们在养老、医疗、就业、教育、住房等领域，逐渐明确了政府责任和市场作用的边界，完善和发展社会保障的基本思路逐步厘清了。

三是怎样认识公平与效率的关系。在这方面，我们的认识经过了一个不断探索的过程。人们先后提出“效率优先、兼顾公平”“一次分配讲效率、二次分配讲公平”以及“更加注重社会公平”等诸多口号。这些提法的变化说明关于公平与效率的关系及边界问题我们还不甚清楚。特别是在社会保障领域，表现就更为突出。社会保障的职能本来就是为了维护社会公平的，正因为在市场竞争中以及由于其他原因，一些社会成员处于弱势地位，甚至利益受损，面临个人难以承受的风险，才需要国家和社会给予保障。所以，国家和社会在社会保障问题上理应扶助弱者，补偿利益受损一方，这样才能维护公平正义。但如果在社会保障实践中也实行市场竞争的原则，扶强不扶弱，谁缴费就给谁保障，缴费越多保障就越优厚；只给一部分人提供保障，把另一部分人排除在外，那就只能扩大社会差别，加剧社会不公平。例如，几十年中，社会保险只覆盖城市职工，不包括广大农民；最低生活保障只在城市实行，长期不在农村实行；即使是在城市，也只覆盖有城市户口的居民，不惠及其他居民。这样一来，本以实现社会公平为己任的社会保障，却扩大和制造了新的社会差距，引发了新的社会矛盾，有悖于它的本分。所以，在处理公平与效率的关系上，社会保障所遵循的原则是与市场原则不同的。在社会保障问题上，要兼顾公平与效率，但效率要服从公平，不能损害公平。

四是怎样处理国家、社会、家庭与个人的责任关系。这是社会保障普遍存在的一个问题，更是有中国特色社会保障特别要处理好的一个问题。改革开放以前，我们实行过国家大包大揽，个人无须缴费的保障模式；在市场化改革的大潮中，又发生过政府从养老、医疗，把教育、就业等事关民生的重大领域全线退出，把养老责任推给子女，把医疗（费用）责任推给个人，把教育（费用）责任推给父母，把就业责任推给市场的倾向。这个曲折的过程，严重影响了人们对社会保障应坚持社会主义方向的认识，不利于社会主义优越性的发挥。时至今日，我们对于如何处理公益与非公益的界限，怎样处理免费与缴费的关系，哪些是政府必须坚守的责任，哪些是家庭和个人必须承担的责任，如何培育社会公益组织，形成责任合理分担的结构，如此等等，都还需要进一步搞清楚。不然的话，不要说体现社会主义优越性，就连什么是社会主义优越性都搞不清楚，例如，是不是免费就比缴费更具有社会主义性质，是不是越是全面免费、全民免费越好？

基于中国国情和发展经验的社会保障模式的形成，必须正确认识和处理以上四个基本关系。而要正确认识和处理这些基本关系，不用说对于我们这样一个正处于转型中的社会、正在改革和发展中的制度而言，难度必然很大，就连那些自认为或被认为福利制度已经基本成熟的国家，其实也在争论不休。可以说，所有社会福利模式的差别、社会政策的不同取向都根源于此。这些问题在欧洲国家已经争论了上百年。即使在被认为制度早已定型化了的瑞典，对立的观点也照样存在。一种观点认为社会福利不会给经济发展带来阻碍，坚决否认瑞典存在真正意义上的“福利病”；另一种观点认为高福利不可持续，甚至断言传统的瑞典模式其实已经不存在了（著名经济学家、瑞典学派代表人物阿瑟·林德贝克即持此观点①）。当然，他们并不是从根本上否定福利制度本身，而是在经济发展与社会公正之间怎么兼得、如何均衡等问题上发生了分歧。这个问题某种意义上讲也是新自由主义、保守主义、民主社会主义以及其他理论派别争论的焦点。例如，奥巴马的医疗改革方案之所以遭到一些政治和社会势力的强烈反对，就在于这个方案无法在经济发展与社会公正之间寻求平衡，难以找到各个利益集团都能接受的均衡点。

以上四个关系归结起来，就是要我们设法找到经济与社会、政府与市场、国家与社会、公平与效率中间的界限，这是一条责任的界限，也是利益协调的界限、不同机制发挥作用的界限。明确这个界限，在社会保障或社会福利领域就成了选择什么样的社会福利模式、走什么样的社会保障道路的问题。从中国实际情况来看，西方社会保障制度有许多值得借鉴之处，但不能照搬；计划经济时代的国家—单位保障制度已经走不通；改革开放以来政府面向特殊群体实施的小福利局限性太大，需要不断地加以突破。所有这些需要我们重新思考社会保障或社会福利的理论基础。为此，笔者提出了底线公平理论，以此回答中国社会保障或社会福利制度建设的基础理论问题。

---

① 阿瑟·林德贝克：《传统的瑞典模式已经不存在了》（刘军对阿瑟·林德贝克的专访），《新京报》2009年7月25日。

（二）底线公平的概念和原则

对于中国这样一个人口众多、社会差距大、人均收入水平偏低的发展中国家来说，要寻找一种理论上有据可依、实践上行得通的社会保障发展之路，就必须从中国国情出发，在总结以往几十年经验教训的基础上，首先要找到国家与社会乃至个人的责任底线，明确划分各自的责任界限与责任范围，明确政府机制与市场机制的相互关系和发挥作用的领域。所谓底线公平，并不意味着公平程度“低”，保障水平也不一定就“低”，高低的问题是由其他一些因素决定的，其中经济发展水平起到决定性作用。底线公平是要明确以上所说的四个基本关系，它是指责任的底线，因为这些才关乎制度设计的原理。

底线怎么确定？所谓“底线”是指所有社会成员在满足基本需要上的权利一致性。社会保障所关涉的“基本需要”有三个：生存需要、健康需要和发展需要。通俗地说，就是吃饭、看病和上学（接受教育）。任何人都离不开这三个需要。例如，联合国采用的人类发展指数也是“人均收入”“人均受教育年限”以及“平均预期寿命”等指标，这就把本来非常复杂的人类发展问题用非常简洁的指标加以度量。

以这样三个基本需要或者说基本权利为底线，底线及其以下部分是政府必须承担的起码责任（这并不意味着全部经费都由财政负担），底线以上部分要由社会（企业和社会组织）、家庭和个人承担直接责任，通常可以采用市场机制和各种社会机制来解决问题。底线及其以下部分是无差别的，称为无差别的公平；底线以上部分是可以有差别的，称为有差别的公平。无差别的公平与有差别的公平共同构成了底线公平。

这个“底线”并不代表社会保障或社会福利的全部内容，它只是一个界限。据此，可以明确社会保障所有主体的责任结构，也可以把所有的社会保障的具体制度划分为三种类型。

一是体现权利一致性的社会保障制度。在这里，“底线”的含义表现为权力一致性，而不是权力的差异性。对于中国来说主要就是最低生活保障制度、公共卫生及基本医疗保障制度、义务教育制度等。这就是说，任何人只要他的收入低于最低生活保障线，政府有责任帮助他补到最低生活标准，这体现为权利的一致性。公共卫生和基本医疗保障制度也是如此，因为在健康或生命问题上所有人的权利应该是平等的、一致的。同样，在义务教育制度方面，我们应当坚持不论城乡、不论贫富，所有适龄人口都有权享受义务教育的原则。除此而外，体现权利一致性的社会保障制度还包括公共福利制度，如环境安全、饮用水安全，交通安全等。在这些制度方面，所有人的权利也是一致的。

二是体现权利差异性的社会保障制度。有些社会保障或社会福利制度则要体现权利的差异性，而不是处处拉平，更不是绝对的均等。也就是说，我们可以依据个人能力强弱、贡献大小，收入高低、城乡之间以及地区之间一时难以消除的差别，来体现个人获得社会保障和社会福利待遇方面的差别。不仅商业保险以及个人储蓄等制度，可以体现权利的差异性，养老保险、医疗保险、住房公积金等制度中的个人账户部分也能够反映差异性，就连最低生活保障制度也是制度统一而执行标准各异，城乡之间、地区之间的生活成本有所不同，实际的补差标准一时是难以拉平的。

三是兼顾权利一致性与差异性的社会保障制度。这样的社会保障或社会福利制度涉及的人群也很复杂。包括医疗保险、养老保险、失业保险以及社会互助制度等，它们既有体现权利差异性的一面，更有体现权利一致性的一面。现行的养老金待遇差别很大，公务员、事业单位与企业职工之间的基本退休金差距很大，从而带来新的社会不公平，这部分应当尽可能地趋于一致。医疗保险金以及住房公积金等制度也是如此。从长远来讲，这些制度不应该体现太多的差异性，应当逐步缩小针对社会各阶层、各行业所设置的基本养老保险、基本医疗保险以及住房公积金等制度的差距。再如，社区服务也是如此，既要规定社区必须提供基本的服务项目，也要允许各个社区根据自身情况提供优质服务，可以面向所有人提供多样化、多层次的服务，既可以是免费的，也可以是缴费的。政府提供的基本公共服务应该是均等的，不应该讲特权；企业、社会组织和市场提供的服务可以免费，也可以收费。上述举措既能兼顾权利的一致性又体现权利的差异性。

根据上述概念界定和制度安排，社会保障（社会福利）在实际运作中应体现如下五个原则。

一是全民共享原则，主要用于处理大福利与小福利、普遍福利与特殊福利的关系。各种社会保障（福利）制度尽管有所差别，有些制度只是针对某种特殊群体而设置的，但是，从制度的覆盖面来讲应该是覆盖全体的。例如最低生活保障制度，尽管实际上领取最低生活保障金的城乡人口也就只有5000万人左右（保障线不同，这一数字会有所变化），但在制度性质上，任何人只要符合低保条件都可以享有这个权利，因此它是覆盖全民的。医疗救助制度以及其他民生制度也有类似的特性。公共福利和公共服务则必须强调均等性，才能更好地体现全民共享性质。

二是弱者优先原则，主要用于处理富人与穷人、强势群体与弱势群体的关系。即使是发达国家，社会福利和社会保障供给能力也总是有限的，而民众的需求则是无限的。在这种情况下，优先保证什么人的生存、健康、教育等方面的需求就是一个政策选择取向问题，因而也是判断政府及其政策价值性质的问题。社会保障（福利）制度在资源有限的情况下，应该优先保障那些在市场竞争中处于弱势地位的群体的基本生活和基础教育、基本医疗需求，使那些最没有办法、情况最危急的人及时得到保障。因此，弱者优先原则就是确保社会支出应当尽量照顾到那些贫困人口，给他们雪中送炭，从而将公共财政支出边际效用达到最大化。

三是政府首责原则，主要用于处理政府与市场、国家与社会之间的关系。所谓政府首责，就是强调政府在关系到民众基本的生存需求、健康需求、发展需求以及安全需求等问题上应当是第一责任者。为此，政府就要加大反贫困工作力度，加大公共卫生以及基础医疗设施的投入与监管力度，加大教育尤其是义务教育的投入与管理力度，加大公共安全的监控力度，这些民生项目要由财政兜底和买单，以便保障社会的稳定与持续发展。而在基本的生存、健康、发展以及安全需求基础之上的那些非基本需求，则应当交给市场、社会乃至家庭或个人去自行负责。所以，政府首责，其实就是要明确政府所要坚守的责任底线。

四是社会补偿原则，主要用于处理个人与社会之间的关系。任何人获得更多利益都是较多地占有资源（包括机会）的结果，然而社会资源本身又是有限的，因此，那些较多占有社会资源的人就应该给那些没有占有或者较少占有社会资源的人以补偿，这是社会正义的体现。正是有了这一条基本的社会正义，社会和个人之间才能建立起一种契约关系或者叫作责任关系，这就是：社会承担对每个社会成员的责任，个人也要承担对社会的责任。这正如罗尔斯说言，应该对那些较少占有资源的人进行补偿，否则，社会和个人之间的矛盾无法调和。

五是持久效应原则，主要用于处理经济与社会、近期利益与长远利益之间的关系。就是说，底线公平所关注的诸如教育、医疗卫生以及安全等问题，这些项目有的一时难以见效，却具有长期效益，它们能够保证整个社会持续、健康、安全的发展。因此，要想促进经济社会的持续发展就必须坚持社会保障（福利）制度的持久效应原则，在健康、教育、安全等方面加大投入。

总之，在社会福利与社会保障领域，底线公平主要指政府与市场、国家与社会在解决民生问题中各自的责任界限或最基本的责任范围。由此看来，当前以及今后一个时期，完善和发展社会保障体系需要着重解决的难点问题是：第一，尽快扩大覆盖面，将城乡居民尽可能广泛地纳入社会保障体系之中；第二，解决已有制度和将建制度的整合问题，尽可能消除不同制度之间不衔接、不兼容、功能错位或功能重叠，甚至相互冲突等问题；第三，增强公平性，尽可能减少不必要的差别。最近几年的实践已经证明，在收入差距、地区和城乡差距较大而又一时难以消除的情况下，只有把握住公平底线，先从满足人民群众最基本、最迫切的需要出发，才能较快实现社会保障的全民覆盖。不然的话，总是在城镇社会保险制度改革范围内兜圈子，无法扩展到农村，也无法覆盖到非职工的城镇居民和广大进城务工人员，每年新吸纳到社会保险制度内的人员不过1000万左右，远远不能满足人民群众的期待。多年来，由于存在着城乡分割和体制障碍，针对不同人群应急性地出台了各种各样的制度，形成所谓“碎片化”局面，而从底线公平出发，才能在最基础的部分找到共同之处，找到“交集”，不同利益群体才能达成共识，社会保障制度建设也就可以顺利向前推进。

三　努力完善和发展社会保障，充分体现社会主义优越性

党的十七大报告提出，要加快建立覆盖城乡居民的社会保障体系，“要以社会保险、社会救助、社会福利为基础，以基本养老、基本医疗、最低生活保障制度为重点，以慈善事业、商业保险为补充，加快完善社会保障体系”[①]。这里将主要讨论如何通过完善社会保险、社会救助和社会福利制度，更好地体现社会主义的互利共济性、团结互助性和公平正义性，从而，充分体现社会主义优越性。

（一）完善社会保险制度　体现社会主义的互利共济性

1. 在社会保险制度中一定要坚持社会统筹

社会保险制度是我国社会保障制度建设的重点和主要内容。在社会保

① 胡锦涛：《高举中国特色社会主义伟大旗帜　为夺取全面建设小康社会新胜利而奋斗——在中国共产党第十七次全国代表大会上的报告》，《中国共产党第十七次全国代表大会文件汇编》，人民出版社2007年版，第38页。

险各项目的支出中，基本养老和基本医疗保险支出不仅总量大，而且增长速度也快，在1999—2006年，就分别从1924.9亿元和69.1亿元，增长到4896.7亿元和1276.7亿元，增长了1.54倍和16.48倍。[①]

在制度设计方面，经过多年的改革和探索，城市养老保险采取了社会统筹与个人账户相结合的体制，将原有的现收现付模式，改变为部分积累模式，这是养老保险制度的一项重大的制度创新。

改革以后的社会保险制度是缴费型的社会保障制度，与计划经济时代那种依靠国家与单位保障，个人并不直接对社会保障及相关福利承担缴费义务的制度安排有重大区别。改革开放以来，我国在社会保障制度中采取了让个人承担部分责任的做法，受保障者承担缴费义务，加上用人单位或者雇主缴费与政府资助，共同构成了社会保险的筹资基础，从国家负责、单位包办全面实现了向责任分担的转变。正如郑功成所说，这种责任分担的结构，“促进了国民权利与义务的紧密结合，促使社会保障制度更加符合平等互助的原则，并且具有相应的激励功能”[②]。

经过改革的养老保险和医疗保险，都采取缴费型。其与商业保险的区别主要不在于筹资结构（后者也不仅是个人缴费，也有企业或单位缴费），而在于责任关系。社会保险的责任关系有两大特点，一是社会统筹；二是国家兜底。这两条体现了社会保险的共济性，这是体现社会主义优越性的根本所在。如果只搞个人账户，或者把统筹部分统统划归个人账户，即使筹资结构不变（仍为个人、用人单位和政府出资），但最终责任却完全由个人自负，这样一来，个人与社会、个人与国家的责任关系可就完全不同了，社会共济性就大大削弱了。总之，在各项社会保险中，尽管社会统筹部分与个人账户部分各占多大比重以及具体如何运作是可以选择的，但对于有无社会统筹就不能不慎重对待了。

2. 社会保障一定要全面覆盖城乡居民

近年来，我国努力扩大社会保障覆盖面，这既是完善和发展社会保障制度的需要，也是体现社会主义优越性的重要方面。社会保障不仅从国有单位扩展到非国有单位、从正式职工扩展到灵活就业人员，还开始了从城

① 宋士云、李成玲：《1992—2006年中国社会保障支出水平研究》，《社会保障制度》2008年第9期，第5页。

② 郑功成：《从国家—单位保障制走向国家—社会保障制》，《社会保障制度》2009年第8期，第10页。

镇职工向城镇居民，特别是从城市居民到农村居民的历史性扩展。

2002 年，中共中央、国务院发布《关于进一步加强农村卫生工作的决定》，要求建立以大病统筹为主的新型农村合作医疗制度，2003 年开始启动试点。到 2009 年，新型农村合作医疗制度覆盖 8.3 亿人，基本实现全覆盖，中央和地方财政的投入也大幅提高。2007 年，为解决城镇非从业居民的基本医疗保障问题，国务院发布《关于开展城镇居民基本医疗保险试点的指导意见》，开始探索建立城镇居民基本医疗保险制度。

2009 年各地普遍建立了城市养老保险省级统筹制度，出台了包括农民工在内的城镇企业职工养老保险关系转移接续办法。全国 10% 的县（320 个县）开展了新型农村社会养老保险试点，2010 年试点范围扩大到 23% 的县。[①] 这标志着延续半个世纪的社会保障的城乡分割已被打破，社会保障制度基本覆盖全民的历史性跨越即将实现。

（二）完善社会救助制度　体现社会主义的团结互助性

新中国成立以来，社会救助事业取得了长足进步，但制度化程度不高。以最低生活保障制度取代原有的应急性、临时性、零散性的社会救济政策，是体现社会主义优越性的一个标志性事件。1997 年国务院发布了《关于在全国建立城市居民最低生活保障制度的通知》，决定在全国建立城市居民最低生活保障制度。1999 年国务院颁布《城市居民最低生活保障条例》，对城市居民最低生活保障的保障对象、保障标准、资金来源等进行规范，并提出实现应保尽保的目标。是年，这一制度在全国城市全面铺开，自 2002 年以来每年的救助人数都保持在 2200 万人以上。

但是，由于这一制度完全由财政出资，长期只在城市实行，而广大农村地区的贫困人口不论是从规模还是从困难程度来说都更甚于城市。这一时期，在全国有一些省市，陆续在农村地区主动试行最低生活保障制度，只是大多保障标准偏低，制度化程度不高。2007 年，这项制度在全国农村普遍实行，并且逐步提高最低生活保障标准，这也是对于缩小城乡差距，促进社会公平具有标志性意义的大事。

截至 2008 年 9 月底，城乡享受最低生活保障人数分别达到 2273 万人和 3858 万人。城乡居民最低生活保障标准分别达到月均 206 元和 82 元，

---

①　温家宝：《政府工作报告——2010 年 3 月 5 日在第十一届全国人民代表大会第三次会议上》，人民出版社 2010 年版。

月人均补助分别达到132元和43元，确保了低收入群体的基本生活。

同一时期，我国城乡还普遍建立了医疗救助制度，明显提高了农村五保户供养水平、优抚对象抚恤补助标准，灾害救助等各种制度也不断完善，基本建立起完整、及时、高效的社会救助体系。

作为社会救助体系的一个直接效果，当然是在各种社会政策的综合作用下，我国的反贫困实践取得了举世瞩目的成就。按照国家统计局公布的2007年人均785元的贫困线，我国农村绝对贫困人口从1978年的2.5亿人迅速下降到2007年年底的1479万人，贫困发生率也相应地从30.7%大幅下降到了1.6%。如果按照世界银行的贫困标准计算，从1981年到2004年，我国贫困人口从6.52亿人降到1.35亿人，5.17亿人摆脱了贫困。而在同一时期，全球的贫困人口总共减少了4亿人，也就是说，如果排除中国，全球贫困人口其实是增加了1亿人。世界银行的一份报告惊叹，中国在减贫方面的成就，“对于全人类来说是史无前例的”①。

（三）完善社会福利制度 体现社会主义的公平正义性

毛泽东说：“社会主义社会，不搞社会集体福利事业还成什么社会主义。”② 毫无疑问，社会福利是体现社会公平正义的一面镜子，尽管它并不足以完全反映一个社会的公平正义状况，但通过完善社会福利制度却可以明显地体现社会公平正义。

社会福利包括许多方面，通常可以区分为“小福利”和“大福利”。“小福利”是面向弱势群体和特殊对象的福利，“大福利”是以全体社会成员的基本需求为本的福利。我们认为，最迟从2003年应对“非典”，推行新型农村合作医疗制度以来，“小福利”的界限已经被冲破，中国逐步进入向“大福利”迈进的新阶段。③ 因此，完善社会福利制度可以扩展到包括满足社会成员生活和发展需要的更多领域，如教育福利、住房福利、就业支持等，这样，社会保障的概念也要有所扩展。以上在社会保

① 世界银行东亚及太平洋地区扶贫与经济管理局：《从贫困地区到贫困人群：中国扶贫议程的演进——中国贫困和不平等问题评估》，2009年3月，第ⅲ页。转引自王绍光《坚守方向、探索道路：中国社会主义实践60年》，中国人民大学中国法理网，2009年9月26日。

② 毛泽东：《读社会主义政治经济学批注和谈话（简本）》，第282—284页。转引自王绍光《坚守方向、探索道路：中国社会主义实践60年》，中国人民大学中国法理网，2009年9月26日。

③ 景天魁、毕天云：《从小福利迈向大福利——中国特色福利制度的新阶段》，《理论前沿》2009年第11期。

险、社会救助方面，我们已经讨论了养老、医疗、最低生活保障等问题，以下主要讨论在教育、住房、就业等方面如何进一步体现公平性的问题。

1. 教育福利

教育福利是实现教育公平的重要保障。在公平问题上，有一个非常怪谲的现象，本来应该是促进公平的手段，搞不好就恰恰成了导致不公平的根源。教育就是这样，它毫无疑问是实现起点公平的关键，唯其如此，人们就偏要千方百计地争取在起点上占得先机，结果它就很容易成为不公平的源头。尤其在义务教育上，这些年来，“择校风”越刮越盛，城乡之间、地区之间的差别越来越大。即使政府部门采取一些纠正措施，却往往不见效果反而是火上浇油。问题的根源就在于怎么看待教育尤其是基础教育的性质。如果把教育完全看作投资——既是个人和家庭的投资，又是国家的投资，那么，投资总是要回报的，在这个意义上的公平就只能是投资与回报要成比例，其结果就是谁投资多谁获得的回报就大，这种市场化、功利化的逻辑必然导致教育不公平。如果把教育尤其是基础教育看作受教育者人人应有的权利和应该享有的福利，也就是说，教育是公益性的，那么，所谓教育不公平也就可以从根本上得到解决。然而，教育在现今社会发展阶段又不能不在一定意义上是一种投资，那么，怎样处理教育作为投资和作为福利的关系，才能保证做到公平呢？按照底线公平的原则，就是要区分无差别的公平和有差别的公平。基础教育和高等教育中的公共福利是应该无差别的，其他部分是可以有差别的。无差别的部分具有公益性，有差别的部分具有私利性，前者主要由公共财政负责，后者可以主要由个人、家庭和社会负责。

我国城乡之间、地区之间、学校之间差距很大，促进教育公平的根本措施就是合理配置教育资源。首先，要把扶持农村教育作为促进教育公平的重点，要建立城乡一体化的公共教育财政体制，逐步统一城乡生均教育经费标准和办学条件标准，提高农村教师工资和福利待遇，并向条件艰苦的学校倾斜，改善农村教师的住房等生活条件，增强他们到农村任教的吸引力。除了资源配置方面的公平之外，也应该在城乡之间实行教师流动或轮岗制度，采取切实措施，鼓励城市教师到农村从教，加强农村教育信息化建设，让农村学生也能够获得优质教育资源。加强农村寄宿制学校建设，对于贫困县、山区县的小学生，离家路程较远或道路崎岖险峻的，一律免费寄宿。家庭困难，交不起伙食费的，应予减免或补助。重视发展农村学前教育和高中阶段教育，扩大农村学生接受高等教育的机会。

其次，要加大对中西部地区教育的支持力度，形成东部支援西部、东中西教育均衡发展的新局面。在教育投资、学校布局、招生政策和人才培养等方面，向中西部地区倾斜。

再次，要保障弱势群体的公平受教育机会，对于农民工子女，流入地政府要提供免费义务教育；对于残疾学生要给予特殊关照；对于农村留守儿童要保障他们平等就学，建立关爱和服务体系。同时，要加大对高校、高中等职业学校家庭经济困难学生的资助力度，不让一个贫困学生失学。

2. 住房保障

居者有其屋，是一个人能够有尊严地生活①的基本条件，对此提供基本保障是政府应尽的责任。把这个责任完全交给开发商，是政府的失职；住房完全商品化、市场化是错误的。实行这个政策的结果，就是不出几年，占人口大多数的中低收入家庭就被高房价挡在了商品房市场之外，每平方米上万元、数万元的房价只能令他们“望房兴叹”。住房问题成了全社会关心和议论的热点，成了社会不公正的焦点。那些在这个问题上政策出了偏差的地方政府，收获了利益，失去了民心。有的城市的房地产和批发零售业已成为对新增经济总量贡献最大的行业。根据第二次经济普查结果，有的城市 2008 年地区生产总值的增量中，房地产和批发零售两大行业的增加量占 95% 以上。

在住房政策上的教训证明，如同在医疗、教育等事关民生的问题上一样，在住房问题上，也要明确政府的责任和市场的界限。按照底线公平原则，必须按照居民收入水平，分为不同层次，相应的，确定保障性住房与商品房的比例，凡是无力购买商品房的，无房或住房条件不能达到有尊严生活的基本要求的，均属于政府提供保障性住房的对象。

在 2010 年的两会上，住房问题成了人大代表和政协委员关注和讨论的热点。在《政府工作报告》中，温家宝总理在讲到 2010 年工作重点时，首次用整整一段文字强调要“促进房地产市场平稳健康发展”，“满足人民群众的基本住房需求”②。其中很重要的一点，就是纠正片面的住

① 温家宝总理在 2010 年春节招待会上的致辞和《政府工作报告》中关于让人民过上“更有尊严”的生活的讲话，引起了社会的强烈回应。

② 温家宝：《政府工作报告——2010 年 3 月 5 日在第十一届全国人民代表大会第三次会议上》，人民出版社 2010 年版，第 9 页。

房商品化倾向，政府要大规模实施保障性住房建设，仅中央财政在2010年就安排保障性住房专项补助资金632亿元，比上年增加81亿元，增幅达14%，逐步使保障性住房与商品房之间达到一个合理的比例。在商品房中，也要面向购买力不强的中低收入群众的住房需求，增加中低价位、中小套型普通商品房供应。近年来，商品房价格飙升的北京市，大力加强保障性住房建设，2010年保障性住房的开工和竣工面积计划分别比上年增长27.9%和82.5%。[①] 政府承诺，政策性住房建设用地占全市住宅供地要达到50%以上，新开工建设收购各类政策性住房占全市新开工套数要达到50%以上。实行“政策房优先”原则，即优先供应保障性住房建设用地，优先搞好规划设计，优先保障建设资金，优先办理审批手续。[②]

3. 就业福利（支持）

在就业政策上，一般只讲“失业福利”，好像不讲“就业福利”。在“失业保险”“失业救济”这类意义上，可以叫“失业福利”，即只有在失业以后，才能得到的救助、扶持、补偿等。自改革开放以来，我国的就业政策以市场化为取向，政府不再包揽“就业”，“分配工作”被自主择业所取代，市场配置就业岗位成为唯一被肯定的就业方式，计划经济时代的单一正规就业转变为市场配置的分散、灵活、多元化的就业，其中大量的是非正规就业。这从就业角度看是积极的，但从福利角度看是消极的。这种单纯为失业者提供的福利反而可能与就业发生矛盾，特别是在失业福利水平偏高时，就业和再就业的积极性就下降。用来解决失业问题的福利救济越多，申请救济的人也就越多，主动寻找工作机会的人就越少，越有可能制造出新的失业。

随着我国就业方式从以正规就业为主向以非正规就业为主的转变，现行的这种单一的“失业福利”政策是既不利于促进就业，也不利于促进福利的。在1990—2004年，城镇非正规就业迅速发展，年平均增长率相当于城镇就业增长率的3倍，2004年占城镇就业比重的58.9%。但是，到2006年，在城镇2.83亿从业人员中，参加失业保险的人数为1.12亿人，覆盖率仅为39.5%；参加医疗保险的从业人员为1.16亿，覆盖率为

① 汤一原、周奇：《把北京保障性住房建成全程阳光工程》，《北京日报》2010年3月23日。

② 刘扬：《本市两年内解决17万户居民住房困难》，《北京日报》2010年3月23日。

40.9%；参加养老保险的城镇从业人口为1.41亿，覆盖率为49.9%。这些数字中并不包括实际在城镇流动就业的农民工，不包括城镇非就业的居民，如果将他们加到分母中，覆盖率就更低了。这说明，现行的失业保险、失业救济，虽然经过几十年的努力推广，实际的覆盖率很低，所谓“失业福利”的作用是非常有限的。

本节提出的“就业福利”，是把福利供给由“事后”（已经失业了，才提供失业保险和救济）前移到“事前”（增强就业能力，鼓励和促进就业）。我国是人力资源大国，而目前实行“失业福利”的国家基本上都是人力资源短缺的，在它们那里，“失业福利”不仅造成了巨大的财政负担，还不利于促进就业，如果我们也照此办理，那不仅财政负担承受不起，也势必造成人力资源的巨大浪费，优势反而成了劣势。这并不是说，失业保险和救济就一无是处，它们当然是非常必要的制度，而是说，我们在就业政策上要更加积极，把“关口”前移，更加注重就业鼓励和就业促进。这是“就业福利”的实质。

在这个意义上，“就业福利”意味着在发展积极的劳动力市场，发挥市场在就业中的作用的同时，政府要积极介入就业问题，以公共财政对就业给予支持。主要内容包括：（1）大力开展职业和技术培训，特别是对广大农民工的培训；（2）支持中小企业发展，特别是支持它们的产业升级；（3）对积极创造就业岗位，吸纳就业的各类企业给以税收优惠等政策支持；（4）提供公益性、服务性岗位，特别是大力支持社区服务业、生活型服务业的发展；（5）对就业困难群体提供就业支持，特别是保证“零就业”家庭至少有一人就业；（6）提倡“工作福利”，凡是有劳动能力的人必须积极就业，以此为享受福利待遇的前提条件；（7）福利提供要公开透明，加强社会监督，形成支持和鼓励就业的强大舆论氛围；（8）鼓励年轻一代积极就业，自主创业，防止形成对政府和社会的福利依赖，防止滋生“啃老族”，积极推动开征遗产税，继承和发扬自强不息、奋发有为的优良传统。

4. 增强福利供给的公平性

长期以来，中国社会保障支出水平偏低，已是不争的事实。发达国家在20世纪60—90年代的社会保障支出占GDP的比重在20%左右，在此期间，它们的人均GDP不过为2000—3000美元。2002—2006年，中国人均GDP为1100—2000美元，社会保障占GDP的比重徘徊在5.41%和

5.60%之间。2009年中国人均GDP已经达到3600多美元，社会保障支出水平也大幅提升，但仍远低于发达国家在相当GDP水平时期的社会保障支出水平。[①]

在资源奇缺的情况下，政策偏向就容易发生，社会保障支出的不公平，就成为公众诟病的焦点。据孙光德、董克用计算，1991—1994年占中国总人口80%的农民只享有社会保障支出的16%左右，20%的城市人口却占有接近90%的社会保障费用，从人均社会保障费用看，城市居民是农村居民的20倍以上。[②] 显然，增加社会保障支出占GDP的比重，是增加福利供给公平性的前提。

增加福利供给的公平性是政府必须承担的责任。这里的关键是正确认识政府与市场的关系，说来这是一个老问题，却不容易处理好。特别是在诸如教育、医疗等社会事业中，政府一度把这个责任推给市场，在长达20年的时间里，淡化甚至模糊了公益事业的性质，笼统地提社会化、市场化、产业化，致使政府职能转变走偏了方向。在经济体制和社会保障制度改革中，还片面强调减轻企业（国家）的社会负担、增加家庭和个人责任。结果，经过20年的改革，企业把办社会的包袱丢掉了，但企业的社会责任也丢掉了。经过这一番曲折，在科学发展观的指引下，重新明确了涉及民生的许多部门如教育和医疗事业的公益性质，政府承担了本应一直承担的责任，此前造成的历史欠账不得不加倍偿还。

好在这一次，我们的认识已经上升到了发展观的高度，在落实科学发展观的过程中，以改善民生为重点的社会建设以史无前例的规模和强度得以大力推进，覆盖全民的社会保障体系正在形成，社会主义优越性的充分展现指日可待！

第三节 总结：福利中道论

纵观以上对于中国社会福利观念发展脉络的梳理，以及对社会主义价值目标的追求，我们可以看到，中国现当代的社会福利观念并不完全是西

① 财政部社会保障司课题组：《社会保障支出水平的国际比较》，《财政研究》2007年第10期。

② 孙光德、董克用：《社会保障概论》，中国人民大学出版社2000年版。

方福利观念的简单移植，而在很大程度上是中国福利观念历史演变的一个新阶段。现当代的各种福利观念都与社会经济发展的不同方面有关，并且都有深厚的历史渊源。

中国现当代的福利观念是多种多样、复杂多变的，把它归结为任何一种或几种观念都难免是简单化的。这些观念，有的来自历史观念的延续与变形（如恩赐、特权、救济等），有的来自外来观念的引入和变形（如权力、制度、责任等），有一些是在中国现当代的发展过程中形成的，当然，国外也有类似的观念，但中国有自己的特色（政绩、负担、动力等）；有的与经济因素关系更直接（负担、动力、救济等），有的与政治因素关系更密切（恩赐、特权、政绩、权力等），有的受文化因素影响更显著（白得、心态、责任等）；其中有些观念，在某些阶级和阶层那里表现更明显一些；有些观念，在某个或某些阶段表现更浓厚一些；或者在某种场合会成为主要的观念。

以上 12 个观念，可分为 3 个类型或者 3 个阶段。横向上它们是两两对等的；纵向上它们是有序演进的。我们不仅可以运用这 12 个观念描述中国的福利发展，也可以通过分析这些观念的关系和顺序，厘清中国社会福利发展的趋势。我们确信：福利既可反映中国福利也可塑造中国。中国某一时期的福利观念形态，无非是其中某些观念的某种组合或特殊结构。而社会福利的演变，可以表现为这些观念的替代和结构变化。

作为中国源远流长的社会福利观念演变过程的延续和新的开展，中国当代福利观念正处于深刻变革和探索创新的过程之中。这是中国正在进行的以民生为重点的社会建设的实践过程的观念反映。在当代中国，正在展开空前宏伟的社会福利建设，党的十七大明确提出，到 2020 年，我国将基本建立覆盖城乡居民的社会保障体系，人人享有基本生活保障，“努力使全体人民学有所教、劳有所得、病有所医、老有所养、住有所居”①。很明显，我们今天致力于实现的目标，基本上就是对古代以来延绵两千多年生生不息、仁人志士不懈追求的大同理想的回应。在古老的中华大地上，8 亿农民在 2003—2011 年短短 8 年之内，就建立了人人可以获得基本医疗保障的新型合作医疗制度；在 2009—2012 年短短 4 年之内，就建立起普惠性的养老保险制度；以每年几千万人的速度，正在实现由农民向

① 《中国共产党第十七次全国代表大会文件汇编》，人民出版社 2007 年版，第 36 页。

市民的大转变、由农村向城市的大迁移；全国的义务教育完全由财政承担，每年大学招生规模达到600万人以上；每年新创造1000万以上的就业岗位；2011年一年的保障性住房建设规模就达到1000万套，今后还会延续大体相当的建设规模，很快就将实现真正的“住有所居”。所有这些，不论是从规模还是从速度看，在中国历史上都是开天辟地头一回，在世界历史上也是盛况空前的！

更为重要的还不在于规模和速度，而在于制度和机制的创新。有中国特色社会主义的福利体系，不同于“福利国家”和“高福利”制度，它不追求所谓“福利最大化”，不片面强调福利水平，而是从中国的具体国情出发，既保持经济发展的强大活力，又让广大人民普遍从经济发展中获益，及时提高生活品质，提升生活满意度和幸福感；它不追求绝对平等和抽象公平，而是追求底线公平，即在追求基本公共福利和公共服务均等化的同时，承认个人、群体和阶层之间依贡献等合法因素的不同，而导致的合理的、适度的福利差别，目的是激励每个人积极性、创造力的充分发挥，并视此为保持社会健康永续发展的前提；它不追求片面的、不计长远后果的经济增长，而是坚持经济、政治、文化和社会的协调发展，维持生态平衡，通过提倡健康的、体现中国文化特点的生活方式，实现人与自然的和谐。

在福利观念的创新上，我们既明确社会发展的目的是增进人民福利，但又不是福利水平越高越好，或者越低越好，而是科学处理福利与生产的关系，福利支出占国民收入的比重，福利的增进要有利于激发社会活力，让福利成为社会发展的动力。一句话，中国正在推进福利的普遍化，但也正在探索和追求福利的适宜化、科学化。

那么，在中西古今的反复激荡、冲突、吸收、融合和创造中，在中国这样一个具有悠久的福利文化传统，丰富的福利思想积淀的基础上，在占世界人口五分之一的东方大国宏伟的社会福利实践中，将会形成什么样的现代社会福利理论呢？客观上，一些新的社会福利理念正在并必将在丰富的实践基础上提炼出来，从而进一步丰富和发展中国传统的社会福利观念。我们把这些新的社会福利理念称为“福利中道论”，它是既延续了中国福利观念的传统，又吸取了西方福利发展的经验，并且适合中国现实国情的福利理论。

福利中道论，首先要破除的就是不顾和脱离实际条件，搞极端主义——或者主张福利水平越高，就是越先进、越现代，并简单地用福利水平的高低作为衡量福利模式的唯一标准；或者认为福利水平越低，就是政府越少干预，个人和社会就越自由，因而越有活力。

中道就是主张什么都要适当、适合，秉持自古以来关于福利的中国智慧：增进福利是发展的宗旨，但福过分了，就是“祸”；利泛滥了，就是“灾”，就是“害”。

中道就是中庸之道，主张顾及两端，而不走极端；允执其中，而协调各方；追求均衡，而保持各自优势。

福利中道论的根据，就是福利性质上的两面性（福的另一面即是祸），福利作用上的兼顾性（既要公平也要效率），福利影响上的双向性（福利既影响经济，经济也影响福利）。中道就是坚持福利特殊性与普遍性的统一，福利作为负担与作为动力的统一，福利作为权利与作为责任的统一，社会福利对于实现社会公平与促进效率这两种作用的统一，社会福利形态作为社会制度与作为社会心态的统一。

福利中道，容易被理解成在福利上坚持中等水平，其实，正如“底线公平”不是讲的水平公平，而是讲的“关系”，它是对政府与市场、个人与社会、公平与效率等基本关系的一种理解；福利中道，更不是讲福利水平，而讲的是“关系”，就是在处理有关社会福利的各种关系时，不走极端，不是不顾条件地增加福利，也不是有了条件也不增加福利，而是在经济与福利、劳动与福利、公平与效率之间求得均衡、协调、适当。中道就是均衡，通过协调达到均衡，均衡状态就是适当福利。

中国思维传统不是非此即彼，而是亦此亦彼；不是二元对立，而是多元包容；不是走极端，而是兼顾两端，允执其中。福利是好东西，但搞过分了，不适当了，就会成为坏东西——降低社会活力，影响经济发展，导致社会矛盾，引发社会动荡。反之，忽视福利，压低福利，有经济条件也不适时适度地增进福利，同样会导致社会矛盾，引发社会动荡，阻碍经济发展。鉴于社会福利的两面性，社会福利与经济发展之间影响的双向性，坚守中道，就是坚持科学性。

第六章

底线公平福利模式（上）

——经验基础与基本特征

一个好的福利模式要能保持四个基本均衡：经济发展与福利支出的均衡，福利支出中的基础部分与非基础部分的均衡，福利机制中的刚性与柔性的均衡，福利责任结构中的政府与市场、家庭、个人之间的均衡。中国一些富裕农村所搞的集体福利，为实现这些均衡提供了实践经验，而这些经验与底线公平理论非常契合。

社会保障或广义的社会福利建设，是社会安定的基础，也是最有效的基本的社会管理。一个好的福利模式所要解决的不仅是养老、医疗、失业、社会救助等事务性问题，它实际上着眼于基本的社会关系的平衡和社会基础的构建。而这正是搞好社会管理的前提。福利建设具有无可替代的社会功能，它可以降低社会紧张度，增强社会团结，让穷人得实惠，富人得面子，政府得政绩，社会得安宁，从而使社会管理事半功倍。正因为如此，世界上凡是发达的和成功的社会，必搞完善的福利建设，差别只在于模式不同。适合国情的福利模式，是这个社会成功的社会管理和建设的奥妙所在和主要标志。

社会保障制度（Social Security System），中国台湾称为社会安全制度[①]，它具有化解社会和生活风险、促进社会公平、维护社会稳定的功能，它是社会管理的重要机制之一。然而，近几年的英法大罢工以及希腊等国深陷债务危机却表明，弄得不好，社会安全制度倒可能带来社会不安

① 詹火生、杨莹、张菁芬：《中国大陆社会安全制度》，台北：五南图书出版公司 1993 年版。

全。这就警示我们，选择什么样的福利模式[①]具有非常重大的意义。[②] 对于正在谋求可持续发展的中国来说，经济发展与福利模式之间的关系是必须破解的难题：怎样才能增进人民福利，却不发生福利危机？怎样保障劳动权利，却不引发失业危机？进入老龄化社会，却不陷入养老危机？

与欧洲相比，我国实行社会福利的某些条件要差得多：首先，我们虽然经济总量大，但人均水平太低，而社会福利最终是要落实到人头的；其次，我国收入差距、城乡差距、地区差距很大，就是说，我们选择好的福利模式的难度和风险远比欧洲大得多。[③] 因此，我们必须认清我国有哪些社会的、文化的因素和优势可资利用；如何扬长避短，克服西方福利模式的缺陷，从而依据中国国情和中国文化，创造出适合自己的福利模式。

第一节　福利模式的可靠基础

总结欧洲的经验教训，可以看到，一个福利模式会否导致福利危机，要看其对四个基本关系的处理是否正确，能否保持四个基本均衡：一是经济发展与福利支出的关系能不能均衡；二是福利支出中的基础部分与非基础部分的关系能不能均衡；三是福利机制中的刚性与柔性的关系能不能均衡；四是福利责任结构中的政府与市场、家庭、个人之间的关系能不能均衡。这四个基本关系如果均衡了，那么福利制度就可以健康地运行，否则就可能发生危机。这是我们判断一个福利模式好不好的标准。

如上所述，中国的经济和社会条件如此不均衡，怎样才能使福利模式的基本关系达到均衡呢？社会福利固然有普遍性的东西，但它又有特殊性乃至主观性的一面，满意不满意、幸福不幸福与文化有很大的关系。可见，要想实现均衡，就必须为福利模式找到坚实可靠的基础。自己脚下的土地、自己土地上的实践是最可靠的。那么，我们中国的实践有没有实现这几个基本均衡的经验？

---

① 本章使用的是“大福利”概念，它包括社会保障，也包括以优惠方式提供给广大社会成员的教育补助、劳动保护、公共服务、社会服务和社会工作等。参见景天魁等著《福利社会学》第一章。

② 郑秉文：《欧洲国家掉入“福利陷阱”了吗？》，腾讯博客，2011 年 12 月 7 日（http：//www. nbd. com. cn）。

③ 景天魁：《社情人情与福利模式——对中国大陆社会福利模式探索历程的反思》，《探索与争鸣》2011 年第 6 期。

在中国大地上有一种实践，就是那些富裕了的农村所搞的集体福利。比如，江苏的华西村、山东的南山集团、青岛的后田村、河南的刘庄、北京的花乡等。它们都在走向富裕的同时，在村里搞了很高水平的福利。这些福利的特点是什么？第一，它们都把住了“底线”，就是基础福利。村里管的就是满足每家每户日常生活最基本的需要，如米、面、菜、肉、油，且不论家庭人口多少、富裕与否。第二，明确区分基础部分与非基础部分的界限。各家各户有了钱，自己去解决那些自己想要解决的问题，比如你要买辆宝马车，你自己买去。这就是说，它们的责任界限把握得好，虽然村里解决的是基础福利，但是每一个家庭、每一个人可以依据他们的劳动收入，来把雪中送炭转化为锦上添花，提高他们底线以上的福利水平。第三，他们特别强调劳动和就业在福利中的基础意义。每个有劳动能力的人，只有参加劳动（工作），才能获得福利，这是一个前提，也就是说，绝不养懒汉。第四，他们都把教育特别是基础教育纳入福利范围，把教育福利作为消除贫困、提升福利的根本措施。令人感兴趣的是，这些村做到了较高水平的福利，但是没有发生福利危机、失业危机、养老危机，更没有像欧洲那样的债务危机。更可喜的是，这些村社会安定，家庭和睦，邻里友善，发案率近乎为零，社会管理井然有序。他们就是依据中国的传统文化，依据中国社会结构优势，例如家庭和社区的作用等，来设计他们的福利模式。这些村是否存在别的问题，它们的做法是否具有典型性，另当别论，并不妨碍我们得到启示：依据中国的传统文化和社会结构的优势，我们有可能在搞出高水平福利的同时不陷入福利危机。

上述四个特点和基本含义，与笔者在2004年提出的“底线公平”非常契合。[①] 笔者从首次论述这个概念开始就一再强调，底线公平不是说的低水平的公平、低水平的保障。尽管“底线”和“低水平”容易混淆，但它们的含义是两码事。保障水平高低，主要是由经济水平决定的。而“底线”是讲的政府和市场、政府和社会、政府和个人的关系里面的责任底线、制度底线、政策底线、道德底线。“底线公平”特别强调它的“不能含糊、必须坚持”的含义。以往几十年，我们的社会保障、社会福利建设，很大的教训就是这些界限不清，该坚守的底线没有守住。所以，吸取这个教训，我们这几年在养老保险、医疗保险等制度的改革中都特别强

① 景天魁：《论底线公平》，《光明日报》2004年8月10日。

调了基础的部分，这是政府必须保障的；底线以上的非基础部分，可以由市场、家庭和个人去负责。例如，在住房问题上，国家不能一个时期搞清一色的福利房，一个时期又全部搞商品房，让人们不管有钱没有钱都得自己到市场上买房。现在，我们也明确了商品房和保障房要有一个恰当的比例，这里面就体现了政府在住房问题上的责任底线。

就社会福利的公平性来说，底线公平的实质是重点保障大多数人的利益，优先满足基本需要，重在雪中送炭，而非锦上添花。在存在着巨大社会差距的情况下，底线公平最有利于保障占人口大多数的中低收入者的利益，保障他们的基本需要。因为巨大的社会差距会形成强势的利益导向——财富分配向富有阶层倾斜，在这种情势下，如果实行所谓的“一般公平”，形式上是公平的，实质上会造成“越富越保”的逆向调节，结果却更不公平。

就社会福利的有效性来说，占人口大多数的中低收入者的基本需要属于弹性小的福利需求，例如，果腹之需总是有限的；而富有阶层的需求，特别是奢侈性消费是弹性很大的，难以满足。因此，重点保障占人口大多数的中低收入者的基本需要，福利效益最大。

就社会福利的合理性来说，像中国这样的发展中人口大国，福利需求总量远远大于福利供给能力，政府的福利责任必须既是明确的，又是有限的。而社会差距大，也意味着福利需求层次多，底线以上的需求满足让市场充分发挥作用，不仅是重要的，市场作用的边界也是明确的。

既然底线公平可以实现社会福利的公平、有效、合理，那就可以认为，底线公平是福利模式可靠的理念基础。也就是说，建立在自己经验的基础上，建立在科学地总结自己经验的基础上，这样的福利模式才有可靠的基础。

第二节　福利系统的内外平衡

对于发展迅速的转型中大国而言，要达到福利基本关系的均衡很难，而要在剧烈变动中保持均衡更难。这就要求福利系统不仅能够与外部条件和环境保持平衡，系统内部也要有自我维持、自我调节、自我平衡的能力。而底线公平，有助于解决公平与效率、福利与发展的关系，将发展性要素内置于福利模式之中，实现福利系统的内外平衡，夯实社会管理的保障基础。从这个角度看，底线公平福利模式有以下四个特点。

一　教育福利在福利结构中居突出地位

尽管教育不一定完全是福利，但从发展性福利的观点看，教育福利具有重要意义。韩国和希腊人均收入水平基本相同，如1995年韩国人均国民收入为7660美元，希腊为7390美元。但韩国的教育投入在财政支出中所占比重为16.8%，约为希腊（8.5%）的2倍；希腊的住宅和社会福利占财政支出的比重为14.7%，是韩国（7.2%）的2倍；两国的医疗支出在财政支出中所占比重更为悬殊，希腊占7.4%，是韩国（1.5%）的5倍。[①] 我们不去评判它们的福利制度的优劣，只是得出一个事实性的判断：二者的福利结构不同，且正好相反——韩国的福利结构更重视教育这一对经济发展和国民素质提高有直接促进作用的因素，希腊更重视对提高生活质量有直接作用的因素。而这两个国家在金融危机和债务危机中的表现也正好相反。虽然我们不好断定福利结构差异是其不同表现的唯一原因，却也无法否定它是一个重要原因。

由此我们可以得到启发：不要仅仅关注社会保障和社会福利水平，更重要的是社会福利结构如何；不能仅仅重视提高社会福利在财政支出中的比重，更要重视优化财政支出的结构。我国要想在世界科技和经济发展中居领先地位，真正提高国民生活品质，先要把教育支出比重提到最高水平。当下，我国初中文化程度及以下的劳动力所占的比重仍然很大。根据2000年第五次人口普查数据测算，初中及以下文化程度的劳动力所占的比重高达47%，这一比例在农村地区则高达近60%（冯明亮，2009）。我们要在发挥家庭重视教育的优秀传统的同时，尽快将义务教育年限扩大到12年以上，逐步争取将人均受教育年限提高到发达国家的水平；同时，要扩展基础性的教育保障，实现学前幼儿免费教育和中学毕业生就业前一年的义务职业教育，并将儿童的营养和健康保障纳入教育保障的范畴。大量研究证明，教育福利投入具有很高的经济回报率，让教育福利在福利结构中占据突出地位，教育投入就可以转化为增进福利的可靠源泉。

---

① 顾俊礼、田德文：《福利国家析论——以欧洲为背景的比较研究》，经济管理出版社2002年版；杨玲玲：《韩国社会福利模式的特点、问题及对我国的启示》，《中国党政干论坛》2009年第9期。

二　福利保护劳动，劳动创造福利

福利是普遍性的权利，但这种权利本身不产生福利。福利要想持续，就必须激发劳动和就业的积极性。福利不是消极地应付失业，而应积极地促进就业，开展职业培训，提高劳动技能；不是被动地缓解贫困，而应主动地消除贫困；不是纯粹的消费，而应发展性投资。福利制度既要维护无劳动能力者的权利，又要要求有劳动能力者必须以劳动为获得福利的前提。①

中国要实现现代化，实现民族复兴，真正可以依赖的主要是无与伦比的人力资源，我们必须对人力、人才变化情况保持高度的敏感。因此，福利与劳动的关系就显得特别重要。本来，福利制度的初衷就是保护劳动和劳动能力再生产的，福利和劳动本质上是相辅相成的。但是如果福利制度设计欠妥，二者也可能相互抵消。实践表明，并不是只有福利水平很高了，才可能产生福利依赖，高低总是相对的，即使是现在的低保，如果与最低工资标准不保持恰当的比例，也会影响就业和劳动市场。在一些大城市，已经有一定数量的低保人员就业意愿明显下降，有劳动能力而不就业的人数显著上升。北京市社会科学院城市问题研究所的调查显示，该市有6.1%有能力就业的低保未就业人员表示“无论什么工作都不感兴趣”。其中一个原因是“与低保资格挂钩的福利政策有25项，而如果低保人员选择工作的话，其收益有可能只相当于低保收益的75%左右”。② 不光是部分低保人员，有劳动能力而不就业的“啃老族”在一些大城市所占比例也很高，据中国老龄科研中心的调查显示，在19—35岁的青年中，有30%左右基本靠父母供养。③

固然有很多因素如战争、内乱、天灾人祸都可能阻碍一国崛起，但最无可救药的就属普遍的懒惰、懈怠。一种福利制度，一旦割裂了权利与义务的联系，默许和鼓励人们只知索取，不思奉献，那对于一个民族来说，

① 索洛、罗伯特等：《工作与福利》，刘文忻等译，中国社会科学出版社2010年版；[英]吉登斯，安东尼：《第三条道路——社会民主主义的复兴》，郑戈译，北京大学出版社、生活·读书·新知三联书店2000年版。

② 齐心：《低保未就业人员求职意愿及影响因素研究》，《城市问题》2007年第7期。

③ 戴香智、侯国风：《“啃老”现象的社会工作视域分析》，《社会工作》2006年第11期。

福利与其说是“免费午餐”，不如说是“最后的晚餐”[①]。因为，一旦滋生福利病，我国人力资源丰富这一最大优势就可能转化为最大的劣势。只有在初步富裕以后，仍能激励一代一代人愿意奋斗、甘于奉献，中国崛起才有希望。对于福利建设来说，发票子是人人都会的，但要发得好，产生好的历史效益，却是很难的。一个好的福利模式应该能够激励劳动、促进就业，凡有劳动能力者，人人有工作，社会才好管理；人人靠劳动立世，才有基础正义和底线公平。这是福利模式好的又一重要标志，也是福利模式设计的最大难点。

三　以服务型社会化解老龄化危机

欧洲最初设计福利制度时，并没有遇到老龄化问题，如今，这个问题已经构成对福利制度可持续能力的最大挑战。而老龄化是人类的一大成就，它本身不是危机，只有应对错误才会成为危机。老龄化是社会发展进步的必然趋势，迟早总会到来，只是中国“未富先老”，陡增了应对的难度。如何把老人由负担变为财富，将老龄化社会建设成文明社会的更高阶段，考验着中国人的智慧。

导致危机的因素也有可能正好成为化解危机的力量。中国人多，就要发挥人多的优势，老年人多，就要发挥他们的长处。实现转化的关键是在资金保障之外，大力发展服务保障，建设服务型社会。一般而言，面向大众基本需要的服务保障是成本低廉的，不需要建大工厂，造机器人、代步车，人人都可以搀扶老人；不需要盖大医院，看医生，人人都会给老人捶捶背；就连几岁孩童，也能陪老人说说话、解解闷，这些都不需要什么资金成本，但效果极佳。这里有我们可以倚重的中国社会结构和文化的优势。如，中国人多，提供服务的能力就强；中国人代际联系紧密，家庭伦理深厚，亲属邻里守望相助，如能在政策上大力倡导社会服务，支持服务型组织，发展服务型产业，即可有力地推进服务型社会建设。又如，在大力支持机构养老的同时，积极组建由不同年龄段的老人、志愿者、在校学生、社工人员组成的养老互助组、合作社、微型社区；建立“时间银行”，用年轻时为他人服务换取年老时享受他人服务，尤其是鼓励不同身体状况的老人之间开展互助服务；大力发展社区居家养老，这是与中国传

① 原为达·芬奇一幅著名画作的名称，这里只取“无以为继”的意思。

统比较相符，适合老龄群体需求的新型养老模式。再如，鼓励进城务工人员进入规范的服务产业，将生活型服务业置于与生产型服务业同等重要的地位，从对就业的贡献率来说，生活服务业提供的就业岗位将大大多于生产服务业；从对生活品质的贡献率来说，生活服务业的贡献远大于生产服务业的贡献；仅就对 GDP 的贡献而言，生活服务业也可与生产服务业比肩。由此可期望服务型社会成为中国福利模式的最大优势。

四　发挥中国特有优势的健康实现方式

目前人类 60% 的疾病是不良生活方式造成的，现在的医疗支出却有 90% 用于疾病的临床治疗。[①] 据世界卫生组织（WHO）的一项调查发现，在影响人的健康长寿因素中，现代医疗药物的作用只占 8%。[②] 当慢性病已经成为人类主要杀手时，醉心“高难度”技术不仅对大多数人没有什么好处，也会使医疗福利成为社会发展的陷阱。西方福利解不开的难题是医疗“无底洞”，医疗支出凭借单一治疗的生物医学模式和高技术崇拜这两只翅膀而成了脱缰的野马，将医疗保险拖入无法摆脱的困境。在我们的医疗卫生保健习俗中，有重在预防的“上医治未病”的传统，有注重养生修身的生活方式的保健传统，更有中医中药、中西医结合的医疗系统的独有优势。这些传统、优势有利于我们探索用独特的社会医学模式超越生物医学模式之限，有利于我们探索独特的社会医疗保障机制。

医疗保险要面向人，而不是把人只当做生物体；要着眼于大多数人的健康，而不是极少数人的需要。要重在保基本、保基层，保证公益性。建立维护公立医院公益性的法人治理结构和运行机制，公立医院要在服务质量上立标杆，在服务态度上立榜样，在服务价格上立尺度，在服务市场上立秩序，在服务目的上立旗帜。加强农村和城市社区医疗卫生体系建设，建立全民健康计划，立法保护婴幼儿、青少年的营养供给和全民食品药品安全。在上述举措的基础上，将单一治疗模式转换为全面健康模式，让医疗支出（药罐子）不再是“无底洞”，而能换成“甘露瓶”[③] ——支持发展的不竭源泉。由此走出一条发挥中国特有优势的医疗保健道路，让健康

---

① 首都社会经济发展研究所课题组：《中国医疗模式应由“重病治疗”向“重病预防”转变》，《北京日报》2008 年 7 月 7 日。

② 黄明达：《2012 世界健康产业大会北京宣言》，2012 年 4 月 7 日，北京。

③ 传说中是观音菩萨手持的宝器，只洒几滴，即可化作不尽甘霖。

中国人成为福利发展的主要象征。

综上所述，尽管我们不可能在短时间内把人均收入提高到世界先进水平，但可以通过总结国内外经验教训，发挥中国的制度和文化优势，创造适合中国的福利模式，让中国人过上有尊严的幸福生活。而教育为基、劳动为本、服务为重、健康为要，应该是中国福利模式的四大特点和优势。这是一个本身具有“造血”功能（产生福利）的福利模式，不是一个仅仅消费的、消极的福利模式。它把形成福利的功能内化在模式之中，而不是作为模式的外在条件；它把福利支出转化为经济和社会发展的投入，使二者由相互抵消转变为相互促进；它把难以调节的刚性需求置于可以调控的柔性体系之中，防止陷入福利危机；它把源于西方社会的福利制度结合到中国的文化传统和社会结构之中，后者的优势不是遭到弱化而是得到发挥。由此看来，它是可以支撑中国经济和社会持续发展的福利模式。

第七章

底线公平福利模式（下）

——需求结构与制度结构

社会福利制度是回应和满足社会成员福利需求的社会制度，只有全面认识社会成员的福利需求结构，才能建立起与之相适应的社会福利制度。根据底线公平理论的福利观，社会成员的不同福利需求可以分为底线福利需求和非底线福利需求两个层次；社会成员的同一福利需求也可以分为底线需求和非底线需求两个层次。与此相应，普遍整合型社会福利的制度包括三种基本类型：底线福利制度满足社会成员的底线福利需求，体现社会成员权利的一致性；非底线福利制度满足社会成员的非底线福利需求，体现社会成员权利的差异性；跨底线福利制度同时兼顾社会成员的底线需求和非底线需求，体现社会成员权利的一致性和差异性。

第一节　社会福利需求的结构

“社会福利制度是为了满足人类需要而存在的，对需要的研究是社会福利理论的核心内容。”① 由于社会福利制度具有天然的需求导向，对社会福利需求结构的认识直接影响到社会福利制度建设的总体思路和具体设计。因此，建立需求为本的普遍整合型社会福利体系，首先必须对社会福利需求结构有比较全面的认识。

一　社会福利需求的横向结构

在国内学界的社会福利需求结构研究中，处于主导地位的分析范式是

---

①　彭华民：《社会福利与需要满足》，社会科学文献出版社 2008 年版，第 3 页。

内容视角[①]。内容视角以社会成员的基本需要为基础，从社会成员的基本福利需求入手分析社会福利需求的结构，建立相应的社会保障（福利）制度。社会福利需求是以人类需要为基础的民生需求，社会成员的基本生活需要决定了社会福利需求的范围，主要包括六种。

（一）就业保障需求

就业保障需求来源于人的生存需要和劳动需要。就业是民生之本，是每个人获得收入来源和生存发展资料的根本途径，就业保障是最重要和最基本的社会福利需求。在当代中国，就业保障需求主要包括两个方面：一是获得就业机会。重视工作伦理是中华民族的优良传统，在中国特色社会主义制度下，劳动既是公民的权利也是公民的义务；凡是具有劳动能力的人，必须以提供劳动为获得福利的前提。满足人民的就业保障需求，就要实施积极的就业政策，建立健全就业促进制度、就业保护制度、就业援助制度，完善失业保险制度；进一步扩大就业规模，增加就业岗位，促进充分就业，降低失业率。二是确保劳有所得。劳有所得是个人就业的目的和归宿，确保劳有所得需要进一步改革分配制度。必须彻底扭转初次分配领域中存在的“资本所得挤占劳动所得”现象，逐步提高居民收入在国民收入分配中的比重，提高劳动报酬在初次分配中的比重；着力提高低收入者收入，逐步提高扶贫标准和最低工资标准，建立企业职工工资正常增长机制和支付保障机制。

（二）教育保障需求

教育保障需求来源于人的发展需要。教育是民生之基，坚持教育优先发展，加快人才培养，提高教育质量，促进教育公平，对于促进人的全面发展，建设人力资源强国具有十分重要的战略意义。教育保障需求主要包括三个方面：一是接受完全的义务教育。义务教育是我国国民教育的基础，接受完全充分的义务教育是每个公民的基本权利；要全面实现普及九年义务教育，巩固和提高义务教育质量。二是促进公平教育。教育公平是社会公平的基础，要始终坚持教育的公益性，公平享受优质的公共教育资源；促进城乡教育一体化，推进区域性的义务教育均衡发展，保障弱势群

① 此外，“人群视角”也是一种常见的分析范式。“人群视角”以社会群体的分类为基础，从不同社会群体的福利需要入手分析社会福利需求结构，主张根据不同社会群体的福利需求建立相应的社会福利制度。

体受教育机会公平；大力发展职业教育，实现基础教育与职业教育的均衡发展。三是发展终身教育。教育是满足人人终身学习需求，实现继续社会化的基本途径，是建设学习型社会的根本要求，要全面推进终身教育体系的构建。

（三）健康保障需求

健康保障需求来源于人的健康需要。维护社会成员的健康权是保障人的生命权力的根本前提，也是提高社会成员生活质量的基础条件。健康保障需求主要包括两个方面：一是预防保健需求。在我国“四位一体”的新型基本医疗卫生制度中，通过加强公共卫生服务体系建设是满足公民的预防保健需求。通过建立健全疾病预防控制、健康教育、妇幼保健、精神卫生、应急救治、采供血、卫生监督和计划生育等专业公共卫生服务网络，促进城乡居民逐步享有均等化的基本公共卫生服务。二是疾病治疗需求。通过健全医疗服务体系、医疗保障体系和药品供应保障体系来满足疾病治疗需求。完善医疗服务体系包括坚持以非营利性医疗机构为主体、营利性医疗机构为补充，以公立医疗机构为主导、非公立医疗机构共同发展的办医原则，健全以县级医院为龙头、乡镇卫生院和村卫生室为基础的农村医疗卫生服务网络，完善以社区卫生服务为基础的新型城市医疗卫生服务体系；医疗保障体系包括基本医疗保障体系（城镇职工基本医疗保险、城镇居民基本医疗保险、新型农村合作医疗和城乡医疗救助）为主体，其他多种形式补充医疗保险和商业健康保险为补充的多层次体系；药品供应保障体系包括建立国家基本药物制度和规范药品生产流通，保障人民群众安全用药。

（四）养老保障需求

老年保障需求来源于老年人的基本生活需要。我国1999年步入老龄化社会以来，人口老龄化加速发展，养老保障压力剧增。截至2009年年底，我国60岁及以上老年人口已达1.67亿人，占总人口的12.5%；到2015年，老年人口达到2.15亿人，约占总人口的15%；2020年预计达到2.43亿人，约占总人口的18%。[①] 养老保障需求主要包括五个方面。一是经济供养，为老年人的物质生活提供必需的经济基础和财力保障；二是生活照料，满足老年人的穿衣、吃饭、如厕、洗澡、室内外移动等日常

① 民政部财务规划司：《社会养老服务体系建设“十二五”规划》（征求意见稿），http：//www.mca.gov.cn/article/zwgk/mzyw/201102/20110200133797.shtml。

生活需求；三是康复护理，提供康复护理的设施条件，配备康复护理器材，帮助老年人在一定程度上恢复生理功能或减缓部分生理功能的衰退；四是精神慰藉，为老年人提供社会交往的平台和空间，减少老年人的孤独感和寂寞感，特别是为“空巢”老人和独居老人提供精神陪护和心理安慰；五是家政服务，为老年人提供家务劳动、家庭保健、辅具配置、送饭上门、无障碍改造、紧急呼叫和安全援助等服务。总之，养老保障的目标是努力实现“老有所养，老有所医，老有所教，老有所学，老有所为，老有所乐”，帮助老年人顺利安度晚年。

（五）住房保障需求

“安居方能乐业”，住房是最基本的民生问题，居住权利是公民的基本人权。住房保障需求包括两个层次：首先是保证公民拥有居住场所。“有房住”是住房保障的起码要求，“户户有房住、人人有家回”是住房保障的首要目标，也是实现“住有所居”的社会底线。因此，满足人民群众的住房保障需求，要优先解决“无房户”“无家可归者”和“住房困难户”的住房问题。其次是提供合格的居住场所。合格的住所应该满足三个基本条件[①]：一是住所的安全。合格住所区别于露天场所和临时的“宿营地”，要能够使居住者免受和抵御风吹雨打、酷暑寒冷等自然条件的伤害，能为居住者提供适当的保护；二是住所的方便。合格住所应该拥有基本的公共设施，特别是电力设施、卫生设施和排水系统，满足居住者的基本生活需要；三是住所的空间。合格的住所应该给予居住者合适或足够的空间，过于狭窄拥挤的空间既容易促生各种疾病，损害身体健康，也会增加心理压力，妨碍社会交往。

（六）安全保障需求

安全保障需求既来源于人类与生俱来的安全需要，也植根于全球化时代的“风险社会”。安全是个人或社会免于威胁的一种生存状态，安全保障是人类基本的福利需要[②]，是身体健康和生活舒适的基本条件。安全保障的内容具有历史性，随着人类社会的发展而变化。在食不果腹、衣不蔽体的时代，温饱成为最重要的安全保障；在战火纷飞、政局动荡的年代，

---

① 景天魁等：《福利社会学》，北京师范大学出版社 2010 年版，第 201 页。

② ［英］莱恩·多亚尔、伊恩·高夫：《人的需要理论》，汪淳波等译，商务印书馆2008 年版，第 69 页。

和平成为最重要的安全保障；在获得温饱和政局稳定的时期，安全保障需求更贴近日常生活层次。“风险社会”的来临使人类进入了一个“不安的时代”，无处不在的风险成为了当代人类的一个基本生存环境，安全保障由此成为现代社会的一种基本福利需求。在风险社会时代，人们日常生活安全的核心是健康安全、人身安全和财产安全，威胁人类安全的最大外在来源是食品、生态环境和社会治安三个方面。食品风险威胁人们的健康，环境风险威胁人们的生存，社会治安同时威胁人们的人身安全和财产安全。在当代中国，满足安全保障需求的主要任务健全和完善食品安全制度、环境安全和生态保护制度以及社会治安制度。

从内容角度分析社会福利需求的横向结构，揭示了社会福利需求的范围和内容，有利于具体划分社会福利需求的不同类型和项目，为分项设置和建立社会福利制度提供了理论依据，因此已成为我国社会福利研究的主流范式。在国内的社会福利制度研究中，大多数学者据此把我国的社会福利制度体系分为就业保障制度、教育保障制度、健康保障制度、养老保障制度、住房保障制度和安全保障制度。当然，内容视角的横向分析也存在着明显的局限性，最主要的问题是该视角具有浓厚的“平面化”色彩，在很大程度上忽视了社会福利需求的层次性，缺少立体感和纵深感。事实上，社会福利需求不仅有横向结构，而且有纵向结构；全面认识社会福利需求结构，还必须分析社会福利需求的纵向结构。

二　社会福利需求的纵向结构

社会福利需求是否具有纵向结构？答案是肯定的。从系统论的角度看，人类的社会福利需求是一个有机整体，其构成要素既有多样性也有层次性，社会福利需求的纵向结构植根于社会福利需求的层次性。马斯洛的需求层次理论证明，人的需要由低到高分为生理需求、安全需求、归属与爱的需求、自尊的需求以及自我实现的需求等五个层次，人的需求是社会福利需求的基础，人类需求的层次性决定了福利需求的层次性。

如何分析社会福利需求的纵向结构？底线公平理论为解决这个问题提供了新的思路。景天魁指出，在“二次分配”中，人们自然而然地认为社会保障制度的理念基础就是社会公平。但是，由于不同个人对公平的理解存在差异，必然形成不同的公平观；即使通过“民主原则”达成的“多数人的公平观”，结果很可能导致“多数人的暴政”。因此，笼统抽象地讲社会公平是不够的，必须进一步明确“社会公平”的具体含义。① 他提出，社会保障中的“底线”，就是社会成员基本需要中的“基础性需求”，包括解决温饱的需求（生存需求）、基础教育的需求（发展需求）和公共卫生和基本医疗的需求（健康需求），这三项需求是人人躲不开，社会又公认的“底线”。这条“底线”划分了社会成员权利的一致性和差异性，底线以下部分表现权利的一致性，底线以上部分表现权利的差异性，所有公民在这条“底线”面前所具有的权利的一致性就是“底线公平”②。

根据底线公平理论，可以从两个角度分析社会福利需求的纵向结构：一是根据不同福利需求的程度差异，把社会成员的不同福利需求分为“底线福利需求”和“非底线福利需求”两个层次。社会福利需求的底层结构就是底线福利需求，它是各种社会福利需求中最基础、最重要、最紧迫的需求，是所有社会成员福利需求中的“最大公约数”，体现社会成员福利需求的同质性和一致性；优先满足底线福利需求，是社会福利供给的第一准则。底线福利需求具有绝对性，满足底线福利需求是政府不可推卸的政治责任和道德责任；对于社会成员的“底线福利需求”，立足于政府负责的“刚性调节”机制，实行“无差别的公平”。社会福利需求的上层结构就是“非底线福利需求”，反映社会成员福利需求的异质性和差异性。非底线福利需求具有相对性，表现为需求种类多样化，需求程度弹性化，需求偏好个性化。对于社会成员的非底线福利需求，只能采取政府、社会与个人分担的“柔性调节”机制，实行“有差别的公平”。区分不同社会福利需求中的底线需求和非底线需求，具有重要的社会政策意义。在社会福利政策的制定和执行过程中，应该优先保障底线福利需求，然后才是非底线福利需求。

二是根据同一福利需求的程度差异，把社会成员的同一福利需求分为“底线需求”和“非底线需求”两个层次。层次性不仅存在于不同福利需求之间，也存在于同一福利需求内部。同一福利需求的满足程度是一个连续谱，从“零满足”到“全满足”之间存在着若干“关节点”。例如就业保障需求，“有工作”属于底线需求，“有好工作”就属于“非底线需求”；又如住房保障需求，“有房住”属于“底线需求”，“住得好”就属

① 景天魁：《底线公平与社会保障的柔性调节》，《社会学研究》2004 年第 6 期。

② 景天魁：《底线公平：和谐社会的基础》，北京师范大学出版社 2009 年版，第 146 页。

于“非底线需求”；再如生活保障需求，“吃得饱”属于“底线需求”，“吃得好”就属于“非底线需求”。区分同一福利需求内部的“底线需求”和“非底线需求”，具有非常重要实践意义。在满足社会成员的同一福利需求时，应该先满足“底线需求”，然后才是“非底线需求”。

底线公平理论所揭示的社会福利需求纵向结构，为构建社会福利制度体系提供了新的思路和启示。首先，社会福利底线是绝对性和相对性的统一。所谓绝对性，是指社会福利底线的无条件性，在任何历史时代，社会成员的福利需求都存在着一条底线，都可以划出一条底线。所谓相对性，是指社会福利底线的条件性，在不同的历史时期，社会成员的福利需求底线各不相同。社会福利底线的绝对性要求在发展社会福利过程中牢固树立底线意识，社会福利底线的相对性要求在发展过程中社会福利适时调整福利底线。其次，社会福利需求是“刚性”和“柔性”的统一。底线需求属于“刚性需求”，非底线需求属于“柔性需求”；既不能把刚线需求“柔性化”，那样将突破社会福利底线；也不能把柔性需求“刚性化”，那样将背负沉重的福利“包袱”。再次，建立层次有别的社会福利制度体系。社会福利需求具有层次性，社会福利制度也具有层次性；不同层次的社会福利需求需要建立不同的社会福利制度，不同层次的社会福利制度满足不同的社会福利需求。

社会福利需求的横向结构和纵向结构都是客观存在的，两种需求结构只有角度区别，没有高下之分，二者之间是互为补充的关系。横向结构强调社会福利需求的类别性，纵向结构突出社会福利需求的层次性，纵横结合的社会福利制度建设才能更全面地回应社会福利需求。

第二节　底线福利制度

底线福利制度是普遍整合型社会福利体系的基石，是社会福利体系建设的起点。完善底线福利制度是我国社会福利发展的首要任务，对实现社会福利底线公平具有决定性的意义。

一　底线福利制度的特征

所谓底线福利制度，是指体现社会福利权利一致性和满足社会成员底线福利需求的社会制度。底线福利制度有三个基本特征。

（一）基础性

从地位角度看，底线福利制度是整个社会福利制度体系的基石。现代社会福利体系是由一系列具体福利制度构成的有机整体，不同的福利制度分别用以回应和满足不同的福利需求，在社会福利体系中处于不同的位置，发挥着不同的作用。在各种福利制度中，底线福利制度是支撑整个社会福利体系的“地基”。首先，底线福利制度具有根本性。社会福利底线是社会福利领域的根本底线，一个没有社会福利底线的社会，是一个没有公平正义的社会。实践表明，一个没有底线福利制度的社会，就是一个没有社会福利底线的社会；底线福利制度是维护和保障社会福利底线的根本制度，是实现社会福利底线公平的根本途径。其次，底线福利制度具有优先性。社会福利需求存在着轻重缓急之分，底线福利需求是各种福利需求中最急需和最紧迫的需求。因此，在社会福利供给中，必须优先保障和满足社会成员的底线福利需求；在社会福利制度建设中，必须优先建立和完善底线福利制度。在社会福利发展史上，各国政府最早介入的社会福利领域就是底线福利领域（济贫），最先提供的社会福支持就是保障贫困者的底线福利需求（生存需求）。底线福利制度的基础性告诉我们：底线福利制度是整个社会福利大厦的“地基”，如果“基础不牢”，必将“地动山摇”；发展社会福利不能“好高骛远”和“空想赶超”，要把构建坚实的底线福利制度作为整个社会福利体系建设的“基础工程”。

（二）平等性

从理念角度看，底线福利制度遵循普遍主义原则，对所有社会成员一视同仁。根据普遍主义原则，所有社会成员不论籍贯、性别、年龄、民族、阶层、身份等差异，都能平等地享受底线福利，都能平等地得到底线福利制度的保护。底线福利制度的平等性主要由三个因素决定：一是底线福利需求的同质性。在社会成员的各种社会福利需求中，底线福利需求是一种无差别的社会需求，具有“重叠共识”的属性。底线福利需求的同质性，既为平等性奠定了心理基础，也为平等性提供了可能性。二是底线福利权利的一致性。社会福利权利现已成为公民权利的重要组成部分，社会福利权利的平等性包括有差别的平等性和无差别的平等性；底线福利权利的平等性属于无差别的平等性，底线福利权利的一致性为平等性提供了法律基础。三是底线福利供给的均等性。福利供给是满足社会福利需求的根本途径，由于福利需求的无限性和福利资源的有限性，福利供给存在选择性，不同福利需求的供求机制存在差异性。底线福利需求不适用“供给决定需求”的机制，只能采取“需求决定供给”的机制，实行“均等化”的标准，确保底线福利水平的统一化。底线福利制度的平等性要求我们，要坚决抵制和反对底线福利制度建设中的“特殊主义”和“选择主义”，减少和消除“底线福利歧视”和“底线福利差距”等不公平现象。在当下的中国，特别要增强城乡居民在享受底线福利中的一致性，提高城乡居民底线福利水平的均等化。

（三）政府首责性

从责任角度看，政府对底线福利制度负有首要责任。政府在社会福利领域的责任经历了一个历史发展过程。在国家产生以前，社会福利供给中没有政府的位置；国家产生以后，政府在社会福利供给中的地位越来越重要，责任越来越重大，并在现代社会中成为最重要的福利主体，发挥着主导作用。政府既是社会福利制度的选择者，也是社会福利法规政策的制定者；既是社会福利资金的提供者，也是社会福利设施的建设者；既是社会福利的生产者和提供者，也是社会福利的分配者和输送者。根据底线公平理念，在政府承担的各种社会福利责任中，首要责任是保障和满足公民的底线福利需求（生存需求、健康需求和发展需求）；政府是建立和完善底线福利制度的第一责任者，这是政府不可推卸的法定责任、政治责任和道义责任。从历史上看，无论是在传统社会还是在现代社会，底线福利责任都是政府应优先承担的社会福利责任。在农业社会时代，政府处于“福利补缺者”的地位，政府提供的“补缺型福利”主要限于满足民众的底线福利需求；在工业社会时代，政府处于“福利主导者”的地位，政府提供的“制度型福利”也是以满足民众的底线福利需求为起点和基础的。20 世纪 90 年代以来，我国各级政府逐渐承担起了全民义务教育的责任，加强了城乡公共卫生服务的投入，建立了城乡最低生活保障制度，完善了城乡社会救助体系，这些社会福利政策体现和符合“政府首责”的要求。当然，强调“政府首责”并不等于主张“政府全责”，并不排斥公司企业、非政府组织、家庭和个人在满足社会成员的底线福利需求时也应该分担一定的责任。

二　底线福利制度的项目

底线福利制度具有历史性，在不同的经济社会发展阶段，它所包含的项目不尽相同。就我国目前的发展阶段和人民群众的福利需求而言，底线福利制度主要有三项。

（一）最低生活保障制度

最低生活保障制度是目前世界上绝大多数市场经济国家普遍实行的以保障全体公民基本生存权利为目的的社会救助制度，它根据维持最起码的生活需求的标准设立一条最低生活保障线，每一个公民因其收入水平低于最低生活保障线而生活发生困难时，都有权利得到国家和社会按照法定标准和程序提供的现金和实物救助。[①] 最低生活保障制度作为一种解决贫困问题的补救机制，旨在维持社会成员的最低生活水平，满足社会成员的生存需求，保障社会成员的生存权，对于实现底线公平具有根本性的意义。生存权是社会成员的基本权利，是个人获得与享受其他社会权利的前提条件，是“社会权利中的底线权利”。作为维护社会成员生存权的底线福利制度，最低生活保障制度是一项“保命”的制度。在这个意义上，最低生活保障制度是“底线福利制度中的底线”，最能体现底线公平的社会价值，为中国走向现代社会奠定了多种基础，包括“普遍人权的权利基础、社会公平的秩序基础、社会认同和整合的心理基础、政府转变职能的政治基础”[②]。

1997 年 9 月 2 日，国务院颁发了《关于在各地建立城市居民最低生活保障制度的通知》；到 1999 年 9 月底，全国 668 个城市和 638 个县政府所在地的建制镇全部建立起最低生活保障制度；1999 年 9 月 28 日，《城市居民最低生活保障条例》发布，标志着我国城市居民最低生活保障制度走上法制化道路。[③] 截至 2010 年 12 月 31 日，城市居民最低生活保障户数为 1137. 7 万户，人数达到 2311. 1 万；2010 年 1—12 月，城镇最低生活保障支出 595. 9 亿元，平均标准为 251. 2 元/人/月，月人均支出为 179 元/人/月。[④] 我国农村居民最低生活保障制度建设起步较晚，在 2004 年以前，全面建立农村低保制度的仅有北京、天津、上海 3 个直辖市和浙江、广东 2 省[⑤]。2004 年的中央一号文件《中共中央国务院关于促进农民增加收入若干政策的意见》中提出“在有条件的地方，要探索建立农村

---

① 唐钧：《中国城市居民贫困线研究》，上海社会科学院出版社 1998 年版，第 118 页。

② 景天魁：《底线公平：和谐社会的基础》，北京师范大学出版社 2009 年版，第 288 页。

③ 胡务主编：《社会救助概论》，北京大学出版社 2010 年版，第 62—63 页。

④ 民政部：《民政事业统计季报》，http：//files2. mca. gov. cn/cws/201101/20110130160410749. htm。

⑤ 胡务主编：《社会救助概论》，北京大学出版社 2010 年版，第 73 页。

最低生活保障制度”；2007年7月11日，国务院颁发了《关于在全国建立农村最低生活保障制度的通知》，农村低保制度进入全面建设和快速发展的新时期。截至2010年12月31日，农村最低生活保障户数2528.1万户，人数达到5228.4万；2010年1—12月，农村最低生活保障支出423亿元，平均标准为117元/人/月，月人均支出为70元/人/月。[①] 实践证明，最低生活保障制度是花钱最小、效益最好的福利制度，也是最能得到人民大众拥护和支持的福利制度；它在维护社会福利底线公平，缩小社会不公平程度中能够起到最明显的效果。随着贫困线标准的提高，我国贫困人口的绝对数还将增加，城乡“低保”制度的覆盖面也将扩大，在促进底线公平方面的作用将更加显著。

（二）公共卫生服务制度

公共卫生状况与每个社会成员的健康息息相关，公共卫生服务制度是健康保障领域的底线福利制度。首先，公共卫生服务是影响健康的第一要素。社会成员的健康服务需求包括公共卫生服务需求和大病医疗服务需求，两类需求存在着顺序上的先后。人们首先需要得到满足的是公共卫生服务，然后才是大病医疗服务。公共卫生服务做好了，可以一举两得：既可以减少小病拖成大病的概率，预防和减少大病的发生，也可以有效低降低社会成员支付的医疗成本。大量研究表明，对生命健康有直接保护作用的因素包括卫生、保健和医疗，其中卫生是第一位的因素，对人的健康和寿命影响最大。世界卫生组织也曾经指出：居民80%以上的健康问题可以在基层卫生服务机构得到解决。因此，满足人民群众的健康服务需求，必须优先发展公共卫生服务体系，满足公共卫生服务需求。其次，公共卫生服务体系是我国基本医疗卫生制度的基础。2009年4月，中共中央和国务院在《关于深化医药卫生体制改革的意见》中提出，到2020年基本建立覆盖城乡居民的公共卫生服务体系、医疗服务体系、医疗保障体系和药品供应保障体系，形成“四位一体”的基本医疗卫生制度，实现“全民医保”目标。公共卫生服务体系是“四位一体”基本医疗卫生制度的基础，是我国医疗卫生服务体系的“网底”，犹如社会保障体系中的最后一道安全网“社会救助”。大力发展城乡公共卫生服务体系，是促进公共

① 民政部：《民政事业统计季报》，http：//files2. mca. gov. cn/cws/201101/20110130160410749. htm。

卫生服务逐步均等化，实现健康领域底线公平的根本途径。再次，提供公共卫生服务是政府的基本职责。公共卫生服务本质上属于公共产品，不是市场机制发挥作用的领域，提供公共卫生服务是政府的基本责任。“综观世界各国的公共服务制度，无不表现为一种政府行为，在各国基本公共服务制度建立、产生、发展和完善过程中，政府都‘功不可没’。”[①] 中国共产党的根本宗旨是全心全意为人民服务，为全体城乡居民提供均等化的公共卫生服务符合我国建设服务型政府的内在要求，是促进卫生公平和实现社会正义的基本手段。

2003 年“非典”危机之后，我国加强了公共卫生服务体系建设，主要包括两个方面：一是实施国家基本公共卫生服务项目。2009 年 7 月，卫生部、财政部、国家人口和计划生育委员会联合下发《关于促进基本公共卫生服务逐步均等化的意见》（卫妇社发〔2009〕70 号）提出，我国于 2009 年启动九项国家基本公共卫生项目，即建立居民健康档案、健康教育、预防接种、传染病防治、儿童保健、孕产妇保健、老年人保健、慢性病管理和重性精神疾病管理。九项公共卫生服务项目包括针对全体人群的公共卫生服务任务、针对重点人群的公共卫生服务和针对疾病预防控制的公共卫生服务三类，主要通过城市社区卫生服务中心、乡镇卫生院、村卫生室等城乡基层医疗卫生机构免费为全体居民提供。二是实施重大公共卫生服务项目。2009 年 6 月 18 日，国务院深化医药卫生体制改革领导小组办公室召开电视电话会议，决定 2009 年先期启动六项重大公共卫生服务项目：15 岁以下人群补种乙肝疫苗项目、农村妇女乳腺癌和宫颈癌检查项目、增补叶酸预防神经管缺陷项目、“百万贫困白内障患者复明工程”、消除燃煤型氟中毒危害项目和农村改水改厕项目。近两年来，两类公共卫生服务项目的实施取得明显成效，城乡公共卫生服务状况有所改善，促进了基本公共卫生服务的均等化。

（三）义务教育制度

义务教育是基本公共教育服务体系的基础，义务教育制度是教育领域的底线福利制度。首先，义务教育是国民教育的奠基工程。百年大计，教育为本；教育大计，义务教育为本。如果说教育是民族振兴和社会进步的基石，那么，义务教育则是“基石中的基石”。对于国家而言，义务教育

① 丁元竹：《中国社会建设战略思路与基本对策》，北京大学出版社 2008 年版，第 73 页。

是建设人力资源强国和学习型社会的起点，没有义务教育的发展，提高国家竞争力就成了“无本之木”。对于个体而言，义务教育是帮助个人由“自然人”向“社会人”转变，完成基本社会化的起始阶段，也是促进个人全面发展，增强个人社会适应，提高个人社会地位的前提条件。总之，发展教育首先是发展义务教育，离开了义务教育，整个国民教育就成了“无源之水”。其次，义务教育具有全民性和普惠性。一方面，义务教育是一视同仁的全民教育。我国2006年颁布的《义务教育法》第四条明确规定：凡具有中华人民共和国国籍的适龄儿童、少年，不分性别、民族、种族、家庭财产状况、宗教信仰等，依法享有平等接受义务教育的权利，并履行接受义务教育的义务。另一方面，义务教育是政府保障的免费教育。我国的义务教育属于公益性事业，国家将义务教育全面纳入财政保障范围，建立义务教育经费保障机制，义务教育经费由各级政府依法保障，不收学费和杂费。在此意义上，我国的义务教育制度是一种全民性和普惠性的国家（政府）福利制度。再次，义务教育公平是社会公平的起点。教育公平是社会公平的基础，义务教育公平又是教育公平的基础。《国家中长期教育改革和发展规划纲要（2010—2020年）》提出，教育公平的基本要求是保障公民依法享有受教育的权利，关键是机会公平，重点是促进义务教育均衡发展和扶持困难群体。具体的教育公平具有阶段性特征，随着教育阶段的推移，教育公平性呈现为一个有差异的连续谱：公共基础教育（义务教育）阶段的公平是一种无差别的公平，体现为教育的普享性、均等性和一致性；高等教育阶段的公平是一种有差别的公平，体现为竞争性、选择性和多样性。[①] 总之，义务教育的公平是教育领域的底线公平，义务教育制度是一种底线公平制度。

义务教育制度成为底线福利制度经历一个艰难的认识与选择过程。一是从普及小学教育到实施九年义务教育。1981年12月3日，中共中央、国务院在《关于普及小学教育若干问题的决定》中提出：在80年代全国应基本实现普及小学教育的历史任务，有条件的地区普及初中教育。1985年5月27日，《中共中央关于教育体制改革的决定》提出“有步骤地实行九年制义务教育”。1986年4月12日，六届人大四次会议通过的《中华人民共和国义务教育法》规定：国家实行九年制义务教育，到20世纪

① 景天魁：《底线公平：和谐社会的基础》，北京师范大学出版社2009年版，第257页。

末基本普及九年义务教育。二是义务教育从“收费教育”变为“免费教育”。从1986年至今，义务教育费用经历了四个阶段：“免学费、缴杂费”——→“杂费书本费一费制”——→“两免一补”（免杂费、免课本费、补助寄宿生生活费）——→“不收学费、杂费”。2006年新修订的《义务教育法》颁布实施，为免费义务教育提供了法律保障。2007年，对农村义务教育1.5亿学生全部免除学杂费和免费提供教科书，对其中780万贫困寄宿生提供生活补助；2008年，免除全国城市义务教育学杂费①。至此，基本实现了义务教育从“人民办”到“政府办”的转变。

第三节　非底线福利制度

非底线福利需求属于发展性的社会需求，非底线福利制度是普遍整合型社会福利体系中的上层结构，对于满足发展性和差异性的福利需求，实现“有差别的社会公平”具有重要意义。

一　非底线福利制度的特征

所谓非底线福利制度，是指体现社会福利需求差异性和满足社会成员非底线福利需求的社会制度。非底线福利制度有两个基本特征。

（一）效率性

公平与效率的关系是社会发展中的重大关系之一，与社会福利相关的公平与效率体现在三个层次：宏观层次的公平与效率存在于经济制度与福利制度之间，经济制度强调效率优先，福利制度强调公平优先；中观层次的公平与效率存在于福利制度内部，整个社会福利体系既要讲公平也要讲效率，不宜笼统讲“公平优先”；微观层次的公平与效率存在于具体的福利制度内部，不同的社会福利项目都有公平与效率，区别仅仅是二者的权重不同。与底线福利制度强调“公平优先，兼顾效率”不同，非底线福利制度主要用于满足公民的发展性需求，必须强调“效率优先，兼顾公平”；在非底线福利领域，只有强调效率优先，才能满足多样化和差异性福利要求；只有强调效率优先，才能真正体现个人的福利责任。非底线福利制度的

① 张力：《改革开放30年我国教育成就和未来展望》，http://www.sociology.cass.cn/shxw/zxwz/t20081008_18851.htm。

“效率优先”集中体现在市场机制和社会机制的主导性上。非底线福利领域是市场机制和社会机制发挥主导作用的领域，只有依靠市场机制和社会机制，才能调动市场力量和社会力量的积极性，才能培养个人的责任意识；只有依靠市场机制和社会机制，才能减少“福利浪费”，避免“福利依赖”，减轻政府的“福利包袱”。换句话说，在非底线福利制度中，只有强调效率，才能体现公平；有效率就有公平，无效率就无公平。

（二）选择性

以底线公平为基本价值理念的社会福利体系中，政府的责任是“保底不保顶”[①]。非底线福利需求具有鲜明的个体偏好性，不同社会成员在需求内容、需求程度、需求水平和需求紧迫性等方面存在着明显的差异性。因此，与底线福利制度的“普享性”不同，非底线福利制度具有“选择性”，遵循特殊主义原则。“选择性”体现在两个方面：一是政府的选择性。由于提供非底线福利不是政府的首要责任，政府在是否建立非底线福利制度，何时建立非底线福利制度，建立哪些非底线福利制度等问题上，拥有较大的选择空间。政府可以为建立非底线福利制度提供法律支持和政策环境，但不一定直接举办非底线福利项目；政府可以指导建立底线福利制度，但不一定直接管理非底线福利制度；政府可以监督调控非底线福利制度，但不一定直接经办非底线福利制度。总而言之，对于具有极强自我保障能力的高收入群体和富裕阶层，政府甚至可以不管他们的非底线福利需求。二是个人的选择性。由于非底线福利需求具有个体差异性，公民个人也最清楚自己的需求是什么。因此，个人在是否参加非底线福利制度、参加哪些非底线福利制度、何时参加非底线福利制度、参加何种保障水平的非底线福利制度等问题上，拥有相当大的选择空间。个人可根据自身的实际需要，有选择地参加某些非底线福利制度；也可根据自己的收入水平和支付能力，有选择地参加不同保障水平的非底线福利制度。

二　非底线福利制度的形式

（一）个人账户制度

所谓个人账户制度，就是按照国家相关法律和政策的规定，将不同来

---

① 景天魁：《大力推进与国情相适应的社会保障制度建设——构建底线公平的福利模式》，《理论前沿》2007 年第 18 期。

源的资金全部记入个人账户，账户储存额全部或部分归个人所有和支配的自我保障制度。个人账户制度实质上是一种完全积累型的强制或半强制储蓄制度，缺乏互助共济的社会功能。设立个人账户制度的政策目标，一是为了提高个人参加社会保障的吸引力，调动个人缴费的积极性，鼓励多缴多受益；二是帮助社会承担一部分风险，减少社会保障运行中的道德风险和逆向选择。

个人账户制度是有两种基本类型：一是综合型个人账户制度。新加坡的中央公积金制度是综合型账户制度的典范。新加坡政府通过立法强制个人储蓄，建立完全积累式的中央公积金制度。公积金由雇主和雇员共同缴纳，双方的缴费比例根据经济情况的变化进行动态调整。依据用途不同，公积金分别记入三个子账户：普通账户、保健储蓄账户和特别账户。普通账户占公积金的75%，用于参加公共住屋、住宅产业、非住宅产业、家属保障、家庭保障、教育计划、基本与增进投资计划等保障计划；保健储蓄账户占公积金的15%，主要用于自己以及为新加坡公民或永久居民的配偶、子女、父母和祖父母支付住院和门诊费用；特别账户占公积金的10%，主要用于老年生活费和应急支出。①

二是分离型个人账户制度。中国特色的个人账户制度是分离型账户制度的代表。20世纪90年代以来，中国在社会保障制度改革过程中先后建立了五种个人账户制度②。由于中国实行“统账结合”制度，五种个人账户分别与直接相关的“社会统筹账户”挂钩，而非一个大账户之下的子账户，相互之间缺乏内在的有机联系，所以称为分离型个人账户制度包括：(1) 城镇职工基本养老保险个人账户。该个人账户对应于城镇职工基本养老保险制度中的“社会统筹账户”，账户资金来源于职工个人交纳的全部保险费和企业缴纳的部分保险费；个人账户储存额只能用于职工养老，不得提前支取；职工或退休人员死亡，个人账户中的个人缴费部分可以继承③。由于养老保险制度转型的成本至今没有作出制度性安排，这种个人账户绝大多数处于“空账运行”状态。(2) 城镇职工基本医疗保险个人账户。该个人账户对应于城镇职工基本医疗保险制度中的“社会统筹账户”，账户资

① 张彦、陈红霞编著：《社会保障概论》，南京大学出版社1999年版，第113页。

② 中国在多项社会保障制度中选择“个人账户”制度，除了发挥吸引和激励功能的考虑外，其实还有深刻的福利文化根源。这个问题需要专门分析，这里不再赘述。

③ 郑功成：《中国社会保障30年》，人民出版社2008年版，第65页。

金来源于职工个人交纳的全部保险费和用人单位交纳的部分保险费，用于支付普通门诊费用。[①]（3）住房公积金个人账户。2002年修改的《住房公积金条例》规定：每个职工有一个住房公积金账户，在职职工和单位按照同样比例缴存住房公积金；单位和职工个人缴存的住房公积金存入个人住房公积金账户，账户余额归个人所有；职工死亡的，住房公积金余额可以继承，无继承人的纳入住房公积金增值收益。（4）新型农村合作医疗家庭账户。家庭账户对应于"大病统筹基金"，账户资金来源于家庭成员所有缴纳的全部或部分参合费用和政府补助的费用。新型农村合作医疗制度中设立的家庭账户，实质上是一种扩大了的个人账户。（5）新型农村社会养老保险个人账户。这种个人账户对应于"基础养老金账户"，账户资金来源于个人缴费，集体补助及其他经济组织、社会公益组织、个人对参保人缴费的资助以及地方政府对参保人的缴费补贴。

（二）补充保险制度

补充保险制度是在法定基本社会保险的基础上，为了满足职工基本保障范围之外的保障需求，由用人单位自主举办或参加的一种补充保障制度。补充保险制度是一种介于基本社会保险制度和商业保险制度之间的特殊保障制度，它因具有自主性而区别于强制性的基本社会保险制度，又因具有福利性而区别于营利性的商业保险制度。总体而言，基本社会保险制度主要满足职工的底线福利需求，补充保险制度重在满足职工的非底线福利需求，具有"锦上添花"的特征，属于非底线福利制度的范畴。

我国的补充保险制度始于20世纪90年代初期，1991年国务院发布的《关于企业职工养老保险制度改革的决定》，第一次明确提出建立企业补充养老保险。[②] 1994年7月5日通过、1995年1月1日起施行的《中华人民共和国劳动法》第七十五条规定："国家鼓励用人单位根据本单位实际情况为劳动者建立补充保险"，为建立企业补充保险制度提供了法律依据。[③] 目前，我国的补充保险制度主要有"企业补充养老保险制度"和"城镇职工补充医疗保险制度"。

---

① 郑功成：《中国社会保障30年》，人民出版社2008年版，第105页。

② 郑功成主编：《中国社会保障改革与发展战略（养老保险卷）》，人民出版社2011年版，第226页。

③ 宋晓梧主笔：《中国社会保障体制改革与发展报告》，中国人民大学出版社2001年版，第127页。

企业补充养老保险制度是指企业及其职工在依法参加基本养老保险的基础上，为提高职工养老保障水平而自愿建立的补充养老保险制度。1991年，国务院发布的《关于企业职工养老保险制度改革的决定》提出："随着经济发展，逐步建立起基本养老保险与企业补充养老保险和职工工人储蓄性养老保险相结合的制度"，规划了我国企业职工多层次养老保障体系的基本框架。1995年，劳动部印发《关于建立企业补充养老保险制度的意见》，对企业补充养老保险进行了初步的政策规范。《意见》规定：企业建立补充养老保险制度的基本条件是：①参加了基本养老保险费用社会统筹，并按时足额地缴纳养老保险费；②生产经营状况比较稳定；③民主管理基础较好。2000年，在国务院颁布的《关于完善城镇社会保障体系的试点方案》中，将企业补充养老保险正式更名为"企业年金"，企业补充养老保险制度变为"企业年金制度"。《方案》中提出："有条件的企业可为职工建立企业年金，并实行市场化运营和管理，企业年金实行基金完全积累，采用个人账户方式进行管理，费用由企业和职工工人缴纳，企业缴费在工资总额4%以内的部分，可从成本列支。"2003年12月，劳动和社会保障部发布的《企业年金试行办法》中提出，"企业年金是指企业及其职工在依法参加基本养老保险的基础上，自愿建立的补充养老保险制度。"2004年2月，劳动和社会保障部、中国银行业监督管理委员会、中国证券监督管理委员会和中国保险监督管理委员会联合颁发《企业年金基金管理办法》，初步构建了我国企业年金基金管理运作的制度框架和协同监管体系。[①] 2011年2月，人力资源和社会保障部、中国银行业监督管理委员会、中国证券监督管理委员会和中国保险监督管理委员会联合颁发新修订的《企业年金基金管理办法》，自2011年5月1日起施行。[②]

城镇职工补充医疗保险制度是指城镇用人单位及其职工在依法参加医疗保险的基础上，为了满足基本医疗保障范围之外的医疗服务需求而建立的补充性医疗保障制度，主要包括公务员医疗补助、大额医疗费用补助和企业补充医疗保险。1994年4月，国家体改委、财政部、劳动部、卫生部联合颁发的《关于职工医疗制度改革的试点意见》中提出："发展职工

① 郑功成主编：《中国社会保障改革与发展战略（养老保险卷）》，人民出版社2011年版，第226—227页。

② 中央政府门户网站：http：//www. gov. cn/flfg/2011—02/23/content_ 1808854. htm。

医疗互助基金和商业性医疗保险，作为社会医疗保险的补充，满足国家规定的基本医疗保障之外的医疗需求，但要坚持自愿参加、自由选择的原则"；1998年12月，国务院印发的《关于建立城镇职工基本医疗保险制度的决定》正式提出"基本医疗保险制度"的概念，同时明确"超过最高支付限额的医疗费用，可以通过商业医疗保险等途径解决"；2001年，《中华人民共和国国民经济和社会发展第十个五年计划纲要》中要求"积极推进城镇职工基本医疗保险制度、医疗机构和药品流通体制改革。鼓励有条件的用人单位为职工建立补充养老和医疗保险，并发挥商业保险的作用"①。目前，我国已在全国范围内普遍建立了职工大额医疗费用补助，绝大多数统筹地区实行了公务员医疗补助制度，有条件的企业建立了企业补充医疗保险。②

（三）商业保险制度

商业保险是"根据大数法则和等价交换原则，由商业保险公司采取市场化运作的一种风险分摊机制，它虽然是一种商业交易行为，但客观上对于社会保障制度起着十分重要的补充作用"③。对商业保险在满足个人福利需求和提高个人福利水平中的作用，我国在认识上经历了一个不断提高和重视的过程。1993年十四届三中全会通过的《关于建立社会主义市场经济体制若干问题的决定》中，明确提出将发展商业性保险业务作为社会保险的补充；2003年，十六届三中全会《关于完善社会主义市场经济体制的决定》中提出，"鼓励有条件的企业建立补充保险，积极发展商业养老、医疗保险"；2007年，十七大报告中提出，"要以社会保险、社会救助、社会福利为基础，以基本养老、基本医疗、最低生活保障制度为重点，以慈善事业、商业保险为补充，加快完善社会保障体系"注释。

与个人福利状况密切关系的商业保险主要是商业养老保险和商业医疗保险，两类商业保险的具体品种更是琳琅满目。在绝大多数情况下，能购买商业保险的人群基本上是中等收入者和高收入者，社会成员购买商业保险的主要目的不是保障底线福利需求，而是要在"底线"之上增加新的

---

① 于广军、胡善联：《城镇职工补充医疗保险发展策略研究》，《卫生经济研究》2002年第7期。

② 卫生部网站：http：//www.moh.gov.cn/publicfiles/business/htmlfiles/mohzcfgs/s9664/200904/40042.htm。

③ 郑功成：《中国社会保障30年》，人民出版社2008年版，第330页。

保障途径；越来越多的人通过购买商业保险获得养老和医疗方面的保障，以此来提高保障水平，提升生活质量。因此，我们认为商业保险制度是一种非底线福利制度，在满足社会成员的非底线福利需求上发挥着重要作用。“截至 2007 年底，保险业为参保者未来的养老和健康积累准备金达 1.9 万亿元，专业养老保险公司受托管理企业年金 150 亿元，占全部法人受托业务的 90%。”①

第四节　跨底线福利制度

跨底线福利制度是回应和满足社会成员同一福利需求层次性的产物。在现实生活中，社会福利需求的层次性不仅存在于不同的福利需求之间，也存在于同一福利需求内部，即社会成员的同一种福利需求包括底线需求和非底线需求两个层次，而两个层次又难以截然分开。如何在同一福利制度中兼顾社会成员的底线需求和非底线需求？单独依靠底线福利制度或非底线福利制度都不能解决这个问题，跨底线福利制度应运而生。

一　跨底线福利制度的特征

跨底线福利制度是兼顾社会福利权利一致性和差异性的福利制度，是兼顾社会成员同一福利需求的底线需求和非底线需求的福利制度。跨底线福利制度有两个基本特征。

（一）综合性

跨底线福利制度是一种综合性的福利制度，综合性是跨底线福利制度的首要特征。一是横向的综合性。所谓横向综合性，是指跨底线福利制度同时兼顾不同社会成员在同一福利需求内容上的一致性和差异性，其中，一致性体现的是不同社会成员在同一福利需求上的同质性（如每个人都有养老保障需求），差异性体现的是不同社会成员在同一福利需求上的异质性（如养老方式的多样化）。二是纵向的综合性。所谓纵向综合性，是指跨底线福利制度的同时，兼顾社会成员在同一福利需求上的层次性，既满足基础性的底线福利需求，又兼顾发展性的非底线福利。三是公平与效率的综合性。跨底线福利制度同时兼顾“无差别的社会公平”和“有差

① 郑功成：《中国社会保障 30 年》，人民出版社 2008 年版，第 342 页。

别的社会公平”，前者与底线福利相关，强调“绝对公平、相对效率”；后者与非底线福利相关，强调“绝对效率、相对公平”。跨底线福利制度的综合性，使之在某些方面可能优于单纯的“底线福利制度”或“非底线福利制度”。同时，这一优点也增加了跨底线福利制度设计与运行的难度，特别是如何在同一福利制度中准确划分底线与非底线之间的界限，合理确定底线与非底线的权重和比例，都具有相当的难度。这两个根本问题处理不好，就会产生“刚性（底线）需求柔性化”或“柔性（非底线）需求刚性化”等问题。

（二）复杂性

跨底线福利制度是一种比较复杂的福利制度。一是筹资机制的复杂性。在跨底线福利制度中，满足底线需求和非底线需求的筹资机制不同，底线部分既可以是完全由国家公共财政投入，也可以是政府、单位和个人三方共担，还可以是单位和个人共担；非底线部分既可以完全靠个人缴费，也可以是单位与个人之间“拼盘”。如何协调和平衡各种筹资机制之间的关系，是一个非常复杂的工作；如果解决不好，很有可能导致“混账”运行。二是运行结果的多样性。跨底线福利制度本身具有相当浓厚的“理想化”色彩，隐含着均衡公平与效率的预设，甚至是“所有好事一起来”的期待。但仔细分析就会发现，跨底线福利制度的运行可能出现三种结果：第一种是“皆大欢喜”，既保障了一致性的底线需求，也满足了差异性的非底线需求；第二种是“结构失衡”，要么“底线挤占非底线”，要么“非底线挤占底线”，也就是老百姓所说的“拆东墙补西墙”；第三种是“两败俱伤”，底线福利需求没有得到基本保障，非底线福利需求也没有得到有效满足。在三种结果中，第一种当然是最好的，也是人们所期待的；但是，由于各种因素的影响，其他两种结果以“非预期后果”形式出现的概率相当高。

二　跨底线福利制度的形式

跨底线福利制度试图在同一社会福利制度中体现社会权利的一致性和差异性，兼顾社会成员的底线福利需求和非底线福利需求，实现同一社会福利制度内部的公平与效率的均衡。同时实现“三重目标”的跨底线福利制度在理论设计上非常完美，但这种“理想类型”在现实生活中尚未形成与之完全对应的“制度原型”，相似或接近跨底线福利制度的形式有三种。

（一）“统账结合”制度

“统账结合”即“社会统筹与个人账户相结合”的简称，“统账结合”制度是中国人的发明和创造，“是世界上独一无二的制度模式”[①]。20世纪90年代初，我国在城镇职工养老保险制度和医疗保险制度改革中，针对过去国家和企业对保险费用包揽过多、缺乏个人参与和积累的缺陷，借鉴国外“现收现付制”和“完全积累制”的经验，创造性地构建了社会统筹与个人账户相结合的筹资模式。1993年11月，中共十四届三中全会通过的《关于建立社会主义市场经济体制若干问题的决定》中提出：“城镇职工养老和医疗保险金由单位和个人共同负担，实行社会统筹和个人账户相结合。”[②] 统账结合实质上一种社会保险基金的筹资模式，由统筹账户和个人账户构成；统筹账户从社会公平的目的出发，由政府和单位（企业）共同出资，强调基金的横向平衡，具有共济互助的作用；个人账户突出效率优先原则，由单位（企业）和个人出资，强调基金的纵向积累，体现个人的自我保障。[③] 郑功成认为，“统账结合”制度既非现收现付制，也非完全积累制，亦非传统的部分积累制，而是将现收现付制和完全积累制合二为一的独特制度。[④] 员玉玲认为，统账结合制度“在维持社会统筹现收现付制框架基础上引进个人账户储存基金制的形式，积累基金建立在个人账户的基础上，既有了激励机制和监督机制，同时又保持了社会统筹互济的机制，集中了完全积累制和现收现付制的长处，防止和克服了它们的弱点和可能出现的问题”[⑤]。

根据底线公平理论，“统账结合”制度比较接近或类似跨底线福利制度。“统账结合”中的“社会统筹”，主要体现公平原则，强调“底线需求”的一致性；“个人账户”主要体现效率原则，强调“非底线需求”的差异性。目前，我国实行“统账结合”模式的社会福利制度主要有四项：一是城镇职工基本养老保险制度。1997年7月，国务院颁布《关于建立

① 郑功成等：《中国社会保障制度变迁与评估》，中国人民大学出版社2002年版，第90页。

② 郑功成：《中国社会保障30年》，人民出版社2008年版，第103页。

③ 张彦、陈红霞编著：《社会保障概论》，南京大学出版社1999年版，第47页。

④ 郑功成：《中国社会保障30年》，人民出版社2008年版，第79页。

⑤ 参见成思危主编《中国社会保障体系的改革与完善》，民主与建设出版社2000年版，第52—53页。

统一的企业职工基本养老保险制度的决定》，提出建立社会统筹与个人账户相结合的基本养老保险制度。2005年12月，国务院颁布《关于完善企业职工企业职工基本养老保险制度的决定》，提出进一步完善统账结合制度。2010年10月，第十一届全国人民代表大会常务委员会第十七次会议通过的《中华人民共和国社会保险法》（以下简称《社会保险法》）规定："基本养老保险实行社会统筹与个人账户相结合"，"基本养老金由统筹养老金和个人账户养老金组成"。二是城镇职工基本医疗保险制度。1998年12月，国务院颁布《关于建立企业职工基本医疗保险制度的决定》规定，基本医疗保险基金由统筹基金和个人账户构成，建立了统账结合的基本医疗保险制度。在2010年通过的《社会保险法》中，已经不再提"统账结合"制度。三是新型农村合作医疗制度[①]。2003年12月，在卫生部与11个部门联合下发的《关于进一步做好新型农村合作医疗试点工作的指导意见》规定："合理设置统筹基金与家庭账户"，"积极探索以大额医疗费用统筹补助为主、兼顾小额费用补助的方式，在建立大病统筹基金的同时，可建立家庭账户。可用个人缴费的一部分建立家庭账户，由个人用于支付门诊医疗费用；个人缴费的其余部分和各级财政补助资金建立大病统筹基金，用于参加新型农村合作医疗农民的大额或住院医疗费用的报销"。四是新型农村社会养老保险制度。2009年9月发布的《国务院关于开展新型农村社会养老保险试点的指导意见》发布的规定："养老金待遇由基础养老金和个人账户养老金组成"；2010年通过的《社会保险法》规定："新型农村社会养老保险待遇由基础养老金和个人账户养老金组成。"

（二）社会服务制度

社会服务是一种以劳动形式满足社会成员生活需要的社会行动，在现代社会福利体系中越来越成为一种重要的福利类型（区别于资金福利和实物福利的服务福利），社会服务制度是一种越来越重要的社会福利制度。概言之，社会服务制度是国家和社会为满足全体社会成员特别是弱势群体的生活需求，保证和提高其生活质量而开展的各种社会活动、社会工作和社会事务及其规范的总称。

---

① 新型农村合作医疗制度中的"家庭账户"，实质上是一种扩大了的"个人账户"，可以视同"个人账户"。

社会服务制度之所以是一种跨底线福利制度，主要基于三个理由：一是社会服务需求具有层次性。从性质角度看，社会服务可以划分为基本性服务和非基本性服务（包括发展性服务和享受性服务）两个层次，基本性服务体现所有社会成员在社会服务需求上的共同性和一致性，具有公共产品的特征和属性，是维持和保证基本生活必不可少的社会服务。由于基本性服务属于公共产品，主要依靠公共财政支撑和各级政府提供。在这个意义上，基本性的社会服务也可以叫作"基本公共服务"，遵循普遍主义的均等化是基本性社会服务供给的根本原则。非基本性服务体现不同社会成员在社会服务需求上的差异性和偏好性，具有非公共产品或私人产品的特征和属性，主要依靠市场机制和社会机制提供。在这个意义上，非基本性的社会服务也可以叫作非基本公共服务，遵循特殊主义的市场化是非基本性社会服务供给的基本原则。二社会服务对象具有层次性。一般而言，社会服务的对象是全体社会成员，但社会成员是区分为不同层次的，有的属于"强势群体"，有的属于"弱势群体"。对于强势群体而言，享受全面的基本社会服务早已不是问题，他们甚至已经拥有豪华高端的享受性服务。对于弱势群体而言，基本社会服务都难以获得，更不用说享受性服务。三是社会服务供给具有层次性。从社会服务供给的现状看，有的属于免费或成本收费的福利性服务，主要面向各种弱势群体；有的属于付费甚至高收费的营利性服务，主要面向一般社会成员。在社会服务的层次性中，"基本性服务""弱势群体服务"和"福利性服务"具有"底线服务"的性质，"非基本性服务""强势群体服务"和"营利性服务"具有"非底线服务"的性质。加强社会服务体系建设，既要优先提供"底线服务"，也要照顾"非底线服务"。正是在这个意义上，社会服务制度兼具"底线"和"非底线"双重性质，是一种跨底线的福利制度。

（三）社会互助制度

社会互助制度是社会成员为了保障生存和发展而相互帮助和互相支持的社会福利制度。作为一种非正式的福利制度，社会互助源远流长，人类社会的发展史就是一部社会互助史。在人类发展的不同历史阶段，社会互助一直是个人（家庭）获得福利支持的重要渠道之一，即便是在福利国家也是如此。社会互助制度主要有四个基本特征：一是非政府性。社会互助制度不是政府主导的国家福利制度，而是社会主导的民间福利制度。社会互助的组织者和实施者不是政府机构，而是民间互助组织；社会互助的资金不是来源于政府财政，而是来源于民间筹款；社会互助的运行方式不靠行政命令，而靠民间习俗。[①] 非政府性使社会救助制度既区别于政府主导的社会救助制度、社会保险制度和公共福利制度，也区别于具有准政府性质的社会团体——工会发起的职工互助保险。二是自愿性。社会互助建立在社会成员自愿基础之上，是否参加互助、参加哪些互助，完全取决于个人自愿，自愿性使社会互助制度显著区别于强制性的社会保险制度。三是双向性。社会互助是一种双向的互动行为，互助的双方既是社会互助的主体，也是社会互助的客体，双向性（或对称性）使社会互助制度显著区别于单向性（或传递性）的社会救助制度。[②] 四是交换性。社会互助具有社会交换的性质，而且是一种互惠的社会交换；参与互助的双方具有明确的回报预期，互助过程中具有一定的“理性人”色彩。社会互助的交换性可能是同时的相互交换，也可能是先后性的交换。

社会互助既存在于生产领域，也存在于生活领域，生活领域的社会互助具有社会福利的性质。从满足福利需求的程度看，存在两种层次的社会互助：第一个层次是满足社会成员底线福利需求的社会互助。最有代表性的是满足穷人生存需要和保障其最低生活水平的社会互助，这类社会互助更多地存在于初级社会群体的生活互助中。例如，家庭、家族和邻里为陷入生活困境甚至绝境的群体成员提供急需的生活必需品，以帮助其渡过生活上的“难关”。在饥荒年代，初级群体内部的守望相助对于维护贫困群体的生存和基层社会的稳定具有非常重要的作用；在缺少社会保障和公共服务的边远乡村，邻里和社区内部的互助对于解决生、老、病、死、穷等基本民生问题意义重大。又如，一些贫困家庭的子女无钱读书特别是无钱上大学时，亲戚朋友和街坊邻里之间主动接济，共解“燃眉之急”；第二个层次是满足社会成员非底线福利需求的社会互助。有些社会互助不仅仅满足社会成员的底线福利需求，还满足社会成员的非底线福利需求。例如，由各级工会组织发起和开展的职工互助保险，为工会会员提供基本社会保险之外的互助保障；又如，一些富裕群体和高收入阶层的成员为了满足享受性需求而自发建立的互助组

① 参见景天魁等《福利社会学》，北京师范大学出版社 2010 年版，第 173 页。

② 有人把社会救助简单地等同于社会互助，这实在是一个“常识性错误”。现代社会救助制度不仅具有单向性，而且具有政府性和正式性。

织或互助活动，虽然也属于社会互助的范畴，但决非底线性质的社会互助。总之，由于社会互助的内容和水平实际跨越了底线和非底线两个层次，不能简单地把它纳入底线福利制度或非底线福利制度的范畴，而是应该将其纳入跨底线福利制度比较合适。

第三篇

社会福利体系建设

第八章

底线公平与福利社会建设

第一节　以底线公平为原则，建设中国特色福利社会

一　面对老龄化问题，建设中国特色福利社会不仅是必要的而且是迫切的

建设中国特色福利社会，面临的一大挑战就是应对老龄化危机。我国现在已经有1.8亿老年人，很快就会超过2亿人乃至3亿人，很明显，西方发明的那套高福利政策，在我国根本行不通。即使勉强朝着那条路走，恐怕还不待建成福利社会，福利依赖就很严重了，社会活力就衰弱了，发展的势头就维持不住了。所以，形势逼着我们必须走出一条切实可行的道路。底线公平理论无非是对此所做的一种探索，它所主张的划清政府责任和市场作用的界限，划分社会福利的基础部分和非基础部分，建立刚性和柔性互补共济的协调机制，等等，都是希望有助于我国在面对比西方国家更严重的老龄化危机的情况下，仍能保持发展活力，让中国人民过上有尊严的幸福生活。

当前，养老方面有两大突出问题：第一，如何协调资金保障与服务保障之间的关系。过去在研究养老问题的时候，太偏向于资金供给方面的问题。资金供给固然不可或缺，但把养老问题仅限于资金供给，就要出大问题。2010年笔者在全国政协发言的时候，就指出了这种制度的局限性。有的老人在家里死了好几天了，都没人知道，后来邻居闻到臭味了，才知道他死了。但这个老人可能有很好的养老金，但缺少福利服务。所以，资金和服务这两个方面缺一不可，二者要有一个配套的关系。从某种意义上来说，周到服务比资金供给更重要，特别是在老百姓收入增多的时候，服务就显得更为重要了。事实上，福利服务供给严重不足的问题已经越来越

突出了。在这一方面，台湾做得比较好。笔者在研究台湾社会福利时有一个令人惊奇的发现，台湾福利总支出中，虽然最大一部分还是社会保险金，但是，福利服务在福利总支出中占的比例比欧美很多国家都高，这和中华民族的传统和社区关怀有一定关系。要通过发展福利服务，加强社区功能，让福利支出成为老年人可及可得的东西。而在养老问题上，加强福利服务，可以弥补资金之不足，少花钱多办事，不花钱也能办事，而且让老人有亲切感、温馨感。处理好资金和服务之间的关系，可能是中国的养老体制的最大亮点，搞得好，可能在这方面超过西方那种依赖较多资金消耗的高福利制度。

第二，如何协调好各个主体之间的责任关系，形成一个符合中国国情的责任结构，这一点也特别重要。养老责任确实不能过于依赖家庭，相对而言，家庭养老功能弱化总体上也难以避免，但也不要片面主张“养老社会化”，都推给社会，社会又是由谁构成的？都推给养老机构，不用说根本不现实，而且也不符合大多数老人的意愿。子女不与老人住在一起了，人口流动了，只能改变自己尽孝的方式，不能推掉奉养老人的责任。中国养老问题的解决一定要从中国的实际需要出发，动员中国的社会资源和文化资源。英国在二战以后，即 20 世纪 50 年代初的时候，就曾走过集中养老的所谓“社会化”道路。单从概念上来讲，好像也说得通，因为家庭功能削弱了，社会当然要承担更多的责任。他们一开始把很多老人集中供养，但发现过一段时间，老人就跑回家了，不愿意在养老机构里面。穷家难舍，故土难离，不论中外，人同此心。后来英国发现这一制度不行，很快就改变了。

北京市 2011 年做了一个调查，老人愿意到机构养老的仅占 3%，愿意居家养老的占 90%，愿意在社区养老的占 7%。这一调查仅仅是反映北京市的情况，是否符合其他城市的情况，是否符合农村的情况，也说不准。而且，这可能也是现在的情况，再过一段时间，这一比例是否改变也很难讲。但是，它告诉我们一个重要信息，我们在研究养老服务的时候，要充分尊重老年人的意愿。他愿意在家待着，他愿意孩子们常常来看看他，你把他送到机构里面去，他会觉得很受约束、很受冷落。笔者曾经去过日本的养老院看过一些老人，那里条件很好，老人还是哭哭啼啼，埋怨子女不去看望他们。我们一定要尊重老人们的意愿，不一定把他们送到养老机构里头就好。我们主张大力发展依托社区的居家养老，老人可以继续待在家里，子女上班后，由社区里的人管他，如果有紧急情况就告诉孩子们。北京市现在提出以依托社区的居家养老为主，这是符合实际之举。

与此同时，也要重视发展机构养老，扶持民办养老机构健康发展，多方配合，才能破解养老难题。

二　以底线公平为原则，实现社会保障的动态均衡

社会保障的动态均衡，是大家都希望的，但真正做到很不容易。底线公平理论试图探索动态均衡调节的依据、寻找保持动态均衡的均衡点，但到目前为止，还只能说是在朝这个方向努力，难度还很大。

例如，多年来，我们总是说社会保障水平要与经济发展水平相适应，怎样就算相适应了？社会保障支出占 GDP 的比重到底以多少为好？我们能否搞出一种模型，用以说明经济发展到什么水平时，福利供给要达到多少，怎样在经济发展和福利供给之间建立动态平衡的关系？要想得到很准确的结论确实不易。因为福利受政治、文化等很多方面因素的影响，不完全是经济问题；甚至也不是完全客观的关系，这里还有许多随机的、主观的因素。在我们研究的初期，曾经以为欧洲国家是在经济水平提高以后才开始搞福利，但后来发现错了，原来很多欧洲国家在 GDP 不算高的时候，就开始搞福利了。所以，千万不要以为搞福利就是经济发展的负担，拿欧洲来讲，很多国家都处理得比较好，在发展福利的过程中自己才慢慢变成发达国家，经济发展与福利增长这两者是可以兼得的。这里面有什么好的门道呢？很多欧洲学者也在探讨这一问题，发现二者并不是线性的正相关的关系。有一个吊诡的现象，20 世纪 70 年代石油危机以后，欧洲的经济下滑，福利却在增加。所以，不见得经济向好的时候，福利就一定提高，经济不好的时候，福利就一定降低，不是这么简单的关系。我们不要把它看成固定的数值关系，而是要看处理这一问题的能力和水平，时机掌握得怎么样，以及有没有制度性和非制度性的应对策略。

从我国来看，我们这些年城乡低保水平提高很快。这种提高过程依据什么？低保制度最主要的问题就是城乡之间、地区之间差别太大，像北京、上海、广州、深圳，低保标准都好几百元了，但是，在落后省份和农村，才几十元。低保制度有两个特点：一是全部由财政出钱；二是实际上只是补助差额。如何在逐步缩小城乡、地区之间经济发展差距的同时，相应地缩小低保标准的差距？反过来，如何通过缩小城乡和地区之间低保标

准的差距，增强发展的公平性，促进经济的协调发展，从而带动缩小地区、城乡之间经济发展的差距？低保标准差距的缩小不能靠拍脑袋，不能靠相互攀比，要找到真正的均衡发展之道。

教育方面就更加明显了，我们现在基本上普及了九年义务教育。前些年讨论“2010—2020年的教育发展规划纲要”时，笔者极力主张扩大义务教育年限。随着经济水平的提高，不能局限于九年义务教育，义务教育要提高到12年，甚至15年。中国未来要把人口资源大国变成人才资源强国，最根本的问题，就是要大幅度提高人均受教育年限。我们现在人均受教育年限才8年多一点，太低了，要提高到12年以上。像芬兰那些国家，人均受教育年限比我国高得多，相当多的人都达到了大专教育水平。强国必先强教育。奥巴马应对金融危机的时候就提出这一问题，美国在教育方面的投入比我们的力度大很多。

医疗方面最主要的是要改革医疗制度，提高卫生健康公平性。无论是新型农村合作医疗，还是城市医保，都要逐渐提高报销比例，否则解决不了老百姓的“看病难”问题。中央政府已经采取了很有力的措施，从2009年开始，在三年内中央财政拨款8500亿元，让农民看病的报销比例提高到70%。这是“十二五”期间我们要做的主要事情之一。

上述各个领域都有一个如何探寻实现动态均衡的机制问题。目前在全国经济最发达的珠三角地区，社会保险方面就出现了一个问题，一方面，企业老板认为给农民工买保险就提高了企业成本；另一方面，要农民工每月按规定缴纳保险金，他们也不愿意。政府部门也知道如果强制企业参加社保的话，有些经营状况不佳的企业会倒闭，或者外迁，那政府就没有财政收入来源了。所以，政府也是睁一眼闭一眼。

从底线公平理论出发，怎样看待这个问题呢？笔者到深圳、东莞、广州番禺调查过。深圳曾发生过大批农民工退保的问题，农民工是流动的，他迁移的时候，只能把社会保险金的个人账户部分带走，但统筹部分不让带走。农民工很有意见。番禺的农村社保水平提高了，很多原来在城市里参加社会保险的人，要求回到村里参加农民保险。为什么呢？因为农村户口的养老、医疗，特别是医疗，有财政补贴。按照底线公平原则，无论你是城里人，还是农村人，无论你是富人，还是穷人，基础部分由财政和企业以及用人单位按一定比例缴费。当然，政府可以和企业之间有一个比例，企业不能推卸责任。总之，是把基础部分和非基础部分严格区分开。

既然基础部分是属于社会统筹的，那么，无论你走到哪里都应该是一样的。这样的话，有助于缩小城乡之间和地区之间的差距，也可以扩大制度的覆盖面，解决保险金的接续和转移的问题。至于基础部分与个人账户部分，怎么明确它们的比例，那可能要体现城乡和地区差别。比如富裕地区人均收入高，可以鼓励个人多缴费，收入低的地方，个人缴费就低一点。差别不要体现在基础部分，体现到基础部分就会遇到各种各样的障碍。

总之，政府要守住底线，不能叫任何一个人食不果腹，不能叫任何一个学生因贫辍学，不能叫病人无医而终。当然福利需求和供给之间永远是矛盾的，需求永远大于供给。而依据底线公平原则，有助于在合理配置资源的前提下，寻求到社会保障需求与供给的均衡。

三 以底线公平为原则，增强社会福利的自我维持能力

依据系统论原理，一个完全依赖外部条件的系统，比一个具有自我维持能力的系统，在稳定性和持续性方面要差得多。社会福利当然是一个高度依赖经济条件的社会系统，但也要努力培育和增强其自身的自我维持能力。仍以养老为例，如何发挥家庭和社区在养老服务上的主体作用，如何发挥老年群体自身的作用，对于增强老年福利的自我维持能力关系重大。

就以广州市为例，该市老龄化水平较高，截至 2012 年，60 岁以上的户籍老人有 121.4 万人，占该市户籍人口总数的 14.93%，老年人口增速达到 4%，高于全国平均水平①。广州市现有在民政部门登记的养老机构 166 家②。有些养老机构也接收自费老年人，机构养老要发展，这一点是确定的。但从全国来看，我们一定要从国情出发，我国老年人口占的比例太大，养老机构的服务能力毕竟是有限的。目前为止，全国 65 岁以上失能的、失智的或自己完全不能自理，需要机构来照顾的老人，大概有 5000 多万人，他们需要由机构来解决养老问题，而且需要有一定的医疗服务来配合。光这一部分人，我们专业机构的服务人员，需要 8000 多万名。在瑞典，一个患有老年痴呆症的人有 4 个人看管。机构养老，仅仅是为了应对失能、失智的老年人，这个量就已经相当大。而我国专业化的养

---

① 《广东老龄化程度尤为显著 为全国水平的三四倍》，《广州日报》2013 年 9 月 1 日。

② 广州市民政局网站政务公开栏目：《2014 年广州市养老机构统计表》，见 http://www.gzmz.gov.cn/business/htmlfiles/gzsmzj/fljgb/201307/2513179.html。

老机构服务人员目前只有22万人，远远不能满足需要。尽管民政部门提出要每年加大专门养老机构的建设，但在未来若干年内，要想完全满足这一需要不可能。所以，我们要通过提高社区服务能力，提高社会救助能力和服务能力，让老年人无论选择在哪里，都可以得到较好的服务。

广州市荔湾区逢源街道有一个极其重要的经验，就是老年服务由谁提供？除了要让青少年去给老年人服务外，还让老年人给老年人服务。逢源街道有一位孤老太太，她老伴早就去世了，她所在社区不管是哪位老人丧偶，她都要去做工作，而且绝对比年轻人做得好，因为她有经验体会。要在社区里面，通过社会组织发挥老年人的作用，让年轻一些的给年老一些的服务，身体好的给身体差的服务，老人之间相互服务。荔湾区创造了很好的经验，降低了服务成本。我们不要一讲老龄化就觉得没办法，不要想得这么可怕。既然能够让老年人提高平均寿命，还解决不了养老的问题？自然我们可以想出办法。比如说加大社会服务力度，加大青少年志愿服务力度，提倡老年人之间相互服务，发扬中华民族互助友爱的传统，都可以有效增强福利系统的自我维持能力。

四 以底线公平为基础，增强社会保障研究的确定性

社会保障和社会福利内容广泛，有些情况很难准确掌握，如果我们不加区分，总是笼而统之地谈问题，那就连社会保障的结构、社会福利的范围都莫衷一是，说不清楚，学术研究很难得到确定的结果。而相比较而言，底线公平理论用来界定底线的标志性制度——最低生活保障、义务教育、公共卫生和基本医疗，内容比较稳定，数据较易获得，而且比较确定。虽然它们不能代表社会保障和社会福利的全部内容，但它们是其中比较确定且稳定的部分，加强对这一部分的研究，有可能增强整个研究的确定性。

比如享受低保的人口，经过多年的实践，在目前低保标准不变情况下，城市低保人口基本维持在2300万左右，农村低保人口维持在5500万左右；义务教育年龄段人口也很容易确定；就医人口和大病住院人数也比较容易统计获得。特别是这些标志性制度所涉及的福利需求，一般属于弹性小的需求，人际差别不是很大，例如，满足果腹之需，中小学生的人均公共教育费用都很容易限定在一个确定范围内；医疗费用复杂一些，但也可以设计一些指标，获得统计数据。

对于底线公平涉及的基础数据，我们不仅仅是统计，还要核实，还可以通过其他办法，把它搞得更精准一点。比如深圳就做得很好，深圳市人口到底有多少？按统计数据大概也就是1200万人。但是，他们发现，如果把耗电量、用水量都核定起来的话，就不止1200万人了。因为居民的用水量有一定的标准，你不可能一天喝好几桶水，也不可能一天不喝水吧。把耗水量、耗电量一核对，发现深圳人口恐怕有1800万人。我们都希望统计数据能够更加接近实际。而底线公平理论所涉及的基础数据相对而言比较确定，由此可能增强学术研究的可靠性和科学性。

第二节　按照底线公平理论建设中国特色福利社会的预期效果

一　底线公平福利模式的主要特点

底线公平理论是对建设中国特色福利社会的必要性、可行性和现实途径所做的探索和回答，它在一定程度上触及了这些问题，试图在总结中国自己的实践经验的基础上探讨社会福利内部和外部的基本关系。千万不要望文生义，以为“底线”就是低水平的公平，甚至以为底线公平主要就是指最低生活保障制度，主要就是救济穷人。其实，底线公平，首先是指一种责任结构，特别是政府责任的底线，政府机制与市场机制的关系，经济发展与社会福利的均衡机制，以及社会福利发展和运行的调节机制等等。

总之，我们立足于新中国成立60多年、改革开放30多年来的基本经验，要建设的福利社会既应吸取发达国家以及一些发展中国家的福利建设经验，但又根本不同于西方福利国家模式——不仅是福利水平明显不同，更主要的是制度设计和机制设计不同、理念基础不同。

第一，在制度设计上，我们区分了基础性部分和非基础性部分，是这两种制度的整合，而不是一种单一的制度。

第二，在机制设计上，我们区分了政府作用和市场机制的性质、界限和关系，限制了福利刚性，加进了柔性调节机制，从而可以做到福利水平和经济发展水平基本相适应。

第三，在理念上，底线公平既包括无差别的公平，也包括有差别的公平，不是一般公平、绝对公平和抽象公平；保障基本人权，但不是抽象人权，例如凡有劳动能力的人都不能不劳而获；承认贡献和所得挂钩、权利和义务相统一等，这些都是体现社会主义原则而又符合中国国情的，并且在实践上被证明是成功的。

第四，在体系上，这样的福利体系或福利社会，要与中国的经济、政治、文化模式相协调、相适应。

二 底线公平福利模式的预期效果

（一）以较低的成本获得较大的福利

底线公平理论不是主张只建立几个像最低生活保障那样的制度，也不是主张只维持低水平的公平，它像发现，如果按照一般公平、抽象公平去做，撒“胡椒面”，没有重点，不讲究时空条件，看起来很全面，要求很高，但实际上不能有效地实现全面的、高水平的公平；而按照底线公平的模式和道路，可以以较少的成本获得较大的福利，可以建立起合理的责任结构，实现需求和供给的均衡调节，从而真正实现全面的、高水平的公平。底线公平模式所体现的，是公平实现的规律，也可以看作一条理论假设，即底线公平比一般公平更有利于实现社会公平。这在新型农村合作医疗中已经得到证明，即普遍提高医疗费报销比例的社会公平效果，不如在普遍提高医疗费报销比例和提高对中低收入户的医疗救助金之间寻求平衡的公平效果，因为后者更能反映农村居民的收入结构。同样道理，在这次应对金融危机过程中，给每人都发放一份消费券，对刺激经济的效果，也不如完善社会保障、加强以改善民生为重点的社会建设的效果好。

（二）可以最大限度地防止福利依赖，在促进社会公平的同时保持社会活力

1. 工作福利。凡是有劳动能力的人必须以参加劳动为取得享受福利的条件。中国自古以来之所以能够繁荣发展，根本原因是我们民族的勤劳品质。我们现有 13 亿人口，众人拾柴火焰高，每人多一分勤劳，积富成山；但如果因制度设计不当，造成福利依赖，哪怕有劳动能力的人中只有 1% 的人不劳而获，那要比世界上大多数国家的全国人口总数还多，难负其重。所以，按照中国文化，我们可以讲基本人权，但不能讲抽象人权，不能上西方人权蛊惑的当。我们的人权概念，首先讲的是劳动权、就业权。

2. 缴费与享受适当挂钩。凡是有缴费能力的人，必须以缴费为享受

福利的条件。而且必须有共济部分，不能绝对地讲缴的多就享受也多，否则就成了个人积蓄了。不能以商业保险的原则办社会保险，更不必说社会福利。没有共济，就形不成利益共同体，也就达不到增强社会共识，增进社会团结的目的。

3. 保基本。对无劳动能力、无缴费能力的人，要举政府和社会之力，保障其基本生活需要得到满足；对于非基本需要部分，要运用柔性机制，动员社会力量予以资助，但要承认差别。我国社会保障制度改革30年的成功经验之一，就是几乎在各项制度中都区分了基本和非基本两个部分。

（三）可以促进实现经济发展与社会公平的均衡

1. 讲究供需平衡。不是片面地以需定供，而是在充分调动各种社会资源的前提下，量入为出。新型农村合作医疗的成功经验之一，就是筹资标准与报销比例挂钩，筹资总额决定起付线和封顶线。应该承认，起付线和封顶线是一个重要发明，它比源自西方的社会保险制度更有弹性，更有适应能力，更有研究价值。

2. 中央与地方按比例分担财政责任，避免了福利过度的可能；如能有效调整分担比例，也有解决福利不足的问题。在地方财政有能力的前提下，不能中央全包，那会鼓励“不要白不要”；在底线公平所涉及的各项福利中，一般也不要地方全包，那既会扩大地区差距，也有可能造成竞相攀比。

3. 不轻易去搞普遍的全部免费，一般不搞所有人免费。坚持国家与个人之间的责任平衡。从城市医保和新农合的经验看，只要个人承担医疗费用的一定比例（比如10%—20%），就医行为就会理性得多。

我们从底线公平原理出发，可以找到经济发展和社会公平的均衡点。既让社会保持活力，又让社会福利逐渐增加。鱼和熊掌是可以兼得的。当然要解决的问题还很多，很多地方要细化，要创造很多条件，包括制度上要完善，包括遇到新的问题如何进一步调整等。

（四）底线公平福利模式有助于加强社会的基础建设

对于社会建设来说，底线公平福利模式有助于加强社会的基础建设，从而大幅度增强社会认同感、归属感和幸福感。这从2008年金融危机以来的政策效果可以看得非常明显。当金融危机爆发的时候，中央提出“改善民生”，“扩大内需”。但很多人在思想上有顾虑、有障碍，认为要想度过金融危机，还是首先得多投资于企业，企业继续开工，才能有钱拿来解决民生问题。“民生优先”是不是有助于我们从金融危机里面尽快走出来？很多人有疑虑。事实证明，只有扩大内需，让老百姓有购买力，把需求激发起来，相当一部分制造业，特别是中小企业才能够开工，才能够有收入，才能够解决就业问题，这是一种良性循环。当然，中国能较早地从金融危机的阴影中走出来，还有很多别的原因，但我们思路上的改变很明显是一个重要原因。

第九章

养老保障体系建设

以机关事业单位职工退休养老、城镇企业职工基本养老保险、新型农村社会养老保险、城镇居民社会养老保险、农村“五保”供养制度、高龄津贴制度、老年福利服务为主体的，以城乡居民最低生活保障制度、企业年金、商业保险、慈善事业、个人储蓄为补充的养老保障体系，为广大老年人提供了基本收入和服务，满足了老年人的基本生活需求，老年人的生活质量也在不断提高，成为有中国特色的养老保障制度体系。但是，不可否认的是，现行的养老保障体系还存在一系列问题，如城乡还有大量的居民没有任何养老保险、养老保险统筹层次低与待遇差距大等。这些问题的存在必然影响到养老保障体系积极功能的发挥，因此必须通过改革和完善，建立一个符合我国国情的、具有中国特色的养老保障体系，以应对人口老龄化的冲击，保障老年人的基本生活。

第一节　养老保障体系存在的主要问题

从 1949 年至今，我国养老保障体系经历了从劳动保险到单位保障再到社会保险的演变，通过不断改革，养老保障体系日益完善。但是，不可否认的是，养老保障体系还存在一系列问题，特别是在普及性和统一性方面。

一　养老保障体系普及性方面存在的问题

“老有所养”和“建立覆盖城乡的社会保障体系”是党的十七大提出的战略目标和战略任务之一，实现“老有所养”，就是要通过建立完善的养老保障体系让所有的老年人都享有最基本的生活保障，包括物质保障和服务保障。让所有的老年人都能享有最基本的物质保障和服务保障，可以通过不同的制度安排和采用不同的机制来实现，综合起来看，由政府提供的基本养老社会保险和老年福利服务是最根本的制度安排和机制，因此，各国都努力建立覆盖所有老年人的基本养老社会保险和老年福利服务制度。但从我国的情况来看，无论是物质保障方面（主要是指基本养老社会保险），还是服务保障方面（主要是指老年服务），都还没有覆盖所有的城乡居民。

在物质保障方面，虽然我国先后建立了机关事业单位职工退休制度、城镇企业职工基本养老保险制度和新型农村社会养老保险制度，但还没有能够覆盖所有的城乡居民。

由于中国存在着非常严重的城乡二元化，因此，基本社会养老保险制度的设计者只能针对城乡进行分别设计，即分别设计建立城镇基本养老社会保险制度和农村基本养老社会保险制度，覆盖对象分别是城镇居民和农村居民。现行的机关事业单位职工退休制度和城镇企业职工基本养老保险制度是针对城镇居民，且只针对城镇已经实现就业的居民的，即城镇职工。从2009年开始试点的新型农村社会养老保险则是针对农村居民的，从2011年开始的城镇居民基本养老保险制度是针对城市居民的。

根据人力资源和社会保障部发布的《2009年人力资源和社会保障发展统计公报》提供的数据，截至2009年年末，全国城镇有就业人口31120万人，年末参加城镇基本养老保险人数为23550万人，其中参保职工人数为17743万人，参保离退休人员为5807万人，由此可知，参保职工人数占全国城镇就业人口的57%。上述参保人数主要包括企业职工、个体工商户、灵活就业人员、部分事业改为企业的职工等，而绝大部分机关事业单位职工并没有参保，如果把这部分人考虑进去的话（全国大约有机关事业单位在岗职工人数3943.48万人），已经享有机关事业单位退休金和城镇基本养老保险金的职工约占全国城镇就业人口的75.7%，由此可知，城镇就业人口中还有约24.3%的人没有参加城镇基本养老保险。

针对城镇中未就业居民，目前还没有全国统一的制度，只是极个别的经济较为发达的城市将城镇未就业居民纳入新型农村社会养老保险进行试点，到目前为止还没有相应的统计数据。由于试点范围太小，因此可以说城镇中未就业居民还没有被基本养老社会保险所覆盖。

新型农村社会养老保险是从2009年开始试点的，当年试点范围的县占全国的10%，2010年年底试点范围已经扩大到23%的县，2009年年末，全国已有 8691 万人参加农村基本养老保险，2011 年全国试点城镇居民基本养老保险制度，2013 年年末城乡居民参加社会养老保险为 49750 万人，比 2012 年年底增加 1381 万人。

但是，作为基本养老社会保险补充的企业年金（也称企业补充养老保险）的覆盖面也不理想，根据人力资源和社会保障部发布的《2009 年人力资源和社会保障发展统计公报》提供的数据，2009 年年末全国有 3.35 万户企业建立了企业年金，参加职工人数仅为 1179 万人，约占城镇就业人口的 4%。

综上所述，虽然机关事业单位职工退休制度、城镇企业职工基本养老保险制度和新型农村社会养老保险制度的建立，使基本养老社会保险已经覆盖了城镇职工的大部分和部分农村居民，但城镇未就业居民和大部分农村居民还没有被覆盖，而绝大多数的企业还没有建立企业年金，参加企业年金的企业职工人数占全国城镇就业人口的比例太低。

表 9—1　　2005—2013 年企业年金情况

年份	企业数（万户）	参加职工人数（万人）	结存基金（亿元）
2005	2.4	924	680
2006	2.4	964	910
2007	3.2	929	1519
2008	3.3	1038	1911
2009	3.35	1179	2533
2010	3.71	1335	2809

表 9—2　　2000—2010 年城镇职工基本养老保险参保人数和覆盖率

年份	参保人数（万人）					城镇就业人口（万人）	参保人数占城镇就业人口比重（%）
	总数	参保职工	离退休职工	企业职工	农民工		
2000	13618	10448	3170	9124	4494	21274	64.01
2001	14183	10802	3381	9198	4985	23940	59.24
2002	14736	11128	3608	9090	5646	24780	59.47
2003	15506	11646	3860	13882	1624	25639	60.48
2004	16353	12250	4103	14679	1674	26476	61.77

续表

年份	参保人数（万人）					城镇就业人口（万人）	参保人数占城镇就业人口比重（%）
	总数	参保职工	离退休职工	企业职工	农民工		
2005	17487	13120	4367	15716	1771	27331	63.98
2006	18766	14131	4635	16857	1417	28310	66.29
2007	20137	15183	4954	18235	1846	29350	68.61
2008	21891	16587	5304	19951	2416	30210	72.46
2009	23550	17743	5807	21567	2647	31120	75.67
2010	25673	19374	6299	—	—	—	—

数据来源：《人力资源和社会保障发展统计公报》（2008—2009年）、《劳动和社会保障发展统计公报》（2000—2007年）、《国民经济和社会发展统计公报》（2010年）。

注：（1）城镇就业人口是另外加的一列，以计算参保人数占城镇就业人口比重（%）。（2）总数一列：阴影部分为参保职工+离退休职工而得，若采用2005年中国统计年鉴中的数据，各年的参保总人数分别为：2000年13617.4万人，2001年14182.5万人，2002年14736.6万人，2003年15506.7万人，2004年16352.9万人，2005年17487万人，与直接相加略有小数位的出入，但是单纯采用年鉴中的数据参保总数将不等于参保职工与离退休职工参保人数之和，故选取了相加的方式。（3）农民工一列：2005年及以前没有关于农民工的统计，通过观察，2006年以后企业职工与农民工之和等于参保总数，故采用：农民工人数=总数-企业职工，此处数据可信度有待讨论。

表9—3　　**2000—2009年农村社会养老保险参保人数**

年份	参保人数（万人）	领取人数（万人）	支付养老金（亿元）	累计结存基金（亿元）
2000	6172	97.8	—	195.5
2001	5995.1	108.1	5.2	216.1
2002	5462	123.4	—	233.3
2003	5428	198	15	259.3
2004	5378	205	14.51	285
2005	5442	302	21	310
2006	5374	355	30	354
2007	5171	392	40	412
2008	5595	512	56.8	499
2009	8691	1556	76	681

数据来源：《人力资源和社会保障发展统计公报》《劳动和社会保障发展统计公报》。张洪涛、孔泾源：《社会保险案例分析——制度改革》，中国人民大学出版社2008年版，第359页。

表 9—4　　　　2000—2009 年企业年金情况

年份	企业数（万户）	参加职工人数（万人）	结存基金（亿元）
2000	1.6	560	192
2001	—	193	49
2002	—	—	—
2003	—	—	—
2004	—	560	—
2005	2.4	924	680
2006	2.4	964	910
2007	3.2	929	1519
2008	3.3	1038	1911
2009	3.35	1179	2533

数据来源：（1）《人力资源和社会保障发展统计公报》《劳动和社会保障发展统计公报》。（2）2004 年参加职工人数数据来源于宋效中、王立国、郭进才、刘建文等《企业年金方案设计实务》，冶金工业出版社 2006 年版，第 17 页。（3）2000 年及 2005 年企业数及参加职工人数，数据来源于张洪涛、孔泾源《社会保险案例分析——制度改革》，中国人民大学出版社 2008 年版，第 49 页。

注：年金数据比较少，原因是自 2004 年 5 月 1 日起施行《企业年金试行办法》和《企业年金基金管理试行办法》，一直处于试点阶段，缺少明确的数据。新修订的《企业年金基金管理办法》已于 2011 年 1 月 11 日人力资源和社会保障部第 58 次部务会审议通过。

表 9—5　　　　2000—2009 年城镇职工基本养老保险收支情况　　　　单位：亿元

年份	总收入			支出	结存基金（累计）
	总收入	征缴收入	各级财政补贴		
2000	2278	1869	—	2115	947
2001	2489	2092	—	2321	1054
2002	3171.5	2551.4	—	2842.9	1608
2003	3680	3044	530	3122	2207
2004	4258	3585	614	3502	2975
2005	5093	4312	651	4040	4041
2006	6310	5215	971	4897	5489
2007	7834	6494	1157	5965	7391

续表

年份	总收入			支出	结存基金（累计）
	总收入	征缴收入	各级财政补贴		
2008	9740	8016	1437	7390	9931
2009	11491	9534	1646	8894	12526

数据来源：（1）《人力资源和社会保障发展统计公报》《劳动和社会保障发展统计公报》。（2）2000年及2001年的征缴收入数据来源于余明琴等《社会保险法制研究》，中国人事出版社2004年版，第73页。

注：（1）总收入应该另成一列，故放在最前。（2）公报中用的定义是征缴收入，更为确切，结余基金为累计数据，不是当年数据。（3）因为总收入不等于征缴收入与财政补贴之和，部分数据没有找到，空缺。年鉴中还有相关分地区和分企业与事业单位等的数据，可以使用。

表9—6　　**机关、事业单位在职职工人数和离退休职工人数统计**

年份	就业人员年末人数（千人）			在岗职工年末人数（千人）			离休、退休、退职人员年末人数（人）		
	合计	机　关	事　业	合计	机　关	事　业	合计	机　关	事　业
2000	38526	10737	27789	37507	10616	26891	8699619	2506426	6193193
2001	38313	10705	27608	37394	10576	26818	9174927	2630869	6544058
2002	37777	10542	27235	36815	10366	26449	9346556	2736034	6610522
2003	37958	10716	27242	36938	10501	26437	10102721	2902205	7200516
2004	38385	10923	27462	37253	10665	26588	10380186	2979964	7400222
2005	38897	10963	27934	37862	10733	27129	1113.8万	311.9万	801.9万
2006	39451	11118	28333	38356	10876	27480	—	—	—
2007	40045	11303	28742	38899	11050	27849	—	—	—
2008	40717	11568	29149	39239	11211	28028	—	—	—
2009	41131	11833	29298	39435	11376	28059	—	—	—

数据来源：《劳动统计年鉴》（2001—2010年）。

注：（1）三栏合计部分为机关单位和事业单位人数的加和。2006年以后劳动统计年鉴改版，不再有离退休人数的相关资料。（2）1998年以后的职工数据均为在岗职工数据，其他相关指标如职工工资总额，职工平均工资等指标也从1998年按此口径进行了相应调整。所以，在岗职工数据有更大的参考性。（3）单位就业人员指在各级国家机关、政党机关、社会团体及企业、事业单位中工作，取得工资或其他形式劳动报酬的全部人员。包括：在岗职工、再就业的离退休人员、民办教师以及在各单位中工作的外方人员和港澳台方人员、兼职人员、借用的外单位人员和第二职业者。不包括离开本单位仍保留劳动关系的职工。［第（2）（3）条见统计年鉴的指标解释。］

表 9—7　2000—2006 年机关、事业单位基本养老保险年末参保人数

年份	全国机关、事业单位基本养老保险年末参保人数（万人）	
	职工	离退休人员
2000	977.6	153.4
2001	1068.9	209.3
2002	1199.4	258.6
2003	1322	303.3
2004	1346.4	327.6
2005	1409.8	362.3
2006	1512.9	396.8

与物质保障相比，服务保障的普遍性则更不理想。根据民政部发布的《社会养老服务体系十二五规划（征求意见稿）》提供的数据，截至 2009 年年底，全国各类收养性养老机构为 4 万个，涵盖福利院、养护院、敬老院、荣军养老机构、老年公寓在内等多种类型，养老床位为 289 万张，每一万人当中 60 岁以上老年人（2009 年年底全国 60 岁及以上老年人口为 1.67 亿人）拥有养老床位数仅为 173 张。另根据全国老龄办发布的《全国城乡失能老年人状况研究》提供的数据，根据调查预测，2010 年年末全国城乡部分失能和完全失能老年人约 3300 万人，占总体老年人口的 19.0%，其中完全失能老年人 1080 万人，占总体老年人口的 6.23%，由此可以测算出城乡失能老年人（含部分失能和完全失能）人均拥有养老床位数为 0.09 张，完全失能老年人人均拥有养老床位数为 0.27 张。根据上面的数据可知，作为服务保障重要载体的养老机构和养老床位极其缺乏，难以满足老年人的基本需求。作为收养性养老机构补充的社区养老服务设施建设虽然有着非常明显的成效，但数量仍然不足，根据民政部发布的《社会养老服务体系十二五规划（征求意见稿）》提供的数据，截至 2009 年年底，全国已建成含日间照料功能的综合性社区服务中心 1 万个，留宿照料床位 1.5 万张，日间照料床位 3 万张。

总之，到目前为止，作为物质保障的基本养老社会保险还没有实现全覆盖，作为服务保障载体的养老机构和养老床位还不能满足老年人的基本需求。

二　养老保障体系统一性方面存在的问题

我国的养老保障体系不仅在普遍性上存在较大的问题，即还没有真正

实现“老有所养”的目标，而且在统一性方面存在的问题也不少，如碎片化程度高、待遇标准差异大、统筹层次低等。

我国现行的养老保障体系（仅指物质保障方面）是根据不同的人群进行设计的，具体情况见表9—8。

表9—8　　**我国现行养老保障体系**

制度类型	覆盖人群	经费来源	待遇确定条件	主管部门
机关事业单位职工退休制度	党政机关、社会团体、事业单位职工	政府财政	工龄、职务、职称、退休前工资等	人力资源和社会保障部门
城镇企业职工基本养老保险	城镇企业职工、个体工商户、灵活就业人员等	企业缴费、职工个人缴费	缴费年限、缴费额度	人力资源和社会保障部门
新型农村社会养老保险	农村居民	个人缴费、政府财政补贴	缴费年限、缴费额度	人力资源和社会保障部门
农村“五保”供养	农村“五保”老人	政府财政		民政部门
高龄津贴	城乡高龄老人（80岁以上）	政府财政	年龄	民政部门

从表9—8可以看出，为老年人提供基本物质保障的制度安排主要有五个：机关事业单位职工退休制度、城镇企业职工基本养老保险制度、新型农村社会养老保险制度、农村“五保”供养制度和高龄津贴制度，其中前三项制度是普遍型的，也是养老保障体系的基本部分，而农村“五保”供养制度和高龄津贴制度则是特殊型的，其中农村“五保”供养制度仅为农村孤寡老人提供基本的物质保障和服务保障；高龄津贴制度既有基本物质保障的含义，也有褒奖的意味，将来随着新型农村社会养老保险的普及，高龄津贴制度则起到褒奖的作用，属于“锦上添花”的层次。因此，在这里，我们将重点分析前三项制度。

将机关事业单位职工退休制度、城镇企业职工基本养老保险制度、新型农村社会养老保险制度放在一起进行比较，虽然三项制度的目标都是“老有所养”，但三者之间的差别还是非常明显的：首先，制度目标人群不同，机关事业单位职工退休制度和城镇企业职工基本养老保险制度的目标人群是城镇职工，其中，机关事业单位职工退休制度的目标人群是党政机关、人民团体、人大、政协机关、民主党派机关以及事业单位职工；城镇企业职工基本养老保险制度的目标人群是城镇企业职工、社会组织就业人员、个体工商户、灵活就业人员等；而新型农村社会养老保险制度的目标人群是农村居民。其次，经费来源不同，机关事业单位职工退休制度的经费来源于各级政府财政，职工个人不需缴费；城镇企业职工基本养老保险制度的经费主要来源于企业和职工个人缴费，政府财政虽也有一定的补贴，但主要用于历史欠账；新型农村社会养老保险的经费主要来源于农村居民个人缴费和政府财政对于个人缴费的补贴，其中基础养老金部分则完全来源于政府财政。最后，养老待遇标准的确定条件不同，机关事业单位职工退休制度的待遇标准主要是根据职工个人的工龄、职务、职称、退休前工资等确定；城镇企业职工基本养老保险制度的待遇由两部分构成，一是基础养老金，这一部分与退休时的当地社会平均工资有关，二是个人账户养老金，这一部分与职工个人的缴费年限和缴费额度有关；新型农村社会养老保险制度的待遇也由两部分构成，一是基础养老金，这一部分统一由地方政府确定，待遇标准是统一的，二是个人账户养老金，这一部分与农村居民的缴费年限和缴费额度有关。综合起来看，三项之间的区别是很大的：机关事业单位职工不需要缴纳任何费用就可以享受养老待遇，并且完全由政府财政支付；城镇企业职工则要自己缴纳费用后才能享受基本养老保险待遇，而待遇水平由主要取决于个人缴费情况；农村居民虽然也需要缴费后才能享受到基本待遇，但政府财政却承担了基础养老金部分和给予缴费补贴。由此可见，机关事业单位职工和农村居民在享受基本养老待遇方面都能从政府财政中获得较大的资助，只有城镇企业职工自己缴费自己养老，很少能从政府财政中获得资助，显然，这有违社会公平。另外，到目前为止，城镇企业职工的养老保险待遇人均每月只有1300元左右，而机关事业单位职工的退休待遇一般都能达到人均每月4000多元，二者相差3倍多，这也是不公平的。

在养老保障体系统一性方面存在的另一个问题则是基本养老保险统筹层次太低，这既表现在城镇企业职工基本养老保险方面，也表现在刚刚建立的新型农村社会养老保险方面。无论是城镇企业职工基本养老保险，还是新型农村社会养老保险，到目前为止，从全国的情况来看，基本上实行的是县级统筹，个别的地方实现了地市级统筹。“目前，全国名义上有600多个地市级以上的统筹地区，但其中90%以上实际上是以县（市）级统筹为基础的。”①

① 中国发展研究基金会：《中国发展报告2008/09：构建全民共享的发展型社会福利体系》，中国发展出版社2009年版，第70页。

统筹层次低不仅降低了基本养老保险的分散风险的能力，不利于劳动力的合理流动，而且会导致区域差别，特别是筹资标准和待遇水平的差别，导致新的社会不公。

总之，我国的养老保障体系在统一性方面还存在着较大的问题，需要通过不断地改革和制度创新来加以完善。

三　实现养老保障体系普遍整合的必要性

到目前为止，我国的养老保障体系既没有实现全覆盖（包括物质保障方面和服务保障方面），也没有能够实现有效的制度整合，“碎片化”程度还较为明显，因此，亟须加快改革，以实现养老保障体系的普遍整合。

实现养老保障体系普遍整合的必要性主要体现在以下几个方面。

第一，“老有所养”是公民的基本权利，是政府的基本职能。养老需求是一项普遍需求，并且与就业需求、医疗保健需求等一样具有一定的优先性。在现代社会，由于人口老龄化的日益严重，工业化和城市化的扩展，以及家庭规模和结构的变化，家庭和个人的养老能力越来越弱化，因此，亟须社会化的制度安排来提升家庭和个人的养老能力。在上述背景下，“老有所养”已经被认定为公民的一项基本权利，一项基本社会权利，这项权利是神圣不可侵犯的，得到了包括《宪法》在内的各项法律的确认和保护。与此相对应的，“老有所养”就成为了政府的一项职能，是政府“为人民服务”的重要内容，因为“为公民提供必要的社会保障和社会福利，是一个负责任的政府所必须努力做到并且要做好的一项公共事务”①。为了保障和实现公民的“老有所养”的基本权利，建立一个人人共享的、覆盖城乡的、普遍性的养老保障体系，是政府应尽的责任。

第二，人口老龄化日益严重。根据民政部发布的《社会养老服务体系建设十二五规划（征求意见稿）》提供的数据，自1999年我国步入老龄化社会以来，人口老龄化加速发展，并日益呈现老年人口基数大、增长快及高龄化、空巢化的趋势，需要照料的失能、半失能老人数量剧增等态势。截至2009年年底，我国60岁及以上老年人口已达1.67亿人，占总人口的12.5%，80岁及以上的高龄老人1899万人，占老年人口的11.4%。据民政部印发的《2013年社会服务发展统计公报》显示，截至

① 周沛：《社会福利体系研究》，中国劳动社会保障出版社2007年版，第1页。

2013 年年底，我国 60 岁及以上老年人口 20243 万人，占总人口的 14.9%。其中，65 岁及以上人口 13161 万人，占总人口的 9.7%。[①] 目前，我国是世界上唯一一个老年人口超过 1 亿人的国家，且正在以每年 3% 以上的速度快速增长，是同期人口增速的五倍多。预计到 2015 年，老年人口将达到 2.15 亿人，约占总人口的 15%；2020 年达到 2.43 亿人，约占总人口的 18%。同时，与发达国家人口老龄化特点不同，我国农村人口老龄化水平高于城镇，绝大部分老年人生活在农村，由于城市化进程的加快，农村的养老问题十分严重。长期以来，我国实行以家庭养老为主的养老模式，但随着计划生育基本国策的实施，以及经济社会的转型，家庭规模日趋小型化，“4－2－1”家庭结构日益普遍，空巢家庭不断增多。目前，我国户均人口规模 3.16 人，较改革开放之初的 4.61 人下降了 31.5%。城乡老年空巢家庭比例不断上升，城市老年空巢家庭已达到 49.7%，农村老年空巢家庭已达到 38.3%。家庭规模的缩小和结构变化使其养老功能不断弱化，对专业化养老机构和社区服务的需求与日俱增。上述数据说明，随着人口老龄化程度的加重，养老需求越来越强烈，而应对的办法和措施就是建立一个普遍性的养老保障体系。

表 9—9　　**联合国对中国人口的预测（中方案，2005—2050 年）**

年份	总人口（千人）	65 岁及以上人口数（千人）	65 岁及以上人口比重（%）
2005	1312979	100464	7.7
2010	1351512	112941	8.4
2015	1388600	133902	9.6
2020	1421260	169567	11.9
2025	1445782	197382	13.7
2030	1458421	236414	16.2
2035	1458292	285868	19.6
2040	1448355	321762	22.2
2045	1431448	328493	22.9
2050	1408846	333668	23.7

数据来源：郑功成：《中国社会保障 30 年》，人民出版社 2008 年版，第 78 页。

① 民政部：《2013 年社会服务发展统计公报》，民政部网站，2014 年 6 月 17 日。

第三，现行养老保障体系存在着较为严重的“碎片化”和不公平问题。由于我国社会结构的复杂性和历史原因，为了解决“老有所养”的问题，我国采用了三项不同的制度安排，即机关事业单位职工退休制度、城镇企业职工基本养老保险制度和新型农村社会养老保险制度，由于这三项制度在缴费方式上和管理方式上都存在着较大的差异，不仅不同制度之间无法衔接，而且待遇水平差异较大，特别是同为城镇职工的机关事业单位职工与企业职工之间的养老待遇悬殊，存在着较为严重的社会不公现象。因此，为了能使不同的制度之间进行有效衔接，促进劳动力的合理流动，减小养老待遇之间的过大差异，消除社会不公，需要对现行的养老保障体系进行改革和创新，通过制度整合，建立一个普遍性的、公平性的养老保障体系。

第二节　养老保障体系建设的目标与原则

养老保障体系普遍整合的目标就是建立一个全覆盖的、全面性的、相对统一的既能体现一定差异的，又能够相互衔接的、社会化的、水平适度的养老保障体系，而要达到这一目标，就需要在坚持一系列原则的基础上，坚定不移地深化改革和创新。

一　养老保障体系建设的原则

实现养老保障体系的普遍整合应坚持的原则主要有以下几方面。

第一，普遍性原则。

普遍整合型养老保障体系首先应是普遍型的，即没有城乡差别、区域差别和职业差别的，是基于公民权利的，即人人享有的，让每一个公民在年老的时候都能享有一定的物质保障和服务保障。

第二，全面性原则。

这主要包括两个方面：一是内容的全面性，养老保障体系不仅应该包括物质保障方面，还应该包括服务保障方面。二是机制的全面性，养老保障体系不仅应该包括政府机制，如政府提供的基本养老保险和基本养老服务；还应该包括非政府机制，如用人单位提供的职业年金和企业年金即补充养老保险、工会提供的互助养老保险、商业保险公司提供的养老保险、慈善事业和社会资本等提供的养老服务等。

第三，统一性原则。

养老保障体系不宜再过多强调城乡差别、区域差别和职业差别，在筹资方式与标准、待遇水平和管理方式上都要力争相对统一，以体现社会公平和促进劳动力合理流动。

第四，差异性原则。

养老保障体系所强调的统一性，但这里说的统一性是相对的，而不是要形成全国统一的、没有任何差异的养老保障体系；由于我国社会结构的复杂性，形成全国统一的养老保障体系还不现实；因此，应该允许差异生的存在，但这种差异性应该被压缩到最小范围，如在职职工与非就业者之间的差别等，而不宜再人为设置所谓的城乡差别、区域差别、职业差别等。

第五，统筹衔接原则。

既然允许差异性存在，那么养老保障体系就可能由不同的制度组成，因此，就要做出一定的制度安排，以便实现不同制度之间的统筹和衔接。

第六，社会化原则。

养老保障体系的建立和完善，应以政府为主导，但不是单靠政府自己的力量来完成，而是需要市场组织和社会组织的配合，共同形成一个合力才能完成的。如物质保障方面，既需要政府提供的基本养老保险，也需要企业提供的补充养老保险即企业年金；再如服务保障方面，既需要政府提供的基本养老服务，特别是为失能失智老年人提供的基本养老服务，也需要动员社会资金投入养老服务的供给中，更需要慈善事业的积极加入。

第七，水平适度原则。

国外社会保障制度的经验及教训表明，包括养老保险在内的任何社会保障制度都必须坚守适度性原则，这对于世界人口第一大国、人均经济总量仍然不高的当代中国具有十分重要的现实价值。这样就要求我们的养老保险制度应该与经济社会发展水平相适宜，这样既不至于由于养老保障水平过高成为经济社会发展的负担，也不至于落后于经济发展水平而不能满足人们日益增长的养老需求。

二　养老保障体系建设的目标

遵循上述基本原则，养老保障体系普遍整合的目标就是建立一个普遍整合型的养老保障体系，即建立一个全覆盖的、全面性的、相对统一的、体现一定差异的、能够相互衔接的、社会化的、水平适度的养老保障体系。这种普遍整合型的养老保障体系的具体内容如下。

养老保障体系由物质保障和服务保障两部分组成。物质保障以政府提供的基本社会养老保险为基础，以用人单位提供的补充养老保险为补充。服务保障以政府提供的收养性机构养老服务和社区养老服务为基础，以社会资金和慈善事业提供的养老服务为补充。

政府提供的基本社会养老保险由两项具体制度构成。一是城镇职工基本社会养老保险，参加人员为机关事业单位职工、企业职工、集体工商户、灵活就业人员等，这是一种强制保险，用人单位和职工必须参加。用人单位和职工个人缴费参加（个体工商户和灵活就业人员缴费由个人全部承担），实行统账结合模式，用人单位缴费的一部分进入统筹账户，另一部分进入职工个人账户，职工个人缴费全部进入职工个人账户。统筹账户用于发放统筹账户养老金和职工个人账户支付完后的个人账户养老金，实行全国统筹；个人账户用于发放个人账户养老金，以省为单位进行管理。政府为参保职工提供基础养老金。养老保险金由基础养老金、统筹账户养老金、个人账户养老金组成。用人单位要为其职工提供职业年金或企业年金作为基本社会养老保险的补充。具体情况见图 9—1。

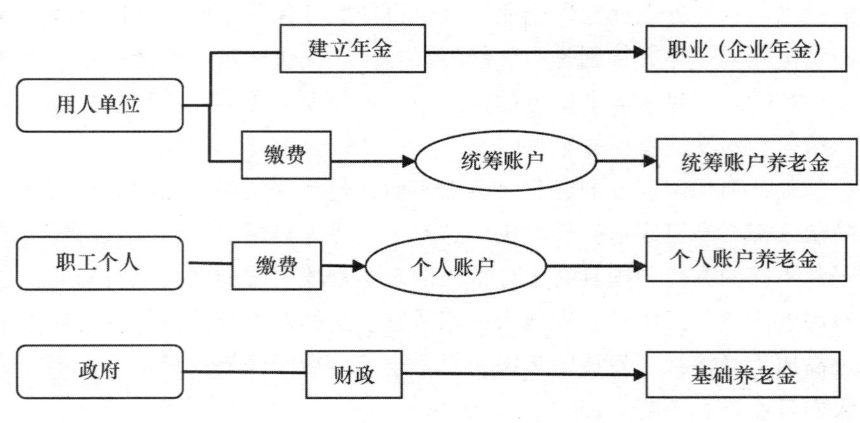

图 9—1 城镇职工基本社会养老保险框架

二是城乡居民基本社会养老保险，参加人员为农村居民和城镇非就业居民，这是一种自愿保险，城乡居民自愿参加。城乡居民缴费参加，政府给予缴费补贴。实行统账结合模式，政府缴费补贴一部分进入统筹账户，用于个人账户支付完后的个人账户养老金；政府缴费补贴的另一部分进入居民个人账户，居民个人缴费全部进入个人账户，居民个人账户用于发放个人账户养老金，个人账户以省为单位进行管理。政府为参保居民提供基础养老金。养老保险金由基础养老金和个人账户养老金组成。具体情况见图 9—2。

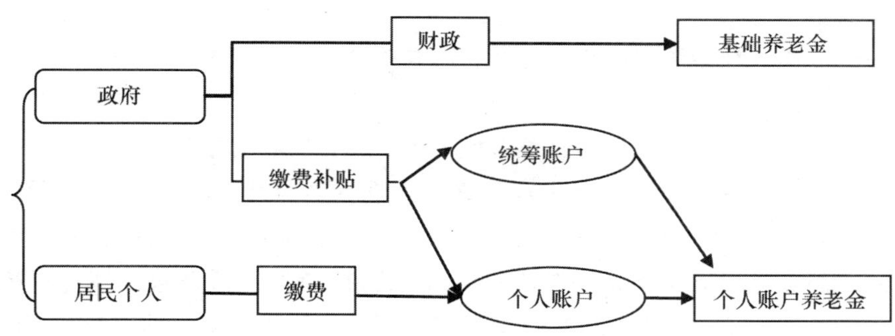

图 9—2　城乡居民基本社会养老保险框架

关于城镇职工基本社会养老保险和城乡居民基本社会养老保险，有几点需要说明。

首先，关于向所有参保人员发放基础养老金问题。之所以向所有参保人员发放基础养老金，是出于以下几点考虑：一是目前正在进行试点的新型农村社会养老保险规定由政府财政向 60 岁以上的农村居民发放基础养老金，为了体现社会公平，也应向参保职工和城镇非就业人员发放基础养老金。二是发放基础养老金是体现“底线公平”的有效措施，基础养老金人人有份，普遍共享，是基础保障。三是发放基础养老金可以调节收入差距，特别是养老金待遇之间的差距。

其次，关于部分用人单位缴费进入职工个人账户问题。目前正在实行的城镇企业职工基本养老保险规定，企业缴费全部进入统筹账户，不进入职工个人账户，由企业缴费所形成的统筹账户用途主要有三个：一是为已经退休或即将退休的企业职工发放养老金；二是为参保职工退休后发放统筹账户养老金；三是为职工个人账户养老金发放完后继续发放个人账户养老金。因此，职工个人账户只有个人缴费构成，而试点的新型农村社会养老保险则要求政府财政要为农村居民缴费进行补贴，这样的话，对于企业职工来讲既不公平也没有激励，如果采用城镇企业职工基本养老保险模式对机关事业单位职工退休制度进行改革的话，显然会遭到很大的阻力。

最后，关于做实城乡居民基本社会养老保险统筹账户的问题。目前正在试点的新型农村社会养老保险虽然也规定了实行统账结合模式，但社会统筹账户并没有具体规定经费来源，因此，在现行模式下社会统筹账户是空账户，不会发挥任何作用。同时，个人账户养老金在发放完之后，会遇到“无钱”发放养老金的情况。为了解决上述问题，应将政府缴费补贴的一部分纳入社会统筹账户，这样，既将社会统筹账户做实了，又可以解决个人账户发放完后“无钱”发放养老金的问题。

在服务保障方面，要建立覆盖城乡的、完善的养老服务体系，其中政府的作用主要有两个：一是出资建立收养性养老机构（主要用于收养失能失智老人）和社区养老服务体系；二是出台激励政策吸收社会资金和社会组织加入养老服务体系建设中，如鼓励社会资金开办收养性养老机构，鼓励慈善事业开展志愿服务等。养老服务体系可以分为基础和补充两个部分，基础部分主要由政府负责，内容是建立针对失能失智老年人的收养性养老机构和针对一般老年人的社区养老服务，包括日常生活照料、医疗保健、文体活动等；补充部分主要是针对一般老年人的收养服务，如建设老年公寓等，这部分可以通过政府制定优惠政策鼓励社会资金建设。

从公平可持续性角度看，实现了养老保障制度全覆盖之后，尤其要加强各类养老保障制度之间的衔接与整合问题。要统一各类养老保障制度的设计原理、缴费比例及待遇计发办法，全面落实企业职工基本养老保险省级统筹，实现基础养老金全国统筹，提高新农保及镇保基金管理层次，明确不同制度间养老保险缴费时间的认定、缴费金额的换算、养老金计发办法以及保险衔接管理事项等，搭建起劳动力在不同地域和职业间自由流动的平台，使养老保障体系实现去身份化和去地域化的双重整合，切实保障每一个公民的养老保险权利不因职业流动或地区迁移而受到损害。

第三节　养老保障体系建设的途径

实现养老保障体系的普遍整合，最终形成一个全覆盖的、全面性的、相对统一的、体现一定差异的、能够相互衔接的、社会化的、水平适度的养老保障体系，需要加快养老保障改革速度，加大养老保障发展力度。

一　加快机关事业单位职工退休养老制度改革

机关事业单位职工退休制度自20世纪50年代建立以来，一直没有太大的变动，可以说是计划体制遗留下来的产物。早在20世纪90年代中期，由于受“为国有企业改革配套观念”的制约，我国仍没有将城镇职工（包括企业职工和机关事业单位职工）作为一个整体进行考虑，只是对城镇企业职工的退休制度进行了改革，改为现在实行的城镇企业职工基本养老保险，而将机关事业单位职工退休制度延续了下来。其实，这错过了一个很好的改革机会，因为当时企业职工的工资收入要比机关事业单位职工的工资收入高，如果当时将机关事业单位职工和企业职工一起进行养老保险改革，可能阻力没有现在这么大。后来机关事业单位职工的工资收入有了较大幅度的提高，才导致机关事业单位职工退休金高出企业职工养老金的好几倍。也正是看到上述情况的存在，国务院才决定于2008年选择山西、上海、浙江、广东、重庆五省市开始事业单位职工养老保险改革试点，但问题是试点已经进行了两年多了，试点既没有扩大，也没有公布具体的效果，同时，此次试点将公务员排除在外，引发了较大的争议。目前，机关事业单位职工退休制度改革已经成为热点和焦点问题。改革势在必行，但如何改，却一直争论不休。

以建立统一的城镇职工基本社会养老保险为目标，当前机关事业单位职工退休制度改革应围绕以下几个方面进行。

第一，将机关事业单位人员统一纳入改革范围，体现改革的公平性，增强民众对改革的认同性，减少改革的阻力。从20世纪90年代开始试点的机关事业单位养老保险制度的改革经历了20多年，进展比较缓慢，原因是多方面的。其中，不容忽视的一个事实就是20世纪90年代初期，我们把机关及事业单位作为一个整体加以改革，然而，2008年的试点方案调整为先改革事业单位人员的养老保险制度，这陡增了这项改革的难度。事业单位人员不满意，企业职工不理解，就连机关工作人员也感到疑惑。因此，必须要同步推进机关事业单位人员改革，按照个人账户与社会统筹相结合的原则进行筹资，并按照基础养老金、个人账户养老金及职业年金等方式为机关事业单位人员计发养老金待遇。

第二，以“新人新办法、老人老办法”推进改革。这里的“新人”

应是机关事业单位新招聘人员和工作不满10年的人员；而“老人”则是指工作满10年及以上人员。所谓的“老人老办法”是指“老人”继续沿用现行的退休制度，而“新人新办法”则是指“新人”参加城镇职工基本社会养老保险，用人单位和职工个人缴费基本养老保险费，其中，用人单位缴费一部分计入社会统筹账户，另一部分计入职工个人账户，职工个人缴费全部计入职工个人账户。

第三，建立职业年金制度。职业年金应该是强制的，就像住房公积金一样。职业年金由用人单位和职工个人共同缴费，建议由全国社会保障基金理事会管理与运营。

二　加快城镇企业职工基本养老保险改革

以建立统一的城镇职工基本社会养老保险为目标，需要对现行的城镇企业职工基本养老保险进行进一步的改革。

第一，加快“扩面”工作。

截至2012年，全国还有30%—40%的城镇企业职工没有参加基本养老保险，这些职工主要集中在中小企业。因此，城镇企业职工基本养老保险“扩面”工作既急迫又艰巨。为此，人力资源和社会保障部门应该紧抓《劳动法》《劳动合同法》和《社会保险法》的贯彻和落实，加强劳动监察执法，不断扩大基本养老保险的覆盖面，力争在“十二五”期间将城镇企业职工基本养老保险参保率提高到90%以上。

第二，改革企业缴费计入社会统筹账户办法。

城镇企业职工基本养老保险在建立之初，曾规定企业缴费的一部分计入社会统筹账户，另一部分计入职工个人账户。不过，此项做法在国务院于2000年公布的《关于完善城镇社会保障体系的试点方案》中做了调整，其结果是：企业缴费部分不再划入个人账户，全部纳入社会统筹基金。上述调整在国务院于2005年发布的《关于进一步完善企业职工基本养老保险制度的决定》中得到了进一步明确：从2006年1月1日起，个人账户的规模统一由本人缴费工资的11%调整为8%，全部由个人缴费形成，单位缴费不再划入个人账户。同时，基本养老金计发办法也进行了调整：基本养老金由基础养老金和个人账户养老金组成，退休时的基础养老金月标准以当地上年度在岗职工月平均工资和本人指数化月平均工资的平均值为基数，缴费每满1年发给1%；个人账户养老金月标准为个人账户储存额除以计发月数，计发月数根据职工退休时城镇人口平均预期寿命、本人退休年龄、利息等因素确定。由此可见，企业职工退休后的基本养老金主要由个人账户养老金组成，并且这部分缴费是完全由职工个人承担的，这与正在试点的新型农村社会养老保险中政府财政既承担基础养老金发放又承担缴费补贴相比，显然有失公平。因此，为了体现社会公平，提高基本养老保险的保障能力，促进就业并体现就业激励，应该对企业缴费划入社会统筹账户办法进行调整，恢复最初的做法，即将企业缴费一部分划入社会统筹账户，另一部分划入职工个人账户，至于划分比例，可以经过后确定。

第三，加快做实个人账户。

个人账户是统账结合的城镇职工基本社会养老保险的重要基础，其状况如何，将直接影响到职工退休后养老金的发放，因此，必须高度重视个人账户基金的管理工作，既要做到“实账户”，又要保证安全和保值增值。我国是从2001年开始做实个人账户的，根据人力资源和社会保障部发布的《2009年人力资源和社会保障发展统计公报》提供的数据，截至2009年年底，辽宁、吉林、黑龙江、天津、山西、上海、江苏、浙江、山东、河南、湖北、湖南、新疆等13个做实企业职工基本养老保险个人账户试点省份共积累基本养老保险个人账户基金1569亿元。中国社会科学院的《中国养老金发展报告2012》显示，2011年中国城镇基础养老保险个人账户空账额达到2.22万亿元[①]。如果不做实个人账户，30年后空账规模将达到62000亿元。[②] 由此可见，职工个人账户的空账情况还是比较的。做实个人账户一是确保职工个人缴费全部划入个人账户，不再被挪用；二是政府财政加大补贴力度；三是可以考虑利用国有企业分红、国有股份减持等补充个人账户。

第四，加快推行企业年金制度。

根据人力资源和社会保障部发布的《2009年人力资源和社会保障发展统计公报》提供的数据，截至2009年年底，全国有3.35万户企业建立了企业年金，参加职工人数为1179万人。年末企业年金基金累计结存2533亿元。参加企业年金职工人数约占全国参加城镇基本养老保险（人

① 《养老金个人账户空账2.2万亿资金缺口越来越大》，《东方早报》2012年12月18日。

② 董克用：《中国经济改革30年：社会保障卷》，重庆出版社2008年版，第37—38页。

数为 23550 万人）的 5%，这意味着绝大多数城镇基本养老保险参保职工都没有参加企业年金。虽然企业年金是企业的自愿行为，但政府应制定更优惠的政策鼓励企业建立企业年金，如税收优惠政策等。

三　加快新型农村社会养老保险制度建设

新型农村社会养老保险是从 2009 年开始试点的，当年试点范围是全国 10% 的县，2010 年试点范围已经扩大到全国 24% 的县，据预测 2011 年试点范围会扩大到全国 40% 的县，按照这个速度，在“十二五”期间 90% 的县建立新型农村社会养老保险的目标是可以实现的。

但在试点过程中，可能会遇到一些问题。

第一，如何落实集体补助？

新农保基金的筹集坚持的是个人缴费、集体补助、政府补贴相结合的模式，《国务院关于开展新型农村社会养老保险试点的指导意见》（以下简称《指导意见》）对个人如何缴费、各级政府如何补贴都做了非常明确的、“硬性”的规定，而对集体补助，所做的规定却是“软”的，没有给出明确的“硬性”规定，像“有条件的”“鼓励”等用词都表明了这一点。之所以如此，可能是考虑到全国各地集体经济差别太大，有的地方集体经济发展得非常好，而有的地方几乎没有集体经济，因此，就不可能像对个人缴费、政府补贴那样对集体补助做出非常明确的规定。集体补助能否实现，主要取决于两个条件：一是集体经济状况，即有没有钱补助；二是集体意愿与决策能力，即如果有钱愿不愿意补助，以及能否达成一致意见等。由此，问题就不像表面上那么简单了，只要集体经济好就可以实现集体补助，其最终结果可能是对村民自治状况的一种考验。而像“鼓励其他经济组织、社会公益组织、个人为参保人缴费提供资助”的规定，就只能具有一定的象征意义，不会有太大的实质性作用。当然，不排除个别地方会做得很好，但不会成为全国普遍的现象。如果集体补助被虚化，那么新农保基金就主要以个人缴费和政府补贴为主了。因此，如何落实集体补助，新农保在试点过程中需要继续探索。

第二，如何体现社会统筹？

《指导意见》指出：开始试点的新农保实行社会统筹与个人账户相结合模式。表面上来看，实行的是统账结合模式，这一点与城镇职工基本养老保险一致，但经过对比分析后会发现，新农保的“统账结合模式”与城镇职工基本养老保险的“统账结合模式”是完全不一样的。关于个人账户如何建立与管理、个人账户养老金如何发放，《指导意见》都给出了非常明确的规定，但关于社会统筹没有相关说明和规定。那么，社会统筹是指什么呢？因为体现缴费的部分，包括个人缴费、地方政府为参保人缴费补贴以及其他经济组织、社会公益组织、个人为参保人提供的资助要全部记入个人账户，因此，也就没有其他的任何缴费可以记入社会统筹账户，也就是说社会统筹账户并不存在。由此可见，新农保实行的“统账结合模式”中的“社会统筹”并不是指“社会统筹账户”。如果社会统筹账户不存在，那么，社会统筹如何体现呢？政府为符合领取条件的参保人全额支付的新农保基础养老金体现的是社会统筹吗？对此，《指导意见》没有说明和规定，于是新农保如何体现社会统筹将是需要进一步明确的一个问题。

第三，如何缓解地方财政压力？

根据中央确定的最低标准，新农保给地方政府带来的财政压力，在东部地区主要是两个方面：一是要承担50%的基础养老金；二是要承担每人每年的30元缴费补贴。在西部地区主要是承担每人每年30元的缴费补贴。新农保与农村居民最低生活保障、新型农村合作医疗一起，对地方政府财政造成了一定压力，特别是农村人口比较多、经济不发达的地区，压力尤为严重。虽然中央财政通过转移支付方式对中西部地区进行了一定的补贴，但如何平衡地方政府之间的财政，缓解地方财政压力依然是一个紧迫的问题。

第四，如何实现基金保值增值？

采用个人账户形式就意味着个人账户基金的存在，随着参保人数的增加、积累年限的增长，个人账户基金的规模将会越来越大。一般而言，基金规模的扩大，不仅带来管理上的困难，还会带来保值增值的压力，因此，制定有效的基金保值增值措施将是非常重要的。而《指导意见》所规定的“个人账户储存额目前每年参考中国人民银行公布的金融机构人民币一年期存款利率计息”，对于实现基金保值是非常困难的，更谈不上基金增值了。

第五，如何支付个人账户储存额完结后的个人账户养老金？

《指导意见》规定：个人账户养老金的月计发标准为个人账户储存额除以139。依此计发办法，一个从60岁开始领取个人账户养老金的参保人，在领取个人账户养老金11年零7个月后将使用完其个人账户所有的储存额，那么，这之后的个人账户养老金将如何支付呢？对此，《指导意见》没有做出明确规定。如果出现上述情况，是只领取基础养老金，还是继续领取个人账户养老金？如果是继续领取个人账户养老金，那么，其所需的资金从哪里来呢？《指导意见》中有下述规定："参保人死亡，个人账户中的资金余额，除政府补贴外，可以依法继承；政府补贴余额用于继续支付其他参保人的养老金。"这里所说的"政府补贴余额"是否足够支付个人账户储存额完结后的个人账户养老金呢？

第六，如何实现相关制度的有效衔接？

新农保的建立，还需要处理与其他相关制度如何有效衔接的问题。一是与老农保如何衔接。老农保是以地方为主的，无论是缴费标准，还是政府补贴标准和方式，各地的差异性都非常大，因此，如何将老农保统一到新农保中将是一项工程浩大的工作。二是新农保如何与城镇职工基本养老保险有效衔接，这将对庞大的农民工群体产生重要的影响。三是新农保如何与农村居民最低生活保障制度、农村五保供养制度等相衔接，这将涉及一些农村特殊人群的基本生活保障问题。对于上述制度之间的衔接问题，《指导意见》将具体办法的制定交由人力资源和社会保障部、财政部等部门来完成，但什么时候能出台相关办法，最终实现相关制度的有效衔接也是一个非常紧迫的问题。

第七，如何处理农民工参保问题？

农民工如何参加养老保险，是"入城"，是"返乡"，还是单独建立制度，争议一直存在，各地的做法也是各种各样，有的地方"强制""入城"，有的地方让农民工自愿选择：既可以"入城"也可以"返乡"，有的地方单独为农民工建立养老保险制度。新农保的建立并没有解决农民工参保问题，而且还会引发其他的问题，如农民工"退保"问题，即大量农民工退出城镇职工基本养老保险问题。因为与城镇职工基本养老保险相比，新农保的缴费要低，当然其未来收益也低，但新农保的未来预期是可知的，特别是基础养老金部分，即缴不缴费年满60岁后都可以领取，与此相对比，由于流动性强、转移接续难以及考虑到未来能否留在城市等，农民工对城镇职工基本养老保险的预期深感不确定，在这种情况下，未参加城镇职工基本养老保险的农民工很可能选择新农保而不是城镇职工基本养老保险，已经参加城镇职工基本养老保险的农民工会选择退出，于是出现“退保潮”。

新农保在试点的过程中遇到一些问题是很正常，这其中有的问题与制度设计本身有关，需要通过修订制度来解决；而有的问题则是属于“改革”中的问题，需要通过试点总结经验、吸取教训来解决。对于如何解决新农保试点过程中可能遇到的问题，我们尝试提出以下对策建议。

第一，加快试点进程，尽快完成全覆盖。《指导意见》所确定的新农保试点目标是2009年试点覆盖面为全国10%的县（市、区、旗），以后逐步扩大试点，在全国普遍实施，2020年之前基本实现对农村适龄居民的全覆盖。按此进程的话，就意味着到2020年才能完成新农保的全覆盖，这一进程安排有些保守，特别是与新型农村合作医疗比，所需时间太长。考虑到在《指导意见》发布前各地已经进行的较长时间的有益探索，[①] 实现新农保的全覆盖的时间应该提前，可以考虑在2015年前完成目标。缩短试点进程，尽快实现全覆盖，有助于全国新农保制度建设的同步进行，缩小各地实施的时间差，避免新农保在各地出现参差不齐的现象，这对于建立全国相对统一的新农保制度是非常有利的。

第二，出台具体集体补助办法。国务院应该出台关于新农保中集体补助办法的指导意见，用以指导各地集体经济如何补助新农保的个人缴费，其中应该对集体经济收益中用于新农保补助的最低比例或每人每年的最低补助额做出较为明确的规定。如果这样的话，集体补助就具有了一定的可操作性，集体补助也就可以落到实处了。

第三，调整政府补贴个人缴费办法，建立社会统筹账户。《指导意见》对地方政府补贴参保人缴费的要求是以不低于每人每年30元的标准为参保人缴费进行补贴，并全部记入个人账户。这样做的结果就是形成社会统筹账户，当个人账户储存额全部用完后，个人账户养老金将面临无钱可发的局面。为了解决这个问题，可考虑调整政府补贴办法，将政府补贴分为两部分，一部分记入个人账户，另一部分记入社会统筹账户（如最

---

① 截至2008年年底，全国已有25个省、自治区、直辖市的454个县进行了新型农村社会养老保险探索，全国参加农村养老保险人数为5595万人，共有512万农民领取了养老金，共支付养老金56.8亿元，基金累计结存499亿元。如果这些县能够按照《指导意见》的统一要求，在2009年年底全部转入新农保，那么，已经进行新农保试点的县（市、区、旗）就约占全国县（市、区、旗）的16%，如果以每年10%—15%的速度扩大试点的话，在2015年前就可以实现全覆盖。

低每人每年 5 元等）。这样的话，社会统筹账户就可以建立起来，而建立起来的社会统筹账户主要为那些个人账户储存额用完的参保人发放个人账户养老金。如果社会统筹账户能够建立起来的话，《指导意见》中的下述规定："参保人死亡，个人账户中的资金余额，除政府补贴外，可以依法继承；政府补贴余额用于继续支付其他参保人的养老金。"就可以改为："参保人死亡，个人账户中的资金余额，可以依法继承。"这既可以提高农民的福利水平，使新农保更有吸引力，也可以避免政府补贴划入划出的烦琐，从而简化工作程序。

第四，对农民工参保问题要有明确的说法。新农保的建立并不能从根本上解决农民工参保问题，而且极有可能引发新的问题，从而对造成对城镇职工基本养老保险的冲击，加大地方政府财政负担，影响城市化发展战略和社会结构调整。对此，对农民工参加养老保险必须要有较为明确的说法。这些说法包括：已经参加城镇职工基本养老保险的农民工不能参加新农保，但必须解决转移接续问题；长期在城镇中居住和就业的农民工应参加城镇职工基本养老保险，但可考虑解决其户籍问题。

第五，尽快出台相关制度衔接办法。2012 年人力资源部等部门下发了《关于做好新型农村和城镇居民社会养老保险制度与城乡居民最低生活保障农村五保供养优抚制度衔接工作的意见》，2014 年出台了《城乡养老保险制度衔接暂行办法》，这为我国非城镇职工的养老保险制度的建设指明了方向，有助于建立起一个相对统一的城乡居民基本社会养老保险制度，从而将人口众多的城乡居民纳入养老保险制度体系中。因此，就要落实这些办法，及时解决这些政策在实施过程中遇到的问题，科学测算城乡居民基础养老金、最低生活保障线、农村五保供养标准以及城镇最低工资标准之间的科学关系，推进这类人员的养老金待遇更加公平和可持续。

四　加快养老服务体系建设

与物质保障制度建设，即基本养老社会保险制度建设相比，作为养老保障体系中必不可少的服务保障体系建设，即社会养老服务体系建设，既没有得到应有的重视，建设速度也明显滞后。不过，令人欣喜的是，民政部已经将社会养老服务体系建设列入"十二五"规划，以此为契机，社会养老服务体系建设有望在"十二五"期间取得进展。

民政部公布的《社会养老服务体系建设"十二五"规划（征求意见

稿)》，对社会养老服务体系建设的现状和问题、机遇和挑战、内涵和定位、指导思想和基本原则、建设目标、建设任务、建设方式、运行主体、资金筹措、保障措施等都进行了较为具体的分析和规划，为确保“十二五”期间社会养老服务体系建设取得进展奠定了基础。

社会养老服务体系作为社会福利服务体系的重要内容，具有极强的公益性，因此，在社会养老服务体系建设过程中，政府的作用尤为重要，政府必须发挥主导作用。在这里，政府主导主要有三层含义：一是政府特别是中央政府要制定各项政策法规，将社会养老服务体系建设纳入各级政府日常工作，制定考核体系，督促各级政府加大力度建设社会养老服务体系；制定行业规范，督导和管理社会养老服务机构和人员。二是政府出资直接承办收养性的养老机构和社区养老服务中心，优先保障孤老优抚对象、“三无”“五保”及低收入的高龄、独居、失能等困难老年人的养老服务需要。在这里，政府的作用主要是保基础，即为老年人提供基础性的养老服务。三是政府制定政策鼓励社会参与，让社会资金和慈善事业等参与社会养老服务体系建设。总之，各级政府要高度重视社会养老服务体系建设的重要性和紧迫性，要在社会养老服务体系建设的规划指导、培育市场、带动投资和示范引导等方面发挥主导作用，只有政府的作用发挥得好，社会养老服务体系才能建成并建设好。

五 加大政府财政投入

建设中国特色养老保障体系需要政府加大财政投入，政府的财政投入主要用于以下几个方面。

第一，支付制度转型所形成的历史欠账。所谓的历史欠账是指在由“单位保险”向“社会养老保险”转型过程中所形成的已经退休和即将退休的企业职工退休金，由于在“单位保险”时期，职工不缴费，没有形成积累，其退休金仍沿用原办法发放，即“老人老办法”，但在由“单位保险”向“社会养老保险”转型过程中，这部分“老人”的退休金没有明确由政府来承担，而是由企业缴费来承担，这是不公平的，同时也造成了现在企业缴费费率居高不下。因此，为了体现社会公平，降低企业缴费费率，政府财政应该有计划地承担这部分费用。

第二，承担为参保人员发放基础养老金的费用。为了体现社会公平，让全体人民真正享受经济社会发展的成果，实现“老有所养”的目标，政府应该承担起基本养老的责任，其中的一个具体体现就是为参保人员发放基础养老金。

第三，承担为参保城乡居民缴费补贴的费用。为了尽快实现“老有所养”的目标，政府必须采取激励措施吸引城乡居民积极参加城乡居民基本社会养老保险，而其中的一个有效做法就是政府给予参保居民缴费补贴，这部分费用也应该由政府财政来承担。

第四，承担建立机关事业单位职工职业年金的部分费用。加快机关事业单位职工养老保险改革，建立统一的城镇职工基本社会养老保险是历史必然。而在这一改革过程中，为了减少改革的阻力，建立由职工个人和用人单位共同缴费的职业年金是一项有效措施，而对于机关事业单位来讲，其缴费也主要来源于政府财政。

第五，承担充实企业职工个人账户的费用。由于各方面的原因，企业职工个人账户空账化的现象比较严重，如果不能及时足额充实职工个人账户，那么必将加大养老保险的风险。虽然目前已有部分省市区开始充实企业职工个人账户，但空账的额度还是比较大的，因此，政府应该制订计划尽快完成充实企业职工个人账户的任务，而所需费用只能由政府财政来解决。

第十章

医疗保障体系建设

医疗保障体系是整个社会福利体系的重要组成部分，建设中国特色社会福利体系必然要求建设中国特色医疗保障体系。为此，本章重点探讨中国特色医疗保障体系建设问题。

第一节　医疗保障体系的运行情况及存在问题

医疗保障体系主要包括基本医疗保障制度体系、基本医疗保障管理体系、基本医疗卫生服务体系三个方面。现行的基本医疗保障制度体系包括机关事业单位以及企业职工医疗保险、城镇居民医疗保险、新型农村合作医疗、农民工医疗保险以及城乡居民医疗救助等项目。相应的，基本医疗保障管理体系涉及对上述各类医疗保障制度的管理，而基本医疗卫生服务则主要关注医疗服务的可及性等方面。

一　我国医疗保障体系的运行情况

新中国成立以后，在单位福利制理念影响下，我国相继建立起劳保医疗以及公费医疗制度，随后又逐步建立了农村合作医疗制度。20 世纪 80 年代以后，随着经济体制的转轨以及现代企业制度的建立，以单位制为主体的职工医疗保险制度越来越不能适应市场经济体制的需要，而建立在集体经济社会组织之上的农村合作医疗制度也趋于解体。为此，从 20 世纪 90 年代开始，全国各地对以往的医疗保障制度进行了改革，经过 20 年的建设初步实现了医疗保障制度的全覆盖。同时，政府深化公立医院改革，探索多层次医疗服务体系，加强公共卫生事业的建设，人民健康状况得到改善。这为我们探索中国特色的医疗保障体系奠定了基础。

（一）医疗保险制度的普遍建立

我国公费医疗制度始于1952年。20世纪90年代之后，随着我国社会主义市场经济体制的建立，改革原有的公费医疗制度，建立与社会主义市场经济体制相适应、体现权利与义务相一致的社会医疗保险制度就成为全社会的呼声。在这种情况下，1997年1月，中共中央、国务院做出了《关于卫生改革与发展的决定》，逐步取代公费医疗以及劳保医疗制度。1998年12月，国务院《关于建立城镇职工基本医疗保险制度的决定》规定“机关、事业单位、社会团体、民办非企业单位及其职工”都要参加基本医疗保险，除中央直属机构、广东省以及其他少数省级关单位之外，全国其他省份的公费医疗制度将陆续与城镇职工医疗保险制度并轨[①]。我国公费医疗制度完成了自己的历史使命逐步退出了历史舞台。

20世纪80年代以来，那种单位制《劳动保险条例》越来越不适应市场经济的要求。为此，卫生部选择了江苏镇江、江西九江作为职工基本医疗保险制度的改革试点，在此基础上，中央政府出台了《关于建立城镇职工基本医疗保险制度的决定》，规定基本医疗保险制度实行单位与个人共同缴纳，单位缴费率“控制在职工工资总额的6%左右，职工缴费率一般为本人工资收入的2%”[②]。其中，个人缴纳的部分全部划入个人账户，单位缴纳部分的70%一并划入个人账户。目前，以个人账户与社会统筹相结合的城镇职工基本医疗保险已经遍及众多机关事业单位以及公司企业，参保对象普遍地扩大到民营企业职工，“三资”企业中的中方职工，劳动合同制工人，临时工以及乡镇企业职工、个体工商户以及灵活就业人员。2008年全国参保人数达到2.19亿人[③]。

为了解决广大农民因病致贫和因病返贫问题，提升农民的健康水平，2003年，中央政府在全国部分地区试点新型农村合作医疗制度，实行个人缴费、乡村集体经济扶持、中央和地方给予财政支持相结合。到2009年年底，这个制度覆盖了全国所有农村县（市）的8.33亿人，人均筹资标准也从

---

① 参见国务院《关于建立城镇职工基本医疗保险制度的决定》，国发〔1998〕44号。

② 同上。

③ 数据来源：《2010中国卫生统计年鉴》，“表12—3　城镇居民和职工基本医疗保险情况”。http：//www. moh. gov. cn/publicfiles/business/htmlfiles/zwgkzt/ptjnj/year2010/index2010. html。

2003 年的 30 元提高到 2009 年的 113 元，筹集资金总额达到 944.3 亿元[①]。

从医疗保障制度供给的普遍性来看，由于农村人口普遍性地参加了新型农村合作医疗制度，整个基本医疗保险制度覆盖面不断扩大，普遍性得到了显著加强。但是，当时的医疗保障制度还没有覆盖到城镇居民尤其是城镇非从业人员以及中小学生、少年儿童等群体。基于此，2007 年国务院下发了《关于开展城镇居民基本医疗保险试点的指导意见》，将它用来解决城镇失业人口、农转非人口、没有正式职业人口、没有稳定收入来源的城镇就业人口以及没有医疗保障的城市老年人口和未成年人的医疗保障问题，有些城市干脆把没有参加任何一种社会医疗保险制度的所有人员都纳入其中。例如，2006 年，厦门市就规定“本市户籍、没有参加城镇职工基本医疗保险以及新型农村合作医疗的残疾人、低保人员、16 岁以上的未就医人员以及老年人”都要参加城镇居民基本医疗保险制度[②]。截至 2009 年年底，全国共有 1.81 亿人参加了这个制度[③]。由此普遍性地建立起面向各类群体、涉及所有国民的基本医疗保险制度[④]。

（二）医疗救助制度的普遍建立

医疗救助制度是政府或社会针对无力接受治疗的部分民众实行特定项目免费医疗的帮扶制度。改革开放以后，整个社会十分关注基本医疗保险制度的建立，但是对医疗救助工作普遍性地不够重视，只有少数地区同步推行制度化的医疗救助工作。

从现有的文献来看，20 世纪 90 年代，随着市场经济体制的建立、下岗失业人员的增多，上海早在 1990 年就开展了城市贫困居民的医疗困难补助工作。1997 年，为了与城市最低生活保障制度进行配套，北京市出台了针对贫困人口的医疗收费优惠办法[⑤]。同时，大连、武汉、厦门、青岛等城市对贫困居民的医疗费用进行政策性减免。可是，当时的医疗救助不仅覆盖的人群不够普遍，而且救助制度与救助办法比较零碎，普遍性地

---

① 转引自《2010 中国卫生统计年鉴》，“表 12—2　2009 年各地区新型农村合作医疗情况”。http：//www. moh. gov. cn/publicfiles/business/htmlfiles/zwgkzt/ptjnj/year2010/index2010. html。

② 参见厦门市人民政府办公厅《厦门市城镇居民医疗保险暂行办法》，厦府办〔2006〕281 号。2009 年又包含在校学生。

③ 数据来源：《2010 中国卫生统计年鉴》，“表 12—3　城镇居民和职工基本医疗保险情况”。http：//www. moh. gov. cn/publicfiles/business/htmlfiles/zwgkzt/ptjnj/year2010/index2010. html。

④ 厦门、东莞等地的基本医疗保险制度还鼓励和允许来本地经商或生活的港澳台人员。

⑤ 李彦昌：《城市贫困与社会救助研究》，北京大学出版社 2004 年版。

缺乏规范化、制度化的问题。

2001 年，国务院办公厅通知要求各地认真落实最低生活保障对象在医疗方面的救助政策。在此基础上一些地方按照“政府买单”的思路修订或出台政策。2002 年，大连市在颁布的《特困居民重大疾病医疗救助暂行办法》及其《实施细则》中把特困居民重大疾病医疗救助，当成“政府从救急的角度为缓解重大疾病特困居民医疗困难提供的一种资金救助”①。同年 10 月，中共中央、国务院在《关于进一步加强农村卫生工作的决定》中首次提出要建立农村医疗救助制度，主要解决“农村五保户和贫困农民家庭”的疾病治疗与疾病救治难题。为此，2003 年，民政部等部委联合下发了《关于实施农村医疗救助的意见》，明确了农村医疗救助对象、范围以及组织与实施等相关问题。2005 年民政部等部委出台了《关于建立城市医疗救助制度试点工作意见》，提出用 5 年左右的时间在全国范围内建立起管理制度化、操作规范化的城市医疗救助制度。全国各地根据国家政策结合自身实际出台了相应的实施意见，使城乡居民的医疗救助制度普遍性地建立起来，解决了城乡贫困居民的疾病治疗难题。

（三）医疗保障管理制度的普遍建立

基本医疗保险制度的建立必然需要对这些多样化的制度加以有效管理，因此建立起与公费医疗、城镇职工基本医疗、新型农村合作医疗等相适应的医疗管理制度就成为整个医疗保障体系的重要组成部分。为了深化医疗保障体系的改革，尽早实现从公费医疗向社会医疗保险的转变，北京、广东等地依托各自的公费医疗管理办公室，结合国家《公费医疗管理办法》及本地实际制定了实施细则。例如，北京市采取分类管理办法，将享受公费医疗待遇的人员进一步压缩到“各级国家机关、党派、人民团体由国家预算内开支工资的、在编制的工作人员”等 12 种情况，而“经费自理或实行差额补助的各级各类学会、协会、研究会、基金会的工作人员”“差额预算管理（不含全民所有制的医院）和自收自支管理的事业单位的工作人员”等原来享受公费医疗的群体则不再享受公费医疗②。通过分类改革，逐步压缩了享受公费医疗人员数量，减小了整个基本医疗保障制度改革阻力。在公费医疗报销管理上，为了适应公费医疗与职工基

① 大连市民政局：《大连市城市居民最低生活保障工作手册》，2004 年。

② 参见京卫公字〔1990〕第 100 号《北京市公费医疗管理办法》，1990 年 2 月 24 日。

本医疗保障制度的整合，北京、广东等地统筹兼顾原来的公费医疗以及现行的职工基本医疗运行情况，对报销范围做了具体规定，对不能报销的医药费进行了明确区分。不仅如此，广东省还出台了585种公费医疗用药报销目录，为后来的国家基本药物制度奠定了基础①。同时，这些政策在公费医疗经费预算、监督检查以及考核奖惩等方面做出了规定。

从原来的单位医疗向现行的社会医疗转变，必然需要建立起与社会医疗相适应的管理制度，它构成了整个医疗保障管理制度的重要一环。为此，早在1998年，国务院在《关于建立城镇职工基本医疗保险制度的决定》中对城镇职工基本医疗保险的管理模式、管理项目、管理内容等加以明确规定。基于此，全国各地纷纷组建社会保障厅（局）及社会保险管理中心，专门负责职工基本医疗保险的经费筹集、资金使用以及费用监管等问题，并不断规范基本医疗保险制度的管理。不仅如此，各地在加强基本医疗保险制度管理的基础上，拓展这个制度的普遍性，逐渐扩大基本医疗保险制度的覆盖对象，调整单位与个人的缴费结构比例，扩大医疗检查、治疗以及药品报销范围，提高补偿比例以及补偿额度等，从此增强参保民众对基本医疗保险制度的认同度。

对于新型农村合作医疗、城镇居民基本医疗保险以及城乡居民医疗救助等管理方面，各地卫生部门、人力资源和社会保障部门、民政部门分别作为其主管部门具体负责这些制度的实施。有的地方在制度管理方面加以改革，将原来由卫生局主管的新型农村合作医疗以及城镇居民基本医疗保险制度一并划归人力资源和社会保障局，实现了基本医疗保障制度管理的整合，提高了整个医疗保障制度的管理效率。还有的地方探索成立医疗保障制度协调部门，统筹医疗救助与其他各类基本医疗保险制度的管理工作。

（四）公共卫生服务体系逐步健全

适应对外开放的需要，我国政府加强了公共卫生预防体系的制度建设。20世纪70年代末80年代初，中央政府颁布了《中华人民共和国急性传染病管理条例》《全国卫生防疫站工作条例》等制度，这对于卫生防疫体系的恢复、建立与发展起到了很好的促进作用。后来又实施了中华人民共和国《食品卫生法》《尘肺病防治条例》《公共场所卫生监督条例》等法律法规，有效地改善了人民群众的生产生活环境，提高了民众的健康

① 参见广东省卫生厅：粤卫〔1998〕232号文件。

水平。

20 世纪 80—90 年代医疗卫生领域内的市场化改革给整个公共卫生服务体系带来了诸多问题，尤其无法应对重大疫情。SARS 蔓延就是一个重要的教训。于是，深化公共卫生服务体系改革，加强传染病尤其是慢性传染病的预防和控制，促进公共卫生服务体系发展就成为社会各界的共识。

一方面，政府重视社区卫生服务机构在公共卫生服务体系中的作用，加强社区医院建设，探索社区医院与大医院双向转诊制度，成立有固定编制的社区卫生服务中心或站，规范各种预防接种服务，加强疾病预控制机构的基础设施建设以及专业技术人才的培训工作，启动了“全国现场流行病学专业人员培训项目”以及“国家传染病与突发性公共卫生事件报告管理信息系统”的建设，大力提升社会应对突发性公共卫生事件能力。另一方面，为加强公共卫生服务方面的法制建设，2001 年修订了《药品管理法》《职业病防治法》，2003 年以后修订了《传染病防治法》。同时，注重加大对环境、食品卫生等领域的监管力度，2009 年实施了《食品安全法》，2010 年宣告实施“消除疟疾行动计划”，提出了《全国城乡环境卫生整洁行动方案》。所有这些，有力地促进了城乡公共卫生服务体系的建立健全。

二　医疗保障体系存在的主要问题

尽管我们只用了 20 年左右的时间就基本上建立起与社会主义市场经济相适应、覆盖全体国民的医疗保障体系，实现了从原来的国家单位制医疗保障体系向社会保险制医疗保障体系的转变，有效地提升了民众的健康福利。但是，客观地说，目前我国医疗保障体系还存在诸多不足，有的医疗项目普遍性不够，更多的医疗保障项目整合性不够，碎片化程度较为严重，群众看病难、看病贵等问题还没有从根本上得到解决。

（一）医疗保障项目与制度的碎片化严重

总体上看，现行的医疗保障项目以及医疗保障制度基本上是按照身份和职业类型来设置的，各个医疗保障项目及制度的整合程度低，“碎片化”十分明显。

一是医疗保障项目及制度设置上存在着国民身份和职业类型的碎片化。部分机关工作人员享有几乎免费的公费医疗，企业职工获得与自身义务相当的社会医疗，而没有单位的自由职业者以及农民或居民则只能获得较低的、以大病补偿为主的医疗保障项目。由此形成了针对各个职业阶层设置的多样化的医疗保障制度，使参保人员的保障待遇各不相同，制度与项目的区隔非常明显，这种区隔逐渐演变成为强势群体与弱势群体之间的“博弈”，不同身份与职业类型人员之间的医疗保障待遇出现了“失衡”，进而成为社会不平等的催化剂。也就是说，按照居民身份或职业类型设置的医疗保障项目及制度，即使做到了所谓的“普遍性”与“全覆盖”，其实是一种等级制的“全覆盖”以及普遍性的“等级制”，它只会加剧我国医疗保险项目与制度的碎片化。郑秉文为此提出，包括医疗在内的整个社会保障制度“除机关事业单位、城镇企业和农村等几个大碎片之外，各种小碎片制度犹如雨后春笋，遍地开花，形成了城市与农村分割、私人部门与公共部门分立的多种制度并存状况”。原因就在于我们的制度“整体设计上还处于支离破碎、头痛医头脚痛医脚的阶段，既没有一个追求的模式理念，也没有短期、中期、长期的量化规划”。碎片化的项目设置与制度安排危害巨大①。

二是各项医疗保障制度在保障对象、筹资标准、补偿比例以及医疗保障待遇等方面存在着碎片化，而较少地实现衔接与整合。公费医疗与社会医疗之间、社会医疗与居民医疗之间在保障对象、筹资及补偿标准等方面各不相同。例如，公费医疗的保障对象主要是公务员，社会医疗的保障对象是企业职工，城乡居民的医疗保险也有自己的保障对象，这些群体很少能够选择补偿待遇较高的其他医疗保障制度。在筹资标准方面，公务员免费参加公费医疗，企业职工大致按照个人工资总额的2%建立个人账户，城镇居民根据上年度居民人均纯收入的0.7%缴费，而农民按照同一个标准（如每人每年50元不等）缴交医疗保障费用。在缴费方式上，农民是以家庭为单位进行缴费，企业职工以及城镇居民则以个人为单位独立缴费，公务员则免费缴纳。不仅如此，同一个医疗保障项目内部之间碎片化问题也相当突出。例如，全国各地城镇职工基本医疗保险制度筹资标准各异、统筹层次不一、补偿比例差距悬殊，新型农村合作医疗制度及其补偿待遇更是如此，碎片化特征异常明显。

三是医疗卫生管理与服务的碎片化。管理是对项目的管理，有什么样的项目就会形成什么样的管理方式与管理手段。适应碎片化的医疗保障体系基础上，我国逐步建立起与之相适应的医疗保障管理制度。全国各地的公费医

① 郑秉文：《中国社保“碎片化制度”危害与“碎片化冲动”探源》，《甘肃社会科学》2009年第3期。

疗制度隶属于公务员局（人事局）所属的公费医疗管理办公室，职工基本医疗保险、城镇居民基本医疗保险的管理则属于各地人力资源和社会保障局所属的社会保险或医疗事务管理中心，而新型农村合作医疗很多地方隶属于卫生局基层卫生与妇幼保健处管理，有的地方归口农（林）业局有关部门管理，也有一些地方将其划归人力资源和社会保障局下属相关部门进行管理。另外，各地针对城乡居民的医疗救助则由民政部门管理。管理部门的不一致、管理部门的多样性必然带来整个医疗保障管理体系的碎片化。

（二）医疗保障体系的普遍性不够

碎片化是我国医疗保障体系的基本特征，也是整个医疗保障体系存在的主要问题。应当看到，整个医疗保障领域同样存在着普遍性不足问题。

一是医疗救助对象的普遍性不够，产生了诸多“应救未救”事件。各地出台的医疗救助对象往往以个人或家庭收入为基础，对被救对象给予了严格的限制。例如，民政部《关于实施农村医疗救助的意见》规定农村医疗救助对象只能是“五保户、贫困户家庭成员以及地方政府规定的其他符合条件的农村贫困农民”，而城镇居民的医疗救助对象仅仅局限在“低保户”“优抚对象”以及因突发性事件而导致家庭人均生活水平处于最低生活保障线标准以下的人员。这些人员生病时固然需要进行医疗救助，但问题是，收入水平稍微高于最低生活保障线的人员生病后同样无法支付较高的医疗费用。医疗救助对象的普遍性不足不仅沉淀了大量的医疗救助资金，而且产生了大量应救未救群体。不仅如此，医疗救助资金补偿的普遍性也不够，全国各地城乡居民医疗救助往往仅限于住院补偿，尤其是患重大疾病补偿，而没有覆盖到门诊补偿，使现有的补偿范围普遍性不够。

二是以疾病预防为主的公共卫生服务普遍性不足。我国公共卫生服务存在着城乡分布不平衡问题，政府将主要财力投入城镇医疗卫生事业中，而对农村传染病的救治与防控普遍性的投入不足，因为我们现行的卫生经费按照病床位数来确定的，农村虽然人口多，但由于病床位数少，所获得的救治与防控经费自然就比较少。另外，农村基础公共卫生设施能力较弱，尤其是食品安全、药品安全、改水、改厕等方面的投入较少。农村三级医疗卫生服务网络尚未完全建立起来，农民难以普遍性地获得医疗资源，尤其难以较为均等地获得医疗资源。另外，农村社区医疗服务机构的服务能力也无法普遍地满足广大农民的需求。所有这一切，意味着我国城乡公共卫生服务的普遍性不够。

（三）医疗保障责任定位不准

合理地划清医疗保障责任界限与责任范围，明确基本医疗与大病医疗各自所应承担的责任是医疗保障体系应有的要求。而我国现行的医疗保障制度所设定的功能不够清晰，定位不够准确。

一方面，各项医疗保障制度所承载的责任与功能不相一致。有的主要承担着大病医疗的责任，以新型农村合作医疗以及城镇居民基本医疗保险等制度为例，这些制度由于基本上不能给予门诊补偿[①]，因而基本医疗功能难以保证；有的医疗保障制度兼顾基本医疗与大病医疗，例如公费医疗就体现了这样的功能；还有的制度，如职工医疗保险，主要偏重于大病治疗适当兼顾基本医疗。也就是说，本身具有同等性质与功能的各种医疗保障制度在实施过程中却体现出不同的责任定位与责任要求，这使现行的医疗保障制度在责任定位与功能设置上呈现出碎片化倾向，不利于整个医疗保障制度的公正和可持续发展。

另一方面，上述各项医疗保障制度侧重于疾病治疗，普遍性地缺乏疾病预防功能，从而使现行的医疗保障制度没有分清医疗与卫生保健之间的责任界限与责任关系。从功能上看，医疗并不是造成死亡率下降、人均寿命增长的最重要因素[②]，比起卫生和保健，医疗是一种花费巨大但效果有限的补救式方式。例如，日本作为世界上人均预期寿命最长的国家之一，更多地在于他们十分重视公共卫生保健，将更多的资金投入公共卫生事业中。所以，医疗保障制度的建立本身主要不是单纯地为了治疗，它借助于人人享有基本的卫生保健去实现减少疾病、增进健康、延年益寿等功效，这又必须要依赖于基本医疗保障体系的健全，切实消除传染病、流行病以及地方病。总之如果我们责任定位不准，责任方向不明，那么即使再完善的医疗保障制度，其效果也只能事倍功半。

第二节　医疗保障体系建设的设计

一　建设中国特色医疗保障体系的必要性

上述情况表明，我国现行的医疗保障体系还普遍存在着普遍性不足、

---

① 有的地方将个人缴纳的几十元直接计入个人账户，用于门诊补偿。

② Clyde Hertzman, Dariel P. Keating, *Developmental Health and the Wealth of Nations: Social, Biological, and Educational Dynamics*. Guilford Pubn, 1999.

碎片化程度高以及责任定位不够科学等诸多问题，这不利于医疗保障体系的完善，不利于我国医疗卫生事业的持续发展，因此必须要加快推进医疗保障体系的改革，建设中国特色医疗保障体系。

（一）从国外经验看建设中国特色医疗保障体系的必要性

建立健全医疗保障体系，切实解决民众基本医疗需求，增进民众健康福利，是发达国家的普遍选择。他们为此曾经选择了不同模式，走过了不同的道路。有的实行了国民健康保险，有的实行社会保险制模式，也有的采取市场化模式，还有的采取中央公积金制度。但是，不管采取何种模式，绝大多数国家的医疗保障体系在实施过程中都出现了许多难题，其中一个主要矛盾就是政府的财政支出日益增长，数额过于庞大，原因就在于大多数国家的医疗保障体系都重治疗轻预防，尤其轻视公共卫生以及健康生活方式的教育与养成，从而使医疗费用有增无减，给政府背上了沉重的财政负担，这些国家为此不得不进行“痛苦的改革”①。美国总统奥巴马提出迫切需要改革医疗制度，切实扭转医疗费用不合理上涨问题。这就需要我们在整合医疗保障体系过程中避免陷入发达国家的困境。

（二）从我国实际看建设中国特色医疗保障体系的必要性

从20世纪80年代起，为适应经济体制改革的需要，政府加快医疗保障体系的改革，逐步改革公费医疗制度，开展城镇职工基本医疗保险制度试点以及农村合作医疗制度的重建。应当看到，医疗保障领域内的改革虽然扩大了覆盖面，增强了医疗保障制度的普遍性，但是，整个公共卫生以及医疗服务的普遍性较为缺失，特别是医疗保障制度碎片化程度相当严重，碎片化的医疗保障制度甚至成为扩大收入差距、增加社会不公的“推手”，引起社会各界的不满。社会各界普遍要求深化医疗保障体系改革，建设普遍整合的医疗保障体系，重点加强疾病预防、公共卫生以及健康生活等方面的建设，从而增强医疗卫生资源和服务的合理分配、公正享用以及普遍整合，推进整个医疗保障体系的科学发展。

（三）从可持续性角度看建设中国特色医疗保障体系的必要性

2009年以来，我国医疗保障事业进入到新的历史发展阶段。这年3

---

①　2002年，德国时任总理施罗德就德国医疗改革发表讲话，号召人民进行“痛苦的改革”。

月 17 日，国务院《关于深化医药卫生体制改革的意见》正式出台，明确提出要建设“覆盖城乡居民的公共卫生服务体系、医疗服务体系、医疗保障体系、药品供应保障体系”，形成“四位一体”的基本医疗卫生制度①。这个目标令人振奋，催人奋进。但是，我国医疗保障体系建设还有很长的路要走，许多老问题尚未彻底解决，一些新问题又将接踵而至。例如，如何真正使现行的“重治疗、轻预防”向“重预防、轻治疗”转变，如果实现各项医疗保障制度尤其是医疗救助制度以及医疗服务制度的普遍整合，增进医疗保障待遇的公正等。所有这些问题是当前医疗保障体系建设中的重大问题，必须要给予准确把握和科学回答。

二　中国特色医疗保障制度的制度设计

由于医疗保障体系涉及制度、管理、服务等诸多方面，因此，我们探讨建设中国特色医疗保障体系应重点关注其制度设计、模式选择以及模式验证等几个方面。

在制度设计方面，我们应将中国特色医疗保障体系由现在的按照人员身份设置成多种基本医疗保障项目的制度整合为两种制度形式。即“职工基本医疗保险制度”和“个人基本医疗保险制度”。

在适用对象上，前者针对被单位雇用的人员，包括中央及地方各级公务员，事业单位、社会团体及其工作人员，国有、集体、外资、民营、私营以及其他所有制企业职工，民办非企业单位员工等一切被单位雇用的人员，涵盖了现行的公费医疗、职工社会医疗、被企业聘用的农民工医疗保障；而后者针对无单位雇用的个体户以及自然人，包括上述对象之外的所有人员，如农民、城镇居民、个体工商户、自由职业者以及其他灵活就业人员等，它涵盖了现行的城镇居民医疗保险、新型农村合作医疗、未成年人医疗保险以及个别地区的农民工医疗保险。

在缴费原理上，普遍整合型医疗保障制度的缴费原理一致，“职工基本医疗保险”实行单位与个人共同缴费，而“个人基本医疗保险”则采取政府补贴与个人共同缴费相结合，对于低保户、农村五保户以及其他需要帮扶的困难群体或对象，可以适当减免个人所应承担的部分。这样不仅能建立起可积累的个人账户与社会统筹相结合的基本医疗保险制度，而且

① 《关于深化医药卫生体制改革的意见》，《人民日报》2009 年 4 月 7 日第 6 版。

有助于实现两种基本医疗保险制度的相互衔接与相互转换，为个人因工作变动而选择不同的基本医疗保险制度提供了保证。

在统筹水平方面，“职工基本医疗保险”的总筹资额可以按照上年度本市城镇职工月平均工资的10%进行筹资，其中，职工个人缴费可以从现行的2%逐步提高到4%，而单位则由原来的8%逐步下降到6%左右。职工个人所缴纳的费用全部计入个人账户，单位缴纳的则根据职工的年龄等按照2%、3%、5%一并计入个人账户之中。同理，“个人基本医疗保险”则按照上年度城乡居民人均纯收入的2%缴费，各地财政按照上年度城乡居民人均纯收入的5%进行补贴。其中，财政补贴部分再根据年龄按照1%、2%、3%的比例计入个人账户。而对于低保户等困难群体则给予减或免，以便真正做实个人账户。这样，个人基本医疗保险也实现了个人账户与社会统筹的有机结合，两种制度在筹资机理方面实现了整合。

在费用补偿方面，借鉴现行的职工基本医疗保险补偿比例，整合后的两种医疗保险制度统一实行门诊补偿、住院补偿以及大病救助相结合，两种基本医疗保险制度的补偿模式、补偿比例以及补偿项目一致，按照各地现行的起付线和封顶线执行住院费用补偿。同时，适当上浮门诊补偿尤其是社区医院门诊补偿比例，扩大门诊特别是社区门诊补偿项目与范围，增加健康预防补偿，引导民众更加注重预防保健以及门诊治疗，引导民众养成更加科学合理的就医习惯，真正做到花较少的钱而达到最大的社会效用。

在制度功能上，所有的医疗保险制度在原有的“门诊医疗”与“住院治疗”基础上增加“疾病预防和保健”等功能，并积极采取措施加大社区医院的建设，提高社区医院的医疗水平以及社区医疗的补偿比例，增加社区医院药物品种与基本药物品种，满足社区居民多层次用药需求，从而将疾病预防与保健功能置于重要位置，引导这项功能的发挥，切实改变现有的医疗保险制度重治疗、轻预防问题。

在制度管理上，普遍整合型医疗保险制度实现了管理体制的整合，将各地分散在公务员局、人力资源和社会保障局、卫生局、农业局、民政局等部门的各项基本医疗保险制度统一归到人力资源和社会保障局，从而扩大基金总量，增强各地基本医疗基金抗击风险的能力，也为各地之间基本医疗保险账户的转接、续存提供良好的管理环境。卫生局则负责主管医疗业务，实行业务管理与业务指导。财政、审计、监察等其他有关部门则负责整个医疗保险制度的监管。

上述医疗保障制度的普遍整合比起原来的制度安排更加具有公平性，能够引导民众形成合理的就医习惯，提高部分群体尤其是无单位人员的医疗福利水平。但问题是，这样的制度整合是否具有可行性需要我们加以实地验证。厦门市普遍性地实行了职工基本医疗保险、城镇居民医疗保险、新型农村合作医疗、大学生医疗保险以及未成年人医疗保险等多种制度。其中，城镇居民、农民、大学生以及未成年人的基本医疗保险在缴费额度、补偿比例等方面完全一致，职工基本医疗保险则按照上年度社会平均工资不同比例进行缴费，从而形成了除职工基本医疗保险制度以外的其他医疗保险制度的整合。为此，我们以厦门为个案进行普遍整合型基本医疗保险制度的验证研究。

（一）厦门居民患病概率测算

一般地，居民患病率与年龄及性别都存在关系，通常男性的患病率较小，并且随着年龄的增长患病率先下降再上升。基于此，我们对患病率建立模型：

$Y = B_1 + B_2X_1 + B_3X_2 + B_4X_2^2 + u$ (1)

(1) 式中 Y 是调查的两周内被调查者是否患病：1 表示被调查者患病，0 表示不患病。X_1表示调查者的性别：1 表示男的，0 表示女的；X_2表示调查者的年龄：1 表示 0—4 岁，2 表示 5—14，3 表示 15—24 岁，4 表示 25—34 岁，5 表示 35—44 岁，6 表示 45—54 岁，7 表示 55—64 岁，8 表示 65 岁以上。

基于男性患病概率较小，我们预测 X_1的系数为负；因为患病概率随着 X_2增大先下降后上升，其图形为抛物线，所以，X_2的符号为负且 X_2^2的符号为正，并且 X_2^2度量了年龄增长对患病率的影响。E (Y_i/X_i) 表示给定 X_i，事件发生的概率。模型汇总如表 10—1。

表 10—1　**厦门市模型汇总**

模型	R	R^2	调整 R^2	标准估计的误差
1	0.351a	0.123	0.121	0.36645

注：a. 预测变量：常量，年龄方，性别，年龄。

因为 Y 仅取 0 和 1，所以 R^2没有实际意义，无法代表拟合优度。R^2虽然比较小但并不影响结论。

表 10—2　　**方差分析 Anova**[b]

模型		平方和	df	均方	F	Sig.
1	回归	33.331	3	11.110	82.736	0.000[a]
	残差	237.821	1771	0.134		
	总计	271.152	1774			

注：a. 预测变量：常量，年龄方，性别，年龄；b. 因变量：患病。

检验联合假设：$B_2 = B_3 = B_4 = 0$ 即 $R^2 = 0$。从表 2 可知检验统计量

F = （ESS/d. f）/（RSS/d. f）= 82.736

且其 p 值为 0.000，因此拒绝原假设，X_1、X_2、$X_2{}^2$ 对 Y 无影响。所以模型（1）总体显著。

表 10—3　　**系数 a**

模型		非标准化系数		标准系数	t	Sig.
		B	标准误差	试用版		
1	（常量）	0.257	0.035		07.779	0.000
	性别	-0.028	0.017	-0.036	-1.602	0.109
	年龄	-0.122	0.018	-0.713	-6.962	0.000
	年龄方	0.019	0.002	1.007	9.837	0.000

注：a. 因变量：患病。

对偏回归系数进行检验，表 3 可知年龄、年龄方的 t 统计量的 p 值均为 0.000，统计显著，说明年龄、年龄方对 Y 有影响。在 11% 的显著性水平下性别也统计显著，说明性别对 Y 也有影响，且拟合的系数和预期一致。所以最后模型为：$Y = 0.257 - 0.028X_1 - 0.122X_2 + 0.019X_2^2$

由此可见，我们可以通过厦门人口分布情况来测算各个人群的患病概率，再结合厦门医疗支出水平来计算其医疗总花费，得出医疗总花费占财政支出的比例。

（二）厦门市医疗费用总支出占财政支出比例测算

我们可以把厦门市医疗费用总支出分为门诊总支出以及住院费用总支出两部分。其中：

门诊费用总支出 = 厦门市人口 ×（两周患病率 - 两周住院率）×

26.06×平均门诊支出

住院费用总支出=厦门市人口×两周住院率×26.06×平均每人次住院支出

医疗费用总支出占财政支出比例=医疗保险费用总支出/财政支出

从模型（1）可看出患病率和年龄及性别有关，各项支出和GDP、CPI、中医药价格指数、人口有关，因此，采用模型：$Y = B_0 + B_2X_1 + B_3X_2 + B_3X_3 + \cdots + u$，对医疗费用总支出占财政支出比例进行拟合。

其中Y医疗费用总支出，解释变量是GDP、CPI、中医药价格指数、人口、男性比例、老年人比例、婴幼儿比例等。通过SPSS17.0统计软件对上述变量进行回归可得：

表10—4　**模型汇总**[b]

模型	R	R^2	调整 R^2	标准估计的误差	Durbin-Watson
1	0.998[a]	0.995	0.982	7.40641E7	2.789

注：a. 预测变量：常量，男性比例，老龄人口比例，中医药价格指数，CPI，人口，男女比例，婴幼儿比例，GDP；

b. 因变量：医疗费用支出。

表10—5　**系数**[a]

模型		非标准化系数		标准系数	t	Sig	共线性统计量	
		B	标准误差				容差	VIF
1	（常量）	-3.816E10	1.101E12		-0.035	0.975		
	人口	-19654.823	13642.021	-0.353	-1.441	0.245	0.027	36.562
	男性比例	-0.002	0.003	-0.601	-0.660	0.556	0.002	506.206
	老龄人口比例	-3.744E7	1.786E7	-0.179	-2.096	0.127	0.225	4.436
	速度	1.516E11	2.200E12	0.027	0.069	0.949	0.011	93.655
	GDP	44670.049	40041.206	2.732	1.116	0.346	0.000	3658.473
	CPI	3.486E10	3.244E10	1.393	1.075	0.361	0.001	1024.419
	中医药价格指数	-12177.652	6720.543	-1.185	-1.812	0.168	0.004	261.015
	婴幼儿比例	-2.249E10	1.581E10	-0.569	-1.423	0.250	0.010	97.477

注：a. 因变量：医疗支出。

对上述回归结果进行分析可知，模型的拟合优度较好。但各个变量之间的统计显著性在5%的显著性水平下都不显著。这表明模型还存在不足，需要剔除一些不相关变量。应利用SPSS对剩余的变量重新建立回归方程，进行回归系数的显著性检验，直到没有可剔除的自变量为止。这时，得到的回归方程就是最终确定的方程。利用上述方法我们可得：

表10—6　**模型汇总**[b]

模型	R	R^2	调整 R^2	标准估计的误差	Durbin-Watson
1	0.988[a]	0.976	0.962	1.29691E8	1.856

注：a. 预测变量：（常量），速度，老龄人口比例，男性比例，人口；

b. 因变量：医疗支出

表10—7　Anova[b]

模型		平方和	df	均方	F	Sig.
1	回归	4.748E18	4	1.187E18	70.577	0.000[a]
	残差	1.177E17	7	1.682E16		
	总计	4.866E18	11			

注：a. 预测变量：（常量），速度，老龄人口比例，男性比例，人口；

b. 因变量：医疗支出。

表10—8　**系数**[a]

模型		非标准化系数		标准系数	t	Sig	共线性统计量	
		B	标准误差				容差	VIF
1	（常量）	7.627E11	2.219E11		3.437	0.011		
	人口	30918.853	7217.315	0.460	4.284	0.004	0.300	3.337
	CPI	5.055E7	1.711E7	0.200	2.954	0.021	0.753	1.328
	男性比例	-1.659E12	4.373E11	-0.245	-3.793	0.007	0.828	1.207
	老龄人增长率	1.781E10	5.036E9	0.373	3.536	0.010	0.310	3.226

经过向后回归之后，剔除了多个变量。模型的调整的 R^2 增大，拟合效果变好了。进一步检验联合假设：$B_2 = B_3 = \cdots = 0$ 即 $R^2 = 0$。从表10—

8 可知检验统计量

F = （ESS/d. f）/（RSS/d. f）=70. 577

且其 p 值为 0. 000，因此拒绝原假设 $B_i = 0$：老龄人口数、老龄人比例增长速度、人口、CPI 对医疗支出无影响。且各系数的 P 值小于 0. 05 因此拒绝原假设，认为以上各项独对医疗花费有显著影响。模型整体在 5% 的显著性水平下显著，且各系数在 5% 显著性水平下显著。所以最终模型：

医疗支出 = 7. 627E11 + 30918. 853 人口 - 1. 659E12 男性比例 + 1. 781E10 老龄人口增长率 + 5. 055E7CPI（1）总体显著。

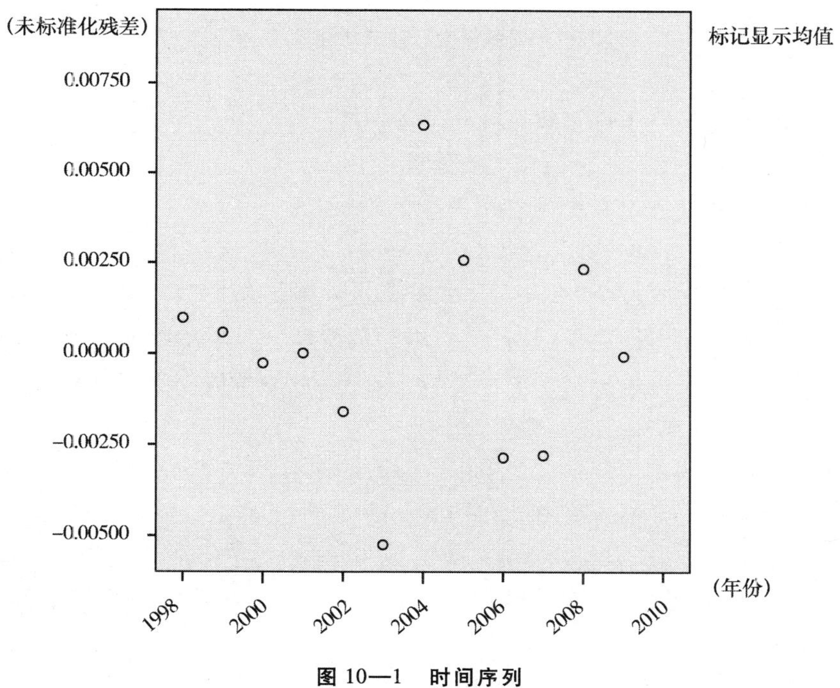

图 10—1　时间序列

通过序列图可知，不存在异方差。经过杜宾—沃森检验可知模型不存在自相关。因为变量的方差膨胀因子均小于 10，因此不存在多重共线性。

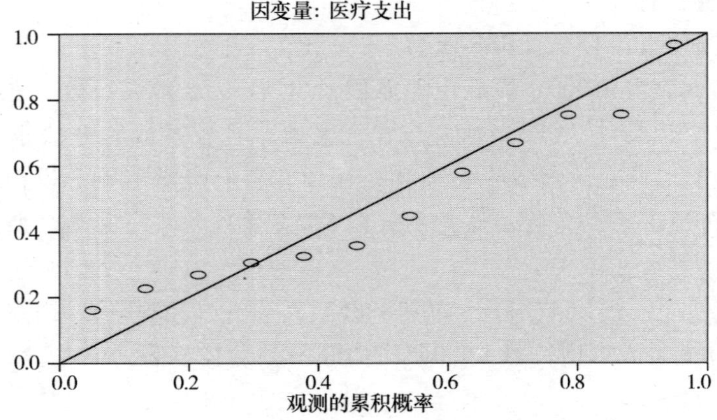

图 10—2　回归标准化残差的标准 P－P 图

由此正态概率图可知残差服从正态分布。

（三）厦门城乡居民消费结构分析

扩展的线性支出系统模型的基本形式为：

$P_iX_i = P_iX0_i + b_i\ (Y - \sum P_iX_i0)$，$i = 1, 2, \cdots, n.$　　(1)

式中，Y 为收入，P_iX_i为第 i 种商品的消费支出，P_iX0_i 为第 i 种商品的基本消费支出，b_i为第 i 种商品的边际消费倾向，表示收入扣除基本消费支出之后剩余的余额中，用于对第 i 种商品或服务追加支出的比例，且 $0 \leqslant b_i \leqslant 1$，$\sum b_i \leqslant 1$。

为了估计模型未知参数，采用截面数据样本，假设同一截面上不同收入的消费者同一商品价格 P_i是相同的。由（1）式得：

$P_iX_i = (P_iX0i - b_i \sum P_iX_i0) + b_iY$，$i = 1, 2, \cdots, n.$　　(2)

令 $a_i = (P_iX0i - b_i \sum P_iXi0)$，这是一项只与 i 有关的常数，则有：$P_iX_i = a_i + b_iY$，$i = 1, 2, \cdots, n.$　　(3)

式中，u_i为随机误差项，利用某种商品的消费支出和收入的样本观察值，采用最小二乘法（OLS）可得到（3）式中参数 a_i、b_i的估计，由此可得到基本消费总支出：$\sum P_iX0$，第 i 项商品的基本消费支出：P_iX0。利用 SPSS17.0 分别对城镇及农村的消费结构的 ELES 模型参数进行估算，得到：

表 10—9 **厦门市城镇居民消费结构**

支出	a_i	b_i	F 统计量	p 值	基本支出
食品	4030	0.099	103.809	0.000	5026.791
衣着	211	0.047	301	0.000	684.2239
设备用品及服务	-137	0.046	164.8	0.000	326.1553
医疗保健	-23	0.065	67.005	0.000	631.4586
交通通信	34	0.128	15.488	0.003	1322.78
娱乐文娱	100	0.077	170.29	0.000	875.2817
居住	277	0.065	44.378	0.000	931.4586
杂项商品与服务	-61.819	0.033	97.118	0.000	270.4446

表 10—10 **厦门市农村消费结构**

支出	a_i	b_i	F 统计量	p 值	基本支出
食品	2659.105	0.083	490.324	0.000	3132.967
衣着	39.787	0.016	4673.948	0.000	131.1339
设备用品及服务	12.803	0.015	4046.96	0.000	98.44074
医疗保健	-56.317	0.076	1118.503	0.000	490.2149
交通通信	-31.76	0.167	1447.065	0.000	921.6735
娱乐文娱	-4.699	0.098	539.831	0.000	554.8009
居住	-45.995	0.067	602.063	0.000	336.5202
杂项商品与服务	3.467	0.007	447.02	0.000	43.43128

表 10—9、表 10—10 模型的回归结果可知，ELES 模型 F 统计量在 1% 的显著性水平下通过了检验，模型的整体效果较好。

这表明对于城乡居民来说，人均可支配收入或人均纯收入对八类商品消费的影响是显著的。由 T 值可知，所有 b_i 的值也在 1% 的水平下显著。经检验，模型不存在一阶自相关以及异方差问题。

常数项可以判断随着收入水平的增加该类支出所占比重的变动趋势。常数项小于 0，则随着收入的增加，该类支出的比重将上升；反之，常数项大于 0，则随着收入的增加，该类支出的比重将下降。由此可见，随着收入水平的提高，城镇居民医疗保健、交通通信、家庭设备用品、教育文化娱乐服务以及居住消费支出比重有上升的趋势；而食品、衣着、杂项商品及服务消费支出比重有下降趋势。在农村，随着农民收入的增加，医疗保健、交通通信、教育文化娱乐服务以及居住消费支出比重有上升的趋势，而食品、衣着、家庭设备用品、杂项商品及服务消费支出比重有下降趋势。

居民基本消费需求支出是指在一定的社会经济水平下，为保证劳动力的正常再生产，对商品和劳务所需要的基本消费量的支付能力，它反映了居民最低消费需求。根据表10—9、表10—10可计算出厦门城镇居民的基本生活线为10068元，而农村居民的基本生活线是5709.783元。

当年厦门城镇居民的平均可支配收入为26130元，因此剩余可支配收入为16062元。农村居民平均可支配收入为10601元，因此剩余可支配收入为4891.217元。

边际消费倾向是指居民新增加的每单位收入中用于增加消费支出的份额。居民对各类消费品的边际消费倾向反映了居民各类消费需求的顺序和新增购买力的投向。在表10—9中，b_i的估计值即为居民对第i类商品（或劳务）的边际消费倾向，将其列入表10—11中。

表10—11　　**厦门市城乡居民边际消费倾向**

	食品	衣着	设备用品及服务	医疗保健	交通通信	娱乐文娱	居住	杂项商品与服务
城镇	0.099	0.047	0.046	0.065	0.128	0.077	0.065	0.033
农村	0.083	0.016	0.015	0.076	0.067	0.098	0.067	0.007

表10—12　　**厦门市城乡居民需求收入弹性**

	食品	衣着	设备用品及服务	医疗保健	交通通信	娱乐文娱	居住	杂项商品与服务
城镇	0.376	0.838	1.065	2.475	1.101	0.986	0.875	1.061
农村	0.739	1.974	2.307475	8.359	4.794	7.808	2.641	2.299

需求收入弹性是指当所有的商品价格不变时，收入变化1%所引起的第i种商品需求量变化的百分比。其基本公式为：$\theta_i = b_i Y / P_i X_i$，式中Y为人均可支配收入，$P_i X_i$为第i种商品的消费支出。由需求收入弹性定义可知：若$0 < \theta_i < 1$，表明随着收入的增加，第i种商品需求量将增加，但这类商品支出占总收入的比重在下降。若$\theta_i = 1$，表明随着收入的增加，

第 i 种商品需求量与收入同步增加。若 $\theta_i > 1$，表明随着收入的增加，第 i 种商品需求量将增加，且这类商品支出占总收入的比重也增加。

随着收入的增长，医疗消费支出会不断增加。现有收入水平下，城镇居民医疗消费支出可以达到 2082 元/年，农村可达到 1275 元/年。此处可负担包括了缴纳医疗保险费用部分。

（四）厦门市未来数据预测

预测厦门市整合型医疗保障制度若干年份之后政府的财政投入占整个财政收入比例，需要测算未来若干年份厦门市的人口、经济以及政府对医疗保险的财政投入等情况。

通过 SPSS 对厦门市人口分别对年份及人口的一、二、三、四阶滞后项进行回归，即在 AR 模型的基础上增加年份变量，人口与年份大致呈现一条直线：

表 10—13　　**厦门市人口回归结果**

R2	F 值	p 值	常数系数	年份系数	p 值
0.931	133.974	0.000	-7.977E7	40538.643	0.000

利用统计软件对人口进行预测可得：

表 10—14　　**厦门市未来人口预测**

年份	2015	2020	2025	2030
	1821202	1986043	2150357	2314433

同理，我们利用 AR 模型对 GDP 进行逐步回归可得，GDP 水平与前一年的 GDP 水平相关。利用 SPSS 统计软件对 ARMA 模型进行拟合，可得：

表 10—15　　**厦门市 GDP 回归结果**

R2	F 值	p 值	常数系数	前一年 GDP 系数	p 值
0.987	664.288	0.000	4.875E9	1.073	0.000

表 10—16　　厦门市未来 GDP 预测

年份	2015	2020	2025	2030
	2. 81765E11	4. 28964E11	6. 3833E11	9. 36115E11

而对于财政收入预测，我们利用 AR（4）模型对财政收入进行预测，采用逐步回归的方法对财政收入和它的一、二、三、四阶滞后项进行拟合，发现财政收入只和其一阶滞后项有关即采用 AR（1）。利用统计软件对 AR 模型进行拟合，可得：

表 10—17　　厦门市财政收入回归结果

R2	F 值	p 值	常数系数	前一年财政收入	p 值
0. 975	234. 503	0. 000	1. 56232E9	1. 121	0. 000

表 10—18　　厦门市未来财政收入增长预测

年份	2015	2020	2025	2030
	1. 02289E11	1. 501374E11	2. 15654E11	3. 21334E11

上面的数据可见，随着经济的发展，厦门市财政收入占 GDP 的比重不断增加，预计到 2015 年将达到发达国家的稳定水平 35% 左右。利用 AR（4）模型采用逐步回归方法对财政收入和它的一、二、三、四阶滞后项进行拟合，发现医疗费用支出只和其一阶滞后项有关即采用 AR（1）。利用统计软件对 AR 模型进行拟合，可得：

表 10—19　　厦门市医疗费用支出回归结果

R2	F 值	p 值	常数系数	前一年医疗费用支出	p 值
0. 963	237. 766	0. 000	2. 220E7	1. 119	0. 000

表 10—20　　厦门市未来医疗费用支出预测

年份	2015	2020	2025	2030
	4. 320E9	7. 720E9	1. 368E10	2. 415E10

表 10—21 **厦门市未来医疗费用支出占财政收入比重测算**

年份	2015	2020	2025	2030
比重（%）	4.23	5.15	6.34	7.515

这说明，厦门的财政支出完全可以建立起整合型医疗保障制度。也就是说，通过测算，厦门可以建立整合型医疗保障制度。

第三节 医疗保障体系建设的实现条件

随着我国医疗卫生事业的发展，各地逐步推进医疗保障制度的整合探索，为建立中国特色医疗保障体系提供了有益借鉴。总结这些地方的做法与经验，有助于我们更好地探索符合中国国情的医疗保障体系。

一 医疗保障体系建设的杭州实践

杭州辖上城、下城、建德、富阳、临安、桐庐等 13 个区（县），共有 198 个乡镇街道。自 2003 年中央政府倡导试点新型农村合作医疗制度以来，杭州市结合自身实际进行了改革，2007 年出台了“全民覆盖、城乡统筹、相互衔接、可以转换”的城乡居民基本医疗保险办法，实现了新型农村合作医疗与城镇居民基本医疗保险制度的整合。这对于我们研究具有中国特色的医疗保障体系提供了重要的经验基础。

（一）杭州市基本医疗保险制度改革经验

2008 年杭州市正式实施了《杭州市基本医疗保障办法》（2010 年进行了修订）以及《杭州市新型农村合作医疗实施办法》，对新型农村合作医疗制度与原有的城镇居民基本医疗保险制度进行整合，现行的“杭州市基本医疗保险制度”具有三个方面的特征。

第一，农民及城镇非从业人员可以灵活选择医疗保险种类。根据 2010 年的《杭州市基本医疗保障办法》，农民可以参照城镇个体劳动者缴费办法参加城镇居民基本医疗保险，城镇居民以及灵活就业人员也可以参加新型农村合作医疗。《杭州市基本医疗保障办法》以及《杭州市新型农村合作医疗实施办法》将“新型农村合作医疗”的参保对象界定为“本市农村户籍居民和城镇非从业人员”，而城镇居民基本医疗保险制度的参加对象拓展为“农村户籍居民”。也就是说，在参保对象上杭州市实行了农民与城镇居民的普遍整合。

第二，增强定点医院供给的普遍性，参保人员可以灵活选择定点医院。一方面，杭州市把全市所有定点医院以及定点零售药店作为参保人员的就医机构，参保人员凭社会保障卡在各医保医院以及医保零售药店就医、买药都能够享受相关补偿。另一方面，在一些农村地区，政府逐步增加门诊报销机构，原来参保人员只有到本区（县）范围内的乡镇医疗机构就医才能获得相应的报销补偿，2008 年以后逐步扩大到杭州市 13 个区县范围内所有联网的社区卫生机构。这就使城镇居民基本医疗保险制度以及新型农村合作医疗制度在运行中具备了职工基本医疗保险制度的特性，为建立普遍整合的医疗保障体系扫清了制度设计与运行上的障碍。

第三，在补偿比例方面逐步实现了城镇居民与参合农民的普遍整合。经过几年的实践，参合人员的医疗费用在起付标准、门诊和住院起付线以及最高报销限额等方面与城镇居民一致，超过起付线以上部分的报销比例大致相当。例如萧山区全年累计最高报销额由 2003 年的 2 万元、2004—2006 年的 3 万元、2007 年的 5 万元、2008 年的 7 万元上升到 2009 年以来的 10 万元①。补偿比例以及补偿额度也逐步实现了普遍整合。

（二）杭州市基本医疗保险制度建设经验

制度的整合应该体现在公平性、可及性以及合理性等方面。从这三个方面来看。

第一，杭州市基本医疗保险制度供给的公平性有利于普遍整合。新型农村合作医疗以及城镇居民基本医疗保险制度作为杭州市基本医疗保险制度体系的一部分，它们的筹资水平相对较低，而政府的财政补贴逐渐加大，实现了筹资水平的公平。例如，2009 年萧山区参合农民个人仅需缴纳 100 元，而区镇两级政府补贴分别为 115 元和 125 元，两者合计 240 元，是农民个人缴费的 2.4 倍。这与城镇居民的负担比例大致相当。两个阶层的筹资补偿水平的公平有利于两种制度的普遍整合。

第二，杭州市基本医疗保险制度供给的可及性有利于普遍整合。城镇居民基本医疗保险制度以及新型农村合作医疗制度的可及性可以通过覆盖

---

①　资料来源：《萧山区新型农村合作医疗制度政策解答》，萧山区人力资源和社会保障局，2010 年编。

率、受益率和补偿率等指标来衡量。通过这两种制度，加上原有的职工基本医疗保险制度以及农民工基本医疗保险制度，杭州市做到了对参保对象的全覆盖。就受益率而言，经过逐步完善，杭州市城乡居民无论参加何种医疗保障制度，都获得大致相当的补偿比例及补偿额度，而在最高补偿额度方面则体现了两者的普遍一致性。从医疗费用补偿来看，全国大多数新型农村合作医疗采取住院补偿方式，这并不符合人们的患病规律与健康理念，也不利于降低医疗费用①，为此，杭州市规定城乡居民都可以获得门诊补偿。也就是说，在医疗资源享用的可及性方面实现了城乡居民的普遍整合。

第三，杭州市基本医疗保险制度设计的合理性有利于普遍整合。包括城镇居民以及农村居民在内的基本医疗保险制度要想得到持续发展必须与当地经济社会发展水平相适应。有关调查表明，随着经济的发展以及收入水平的提高，城乡居民更希望适当提高缴费标准以便获得更好的健康保障及补偿待遇②。为此，从 2009 年起，杭州市农民与城镇非从业人员在缴费比例、补偿待遇等方面实现了普遍整合与普遍一致，减少了城乡居民之间的区隔，从而为建立普遍整合的医疗保障体系提供了基础。另外，杭州市按照职工基本医疗保险的理念规定了参保居民不仅可以选择所在区（县）的定点医院看病，还可以在杭州市下属的其他区（县）定点医院就医。从而实现了医疗机构供给的普遍整合。

总之，杭州市城乡居民基本医疗保险制度突破了区（县）地域，打破了城乡居民的身份界限，按照城乡统筹协调发展、相互衔接理念实现了制度供给的普遍整合，为建立普遍整合型医疗保障体系提供了思路。

二　医疗保障体系建设的苏州经验

医疗保障体系是一个内容比较丰富的制度体系，不仅包括医疗保险制度，而且包括医疗救助制度以及公共卫生服务制度，它们成为医疗保障体系的有机组成部分。近年来，在加大医疗保障体系普遍性建设的同时，一些地方敏锐地发现医疗保障体系整合的必要性与迫切性，它们结

① 景天魁：《围绕农民健康问题：政府、市场、社会的互动》，《河北学刊》2006 年第 4 期。

② 高和荣：《新型农村合作医疗可持续发展研究——基于部分经济发达城市的经验》，《北京师范大学学报》2009 年第 1 期。

合自身实际围绕有关项目开展了有益探索，为我们构建中国特色的医疗保障体系提供重要基础。为此，我们选择了苏州市医疗救助的制度建设加以研究。

（一）苏州市医疗救助制度建设

2009 年苏州市（区、市）人口为 629.75 万人，内含非农业人口 209.4 万人。下辖张家港、常熟、昆山、太仓、吴江 5 个县级市以及吴中、相城、沧浪以及工业园、高新区等 7 个区。与全国其他地方不一样的地方是，苏州市的救助实现了医疗救助对象、医疗救助项目与内容的普遍整合。

在医疗救助制度方面，苏州市实行了城乡整合的医疗救助办法。一方面，同一个区（市）基本上按照同一个制度、同一个标准、同一个审核办法与审批程序为参保人提供规范的医疗救助服务。另一方面，无论是城市还是农村，都按照“先保险、后救助”原则，要求同一区（市）的城乡居民全部参加城乡居民医疗保险制度。其中，个人医疗费用自负部分的 70% 享有医疗救助，全年医疗费用总额超过封顶线部分则享受 95% 的医疗救助。为了更好地为城乡居民提供医疗救助服务，苏州市给每个参保人员办理了“一卡通”，采取同步结算方法，为被救助对象本人及其家庭成员提供便捷的医疗救助服务。

在医疗救助对象方面，苏州市增强了医疗救助对象的普遍整合性，为所有城乡最低生活保障人员、低保边缘户、重度残疾人、临时困难群体、农村五保户等群体提供医疗救助；而对于家庭收入在低保标准两倍以内的低保边缘群体，如果患有癌症、白血病、尿毒症、重度精神病、红斑狼疮、血友病、再生障碍性贫血以及器官移植 8 种大病，可以参照低保同类对象享受医疗救助；在救助项目与救助内容方面，政府不仅提供了住院与门诊救助，而且提供了康复、理疗、心理干预、精神治疗等方面的医疗救助，被救助人员可根据自身情况获得相应的救助。从医疗救助资金使用方面来看，以 2009 年为例，苏州市医疗救助金受益人数达到 11034 人，发放金额 1821.36 万元，较上年度分别增长 5194 人和 696.86 万元，增幅分别为 88.94% 和 61.97%。其中，职工医保 6764 人，居民医保 2129 人，学生医保 1950 人，被征地农民 186 人，20 世纪 60 年代退职人员 5 人[①]。

① 数据来源：2010 年 7 月 15—16 日在苏州市民政局的调研所得。

（二）社区卫生服务的完善

社区卫生服务中心是为居民提供疾病预防、疾病治疗以及康复护理的服务单位，它能够有效地解决社区居民医疗服务的可得性与可及性问题。近年来，苏州市加大社区卫生服务中心的建设力度，2008 年年底，全市登记注册卫生机构 2344 个，共建成社区卫生服务中心 133 家，社区卫生服务站 1161 家。社区卫生机构总诊疗人次为 2472.33 万，占全市医疗机构诊疗人次的 55%①。

苏州市普遍性地加强了各区（市）的社区卫生服务中心的硬件建设，从标准化角度将各零碎的社区医疗机构整合为社区卫生服务中心（站），并对其房屋、医疗器械及电器用品、药品及设备、流动资金等进行普遍性、标准化的建设，确保社区卫生服务中心（站）能够为居民提供基本的医疗与康复服务。同时，他们注重社区卫生服务中心（站）的软件建设与整合；在社区医疗服务获得普遍性方面，各区（市）积极采取措施，逐步实现医疗卫生资源的普享性。例如，沧浪区于 2009 年进一步提出了“5.15 为民服务圈”计划，其中就包括“15 分钟卫生服务圈”，即民众步行 15 分钟就可以享受到社区健康服务；在社区医疗卫生人才培养方面，加快社区医疗卫生人才队伍建设，全市对 186 名全科医生进行了培训，普遍提高社区医疗中心医生、护士的学历及专业技术职称结构，使社区医院能够拥有较高水平的专业技术队伍，为社区居民提供更加便捷、优质、廉价的医疗健康服务。

不仅如此，围绕各镇（街）所建立的社区卫生服务中心，各村普遍性地建立起卫生服务站。例如，太仓市沙溪镇全面启动农村社区卫生服务中心的建设，松南、半泾村、岳镇、凡山、印北、中荷等村的卫生服务站已经建成使用。同时，该市为农村居民普遍性地提供“免费母婴健康咨询、免费婚前医学检查、免费产前筛查诊断、免费儿童计划免疫、免费特困妇女病普查”以及“关怀妇女、关怀儿童、关怀特殊人群”等“六免三关怀”公共卫生服务，使他们享有与城镇居民同等的公共卫生服务，从而实现了社区公共卫生服务的普遍整合。

（三）社区精神防治服务

精神疾病不断上升是城市化、工业化的“副产品”，为这些群体提供

---

① 数据来源：2010 年 7 月 16 日在苏州市民政局座谈会上苏州市卫生局基层卫生处的报告。

康复服务就成为一个重要任务。根据苏州市公安局精神病防治办公室统计，到 2009 年年底，苏州全市共有各类精神病患者近 9 万名，总患病率为 14.02‰；登记在册的重症精神病患者近 4 万名，检出率达 6.37‰①。

第一，苏州市实现了精神病管理服务工作的普遍与整合。一方面，各有关部门普遍性地加强精神病患者的防治工作。公安部门及其所属派出所负责辖区内精神病患者（尤其是肇事的精神病患者）的收治及治安管理，同时协同卫生、民政、残联等部门做好精神病者的社区防治工作。卫生部门作为专业治疗康复指导机构负责对这部分群体的医疗、预防、保健、康复，对社区卫生服务中心（站）人员进行业务指导和业务培训，提高他们的专业技术水平，使之更好地服务于这些群体。民政部门依托社区加强对精神病患者的社区防治与康复训练。其他如教育、财政、劳动以及残联等机构也加强对精神病群体的工作。另一方面，他们还成立了以公安、卫生、财政、民政、计生、劳动、残联为主体的精神病防治领导机构，将原来分散在各个部门的相关工作予以了普遍整合。

第二，以社区卫生服务中心（站）为载体，普遍性地加强对精神病患者的防治工作。在防治手段上，他们将巡诊、走访以及送医送药上门等多项服务有机地整合起来，为患者提供更有针对性的服务。在医疗服务项目上，他们将门诊治疗、住院治疗以及社区康复指导等项目整合起来，根据各位患者的实际情况加以组合，形成不同的防治方案，认真对他们进行康复指导，减少复发和再住院。2008 年，全市精神病医生共走访、专访、巡诊 99866 人次，其中对易复发和易肇事的精神病患者进行了 10885 人次的重点巡诊，重点专访了 2997 人次，常规走访了 83153 人次，强制收治了 48 人次，移送救助治疗 198 人次，及时消除精神病肇事隐患 89 起。对这些精神病患者提供的服务有力地维护了社会稳定，促进了社会和谐②。

第三，苏州市通过“日间康复站”实现了医疗服务与家庭照顾的普遍整合。“日间康复站”是发达国家社区精神病防治采用的、介于医院和家庭之间的康复服务模式，目的是将原来由医院、家庭承担的、碎片化的康复服务整合为社区康复服务。早在 2006 年，苏州平江区的观前、苏锦

① 数据来源：2010 年 7 月 16 日在苏州市民政局座谈会上苏州市公安局、苏州市卫生局的报告。

② 同上。

两个社区就成立了精神卫生日间康复站，并对工作站的用房面积、康复和医疗设施、工作站的职责、康复服务内容等作了明确规定，同时聘请广济医院的医务人员进驻康复站对那些回归社区的精神患者进行日常康复训练与指导，逐步推出家庭病床、远程就诊、双向转诊、生活工作技能训练、辅助就业、干预治疗、心理咨询等系列服务项目，帮助精神病患者回归社会。到 2008 年年底，苏州市日间康复站共走访病人 17850 次，送医送药、康复治疗 5650 人次，免费送医送药 434 人次，参加生活、工作技能培训 1600 余人次，经康复站看护照料后成功回归社会的有 63 人次①。日间康复站的建设，整合了住院治疗与家庭护理，增强了患者本人、家庭成员乃至社会成员的认同感，进一步巩固了精神病防治的三级网络。

三　医疗保障体系建设的厦门探索

健康是人全面发展的基础，关系到千家万户的幸福。按照世界卫生组织的看法，维护健康重在预防而不在于治疗，治疗仅仅是一种必要的补充及无奈之举。因此，医疗保障体系的普遍整合不仅包含着医疗保障制度的普遍整合、医疗救助制度的普遍整合，而且包含医疗资源的普遍整合以及医疗服务体系的普遍整合。不同地区对于医疗保障体系的普遍整合侧重点各有所不同，福建省厦门市，围绕“医疗资源、医疗保险、医疗服务”三个方面进行了普遍整合，人们形象地称之为“医疗重组”。

（一）医疗卫生资源的整合

所谓医疗资源的普遍整合主要是指卫生部门对某个地区的医院、医生等资源重新配置，优化组合，从而发挥医疗卫生资源的最大效用，它包括优质医疗卫生资源的普遍覆盖以及对闲置医疗卫生资源的整合两个方面。

一方面，政府加强优质医疗资源横向配置的普遍整合，将优质医疗资源均衡地配置到岛外以及岛内新区，改变了岛内外卫生资源分布不均、岛内东北部地区和岛外医疗资源匮乏的局面，增强了优质卫生资源的可及性以及普遍性。例如，厦门所有三甲医院都集中在思明区中山路附近，优质医疗资源过于重叠，政府为此将厦门市中医院迁到人口比较稠密的东部地

① 数据来源：2010 年 7 月 16 日在苏州市民政局座谈会上苏州市公安局、苏州市卫生局的报告。

区，建成福建省规模最大的中医院，增强了岛内东部地区民众获得优质医疗资源的普遍性；再如，厦门市将第二医院、第三医院总部分别迁建到集美区以及同安区，使之成为这两个行政区的医疗中心，对增强厦门岛外民众优质医疗资源获得的普遍性起到了积极作用。与此同时，厦门长庚医院的投入使用为优化全市卫生资源配置、提升医疗服务水平，让患者获得更好的医疗服务起到了积极作用。

另一方面，政府加强优质医疗资源纵向配置的普遍整合，以综合性大医院为龙头分区、分片重新整合各辖区内的医疗资源，形成若干个以综合性大医院为骨干、采取“人、财、物”一体化管理的医疗服务综合体。例如，厦门第一医院兼并市杏林医院、思明医院，整合翔安区的同民医院；厦门市中医院兼并江头医院；厦门市第二医院与集美医院合并；中山医院兼并厦门铁路医院、第一门诊部、湖里医院、厦大医院；市疾病预防控制中心、医疗紧急救援中心和卫生监督所整体搬迁至岛外集美区。所有这些举措，实现了优质医疗卫生资源的纵向整合，进一步增强了优质医疗资源的普遍性、可及性。

整合医疗卫生资源，让三级医院接管社区医疗机构，形成医疗服务集群，为民众提供更加便捷可靠的医疗卫生服务，是医疗重组的重要方面。为此，厦门市卫生部门实行了三级医院全面接管社区医疗服务中心制度，让优质医疗资源直接进入社区，引导民众形成“小病进社区、大病到医院”的合理就医习惯，缓解民众看病难问题。自2004年以来，厦门市相继出台了《建立和完善社区卫生服务机构和医院双向转诊制度的意见》《关于发展我市社区卫生服务的实施意见》《关于改革和发展医疗卫生事业破解人民群众“就医难”的决定》《厦门市社区医疗服务中心管理办法（试行）》《社区医疗服务中心基本用药目录（试行）》以及《关于公立基层医疗卫生机构实施国家基本药物制度的若干意见》等11项政策，组建了社区医疗机构，由三级医院在社区医疗机构基础上建立36家社区卫生服务中心，社区卫生服务中心工作人员由三级医院指派，他们的基本工资也由所挂靠的三级医院负担。为了切实提高社区医疗服务中心的水平，政府给每家社区医疗服务中心配备了X光、B超等检查检验设备，医疗面积均不少于1000平方米，让社区医务人员必须到所依托的三级医院接受培训。同时，三级医院的医务人员晋升副高或高级职称必须到社区医疗服务中心工作半年以上。通过这些措施，有效地实现了医疗资源的普遍整合，增强了厦门医疗资源的普遍性与可及性。

（二）医疗保险基金的统筹

医疗费用补偿是医疗保障制度的落脚点与归宿，医疗保障制度普遍整合的公正性在很大程度上体现在医疗费用补偿上。

一是形成了普遍整合的医疗保险基金管理制度，将面向机关事业单位人员、企业职工、城镇居民、农村居民、大学生、未成年人等设置的基本医疗保险制度的费用缴纳、费用补偿以及大病统筹基金的使用统一归口到人力资源和社会保障局所属的医疗保险机构，从而改变原来多头管理所带来的医疗保险基金运营效率低下、运营风险增大等问题，有力地保证了基本医疗保险制度的持续发展。

二是建立起普遍整合的医保补偿与筹资标准。2007 年以来，随着《关于进一步健全和完善覆盖城乡居民基本医疗保险制度的实施意见》以及《关于改革和发展医疗卫生事业，破解人民群众就医难的决定》等的颁布，厦门市统一了城镇居民、农村居民、大学生以及未成年人的基本医疗保险门诊及住院起付线、起付线以上部分的补偿比例以及医疗费用最高限额等[①]。另外，这些群体医疗费用补偿原理与职工基本医疗保险一致。例如，职工首次在三级、二级以及一级医疗机构住院发生住院的起付线标准分别为上年度全市职工平均工资的 6%、4% 以及 2%，而城乡居民参保人员则统一按照上年度全市职工费用平均工资的 5%、3% 以及 1% 予以补偿，这使两种类型的基本医疗保险制度具备了良好的整合性，为将来进一步整合职工基本医疗保险与个人基本医疗保险提供了基础。同时，政府整合了城乡居民的筹资标准，自 2011 年 7 月起每人每年统一缴纳 80 元，政府补贴 300 元，使这类群体的基本医疗保险制度的筹资与补偿实现了整合及统一。

三是建立起普遍补偿的药品消费制度。为了解决民众“看病难、看病贵”问题，引导参保人员养成更加合理的就医习惯，自 2010 年起，厦门市规定参保人员到社区医疗服务中心就诊每年可以获得 500 元的免费药品补贴。也就是说，无论是职工还是城乡居民，所有参保人员到社区医疗服务中心接受治疗每年都可以享受累计 500 元的免费药品，但是，他们如果到大医院就诊则不能享受这种补偿。不仅如此，政府还规定，所有参保

① 厦门市将城镇居民、农村居民、大学生、未成年人四类群体统称为“城乡居民”。

人员每年都可以普遍获得200—400元额度的体检费用补偿[①]。另外，自2011年7月起，公立医院药品加成率从原来的15%降至10%[②]。所有这些举措，就是为了建立起普遍整合的医疗保险基金运用与使用机制，促进所有参保人员普遍性地享有医疗保障待遇。

因此，建设中国特色医疗保障体系需要建立健全覆盖城乡居民的医疗保障制度，这包括覆盖全民的医疗保险制度、医疗管理制度以及公共卫生服务制度，加快完善新型农村医疗保险制度以及城市居民基本医疗保险制度，使所有公民能够享有医疗保障的权利，避免因病返贫、因病致贫的现象发生。其次，为促进公平性和卫生服务的可及性，要推进城乡医疗保障体系的整合建设，缩小城乡医疗保险制度间的差距，在制度的缴费水平、计算办法以及管理机构方面实现尽可能的统一。再次，政府应加大对公共卫生服务的投入，确保民众基本公共卫生服务的可及性；同时，应根据经济发展水平适当提高个人缴费比例，引导个人支出转向医疗保健和预防上来，实现我国医疗保障体系公平和可持续发展。

① 机关事业单位人员、企业职工的体检额度为每人每年400元，而城乡居民每人每年享受200元的体检额度。

② 厦门市物价局：《厦门市公立医院药品加成率降低5%的工作方案》，2011年4月8日。

第十一章

就业保障体系建设

第一节　就业保障体系的运行及存在问题

一　就业保障体系的运行情况

就业是关系国计民生的重大问题。建立一套合理完善、与时俱进的就业保障体系有利于促进我国经济的发展、人民生活水平的提高与社会的和谐稳定。作为一套体系而言，就业保障应贯穿个人求职就业、劳动权益与失业保障整个过程，并针对不同劳动群体的具体情况有所侧重。从这个意义上讲，我国目前的就业保障体系主要包含三个方面：一是积极就业政策；二是劳动者权益保障制度；三是失业保险福利。

（一）积极就业政策反映了就业保障体系的积极态度与千方百计促就业的目标。自2002年起，通过《关于进一步做好下岗失业人员再就业工作的通知》（中发〔2002〕12号）的颁布，政府的工作重点从失业保障转移到促进“再”就业。2003年实施的12号文件与各部门的8个配套文件及各地的实施办法初步形成了我国基本的积极“再”就业政策体系。2005年，《关于进一步加强就业再就业工作的通知》（国发〔2005〕36号）将积极促进“再”就业政策扩展到城镇新增劳动力和农村富余劳动力，并进一步充实了财政、社保、就业服务等各项条款。2008年，《就业促进法》的颁布，将积极就业政策提升到法律的高度，表明了我国今后将长期积极地贯彻就业促进方针的决心与政策指向。《就业促进法》作为我国就业领域的首部基本法，其实施进一步巩固、丰富、完善了原有的积极就业政策。首先，着力创造有利的宏观经济环境，加大就业含量和力度。将扩大促进就业纳入各级政府的工作目标与发展规划，要求县级以上政府建立就业专项资金，以就业为核心建立了一套涵盖财政、金融、贸易、投资、产业、区域经济、教育、社会保障等方方面面的政策体系。其次，加大普惠性。扩展了可享受税收优惠的企业范围与小额信贷的受益群体，并将零就业家庭纳入就业援助中。再次，突出劳动者公平就业的地位。强调妇女、残疾人、传染病病原携带者、农村进城劳动者的平等就业机会。最后，注重统筹。包括产业政策与就业政策的统筹、城乡统筹、地区统筹，以及有就业需求的不同群体间的统筹。

（二）劳动者权益保障制度为处于就业状态的劳动者提供保障，确保工作环境的稳定、安全、健康，处理各种劳资纠纷等，以避免不合理失业。相关的政策法律包括《劳动法》《劳动合同法》《劳动争议调解仲裁法》《工伤保险条例》等。《劳动法》明确了劳动者的主要权利和义务，涵盖劳动合同、工作与休息时间制度、劳动报酬、劳动卫生和安全及劳动福利等方面。而《劳动合同法》《劳动争议调解仲裁法》与《工伤保险条例》分别从合同的制定与实施、劳动争议的处理、工伤的界定与相应的保险基金的设定等具体细则对劳动者提供全面细致的保护，围绕在《劳动法》的周围，形成劳动者就业过程中的保护网。自2008年开始，根据社会发展的需求及具体实施过程中的出现的问题，各项政策法律都有所调整，更倾向于维护劳动者的权益，加大了对劳动者的保护力度。

（三）失业保险福利为失业人员在失业期间提供基本的生活保障，以促进其再就业。包括失业保险、失业援助及相关福利，主要体现在《失业保险条例》中。目前缴纳保费，享受失业保险的对象主要是城镇企事业单位的职工。保费由企业上交单位工资总额的2%，职工上交个人工资的1%。保费、相关利息与政府财政补贴、转移支付等构成失业保险基金，由社会保险经办机构负责管理。失业保险基金在直辖市和设区的市实行全市统筹；其他地区的统筹层次由省、自治区人民政府规定。省、自治区可以建立失业保险调剂金。参保的失业人员可按照参保时间领取最多2年的失业保险金。保金的标准，按照低于当地最低工资标准、高于城市居民最低生活保障标准，由省、自治区、直辖市人民政府确定。社会保险经办机构负责失业人员的登记、调查、统计，拨付失业人员职业培训、职业介绍补贴费用，并为失业人员提供免费咨询服务。失业人员在领取保金期间，患病就医或死亡的，可根据情况按规定领取医疗补助金、家属丧葬补助金和抚恤金等福利。城镇企业事业单位成建制跨统筹地区转移，失业人员跨统筹地区流动的，失业保险关系随之转迁。对农民合同制失业工人，可根据单位交保情况及工作年限，向其发放一次性生活补助，补助的办法和标准由省、自治区、直辖市人民政府规定。失业人员符合城市居民最低生活保障条件的，按照规定享受城市居民最低生活保障待遇，对长期失业者起兜底的作用。

2010 年 10 月 28 日公布的《社会保险法》中的失业保险条例，扩大了参保范围，规定职工（包含进城务工的农民、被征收土地的农民及在中国境内就业的外国人等）应当参加失业保险，由用人单位和职工按照国家规定共同缴纳失业保险费。职工跨统筹地区就业的，其失业保险关系随本人转移，缴费年限累计计算，同时加强保险费的征缴管理及通过建立全国社保基金提高了失业保险的统筹层次。该法规在“广覆盖、保基本、多层次、可持续”方针的指导下，更广泛地维护公民参保和享受福利的合法权益。该法规于 2011 年 7 月 1 日开始实施。

二　就业保障体系存在的问题

改革开放以来，我国逐步由计划经济向市场经济过渡，也一直在探索适合我国国情、顺应经济发展的就业制度与保障体系，现今已经初步建立起一套相对完善的就业保障体系。然而，由于我国现阶段的人口红利、长期以来城乡分割的二元经济结构等特殊国情，仍存在一些需要进一步解决的问题。就业保障体系中的一些法律，如《就业促进法》中的一些条例也需要配套措施以促其进一步落实、执行与监督。具体来看存在以下问题。

（一）就业保障体系覆盖面不广，不能达到普惠。从失业保险来看，现阶段的对象主要是城镇企事业单位的职工。非正规就业、灵活就业人员以及以农民工为主的大量流动就业人员游离于失业保险之外。新出台的《社会保险法》中的失业保险条例扩大了参保的范围，规定将所有职工纳入失业保险体系，并且规定流动人员的失业保险关系可随本人转移，推进了失业保险普惠化灵活化的进程，但是具体实施仍缺乏相应的登记制度、财政政策、监督制度等更加深入具体化的措施与之配套。除失业保险外，对于职业介绍、职业培训等相关福利没有具体说明，还有待对《失业保险条例》的进一步修订。

（二）劳动力流动仍然存在“制度性樊篱”，没有建立全国统一的劳动力市场。目前我国劳动力流动的成本较高，涉及劳动保障、子女上学等一系列问题，其根本性障碍就是城乡隔离的户籍管理制度。

（三）就业、失业登记制度不完善。我国并没有全国意义上的失业统计，只有城镇范围内的登记失业人口统计，即在一定的劳动年龄内，有劳动能力、无业且要求就业并在当地就业服务机构进行求职登记的非农业户口人员。缺乏对以农民工为主的流动就业人口的信息登记制度与管理体系。许多地方对农民工的数量、结构等最基本的数据都不清楚，更谈不上对其就业信息如劳动合同的签订、工资情况等的管理，以及对其合法权益的维护与就业保障。

（四）失业保险水平低，保险金计发标准及给付期限设计标准缺乏科学性、合理性。按照低于当地最低工资标准、高于城市居民最低生活保障标准设计的失业保险金过于笼统与随意，并且保险金领取期限最长为 2 年，而目前世界各国失业保险给付期限一般都在 1 年以内。合理的失业保险金应该在确保失业人员的基本生活水平基础上，起到激励其再就业的目的，避免保金过高或过低而引起的自愿性失业。

（五）失业保险基金管理不规范，资金缺口大；资金用途的分配不科学，仍然重失业救济而轻促进就业，在就业促进方面的支出比重没有明确的制度规定，完全依靠失业保险经办机构自行安排，随意性太大。这就造成了就业保障体系大多数停留于给失业人员生活保障上，在职业技能培训、职业介绍，促进再就业方面的功能发挥得远远不够。

（六）就业培训体系缺乏市场导向性，针对性与规范性。职业学校与技能培训学校普遍存在教学条件较差，师资水平有限，教育内容与教学方法没有很好的市场定位，与普通高等学校特别是专科学校雷同，某些甚至热衷于升格为普通本科学校，远远脱离真实的市场需求。

（七）就业保障体系项目单一，缺少多样性，无法满足不同群体的需求。失地农民、进城务工农民、大学生、特困人员（残疾人、零就业家庭等）等不同的群体有着符合自身特征的需求，但是有针对性的服务没有跟上。如农村劳动力流动缺少有关部门的有效组织，农民进城就业有一定的盲目性，就业效能低，就业权益保障问题突出。大学生缺少实习、见习的机会等。

（八）就业保障体系资源整合度低，存在浪费现象，地区、城乡、群体间互济性低，缺乏统筹安排。各类与就业保障相关的部门、单位等所承担的服务项目有所重叠，信息资源没有得到很好的整合与利用。

三　就业保障体系整合的必要性

我国现阶段处于经济社会发展变革与全面构建和谐社会的重要战略机遇

期，又碰上了人口红利的国情，就业问题的重要性日益凸显。要使我国的就业顺应当前经济社会发展趋势，并反过来推动经济社会的发展，全面建设小康社会，就业保障体系的整合必不可少，具体表现在以下几个方面。

（一）就业保障体系的整合是缓和现阶段我国劳动力供求矛盾，促进经济发展与就业增长良性循环的必然要求。目前我国劳动力供求矛盾十分突出，一方面是人口红利高峰的到来，另一方面是我国经济体制及发展结构的转变。无论是从总体规模上还是从结构上，劳动力过剩，就业资源相对稀缺将是我国今后一段时期内所处的状态。那么如何在有限的就业资源中，挖掘就业潜力、扩大就业渠道、增加就业机会？这就需要就业保障体系的整合，使有限的资源达到尽可能大、尽可能好的利用状态，从而最大限度地缓解社会矛盾，促进经济发展与就业增长进入良性循环轨道。

（二）就业保障体系的整合是加快我国工业化与城市化进程的必然要求。工业化是一国走向经济强国的必由之路，是城市化的“药引”。由于城市能够产生聚集的规模效应，所以城市化是推动工业化的有效动力。要使工业化与城市化相互匹配、相互促进，就要保障城市迁入者以及新划入城市的人口，有公平的就业机会与就业保障，那么怎样才能将其合理纳入就业保障体系？这就需要就业保障体系的整合。只有将其纳入就业保障体系的保护伞下，使其安心地为国家建设贡献自己的力量，才能加速我国的工业化与城市化进程，发展我国的经济，进而提高国民收入水平。

（三）就业保障体系的整合是“以人为本”，全面维护劳动者合法权益的必然要求。就业的“买方市场”格局使劳动力供给方长期处于弱势地位，导致求职艰难，有些需求方甚至利用自己的强势地位，随意抬高准入门槛，刁难求职者；而且在工作中，用人单位也会利用自己不愁招不到工的强势地位，缩减劳动成本以赚取更大的利润，如工作时间的不合理延长，放任工作环境的恶化等；而当劳动者面临失业时，收入没有保障，且部分失业者由于年龄大、体力差、文化素质和专业技术水平低，再就业困难很大。要解决这些问题，就业保障体系就需要整合，通过政策调整、制度创新、法律保护等措施，合理利用有限资源，建立统一、公平、人性化的劳动力市场，完善公共服务体系与相关服务机构，全面细致地保障求职者公平就业，使劳动者能安全健康地劳动，不被无理解雇，使失业者能享受收入保护与就业援助。

（四）就业保障体系的整合是缓解社会矛盾，构建和谐社会的必然要求。现阶段我国基尼系数较高，贫富差距较大，仇富心理等矛盾滋生。就业保障体系的整合，从源头出发，全方位为所有劳动者提供公平就业致富的机会，对就业困难人员，在确保其基本生活的基础上，为其提供就业机会与培训方面的援助，有利于减缓由于贫富差距过大、就业待遇不公等引起的社会矛盾，促进社会和谐。

（五）就业保障体系的整合是统筹城乡发展，加快社会主义新农村建设的必然要求。现阶段的就业保障体系的受益者大多还局限于城镇企事业单位的劳动者。为将广大农民纳入就业保障体系，打破有损农民利益的一些制度壁垒，通过以工促农，以城带乡，提高农民的知识技术水平，加快农村经济社会的发展，改变城乡二元结构等，都需要就业保障体系的整合。

第二节　就业保障体系建设的设计

一　就业保障体系建设的目标

建立广覆盖、多功能、系统化的就业保障体系。使就业保障体系覆盖到我国所有的劳动力人口，合理规划、统筹利用相对于庞大的人口红利而稀缺的财力、物力等资源，为求职者、劳动者、失业者提供全面的、满足其多元化需求的服务。具体分以下几个方面。

（一）促进信息化、市场化、有序化的统一劳动力市场的建立与完善。改变劳动力市场城乡分割、区域分割局面，建立全国统一、城乡一体的劳动力市场。劳动力可以依据劳动条件和收入，跨地区、跨行业、跨单位地自由流动；单位可以自主招聘劳动力。劳动力和用人单位实行双向自由选择，以合同的形式确定双方应承担的权利和义务。充分利用人力资源，“人尽其才”，使市场配置达到高效率。

（二）基于统一的劳动力市场，提供覆盖面广、多层次、多功能、系统化、规范有序的公共就业服务平台。在统一劳动力市场这一信息平台上，逐步完善相关的就业失业登记、职业指导与介绍、就业培训咨询、职业技能鉴定相关咨询、就业政策（如特殊优惠政策等）咨询、依法维权咨询、就业援助及相关福利咨询等服务平台，既可以满足求职者多元化的需求，为其提供全面服务，又增加了就业岗位，有利于促进服务业的发展。

（三）以公共就业服务平台为结点，辐射相关服务机构，在全国范围内形成一个全面的、为所有劳动力提供便利的服务网络。如建立与职业培训相关的各类职业学校、技能培训机构，与职业技能鉴定相关的鉴定中心，与劳动者维权相关的律师事务所，与失业保险、优惠政策及福利相关的社会保险经办机构等。既可以保证劳动力通过公共就业服务平台快速便捷地找到自己所需要的服务，进入下一级服务单位；同时又便于公共就业服务平台掌握劳动力的动向，实现整个就业信息系统的动态化管理。

（四）建立规范化、科学化、有监督的就业保障基金体系。各级社会保险经办机构及服务网点应确保所有用人单位和职工及时、足额地缴纳保费。各地区应根据保险基金数额及失业现状做出合理的计算与预测，科学规划、统筹管理以确保失业保险基金的保值、增值与合理支出；并与就业专项基金相结合，在确保失业人员基本生活的基础上，最大限度地为各种公共就业服务、特定就业政策、小额担保贷款等提供支持，积极促进就业。

（五）实现就业保障体系全国一体化，向上有国家的宏观统筹管理，向下落实到城市的街道、社区办事处及农村的乡、镇等的有效执行。除了宏观就业政策公布、各地区就业工作指导、全国劳动力信息收集管理等外，国家还应通过设立全国社会保障基金，对有就业保障困难的地区进行补充、调剂。县级以上政府按《促进就业法》制订促进就业的年度工作计划与中长期规划，并根据各地区实际情况，制定相关配套政策；对劳动力市场、公共就业服务平台及职业培训、职业鉴定、社会保险经办机构等相关服务单位进行地区层次的合理规划与统筹管理，确保所有劳动力快速便捷地获取就业保障体系的服务，并实现信息的及时收集与动态管理。同时根据各地区劳动力的具体情况，合理计算与预测，建立失业预警制度，以避免产生大量失业人员，影响经济发展与社会稳定。

二　就业保障体系建设的流程设计

（一）服务完善、规范有序的就业保障体系的建立，需要对其各种服务支撑机构进行系统规划与管理，整合资源，形成一套快捷便利的服务流程体系。

其流程设计自然要依照“以劳动力为本”的原则，针对每个劳动力在求职—就业—失业—再就业过程中所需的各项服务（如图 11—1 所示）进行整合。

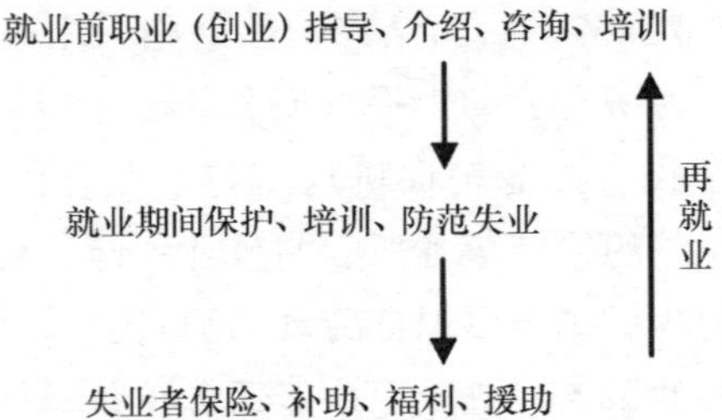

图 11—1　劳动力在求职—就业—失业—再就业过程中所需服务

针对劳动力所需服务，就业保障体系的配套服务机构如图 11—2 所示。

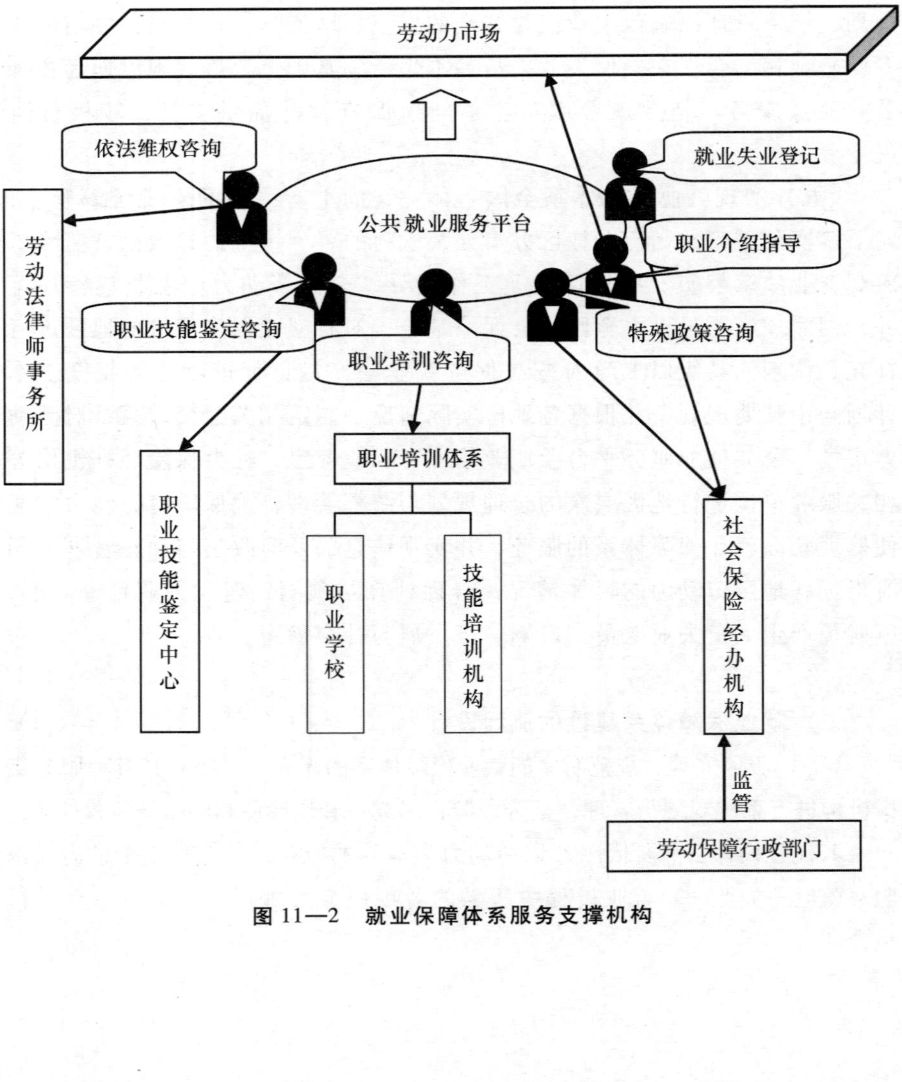

图 11—2　就业保障体系服务支撑机构

全国统一规划，合理部署就业保障体系服务支撑机构，形成“信息向上集中，服务向下传递”，高度资源整合的服务体系。建议县级以上人民政府制订促就业年度规划与中长期计划时，能将服务资源的整合作为一项工作内容，进行地区层次的统筹，确保劳动力市场、公共就业服务平台及关联的各类服务机构的合理布局，以及信息网络的共享。例如，公共就业服务平台及其网点在县、乡、镇、街道办事处等基层如何分布既能够节省资源，又可以确保每个需要服务的劳动力快速便捷地获取帮助；如何整合各类各级就业服务机构，包括政府人事部门所属的就业服务机构，行业主管部门就业服务机构，民营人才服务机构、中外合资人才中介机构等，使其更加全面、科学、有效地发挥作用。

（二）针对不同劳动力群体的特殊需求，就业保障体系应提供有所侧重的多样化服务。

1. 对于初高中毕业生，在其报考志愿时，除了为其提供高中学校与大学的信息外，应加入各类职业学校与技能培训学校信息供其选择，一方面为其提供更为广阔的选择空间，对没有进入高中及大学学习而有就业需求的初高中毕业生起到兜底的作用，引导其通过职业教育和培训获取相应的职业资格或掌握一定的职业技能，增强其求职能力，以实现稳定就业；另一方面，通过合理引导和加强职业学校、技能培训学校与用人单位的合作，增强其市场导向性与实用性，使有就业需求的初高中毕业生成为用人单位的劳动储备，避免出现用人单位苦于招不到某种专业技能人员而产生结构性失业。

2. 对于大学生，以高校为网点，为其提供完备的就业指导服务。首先要确保高校就业服务机构的规模，按毕业生人数配备一定比例的服务人员，确保每个毕业生能得到充分的就业指导。其次要充分发挥就业指导的功能。对大学生的就业指导，不能仅仅局限于毕业生阶段，而是应贯穿大学生在校学习的整个阶段。前两年，应该通过公共课、培训班等灵活多样的形式对学生进行职业教育，帮助其接触和了解就业现状，启发其在了解自己的性格、兴趣、专长等的基础上，形成初步的职业设想和规划；第三年，应该鼓励学生参加一些社会实践，了解体会市场需求，加强对其所学专业知识技能的实际应用能力。第四年，通过讲座、培训班等形式，提高毕业生的求职技巧，例如，如何写求职信、简历，应该怎样准备笔试，怎样才能从面试中脱颖而出，等等。此外，对有创业需求的大学生，应积极引导并进行相关培训。这种贯穿整个大学阶段的就业服务，有利于逐步培养大学生形成积极正确的求职观，全面提高自身的综合素质和就业竞争力，以使其在毕业后顺利找到自己合适的岗位。再次，高校的就业服务机构应主动积极地与企业建立合作关系，为学生尽早地与市场接轨、培养自身动手能力和实践能力创造条件。

3. 对于有进城就业需求的农村劳动者，为其提供与城市接洽的公共就业服务网点，加强乡镇就业管理服务机构的建设，以发挥其对农村劳动力就业的组织、职业介绍与就业指导等职能，并积极促进建立农民工输入地和输出地的区域劳务合作，以解决农民进城务工的盲目性问题，有效提高农村向城镇劳务输出的效率。同时，针对农民劳动者知识技能水平较低的特点，鼓励其进行职业技能的学习与培训。可以采取对吸收农民劳动者的职业学校、技能培训学校或是与职业技能学校合作进行“订单式”培训的企业，按人头给予一定的补贴，确保农民工稳定上岗。

4. 对于有就业困难的劳动力，如长期失业人员、“4050”人员、零就业家庭、残疾人等，发挥街道、社区等公共就业服务网点的便利性，对其进行及时登记、调查与动态管理，提供有针对性的就业援助服务，通过拓展公益性就业岗位、提供技能培训、社保补贴、税费减免等措施，有效促进其再次就业，做到底线公平。

三　就业保障体系建设的制度设计

（一）将建立健全就业保障体系，促就业放在一个战略高度，国家的各项经济政策与社会政策的规划与制定应将促就业这一目标充分考虑在内，整合一切可利用的资源，动员各方力量，全面加快就业保障体系的整合与完善。

首先，良好的经济发展形势是增加就业、减少失业的先决条件与根本途径。我国正处于工业化、城镇化进程中，经济高速发展的阶段，应该继续保持经济健康持续的增长，以扩大就业容量。

其次，千方百计增加就业岗位，以实现经济增长与就业增长的良性循环。增强经济增长对就业的拉动效应，将经济的快速发展转变为就业岗位的稳健增长，提高就业弹性系数。我国的就业弹性系数近年来一直保持在较低水平，只有1%左右，这与我国的经济增长方式的转变、产业结构的调整有着很大关系，是我国经济社会发展转型的必然结果。我们应该认清这一形势发展，转挑战为机遇，通过产业政策调整重新调节资本、技术、劳动力等各要素投入的平衡关系，在产业发展中强调“以劳动力为本”。加速发展旅游业、服务业等就业弹性系数较高的第三产业；发展具有比较优势的劳动密集型行业和中小企业，对其采取税收、银行贷款、财政扶持、法律保障等优惠政策。同时鼓励更为灵活的劳动就业形式，如提供临时性的就业机会；鼓励劳动者自己创业，给予相应的税费减免、小额担保贷款支持、贴息等扶持政策。此外，政府应积极投资开发公益性就业岗位，如整合社区服务资源，开发社区服务岗位等。

再次，促进劳动力供给与需求之间的合理匹配，尽量避免出现有就业岗位，而无合适劳动者可聘请这样结构性失业现象的出现。我国工业化进程与经济结构调整中出现的技术进步在短期内可能会导致就业弹性的下降，但是长期会转化为更高层次的就业需求，催生新的就业增长源。由此看来，我国对专业技术性人才的需求将逐步进入一个高峰期，所以应当更加重视教育的发展，特别是职业教育的发展，广泛提升劳动力的知识技能水平，以满足新岗位的需求，避免劳动力供给和需求之间产生较大错位。

（二）改革户籍制度，以加快统一劳动力市场的建立。

建立统一劳动力市场所要解决的关键问题就是消除传统的城乡隔离状态，改革不合理的户籍制度，有计划、有步骤地解决长期在城市就业与居住的农民工的落户问题，也为农民工相关的教育、医疗、养老等福利制度的落实提供便利，对统筹地区发展、城乡发展都有积极的效果。进城农民工是基础设施建设、建筑业以及第三产业的主力军，他们低工资、高强度的工作为城市的建设和繁荣发展做出了极大的贡献。改革户籍制度，加快统一劳动力市场的建立，降低农民进城务工的成本，应是就业保障体系整合的一项重要措施。

（三）积极推广社保卡，建立与完善个人账户，方便就业等社会保障服务落实到每个人，并随劳动者流动，实现就业保障体系的动态化管理。

目前的社保卡主要针对城镇从业人员、失业人员和离休人员发放。最近颁布的《社会保险法》规定“国家建立全国统一的个人社会保障号码。个人社会保障号码为公民身份号码”，这表明国家将在全国范围内推广社保卡的决心。而此条例的具体实施仍需要社会的广泛支持：首先，需要强化个人与用人单位的参保意识，促进相互监督主动办理社保卡；其次，针对现今非全日制用工、灵活就业等多样化的就业形式，以及现今未纳入社保体系的广大农民，如何参保、缴纳保费等一系列问题需要尽快研究解决，出台具体明确的方案予以落实。

（四）加强就业保障基金的科学规划与严格监管，充分利用失业保险基金与就业专项基金，从财力上保证就业保障体系既能够保障失业者的基本生活，又能为其提供有效的就业服务，促进再就业。

目前失业保险金的缴纳对象只局限于城镇企事业单位与全日制正规就业的劳动者。然而我国存在着大量进城务工的农民、临时工、短时工等灵活就业者、雇主和个体经营等自主就业者，这部分劳动力面临着比城镇企事业单位中正规就业的劳动者更大的失业风险，却没有有效的失业保障。同时，灵活就业者与个体经营者对于缓解我国的就业矛盾发挥着积极的作用，应给予鼓励，这就需要国家将其纳入就业保障体系。新出台的《社会保险法》中已明确规定将所有职工均纳入失业保险，但是对于失业保险金的缴纳办法没有具体说明，原有的《失业保险条例》需要进一步完善，农民工是否需要承担一定比例的保费，灵活就业人员与自主就业者是否要承担个人与企业两部分的保费等问题需要在统筹我国失业保险基金使用状况与我国现阶段的失业情况后做出明确规定。

另外，对于失业保险基金与就业专项基金如何互补匹配，既确保资金充足，又避免重复浪费，需要进一步探索。各地区应结合失业现状和对未来的预测，以及纳入全部职工的失业保险基金数额的重新测算，对失业保险基金的收入与支出及就业专项基金的设立规模与支出有科学合理的规划，并应不断探索，逐步建立起一套系统化的就业保障基金管理机制，加大执法和监督力度，使其透明化、公开化。

（五）规范职业技能培训，建立以市场需求为导向，多元化、多功能、系统性的职业培训体系，加快职业教育的发展，促进就业质量的提高。

我国作为发展中国家，对智力的投资收益大于发达国家。在强调高等教育的同时，应根据我国人口发展趋势及就业形式，灵活调整各级教育的投入，重视发展各种非正规教育。职业培训是国家实行积极人力政策的直接途径，鼓励劳动力通过增加人力资本的投资来提高其就业能力，以尽快适应经济发展的新形势，对于降低结构性失业有着重要意义。职业培训的定位，套用黄炎培先生的一句话，就是“使无业者有业，有业者乐业”。

国家应该以市场需求为导向，以培养技术应用型人才为定位，对职业学校和技能培训学校进行全面的规范与整合。首先，学校的办学模式、教学模式、课程设置需要打破传统，充分考虑社会需求，体现对劳动力就业能力的培养。其次，加强学校建设和教学改革，增强教师队伍的实践能力，并提高所教授知识技能的更新频率。再次，不拘泥于2年或3年的学制模式，采取弹性学制和灵活的教学管理制度，注重与企业的具体需求相结合。同用人单位之间建立良好的合作关系，如采取学校提供场地、教师、生源，企业提供一部分师资、实训基地、用人需求，双方结合起来培养人才的“订单式”培养模式。

（六）各地区加强对就业困难群体的扶持，合理布局基层公共就业服务平台，利用该平台全面了解与掌握长期失业人员、零就业家庭、“4050”人员等缺乏经济来源的就业困难群众的实际情况，有针对性地为其提供公益性岗位援助、税费减免、社保补贴、贷款担保、技能培训等帮助，并进行跟踪服务，切实帮助其实现稳定就业。对于就业困难地区、困难行业如资源枯竭型城市和独立工矿区的劳动者，国家要有合理的规划与安排，给予相应的补贴与政策扶持，组织实施国家培训项目，鼓励企业平稳转型，鼓励跨地区的劳务协作和劳务输出，及时促进下岗失业人员再就业，防止大面积失业。

第三节 就业保障体系建设的支持条件

就业是人民安居、经济发展、社会稳定的源泉。就业保障体系的普遍整合需要国家、企业、社会团体等多方支持，下面从财政、立法、技术与社会几个方面加以说明。

一 就业保障体系建设的财政支持

我国现阶段实行积极的财政政策，在规划税收收入和财政支出时，应将积极促进就业的目标充分考虑在内，综合运用税收、预算、国债、贴息、转移支付、政府采购等多种工具，为就业保障体系的普遍整合提供充足的财政支持。主要的财政支持包括：对失业保险金的调剂、补充（新公布的《社会保险法》规定“国家设立全国社会保障基金，由中央财政预算拨款以及国务院批准的其他方式筹集的资金构成，用于社会保障支出的补充、调剂”。)；对失业人员，除了保障其失业保险金的领取及提供职业介绍、培训、鉴定等补贴外，还应实施税费减免和小额担保贷款扶持政策，鼓励其自主创业；对就业困难人员，实施政府就业援助制度，提供社保补贴、岗位补贴等；对吸纳下岗失业人员与就业困难人员的企业，进行社保补贴和税收减免政策；对吸纳进城务工农村劳动者较多的重点行业和组织劳务输出的贫困地区，组织实施国家培训项目；对失地农民，提供社保，并安排培训和就业服务；对劳动力市场和公共就业服务平台提供运作资金；对职业学校与技能培训学校提供助学贷款、助学金、奖学金的补贴等。目前仍然存在的问题有：（1）对城镇失业人员的基本生活保障金、失业保障金支出较多，职业培训和相关就业服务较少，且具有很大的随意性。各级政府需要进一步优化对失业人员的财政支持结构。（2）对职业教育的投入不足，各地职业教育学校生均预算内教育经费的投入远低于普通高中，一些职业学校的经费主要靠收取学杂费来维持。职业教育规模的逐年扩大与有限的财政支出导致生均的办学条件逐年下降，一些职业学校设施不足、设备落后，远远不能满足学生实习实训的需求，导致学生所学的知识技能无法与市场需求衔接，达不到职业培训的预期效果。针对于这些问题，国家应进一步积极调整财政支出结构，在加大资金投入的同时，加强对促就业工作的重视及对就业专项资金的科学管理，加大对再就业培训和职业技术教育的支持力度，大力改善其师资水平与办学条件。同时，切实加强对就业再就业资金拨付使用的管理工作与监督检查，确保资金使用符合规定的范围、标准和程序，专款专用；此外，需要进一步加强财政支出的全国统筹，对高失业率地区实行特殊优惠扶持政策倾斜，继续加大对困难地区的财政转移支付和财政投资力度。

二 就业保障体系建设的立法支持

我国目前在促进就业、保护劳动者权益和提供失业保障方面都有法律法规支持，可以说比较全面地为劳动者特别是城镇劳动者提供了保障。然而，就业保障体系的普遍整合对我国当前的就业形式提出了许多新的要求。这些要求仍需要立法的支持，相应的法律法规应及时配合改进；必要时，新的法律法规也应顺势出台，以巩固与增强就业保障体系的强制性与保障性。最近出台的《社会保险法》本着“广覆盖、保基本、多层次、可持续”的方针，将所有公民纳入社保体系，所有职工参加失业保险，享有失业期间的相关补贴福利。该项规定的出台标志着我国社会保障体系跨上了全民化的新的层次，而要将其贯彻落实仍需要具体的法律法规与之配合，比如《失业保险条例》中的某些细则已经过时，需要进一步完善。首先要解决的是失业保险金的全面征缴问题。目前只对城镇企事业单位和职工的缴费方式有所说明，对灵活就业人员、进城务工人员等如何缴纳保费还没有具体的法规说明。其次，目前针对企业和个人失业保险缴费的法律法规还不够严谨，强制力度和手段都还缺乏，监督力度不强，使供款方有可乘之机和侥幸心理，迟缴、欠缴、拒缴以及虚报、瞒报的现象仍然存在。失业保险作为国家通过立法规定而强制实施的一种社会安全保障体系，其基金筹集的强制性需要法律法规来保证贯彻与实施。要保证失业保险基金来源的稳定与增长，确保失业保险基金的正常运行，应完善相关法律法规，加强惩罚、制裁的措施与手段。例如“将失业保险纳入劳动监察工作中，依靠劳动监察力量依法强制征收；在工商部门进行工商年检时，实现审核失业保险缴费合格制度，凡未经失业保险管理机构办理失业保险年检合格手续的用人单位，工商行政部门不予办理工商年检合格手续，在办理营业执照注销手续时，必须先审核由失业保险机构出具的失业保险关系终结书；审计部门要定期进行失业保险费的征缴审计，督促企业及时缴纳失业保险费”。注释同时加大对失业保险基金的规范化管理，加强对侵吞、挪用失业保险金的单位和个人的惩罚力度。再次，对于失业保险基金、就业专项基金的管理应有详细的法律法规说明，建立预算编制、强化科学管理，依法理财，以达到资金合理高效的利用。

三　就业保障体系建设的技术支持

在当今信息化的时代，互联网为服务的便捷性提供了有效支持。随着就业失业登记卡与社保卡的大力推广与普及，我国需要尽快建立就业保障体系管理信息系统，既要包括劳动力的动态数据库与各用人单位的职位信息数据，又要涵盖各种就业服务相关机构的信息，如职业学校、职业技能鉴定中心、劳动法律师事务所等。这些信息通过街道（社区）、乡、县、市、省到全国，数据向上集中形成动态数据网络与服务网络，为建立全国统一的劳动力市场、提高公共就业服务平台的效率，地区统筹布局各就业服务机构，国家全面管理就业服务体系提供强有力的技术支持。

四 就业保障体系建设的社会支持

（一）加大政策宣传力度，通过各种媒体（广播、报纸、电视、网络等）扩大就业保障体系的影响面，提高公众认识，使其深入人心。例如，公交车上的移动电视传媒便是一个很好的平台，可借此以宣传片的形式向公众宣传社保卡、就业失业登记卡等就业服务政策。也可借助广播、电视、网络平台为公众提供劳动权益与劳动争议等相关法律咨询与就业保障服务监督热线电话，从而使就业服务更加便民化、公开化，同时也提高其为民服务的效率。

（二）呼吁社会各界参与，实施正向激励，调动各方参与的积极性。充分发挥社区在信息收集、动态核对管理及对就业困难人员跟踪服务等方面的便利，建立基层公共就业服务平台，开发社区公益性岗位，在解决部分劳动力就业问题的同时，为更广大的劳动力提供全面细致的服务；鼓励工会、共青团、妇联、残联以及其他社会组织如青年创业就业协会、中国劳动学会等，协助政府开展促进就业工作，依法维护劳动者的劳动权利（《就业促进法》）；鼓励校企合作及社会各界对职业教育的资助和捐款，对捐资助学的企事业单位、社会团体和公民个人，给予税收政策优惠；鼓励社会各界对就业困难人员给予岗位及财力上的资助；等等。

第十二章

住房保障体系建设

住房是人类的最基本需求之一，住房保障也是社会保障体系的重要组成部分。伴随着我国经济持续快速的发展，在经历了一系列的住房制度改革以后，特别是住房市场化改革的全面推进，我国城乡居民居住条件都得到较大的改善，居民的住房保障水平也得到较大提升。但随着近些年我国住房价格的持续攀升，过高的房价远远超出了绝大多数居民的实际支付水平。面对“住有其所”民生诉求与和谐社会目标，需要结合我们国家实际所面临的土地资源约束条件和社会流动加剧的国情，审慎反思我国住房保障及住房市场的问题，对当前的住房保障制度进行普遍整合，构建全民共享的新型住房福利体系。

第一节　住房保障体系的运行情况

一　计划经济时期城镇住房福利制度反思

新中国成立后，我国在城镇实行了完全福利化的住房政策。“在传统的住房供给体制中，住房不进入流通，而是作为劳动补偿的一种形式，在实物福利的名义下分配给劳动者。”①

传统住房福利制度在特定的历史时期曾经起到积极的作用，但随着社会的发展，传统住房福利制度的实际运行逐渐呈现“住房供给不足，住房短缺问题严重”“租不养房，住房需求和供给陷入恶性循环”和“住房福利分配存在不公”等问题。对于传统住房福利制度的问题进行必要的反思，有助于深化我们对现行住房保障制度的认识。

---

①　杨鲁、王育琨：《住房改革：理论的反思与现实的选择》，天津人民出版社 1992 年版，第 70 页。

（一）福利过度超出了当时实际经济发展水平

由于当时的住房福利制度采取的是低租金的政策，这虽然是受当时收入分配制度的影响，但过度低廉的租金特别是租金的持续降低，住房的福利配给与成本租金之间存在较大差距，远远超出了我国当时实际经济发展水平，对住房投资资金的回收与循环造成巨大困难，形成了福利水平低下与福利过度共存的局面。同时，过低且统一的租金水平的住房福利，完全排斥了市场的作用，一方面造成住房供给的低效率，另一方面带来住房的过度需求，这些都加剧了住房短缺的矛盾。

（二）住房福利的单位供给制形成住房福利的社会分割与不公平

传统的住房福利制度采取的单位供给制，即住房福利水平完全取决于居民所归属的单位情况，其实际上是一种小范围的福利，在福利的供给没有实现社会化，因此形成住房福利的社会分割。同时，住房的分配是以身份等级为基础的，而不是以居住需求为前提，形成了住房福利的等级制，无论是在单位内部还是在社会层面，都造成了较大的社会不公平。

（三）住房福利的流转制度稳定了住房需求预期

传统住房福利制度下，住房的新旧和大小在不同资格的成员之间充分流转，尽管存在实际福利结果的不公平，但从程序上是公平的。同时，这种住房流转制度，充分发挥了住房的功能，也稳定了社会成员的居住需求预期，对于我们当前的住房制度特别是住房梯度消费理念的形成是具有借鉴意义的。

二　现行城镇住房保障制度体系运行情况

随着我国住房市场化改革的全面推进，我国的住房保障制度也开始逐步建立，到目前基本建立了以廉租住房、经济适用房、住房公积金制度为主的多层次城镇住房保障体系。总体上，我国现行城镇住房福利制度可分为保障性租赁住房类、保障性商品房类和息税类三类制度。

（一）保障性租赁住房类

保障性租赁住房是救助性的住房保障制度，以向特定群体提供低于市场化租金的租赁住房为保障手段，主要包括廉租房和公共租赁住房。

1. 廉租住房

廉租住房是我国现行住房保障体系的核心组成部分，是指政府在住房领域实施社会保障职能，向城市低收入住房困难家庭提供的租金相对低廉的普通住房。1998 年，国务院颁布《国务院关于进一步深化城镇住房制度改革，加快住房建设的通知》（国发〔1998〕23 号），首次提出建立廉租住房制度，后几经调整，现行的廉租住房制度主要由 2007 年建设部等九部委联合颁布的《廉租住房保障办法》（建设部令第 162 号）及住房和城乡建设部、财政部、国家发展和改革委等部门发布的相关规章文件确定。

从保障对象来看，从原先的具有城镇常住居民户口的最低收入家庭，廉租住房保障对象逐步放宽至目前的城镇低收入住房困难家庭。具体的条件由市、县人民政府确定，但一般都以拥有本地城镇户口并在本地生活为先决条件。廉租住房实行动态监管，有明确的准入和退出标准，且只能用于申请家庭及其成员自住，不得转租、转借或改变用途。

廉租住房保障方式一般实行货币补贴和实物配租等方式相结合，在实施过程中究竟采用哪一种保障方式，主要取决住房市场供求关系，各城市也不尽相同；廉租住房保障水平以满足家庭基本居住需求为原则，由市、县人民政府根据当地家庭平均住房水平、财政承受能力以及城市低收入住房困难家庭的人口数量、结构等因素，以户为单位确定廉租住房保障面积标准。但由于在房改的过程中，公房基本都已经出售，各地政府手中的房屋存量非常有限，同时由于资金等方面的原因，新建的廉租住房数量也非常有限，目前的廉租住房主要以租金补贴为主要保障方式。

2. 公共租赁住房

公共租赁住房是指投资者（政府、企业和非营利性机构等）持有房源，以低于市场价的方式租给特定人群的保障性租赁住房，其租金水平高于廉租住房，低于商品房。公共租赁住房旨在解决城市中低收入群体中的“夹心层”（不符合廉租房的保障标准，但是又买不起经济适用房的家庭）的住房问题。公共租赁住房制度 2006 年在厦门率先开始实施[①]，目前在北京、重庆、天津、上海、常州、青岛、广州、深圳等城市纷纷开工建设或收购了一定规模的公共租赁房房源。2010 年 6 月 8 日，住房和城乡建设部等七部委联合下发了《关于加快发展公共租赁住房的指导意见》（建保〔2010〕87 号），对我国公共租赁住房的发展提出了规范性要求。

公共租赁住房的保障对象为城市中等偏下收入住房困难家庭，具有户籍的限制，目前部分城市的保障对象也在逐步扩大，向新就业人员和外来务工人员开放。公共租赁住房的保障水平也是以满足基本居住需求为基础

① 厦门市于 2007 年 6 月率先推出第一批公共租赁住房，但厦门称为社会保障性租赁房。

的，实行动态监管，有严格的准入和退出机制，只能用于承租人自住，不得出借、转租或闲置，也不得用于从事其他经营活动。公共租赁住房的租赁合同一般为3—5年，期满后可以续签，但目前各城市一般最长租赁期限都为5年。

公共租赁住房在产权上并没有发生转移，从根本上去除了住房的资产属性，有效规避了住房市场严重的投机性需求，是现行住房保障制度中比较有效的一种手段，在房价持续攀升的情况下，可以有效解决越来越严重的住房夹心层的问题，应该可以成为未来住房保障制度的主要手段。

（二）保障性商品房类

保障性商品房是一种援助性的住房保障制度，以向特定群体提供低于市场价的商品性住房为保障手段，以产权转移为特征，主要包括经济适用住房和限价房。

1. 经济适用住房

经济适用住房是指政府提供政策优惠，限定套型面积和销售价格，按照合理标准建设，面向城市低收入住房困难家庭供应的具有保障性质的政策性住房。1994年，《国务院关于深化城镇住房制度改革的决定》（国发〔1994〕43号），首次提出建立以中低收入家庭为对象、具有保障性质的经济适用住房供应体系，1995年开始实施“国家安居工程”项目，现行制度主要是由2007年建设部等七部委联合颁布的《经济适用住房管理办法》（建住房〔2007〕258号）及住房和城乡建设部、财政部、国家发展和改革委、国土资源部、央行、国家税务总局等部门发布的相关规章文件确定。

经济适用住房制度一度成为我国经济改革和住房改革市场化推进的一种政策调控工具，随着我国住房制度改革的深化、住房市场的发展以及国家宏观经济环境的变化，保障对象在住房的保障属性和商品属性之间摇摆，保障水平也在不断调整，但在具体执行中仍然存在一系列问题，也是目前最为公众诟病的一种住房保障制度。直到2007年国务院颁发的《关于解决城市低收入家庭住房困难的若干意见》（国发〔2007〕24号）才明确了经济适用住房属于政策性住房、购房人拥有有限产权、供应对象为城市低收入住房困难家庭，准入和退出机制才开始明晰。

2. 安置房

安置房是指因城市规划进行城市道路建设和其他公共设施建设项目、土地开发等原因进行拆迁，而安置给被拆迁人或承租人居住使用的房屋，是一种定向配置的住房。由于安置房的安置对象是特定的动迁安置户，安置房享受政府土地出让金、相关税费等减免，持有者取得完全产权。

3. 限价房

限价房是指采用政府组织监管、市场化运作的模式，在土地供应时就限定其房屋套型和房价，并采取竞地价、竞房价的办法，以招标方式确定开发建设单位，并面向城镇中低收入居民供应的房产，一般也称为两限房。限价房是在在全国房价持续飞涨的背景下，为了支持既不符合住房保障条件，又买不起商品房的“夹心层”家庭解决住房问题而实施的举措，同时也是为了调控和稳定商品房价格。广州、成都、北京、南昌、福州、南京、青岛等城市从 2007 年开始尝试推出限价房，主要针对两部分人群：一是具备一定的购房能力但又不足以承受当前高房价的人群，二是定向购买的拆迁户。

限价房的购买者购买时即取得完全产权，但由于政府出让了部分土地收益，也是通过转移支付的方式对购房者提供了补贴，因此也具有部分保障属性，在操作上也限定了一些退出条件。由于限价房也是以完全产权为基础的商品房，不但遮蔽了真实房价水平，在实际执行中也会出现严重的偏差，在房价高涨时，由于存在较大的寻租空间会衍生出严重的住房不公平，而在房价回调时更会遭遇“弃购”或“退房”的尴尬。因此，限价房的推出只是地方政府在应对高房价下日益强烈的住房民生诉求而又不想对房地产市场形成冲击的权宜之计，从推出起就广受非议。

（三）息税类

息税类制度是指对购房者提供贷款利息和相关税费的优惠或减免的制度，这种制度对购房者的实际支付能力形成一定的支持，因此也具有一定的住房保障性质，属于互助性或援助性住房保障制度。主要包括住房公积金和其他一些息税优惠措施。

住房公积金是指国家机关、国有企业、城镇集体企业、外商投资企业、城镇私营企业及其他城镇企业、事业单位、民办非企业单位、社会团体为其在职职工缴存的长期住房储金。住房公积金制度由上海市于 1991 年借鉴新加坡经验率先推出，并逐步在全国推广，目前住房公积金的运行和管理主要由国务院 2002 年 3 月修订颁布的《住房公积金管理条例》（国务院令第 350 号）规范和约束。住房公积金由在职职工和单位以职工上一年度月平均工资为缴存基数按照同样的比例缴存，缴存比例为 5%—12%，并规定了缴存额的上限。目前住房公积金覆盖对象也逐步向外来务工人员、城镇个体户和自由职业者开放，但由于各地执行力度不同，住房公积金的实际覆盖范围还相对较小。

其他一些息税优惠措施主要有首付金额的降低、商业贷款利率折扣、交易契税减免等，这些措施对居民购房形成一定支持，是国家调控房地产市场的主要手段。

（四）住房职业福利

我国实行住房市场化改革之后，实现了传统的单位供给制的住房福利向社会化的住房保障的转变。但在我国住房保障覆盖范围狭窄的情况下，针对市场高涨的房价，一些单位针对自己的职工或是引进人才时也会提供一些相应的购房补贴和优惠，这主要包括如下几种情况。

1. 提供一定额度免息或低息贷款。这种情况在银行系统比较普遍，额度也比较高。同时，部分高校和其他企业在引进人才时也会采取这样的措施。

2. 提供一定额度购房补贴或直接提供产权住房。在国家机关、事业单位、高校等单位往往会向本单位职工或在引进人才时提供相应的购房补贴，而一些地方政府和企业在引进或奖励高端人才时往往会把产权住房作为激励条件。

3. 经济适用住房、两限房等优先选择权或定向开发。以北京市为例，国家机关、事业单位和高校一般都有经济适用住房或两限房的优先选择权，甚至一些经济适用住房或两限房是向特定单位定向开发的。

4. 集体宿舍或周转房。部分高校和国家机关、事业单位一般会给新入职职工提供短期周转房（一般 2 年），部分制造业和服务业也会为农民工提供集体宿舍。

这些职业福利作为国家社会保障制度的一种补充，对于吸引和稳定人才特别是高端急需人才起到了很好的促进作用，但由于这些福利一般都是以产权住房为基础的，能够提供这些福利的单位，其职工收入情况相对于普通民众也具有较大的优势，特别是保障性住房的优先权和定向开发更是对社公共福利的直接挤占，这种职业福利的存在会给民众带来不公平的感受，往往会为大众所诟病。

三　农村住房保障制度运行情况

在城乡二元社会结构下，自新中国成立后我国农村住房就采取了与城镇住房福利制度不同的制度，农民依据家庭和人口向集体申请无偿划拨的

"宅基地"并由农民自建、自居、自用，但宅基地不准出租和买卖，特殊困难群体的住房问题，由农村集体组织负责救济，政府承担的责任非常有限。

住房市场化改革后，新建立的住房保障体系依然没有包括农村住房，国家对农村住房问题的依然停留在一些针对特殊困难群体的救助性制度，这主要包括以下几方面。

1. 一般由农村基层政府和集体组织对农村五保户、优抚对象提供一定程度的住房保障，政府对农村困难家庭提供危房改造补贴。

2. 对于一些因遭受自然灾害而失去原有自建住房的农民，在国家的整体救灾措施中也会以灾区重建的方式向受灾农民直接提供住房或提供住房补贴，如南方雨雪冰冻灾害地区灾后恢复重建、汶川地震灾后重建等。

3. 移民安置，对于因生态保护或国家大型建设工程而从原居住地搬迁时，一般由政府提供安置住房或相应补偿，如"三江源"生态移民、三峡移民、南水北调移民等。

尽管随着农村经济发展及外出务工收入增多，我国农民收入有了较大幅度的增长，农村掀起了盖房和翻盖的高潮，农村住房水平与质量已经得到很大提高，但农村住房也面临着如下问题。

1. 农村建设缺乏整体规划，以农户为单位的自建房屋分布零散、土地资源严重浪费，特别是一些地方"空心村"现象非常普遍，房屋质量参差不齐，缺乏完善的基础设施和配套设施。

2. 在建材价格持续上涨的情况下，农民自建住房缺乏必要的金融支持。

3. 农村仍存在大量的危房旧房，资金缺乏严重，特别是农村困难家庭仍存在较大的住房问题。

4. 在农民大量进城务工，特别是很多农民已经长期在城市务工的情况下，由于户籍的限制，农民工依然被排除在城镇住房保障制度之外，农民工住房问题突出。

第二节　我国城镇住房保障体系存在的问题

一　我国当前城镇住房问题的具体表现

随着我国城镇住房市场化改革的持续推进，我国住房市场发生了巨大变化，一方面，居民居住水平得到较大改善，人均住房建筑面积从1978年的不足6.7平方米提高到2008年的28平方米以上①；另一方面，从2000年起国内房价保持高速增长，特别是2005—2007年三年房价涨幅出现过快过猛的势头，其间房价至少上涨了3倍。目前的房价已经远远超出85%以上家庭的正常收入所能承受的范围，因此，我国目前的住房问题已不是住房改革前住房严重短缺的问题，而是房价与居民实际支付能力出现巨大差距的问题，是各种别墅、豪宅充斥市场，住房空置率高居不下而很多人却无法通过自己的能力获得体面住房而造成大量"房奴"和"夹心层"的问题。目前的住房政策不仅造成严重的住房问题，更带来严重社会问题，加剧了社会的分化与社会阶层对立。

二　我国当前城镇住房问题的成因

（一）房地产业被过度赋予经济发展功能

我国房改在最初就赋予了房地产业拉动经济增长的功能。从邓小平关于我国房改总体构想的两次讲话中就可以看出：房改一方面是想把老百姓手中的钱掏出来，另一方面就是要把建筑业（房地产业）作为为国家增加收入、增加积累的一个重要产业部门，并要求在长期规划中必须把建筑业放在重要地位。而1997年国务院颁布《国务院关于进一步深化城镇住房制度改革，加快住房建设的通知》（国发〔1997〕23号）的背景就是在亚洲金融危机下，把房地产业作为一个新的经济增长点和消费热点来推出的。2003年国务院颁布的《关于促进房地产市场持续健康发展的通知》（国发〔2003〕18号）更是明确指出房地产业是国民经济支柱产业。在国内官员GDP政绩考核范式下，房地产业作为国民经济支柱产业被推向了极致，全国掀起了打造城市和经营城市的热潮，房地产投资持续高涨，2006—2008年，房地产固定资产投资增长速度分别为25.4%、32.2%和23%，而房地产固定资产投资占固定资产总投资的比重分别达22.9%、24.3%和23.8%，这一比重远超过10%的国际经验警戒线，同时房地产固定资产投资占GDP的比重分别达10.2%、11.6%和11.7%，这一比重

① 住房和城乡建设部：《中国社会保障、住房保障情况和住房建设成就》，国庆新闻中心新闻发布会，2009年9月29日，http://www.mohurd.gov.cn/xwfb/200909/t20090929_195597.htm。

也达5%的国际警戒线的两倍以上[①]。

这样，作为国民经济支柱产业的房地产被地方政府所推崇，一方面，地方政府大量批租土地甚至炒卖地皮，盲目拆迁造城，依靠房地产投资来拉动当地经济发展，进而补偿财政收入，形成“土地财政”。另一方面，由于房地产开发过程中，大量的开发贷款和按揭贷款被投入房地产行业，而这样资产也成为银行业的优质资产。很快，地方政府和银行机构被房地产商所俘获，在GDP政绩考核机制和利润驱使下，地方政府和银行机构纷纷把自己的政治前途与房地产业的发展捆绑在一起，为房地产业的经营提供种种便利，滋生了严重的腐败现象，而且地方政府、银行机构与房地产商一起成为高房价的共谋，不遗余力地推高房价。国民经济事实上已经被房地产业所绑架，在全球性金融危机的背景下，各级政府仍频频出手“救市”，面对房价的快速上涨，多次房地产调控也由于中央政府与地方政府的目标偏离而屡屡无功而返[②]。国家的房地产宏观调控政策陷入了一个困局：每次宏观调控只是给市场带来了短暂的不确定性，随后又成了房价上涨理由，越是对房地产宏观调控，房价越是快速上涨，最终导致陷入政策调控与房价上涨的螺旋循环怪圈！

（二）房地产过度市场化

我国房改标志性文件《国务院关于进一步深化城镇住房制度改革，加快住房建设的通知》（国发〔1998〕23号文件）出台时，一方面是由于当时处于亚洲金融危机，面临经济困境，国家希望把房地产业作为一个新的经济增长点和消费热点；另一方面，当时也正处于全球化和新自由主义思潮上升期，国内一些奉市场自由主义为圭臬的经济学家迅速成为中国社会政策的推手，极力主张通过市场化、自由化把政府从经济中赶出去，政府甚至把提供住房、教育、医疗和养老等保护社会的责任通通推向市场并把负担转嫁给个人。这样，国家取消了住房福利制度，实行以住房私有化（商品房）为特征的住房市场化改革，在还没有建立相应的住房保障体系的情况下，我国住房被强行推向市场化的单行道上。2003年国务院发布的《关于促进房地产市场持续健康发展的通知》（国发〔2003〕18

① 数据来源：根据国家统计局2007—2009年统计年鉴数据计算整理。

② 事实上，中央政府对于房地产市场的调控也是心口不一，每次调控的基调都是“稳定房价，抑制房价大幅波动”，这实际上是从某种层面对当前房价水平的认可，从另一种意义上说也是对房价作了一个隐性担保，即如任志强所说的房价只能是上涨而不能下跌！

号）中明确指出房地产业是国民经济支柱产业并提出“完善住房供应政策，调整住房供应结构，逐步实现多数家庭购买或承租普通商品住房”新的表述方式，发出了更强的市场化导向，由此我国的住房政策步入了单一化的市场化错误方向。在这种单一化的市场化过程中，我国住房市场呈现出两个特征。

1. 住房保障制度的缺失

在推行住房市场化改革的时候，我国还存在比较严重的住房短缺问题，住房福利的取消并没有完备的住房保障制度来代替，居民在没有国家应有的保护的情况下被强行推向了市场。尽管随后逐步建立起以廉租住房、经济适用住房和住房公积金为核心的住房保障体系，但我们的住房保障体系覆盖范围非常狭小，同时，由于缺乏必要的制约机制，地方政府往往以发展经济为借口而置住房民生于不顾，住房保障制度执行不力，也没有做到应保尽保。我国城镇居民无法得到政府应有的保护而完全暴露在市场之中。目前，我国经济适用住房的覆盖面只占商品房的不足6%，而廉租住房的保障面更小，事实上形成了住房供应主要靠商品房这种市场工具的单轨制。

2. 住房过早私有化

我国在住房制度改革开始的时候就以住房的私有化为目标，且在改革的早期就大力推行公房优惠出售政策，而到1998年住房市场化全面推进时，我国的公房几乎已经以非常低廉的价格出售殆尽，公房的存量已经非常之少。我国大规模实现出售公房推进住房私有化的社会背景与国外低价出售公共住房的社会背景却存在巨大的差别。在新加坡、英国等国家出售公共住房的时候，一方面是政府已经建造了大量的公共住房，住房严重短缺的问题已经得到很大缓解；另一方面，公共住房出售的对象虽然也是实际承租人优先，但这些公共住房的承租人基本都是处于社会中下层的人员。而我国廉价出售公房的时候，一方面，我国仍存在非常严重的住房短缺问题，另一方面，我国传统住房福利时期严重的住房不公平，作为公房出售的对象的原承租人实际上是社会最优势的阶层，社会底层居民本来就没有享受到住房的福利，更谈不上获得公房出售带来的资产利益了。因此，我国公房的过早私有化，一方面固化了原有的住房不公平，另一方面也使政府失去了回旋的余地，由于公房已经私有化了，当需要为困难群体提供廉租住房时，房源非常缺乏，不得不使用租金补贴手段，而在市场化的条件下，微薄的租金补贴根本无法守住“应保尽保”的责任底线。

3. 住房形式过度倾向于私有自住住房

在我国推行住房市场化改革的过程中，住房消费被作为一种拉动经济发展的手段而被各级政府积极扶持，住房市场化是以私有产权的商品房为主要特征的。同时，从房改开始的出售公房，到后来经济适用房（包括两限房）的只售不租，我国的住房保障制度也是以私有产权住房为基本保障手段。而与发展得如火如荼的商品房市场相对的则是一个近乎自由市场的租赁住房市场，带来利益相对较少的租赁住房市场不仅被专业的房地产所抛弃也没有进入地方政府决策的视野，在公房出售之后，没有公共住房和机构投资者的市场引领作用，我国的租赁住房市场完全为私人房东的短期化租赁行为所主导。

“在这里并不存在一种中立的政策，允许家庭在市场上自由选择，在拥有还是租赁住房之间权衡”，以这样一种方式建构的住房市场“最终把家庭的住房选择引导向为居住而购买私有住房，从而制造出一种自用住房私有化的居民‘民意’，并最终使得政府采取一种积极鼓励私有住房的政策来回应住房需求”，“其结果如同是一个自我证明的预言，住房保有权选择权的单向度倾斜越明显，居民‘民意’就越明显倾向于政策所支持的住房形式。这种意愿又回过头来，再次被用来解释为什么从一开始就采取如此的政策措施。”① 瑞典学者凯梅尼（Jim Kemeny）的这些精彩话语是如此恰当地描绘了我国住房形式过度倾向于私有自住住房的政策形成过程。针对我国出现大量房奴，一些人在大声指责房奴们不理性消费时，却忽略了这种“不理性”行为背后的政策推动机制。

在这样的过度市场化中，由于住房形式过度倾向于私有租赁住房，没有有效规制的租赁住房市场上的短期化租赁行为，无法满足居民在居住上稳定感和安全感，居民被迫选择购买商品房，几乎全民都被挤上买房的华山一条道，居民的正常住房需求被迫转化为住房市场上的“刚性需求”，而所谓的“刚性需求”也成为一些专家和房地产商口中支持高房价的“民意基础”。

① ［瑞典］吉姆·凯梅尼：《从公共住房到社会市场——租赁住房政策的比较研究》，王韬译，中国建筑工业出版社 2010 年版，第 15 页。

（三）住房市场结构严重失衡

在房地产业被赋予国民经济支持产业的地位，住房市场被强行推向单一化的市场化进程之后，我国住房市场结构呈现出严重的结构失衡。

1. 住房市场供给被房地产商垄断

由于我国土地归国家所有，城镇居民自建房屋实际上被禁止，合作建房和集资建房也无立身之地，房地产开发成为房地产商独家垄断，居民只能从房地产商手中购买住房。面对强大而具有垄断地位的房地产商，作为买方的居民失去了应有的市场博弈能力，住房市场成为一个房地产商单方面主导的市场。

在这个由房地产商单方主导的市场里，房地产商利用自己的垄断地位和主导媒体的能力一方面宣扬住房炫耀性消费行为；另一方面在逐利动机的驱使下，“只为有钱人盖房子”的房地产商并不提供普通居民想要（支付得起）的住房，而是按照他们自己的逻辑提供可以带来暴利的住房，房地产市场房型的供给结构与居民真实的需求结构严重不匹配，超大户型成为市场供应的主流。根据北京市房地产交易中心的信息，2009 年年底，可售期房住宅面积为 7718228 平方米、可售住宅套数为 59404 套、平均单套住房的面积为 129. 93 平方米。

2. 住房市场信息严重不对称

目前，与房地产市场有关的信息基本上都掌握在房地产商与地方政府、有关部门手中，而在利益趋同性致使地方政府和有关部门在信息公开方面不作为、不到位，房地产商对信息的垄断权得到强化，老百姓获得的信息多是片面的和不真实的。

一方面，居民无法获得（即使通过专业机构可以获得部分信息，但获得信息的成本非常高）所购买的住房的真实信息，住房的品质无法得到保障，一些房地产商常利用信息不对称的优势，偷工减料，提供质量低下和面积不实的住房，购房者的合法权益无法得到保障。

另一方面，房地产商借助信息与话语权的优势，虚假宣传、过度营销，以各种非“市场”的手段制造住房市场恐慌氛围，居民无法形成对房价的理性预期，在住房市场形成“羊群效应”，在房价永远上涨的逻辑下，居民在屡屡踏空的情况下，被迫提前进入买方行列。

3. 住房被过度赋予资产属性，市场投机行为盛行

作为满足人们基本居住需求的住房，在市场化的过程中，由于过度的

金融支撑，住房成为一种资产、一种具有高杠杆率并可以交易的资产。在房价持续上涨的预期下，居民的“置业”行为往往会成为一种资产投资行为，而房价的快速上涨，使住房短期投机炒作行为尤为盛行。

三　我国住房保障体系存在的问题

在住房市场化过程中形成的住房保障体系，在开始的时候只是作为经济改革的配套措施，在市场化的过程中只是国家经济政策的一个配角，住房保障政策的理念和结果都存在一些问题。

（一）住房保障体系小福利特征明显

在取消了传统的住房福利后，在市场化过程中形成的“以廉租住房、经济适用住房和住房公积金”为核心的住房保障体系呈现出明显的小福利特征。

1. 住房保障体系碎片化

我国的住房保障体系主要由廉租住房、经济适用住房和住房公积金组成，每种制度只是刚性地分别针对一个目标群体，这个不连续的住房保障体系，在我国住房市场快速发展、房价持续上涨的情况下，一方面会形成一些制度“夹心层”，比如一些不符合廉租住房条件但又买不起经济适用住房的家庭、不符合经济适用住房条件但又买不起商品房的家庭等；另一方面，一些享受廉租住房的家庭在收入略有增长时，就面临要搬离廉租住房却无法承担起市场租金的尴尬。

同时，我国各种住房保障制度基本都保留了与户籍制度相关的限制条件，使大量没有当地户口的人员被排斥在制度保障范围之外，不仅仅是农民工，很多大学毕业生由于户籍关系也无法正常享受住房保障。

2. 住房保障体系的剩余化

美国和英国等自由福利国家把自有住房作为市场调节的主要部分，政策住房被严格限制在市场不能充分满足需要的方面，社会租赁住房越来越集中于对于特殊需要人群的住房供给，其供应非常有限且问题缠身[①]，社会弱势群体在空间上集中形成“贫民窟”，由此产生严重的社会隔离和阶

① Harloe, Michael. *Private Rented Housing in the United States and Europe*, London: Routledge, 1985, p. 314. Harloe, Michael, “Social housing: residualisation or reformation?”, paper prepared for the European Network for Housing Research Conference “ housing Policy in Europe in the 1990s”, Budapest, September 1993.

层对立，引发严重的社会问题。

我国住房保障体系形成的比较晚，和西方国家不同的是我国主要以廉租住房和经济适用住房为主体。廉租房由于准入条件限制比较严格，数量比较少，没有采用成片开发的形式，经济适用住房采用了成片新建开发模式，但由于房屋建设年代比较晚，还没有出现“贫民窟”。为了避免“贫民窟”的形成，各地政府开始时就注重推行贫富混居，目前保障性住房建设一般以商品房配套建设和嵌入式开发为主。但从经济适用住房和目前各地正大量建设的公共租赁住房的实际情况来看，我国的保障性住房的“贫民窟”化的苗头已经显现，在多个方面都表现出明显的剩余化特征。

（1）地址偏远，交通不便。由于我国保障性住房建设用地采用行政划拨的形式，地方政府在多重目标的综合权衡中，往往会把交通便利、区位较好的土地进行商品开发，而把交通不便、位置偏远的土地用作保障性住房建设。以北京市为例，经济适用住房项目基本都位于丰台、昌平、通州、大兴等郊区县，最早开发的经济适用住房项目天通苑和回龙观的交通惨状在北京早已闻名。

（2）配套公共服务设施缺乏，居住品质低下。由于保障性住房不仅无法带来财政收入而且需要财政投入，一些地方政府为了应付住房保障的责任，在保障性住房建设上往往只满足于解决有无的问题，而很少考虑居住品质，成片开发的保障性住房，除了存在区位偏远的问题，还普遍存在居住密度大、公共空间缺乏、绿化率低以及教育、卫生、商业等配套公共服务设施缺乏的现象，这使保障性住房的居住品质较为低下。

（3）质量低劣，存在严重安全隐患。相对于可以带来高额土地出让金的商品房，保障性住房往往无法引起一些地方政府的重视，采用商品房配套开发的保障性住房虽然不会存在配套设施、绿化等方面的问题，但在缺乏有效监管的情况下，配套建设的开发商往往会偷工减料，区别对待商品房和保障性住房，其中保障性住房存在严重的建筑质量问题，2010 年北京就爆出明悦湾保障性住房被查出严重质量问题的消息①。

（4）贫富混合居住效果不明显。为了解决公共住房剩余化引起的社会隔离与社会排斥现象，20 世纪 90 年代，西方开始实行贫富混合居住政策，现在我国各地政府在保障性住房的建设中也普遍推行贫富混合居住的

① 详情参见 http：//house. focus. cn/news/2010—10—09/1065691. html。

政策，在商品房配建保障性住房的社区。但是，社会背景差异较大的居民之间仍无法形成有效的社会交往与互动，有时反而会引起邻里关系的紧张关系。特别是在商品房和配套安置房共存的情况下，由于商品房业主和其他产权居民在社会背景、生活与社会交往习惯方面的巨大差异，商品房业主的空间霸权意识会排斥其他产权居民进入社区公共空间，引起邻里关系紧张与冲突[①]。

（二）住房福利过度

在传统的住房福利制度中，过度低廉租金而产生的过度福利反过来引起住房的需求过度，造成社会不公平。而现行的住房保障制度却存在另外一种性质的福利过度，以我国住房保障体系主体的经济适用住房为例，由于私有产权的制度设计，在我国房价持续攀升的情况下，经济适用住房也成为一种升值很大的资产，在剩余化的情况下，经济适用住房的供给和需求存在巨大空间，“有幸”获得经济适用住房的居民因此而形成额外的资产效应，特别是在制度前期保障目标群体偏离的情况下，存在明显的福利过度，也带来了严重的社会不公平。

（三）住房福利损失

由于住房保障制度的剩余化，成片建设的保障性住房往往存在区位偏远、公共服务设施缺乏、居住品质低下的情况，这同样会造成较大的住房福利损失：一方面使居民实际获得的福利感受存在较大差异；另一方面，这种情况也使就业机会仍集中于中心城区，造成居住空间与就业空间的远距离分离，从而造成通勤成本和时间的大量增加，严重的通勤痛苦也大大降低了实际的福利感受。这种居住“空间失配”尽管与凯恩（John F. Kain）所提出的“空间失配假说”（Spatial Mismatch Hypothesis）[②] 有些许不同，但因此而造成的住房福利损失是非常明显的。

（四）住房保障投入不足

在各地轰轰烈烈的房地产开发过程中，在市场化的和经济发展的借口下逃避住房保障的责任，不愿意把土地和资金投入到住房保障上，住房保

---

① 肖林在其博士学位论文中提供了一个很好的例子，详见肖林《土地价值与社会约束：以北京市崇文区旧城改造为例》，清华大学博士学位论文，第239—242页。

② John F. Kain. *Housing Segregation, Negro Employment, and Metropolitan Decentralization.* Quarterly Journal of Economics, 1968, No. 2. John F. Kain. *The Spatial Mismatch Hypothesis: Three Decades Later.* Housing Policy Debate, 1992, No. 2.

障投入严重不足。从目前的总体情况来看，我国的住房开发中大约有94%的商品房，作为微利的商品房经济适用住房却不足6%[①]，而廉租住房的保障范围更低，截至2005年年底，全国291个地级以上城市中，还有70个城市仍没有实施廉租住房制度；全国累计用于最低收入家庭住房保障的资金为47.4亿元，仅有32.9万户最低收入家庭被纳入廉租住房保障范围；而其中实物配租的只有4.7万户，占保障总户数的14.3%[②]。

国家审计署2010年11月17日公布了《19个省市2007年至2009年政府投资保障性住房审计调查结果》，报告显示国发［2007］24号文件的颁布有力地推动了廉租住房保障工作的快速开展，19个省市筹集的廉租住房保障资金由2007年的88.61亿元增加到2009年的642.26亿元，增长6.25倍；保障总户数由69.03万户增加到246.93万户，增长2.58倍；至2009年年底，重点调查的32个城市中，有27个城市的廉租住房保障范围由享受最低生活保障的住房困难家庭扩大到了低收入住房困难家庭。但是，审计报告也指出了我国仍有不少地方政府对住房保障投入不足甚至存在挪用套取住房保障资金的问题，北京、上海、重庆、成都等22个城市从土地出让净收益中提取廉租住房保障资金的比例未达到10%要求，2007年至2009年共计少提取146.23亿元；有6个城市和4个县将廉租住房保障资金用于回购经济适用房和工作经费等支出，共计15231.3万元；有6个城市的34个项目利用虚假申报材料等，套取新建廉租住房中央预算内投资补助资金6129万元[③]。

第三节　我国公共租赁住房的实践

一　我国公共租赁住房的概况

由于我国小福利特征的城镇住房保障体系覆盖范围有限，而一些地方政府在住房保障上的投入又严重不足，实际享受到住房保障的居民比例非常小，无法做到应保尽保。随着我国房价的快速上涨，房价已经远远超出我国85%以上的居民的实际承受能力，在大量居民无法享受住房保障的同时，更产生了更大群体的“住房夹心层”住房问题，住房问题已经一

① 根据国家统计局相关数据估算。

② 建设部：《关于城镇廉租住房制度建设和实施情况的通报》（建住房［2006］63号）。

③ 国家审计署：《19个省市2007年至2009年政府投资保障性住房审计调查结果》。

个非常严峻的民生问题。

面对严重的住房民生问题，2007 年 8 月 7 日，国务院颁布《国务院关于解决城市低收入家庭住房困难的若干意见》（国发〔2007〕24 号），重申解决低收入家庭住房问题的重要性。2009 年温家宝总理在政府工作报告中首次提出公共租赁住房的概念，根据国发〔2007〕24 号文件的精神，北京、厦门、深圳、青岛、广州、重庆、苏州、常州等城市从 2009 年起先后开工建设或收购了一定规模的公共租赁住房房源。厦门、北京、深圳、常州在 2009 年分别颁布了公共租赁住房管理办法。2010 年 6 月 8 日，住房和城乡建设部等七部委联合下发了《关于加快发展公共租赁住房的指导意见》（建保〔2010〕87 号），对我国公共租赁住房的发展提出规范性要求。2010 年，重庆、上海、苏州、青岛、广州等城市也分别颁布了公共租赁住房管理办法。各地纷纷通过政策法规来规范和引导公共租赁住房的建设、供应和管理，我国公共租赁住房开始进入快速、规范发展的阶段，并逐步成为各地住房保障体系的主体。

各地公共租赁住房的发展均根据本地的特点进行了一定的制度创新和突破，在具体推行过程中也各有特点。

（一）性质定位

各城市均把公共租赁住房作为住房提供优惠政策支持、限定户型面积和租金、以租赁方式面向中低收入家庭的保障性住房，与廉租住房、经济适用住房和其他保障性住房一样，是城镇住房保障体系的主要组成部分。

（二）准入和退出机制

各城市都把中低收入家庭作为公共租赁住房保障对象，但具体到不同的城市各有不同的准入要求。在户籍上，北京、厦门、深圳、常州等城市均限定为户籍人口，广州、苏州、上海等城市除户籍人口外还扩大到满足相应工作条件的非户籍人口，而重庆的条件最为宽松。在收入水平的限制上，北京规定公共租赁住房主要用以满足获得廉租房、经济适用住房和限价房资格的轮候家庭需求，重庆只规定了收入线要求，其他城市均把中低收入住房困难家庭作为准入条件。

各城市都建立了严格的退出机制，准入条件一般实行动态监督，实行有限期租赁，租赁合同期限均为 2—5 年，期满后可以续约，但北京等城市均规定最长可以租 5 年。合同期内如家庭收入条件不再符合条件、违反相应管理规定、合同期满不再续约等情况下均需退出公共租赁住房，同时也考虑到承租人的实际困难，相应给予一定时间（2—3 个月）的缓冲期，但缓冲期租金参照市场价格执行。

（三）保障水平

公共租赁住房都是以满足基本居住需求为条件，限定了户型和面积并根据申请人的家庭人口数量进行配租。

（四）租金标准

租金标准均坚持保本微利的原则并考虑居民实际承受能力，在同地段市场租金的基础上按一定比例下浮。

（五）运作方式

各地公共租赁住房的运作都坚持政府主导，并实行专业机构市场化运作。

1. 在资金筹集上，各地均以政府投资筹集为主，主要通过中央专项资金、地方财政预算专项资金、土地出让金、贷款和投融资等方式筹集。

2. 在房源筹集上，主要是通过新建（含商品房配建）、改建和市场收购方式来筹集，其中重庆更是明确规定公共租赁住房有政府投资、国有企业承建。公共租赁住房用地的使用一般都纳入地方年度用地计划，采用划拨或有偿出让方式解决，同时，也支持单位（工业园区等）利用自己的土地建设人才公寓、单位宿舍等。

3. 在管理机制上，一般都将住房保障管理部门作为公共租赁住房的管理主体，并采用市场化运作手段进行运营管理。上海市明确组建专业运营机构负责公共租赁住房建设投资、房源筹措、定向供应和经租管理。

二　厦门市公共租赁住房的实践

厦门市是我国最早推行公共租赁住房制度的城市，该市早在 2006 年就开始尝试推出保障性租赁住房，2007 年 6 月推出首批 564 套保障性租赁住房，迄今已交付使用近万套，有 6820 户家庭入住，按厦门市规划，在未来几年将建成 4 万套左右公共租赁住房，基本实现对城市中低收入家庭住房困难户的全覆盖①。

从厦门市公共租赁住房的实际运作来看，厦门市公共租赁住房模式具

① 新华网：《厦门公租房覆盖中低收入住房困难家庭》，http://news.xinhuanet.com/politics/2010—07/01/c_ 12286188.htm。

有如下特点[①]。

（一）立法早、体系完善

厦门市也是我国最早进行住房保障立法工作的城市，2009 年 6 月颁布实施了我国第一部保障性住房的地方法规《厦门市社会保障性住房管理条例》，与其他 25 个相关规范性文件一起构建了厦门市完善的住房保障政策体系，而其中，公共租赁住房是住房保障政策体系的核心组成部分。

（二）广覆盖

厦门市公共租赁住房最早是包括了本市户籍的中低收入住房困难家庭，经过三年多的发展，厦门市公共租赁住房的保障对象也得到扩展，立足于广覆盖的原则，厦门市的公共租赁住房类型主要包括以下几种。

1. 低收入家庭住房困难家庭租赁房。保障对象为本市户籍居民中既不符合廉租住房条件，又无力购买商品住房和经济适用住房的中低收入住房困难家庭。

2. 公务人员租赁房。保障对象为以学校、医疗等单位为主的事业、行政单位住房困难的职工。

3. 人才租赁房。保障对象为符合相关条件的企事业单位人才。

4. 单位周转租赁住房。保障对象为高校等驻厦省部属单位和部分大型企业或高新技术企业的住房困难职工。

5. “金包银[②]”工程和“阳光公寓”。保障对象为开发区、工业集中区和外来人员密集区中的农民工等外来务工人员。

（三）保基本

厦门市公共租赁住房立足于满足基本需求，坚持“小户型、功能全、装修到位”原则，严格控制户型面积，做到小区配套设施和屋内厨卫等基本生活功能设施配备齐全，并一次性装修到位。

（四）分类补贴，补贴力度大

厦门市公共租赁住房按市场租金标准计租，政府根据家庭收入提供不同标准租金补贴和物业费补贴。

---

① 参见《厦门：政府主导、分类补贴，建立健全公共租赁住房政策体系》，《住宅产业》2010 年第 8 期，第 36 页。

② “银”指为失地农民提供的自住安置房；“金”指在工业集中区周边集中规划建设的出租公寓，供失地农民向外出租以解决收入问题。

1. 中低收入家庭住房困难家庭租赁房补贴。按市场租金标准计租，政府按家庭收入给予房屋市场租金 90%、80%、70% 的租金补助。以 3 口之家为例，属于城市低保户的，房租财政补贴 90%；家庭年收入在 2.5 万元以下的，财政补贴 80%；家庭年收入在 2.5 万—5 万元的，财政补贴 70%。在物业管理费上，低收入家庭财政补贴 40%，低保家庭财政补贴 80%①。

2. 公务人员租赁房补贴。实行市场租金标准计租，政府给予最长三年房屋市场租金 60% 的租金补助。

3. 人才租赁房补贴。实行市场租金标准计租，政府给予房屋市场租金 60% 的租金补助。

4. 单位周转租赁住房补贴。由政府统一建设并向符合条件的单位出售，由单位向住房困难职工出租，租金参照市场租金标准。

5. "金包银" 工程和 "阳光公寓" 补贴。由各区政府或镇、村集体投资建设管理，租金略低于市场租金。

从 2006 年至今，厦门市保障性租赁房项目已动工建设的有 16 个，可提供住房近 2 万套，其中已有近 1 万套交付使用。"金包银" 工程和阳光公寓累计开工建筑面积近 130 万平方米，可解决约 10 万名外来务工人员的居住问题。已受理申请保障性租赁房中低收入家庭的 16314 户，资格公示 11000 户，组织选房入住 6820 户；对申请公务人员租赁住房的 1417 户，申请人才租赁住房的 368 户，已完成资格公示和选房入住；"金包银" 工程和阳光公寓已有约 3.5 万外来务工人员入住。

三　重庆市公共租赁住房的实践②

2010 年年初，重庆市委、市政府作出开展公共租赁住房建设的重大决策，并推出了全国规模最大的公共租赁住房建设规划，2010 年 2 月 28 日，重庆首片公租房正式开工，拉开大规模公租房建设的序幕。

重庆市公共租赁住房的大规模建设是对我国现行住房保障体系的创

---

① 项开来：《厦门公共租赁住房立足 "广覆盖"，不同收入家庭享受不同财政租金补贴和物业管理费补贴》，《中国社会报》2010 年 7 月 5 日第 2 版。

② 黄奇帆：《大力建设公共租赁住房，努力扩大住房保障覆盖》，《人民日报》2010 年 9 月 20 日第 16 版；黄奇帆：《逐步实现住房保障的全覆盖》，《人民论坛》2010 年 7 月（下），第 8—9 页；王建新、崔佳：《解析公租房建设的 "重庆模式"》，《人民日报》2010 年 9 月 13 日第 1 版；谷文：《"重庆模式" 能否复制》，《新理财》2010 年第 10 期，第 34—36 页；张定宇：《公共租赁住房建设的重庆实践》，《改革》2010 年第 3 期，第 149—151 页。

新，也是住房体制进入新一轮深化改革的关键步骤，形成了独特的公共租赁住房“重庆模式”。

（一）理念与制度的创新

我国一直把提供经济适用住房作为住房保障的主渠道，而重庆市的公共租赁住房建设首先是改变了原有经济适用住房的运作模式，重点发展公共租赁住房，并通过公租房建设实现对廉租房、经济适用房的整合。

一方面，不再单独新建廉租房，而是将其包含在公共租赁住房体系中，让廉租房居民与公共租赁住房居民同住同一小区、同一品质的房屋，只是租金有所区别。

另一方面，公共租赁住房可有条件地转化为经济适用房。公共租赁住房承租者可通过成本价购买其所租住的公租房，转换成有限产权的经济适用房，不再缴纳租金。购买者如果需要转让，只能以购房价加利息由政府公租房管理机构回购，再作为公共租赁住房流转使用。

重庆市公共租赁住房的建设跳出了单纯的市场思维，首先用政府“看得见的手”建设保障性住房托底，再借助市场“看不见的手”推动中高端商品住房的合理配置，实行城市住房供应的“双轨制”。并把公共租赁住房建设作为住房供应“双轨制”的关键一环，通过提供租金不高又有适当租期保障的公共租赁住房，可以有效推迟年轻群体进入住房市场的时间，缓解城市化带来的住房供需矛盾，对有效稳定房价和创造持续需求具有重要意义。

重庆市目前形成的基本思路是：30%—40%的中低收入群体，由政府提供的公共租赁住房予以保障，60%—70%的中高收入群体由市场提供的商品房解决住房，并对高端商品房和投机性炒房采取相应的遏制措施，形成“低端有保障、中端有市场、高端有约束”的制度体系，逐步实现住房保障的全覆盖。

（二）合理规划，根据需求实行大规模开发

重庆市根据国家统计局重庆调查总队对主城区住房情况进行的1%入户抽样调查数据，推算出2020年重庆主城区常住人口预计达到1000万人，未来10年，主城区约需提供33.5万套公共租赁住房，建设规模为2000万平方米左右；根据远郊区县城镇化进程，预计公共租赁住房需求规模为2000万平方米左右，全市总规模为4000万平方米。重庆市规划，未来若干年将建设4000万平方米公租房，从2010年起的3年内每年建设

1000万平方米。接下来几年将视社会需求再建1000万平方米或更多面积的公租房。

根据上述规划，重庆市在开发时序上科学安排，有序推进。重庆主城区2000万平方米公共租赁住房的建设分“两步走”。2010—2012年，建设1000万平方米，约17万套，可供42万人居住。其中2010年开工五个项目，建设500万平方米，向社会投放20万平方米公共租赁住房，2011年投放600万平方米。2013—2020年，再建设公共租赁住房1000万平方米。

（三）打破户籍藩篱，科学布局，实现无差别“混建”模式

重庆市在准入机制上进行了合理设置。一方面，覆盖人群打破城乡和内外差别，不设户籍限制，凡年满18周岁，在重庆有稳定工作和收入，符合条件的均可申请。另一方面，根据重庆的经济发展水平、人均可支配收入和消费水平合理把握收入标准，单身人士月收入2000元以下、家庭月收入3000元以下的，租金水平只相当于市场租金的60%，约占家庭收入的15%。同时合理配租，配租面积与申请家庭人数相对应，根据家庭人数，分别配租40平方米、60平方米和80平方米的公共租赁住房。

重庆公共租赁住房实行商品房、公租房无差别的“混建”模式，高标准、高品质规划建设，按照“均衡布局、交通方便、配套完善、环境宜居”的原则选点布局和建设。一是布局在轻轨沿线或交通条件较好的地区，容积率约3.8，完全参照商业楼盘的标准，配套学校、医院、商店、银行以及健身、图书馆等设施和场地。二是主城区公共租赁住房均布局在内外环线之间的21个人口聚居区中，公共租赁住房租户完全与商品房住户有机融合在一起，共享小区环境和专业物业公司的管理与服务，避免社会阶层隔离和形成“贫民窟”，促进和谐社会建设。三是公共租赁住房人均建设面积设定在20—30平方米，户型面积为35—80平方米，60平方米以下的占85%以上，按建筑面积的10%进行公建配置，并含有400元/平方米的简约装修，保障租户的居住品质。

（四）坚持政府主导、产权公有，多渠道筹集资金

首先是坚持建设主体和产权归政府确保公共租赁住房的公共保障属性，重庆市公共租赁住房的建设主体是市政府和各区县政府，公租房产权由国有的重庆地产集团和重庆城投集团或区县政府性投资公司持有。其次实行“封闭运作”，承租人所购买的公共租赁住房在进行转让或抵押处置时，其回购的主体只能是地方政府的公租房管理局，回购的公租房用以再

转让给新的低收入群体，从而避免因利益输送带来的灰色交易问题。三是最大限度降低造价和租金，建设用地以划拨方式提供，享有免征各种税费优惠政策。房屋租金主要考虑贷款利息、房屋维修管理费用、空置损耗三部分因素，原则上不超过同等品质商品房市场租金的60%。

为了保障公共租赁住房的产权公有性，重庆市公共租赁住房建设在坚持政府主导投资外，还依靠商业银行贷款、公积金贷款、发行债券、房屋租售等方式多渠道筹集资金。

四　我国公共租赁住房存在的问题

（一）公共租赁住房的定位问题

从各地目前的实际操作情况以及住房和城乡建设部等七部委联合下发的《关于加快发展公共租赁住房的指导意见》（建保［2010］87号）中的原则规定来看，我国的公共租赁住房的定位依然是一种过渡性的保障，租期有限，依然是以私有化为归宿，加上同时并存的经济适用住房，国家并没有要去改变在住房保有权方面的单向度倾斜立场。在这种情况下，即使公共租赁住房制度可以从某种程度上成为地方政府履行住房保障责任的主渠道，却不能成为居民所接受的主要形式，一旦公共租赁住房的租金价格优势消失，必然会被居民所抛弃。深圳推出的公共租赁住房由于价格优势小，位置偏远，出现大量弃租现象就是一个很好的例证①。

（二）依然立足于小福利，保障范围有限

从各地的实践来看，大多数的城市依然以户籍居民为保障对象，即使纳入非户籍人员，相应的条件要求也比较严格，同时，从收入线等准入限制条件来看，实际覆盖面离解决中低收入家庭住房问题的要求依然很远，重庆市是目前明确公共租赁住房覆盖面最大的城市，但其制度设计的终极目标也只是希望覆盖30%—40%的居民。

（三）租金保障水平相对较低和补贴标准缺乏层次性

目前各地基本都实行以市场租金为基础，政府实行一定的补贴的原则。从各地补贴标准来看，北京等大城市普遍采用市场租金的70%，这样的租金水平对于中低收入家庭的实际租金承受能力来说还存在一定的差距。一些中等城市，补贴相对高些，其中厦门补贴力度最大，租户仅负担

① 参见 http://nb.people.com.cn/GB/200872/13450600.html。

市场租金的10%—30%，但如此力度的补贴又对地方的财政持续承受能力提出挑战。同时，只有厦门在租金补贴上设置了一定的层次，其他城市的补贴水平基本没有设置层次，对于不同家庭的实际承受能力的适用性相对较差。

（四）房源与资金保障问题

目前，各地基本都采用新建（含配建）的方式来解决公共租赁住房房源的问题，通过市场收购的数量还比较少。目前，公共租赁住房的建设各地都以政府为主，很少引入其他社会力量，且大量的新建公共租赁住房对地方政府提出了较高的资金要求。目前，各地基本都以财政专项拨款、部分土地出让金和贷款的形式来筹集资金，资金渠道相对较少。这样，在地方政府要筹集大量建设资金的同时，还要提供租金的补贴，两方的资金要求对于地方政府财政的压力使可想而知的，地方政府履行住房保障责任的持续能力和诚意是值得怀疑的。因此，引入其他社会力量，多渠道筹集房源和建设资金是值得各级政府认真考虑的。

（五）退出机制问题

由于各地公共租赁住房依然立足于小福利，并将其定位为一种过渡性的保障措施，各地在建立了严格的准入机制的同时也建立了严格的退出机制。由于严格的退出机制存在以及租期一般最多不超过5年，公共租赁住房对租户的租期保障依然非常小，住房的租赁保有形式无法得到有效的保障。同时，由于公共租赁住房都是政府单方配租的，租户在具体房源上根本没有选择和更换的余地，这使居民在租赁的情况下，依然会被限制在住房上，其居住与就业的空间分离依然存在，由此带来的通勤痛苦也没有得到任何缓解。这样，缺乏租期及相应权利的有效保障，失去了稳定感，对于居民来说是无法形成家的感觉的，他们也就不敢在公共租赁住房中结婚生子，即使做房奴依然还要去购买商品房（对经济适用住房等有产权保障的住房更加渴望），这样的住房保障体系我们依然无法说是成功的。

第四节　我国住房保障体系建设的途径

一　我国住房保障体系建设的必要性

（一）住房是福利社会的基础

住房作为人类最基本的需求，与现代福利体系中的养老、医疗、教育等其他领域具有一个明显的区别，住房是从生到死伴随人生一辈子的需求，而养老、医疗、教育等需求只是在人生的某个阶段的需求，所以，住房是每个人一辈子都必须面对的问题。北欧国家非常重视住房，认为没有良好的住房，福利就不可能实现，这可以用北欧流行的一句话来解释“福利从住宅开始，以住宅结束”①，从这个认识出发，北欧国家也把住房作为一种普遍性的福利，大力提升居民的居住质量。

社会政策的大多数关键领域，如教育、医疗、养老、失业救济和基本收入的维持，在大多数工业社会中被视为应以普遍覆盖的国家体系来保障的基本权利，但由于不同国家关于住房的理念和政策的不同，住房处在福利国家的“普遍享有物”与重大消费物品之间的一个灰色地带，这就使工业社会出现了极具多样性的住房政策，尽管如此，住房在工业社会仍具有重要的地位，托格森（Torgersen）将住房确认为“福利国家摇摆不定的支柱”②。

同时，住房作为占家庭支出很大部分的耐用物品，具有独特的重要性，是人类生存的基础也是福利的基础，与社会政策其他领域之间具有复杂的“嵌入性”，养老、医疗、教育等领域均与住房密切相关，因此，凯梅尼（Jim Kemeny）认为“在研究福利体制的这一建构与重组的过程中，住房是建构福利国家的一个关键领域”③，而日本学者早川和男也认为住宅福利是社会福利之最，主张“把住宅问题当作国家、社会的首要问题看待”④。

在我国的政策中，住房也居于福利和商品之间摇摆不定，目前我国住房民生问题如此严峻也正是我国过度把住房作为一种商品而忽视了住房的福利属性，在住房福利上既无理念又无制度的必然结果。

（二）住房问题的人口与资源的约束

作为世界第一人口大国，随着工业化和城镇化的推进，我国面临着严峻的水资源与可耕地的短缺问题。同时，粮食安全问题始终是悬在我们头上的达摩克利斯之剑，在我国所面临的国际环境下，粮食自给自足

① ［日］早川和男：《居住福利论》，李桓译，中国建筑工业出版社2005年版，原版前言。

② 吉姆·凯梅尼：《从公共住房到社会市场——租赁住房政策的比较研究》，王韬译，中国建筑工业出版社2010年版，第144页。

③ 同上。

④ ［日］早川和男：《居住福利论》，李桓译，中国建筑工业出版社2005年版，中译本序。

是国家生存的必然前提。在城市化中，城市开发与耕地保护存在巨大矛盾，形成城市与农业争地的局面，如不加约束，在利润的驱使下，好土地必然会流向利润更高的城市开发，农业用地将会受到不可逆转的蚕食。

随着城市化的推进，我国人口跨区域流动越来越大，且越来越频繁，不仅大量的农民工背井离乡进城务工，大量的大中专毕业生也在城市，特别是在北京、上海等核心城市聚集，这使城市在面临严峻的本地居民住房问题时又面临着严峻的新市民的住房问题。

因此，在我们解决住房问题的同时，必须要考虑我们社会所面临的人口与资源的约束，考虑到不同社会阶层所面临的各不相同的住房需求，形成住房适度发展的理念，促进城市、人及农业的和谐发展。

（三）“空间失配”与“住房所有者陷阱”

随着房价的持续快速攀升，我国不同收入阶层的居住空间发生了明显的分化：和国外高收入阶层居住郊区化相反，我国高收入阶层居住基本集中在城市中心城区的高档豪宅中，其他阶层无法承受中心城区的高房价只好在更远的地方买房；加上保障性住房的剩余化，我国的中低收入阶层基本居住在城市中心城区的外围，但大量的就业机会基本仍聚集在中心城区，造成中低收入阶层居住与工作的远距离分离，在某种程度上形成了凯恩（John F. Kain）所提出的“空间失配”（Spatial Mismatch）。由于我国在住房形式上过度倾向于拥有私有自住住房，居民被限制在自有产权住房上。由于住房的流动性减弱，居住与工作的分离被固化，一方面形成劳动力市场的流动性降低，另一方面也大大增加了居民的通勤成本，巨大的通勤成本带来的痛苦很好地验证了英国著名学者奥斯华尔德（A. J. Oswald）所提出的“住房所有者陷阱”假说。由于我国住房政策造成的“空间失配”和“住房所有者陷阱”加大了居民的通勤成本，由此带来的身体和精神痛苦，严重降低了居民的生活品质与幸福感。

（四）住房丧失了应有的教育力与福利力

在城市化过程中，原有的居民社区被整齐划一的小区和高层住宅所代替，对传统的社会结构带来巨大冲击。公共空间的缺失，使现代的城市居民缺乏社会交往和互动的空间与能力，人与人之间变得无限陌生，住房仅仅成为人住的地方，小区仅仅是人与楼房的集合，老人被疏远，儿童缺乏看护。早川和男所谈到的“居住地丧失了教育力与福利力，这只是致使日本人心灵荒废，市民社会基础动摇的原因所在"[①] 不正是我们现在城市社会最真实的写照吗?!

二　住房保障体系建设的制度设计

（一）住房保障体系建设的理念基础

1. 确立全民普享的住房福利理念

在充分认识到住房对现代福利社会的重要作用的时候，我们就必须把住房问题当作国家和社会的首要问题看待，住房权是人类最基本的一项权利，把住房确立为一种全民普遍享有的、最基本的福利，必须改变目前住房过度商品化的状态，实现从"小福利"向"大福利"的转变。

从本质上讲，住房作为一种全民普享的福利，具有两个层面的含义：一方面，是指住房物理上的保障（包括住房空间和建筑品质的保障）；另一方面，则是与住房这一建筑物相关联的居住安全、社区建设及公共空间及公共服务设施的一体化保障等，其应为人们提供良好的居住环境、维持良好的社区功能。因此，住房福利不仅是一种消费或投资，更是一种社会资产，良好的住房政策可以有效支持个人生活、健康、社会交往，提升居民的居住幸福感，还可以有效减少社会在健康、教育和治安等方面的福利支出。

2. 坚持"底线公平"

"作为中国社会政策学基本原理"[②] 的"底线公平"理论也是住房这一全民普享的基本福利的理论基础。在住房福利方面，不仅要走出目前住房保障"剩余化"的误区，改变目前住房保障政策上的"小福利"理念，也要注意提防住房福利过度的倾向，避免陷入"高福利陷阱"。因此，我们要建立的住房福利必然是一种适度的福利，不仅要与我们的经济社会实际发展阶段相适应，也要考虑到我国在人口、土地资源等方面的现实约束。从政策目标上，住房福利则可以用对"适足"住房权的保障来实现，而这也是我国住房福利的"底线"，这也是我们政府不可回避和推卸的责任底线，这种责任既是一种政治责任，也是一种经济责任，还是一种道德

---

① ［日］早川和男：《居住福利论》，李桓译，中国建筑工业出版社 2005 年版，第 8—9 页。

② 在 2009 年 8 月 28—29 日召开的社会福利论坛上，杨团在发言中提出底线公平理论可以成为"聚焦于民生"的中国社会政策学基本原理，"底线"的设置标准、执行方式以及实施机制构成了中国社会政策学的重要内容。

责任。

3. 从市场社会到社会市场

在以私有化为特征的住房市场化改革全面推行之后，我国社会在住房领域陷入了由市场所主宰的阶段，私有住房被国家经济政策设定为主导的住房形式，租赁住房形式则被政策和社会有意识地忽视和排斥，而这种单一化私有住房的市场模式也被主流话语解释成为“民意”所向，从而在我国呈现独特的全民购房的壮观景象。因此，我们必须通过某种“去商品化”的方式，把适足住房权作为一种基本权利，而不仅是市场交易的标的物，把经济关系重新“嵌入”社会关系之中，当然，由于人们对居住服务需求的差异性，对于“底线”以上的居住需求，我们一方面要坚持住房的居住基本功能，另一方面也不能完全排斥市场，还需要充分利用市场的力量有效调节居民对居住服务的差异化需求，建立一个有管理的住房市场，为不同的住房形式提供一个公平的竞技场，在政策上，放弃支持住房私有化的利润驱动市场的政策目标，对私有住房和租赁住房两种形式保持中立态度，由居民家庭根据自己的实际需要在不同住房形式上进行自由选择，走向一个社会市场。

（二）住房保障体系建设的目标

住房保障体系的普遍整合应有效满足如下目标。

1. 每个家庭可以平等地在其能够承受的价格下享受在一个适当的住房里持续居住的权利。能够承受的价格必须考虑家庭的实际承受能力，而不能完全由市场的力量进行自由的决定。政府要对弱势群体提供适当的补贴，以保障每个家庭住房支出在家庭财政中的适度与稳定。同时，居民的适足住房的持续居住权利也必须得到有效保障，避免因市场因素而被强行驱逐。

2. 每个家庭所享有的住房应该有良好的居住品质。不仅仅是提供足够的居住空间和居住安全保障，还要提供完善的居住功能（特别是老年人与残障人士的功能满足）、充分的公共空间和完善的公共设施，保障良好的居住环境。

（三）构建租赁住房市场——实现住房福利的底线一致性保障

针对我国目前商品住房市场和租赁住房市场发展严重失衡的现状，要实现全民普享的住房福利，保障住房福利的底线公平，需要对目前的租赁住房市场进行普遍整合，建立一个一体化的、竞争性的租赁住房市场，给予租户以租赁住房相关权益的有效保障，稳定居民对居住服务的良好预期，使租赁住房成为居民居住需求的一个自由选项，通过适足住房租赁权的一致性来保障居民的适足居住权，以实现住房福利底线一致性保障。

1. 构建以非营利性租赁住房机构为主导、多种租赁住房供给主体充分竞争的市场结构

（1）非营利性租赁住房机构——租赁住房市场的主要供给主体与价格领导者

非营利性租赁住房机构是依法成立的法人机构，可以由政府投资设立，可以由保险公司、公共基金和其他社会组织投资设立，也可以由政府和其他组织共同投资设立。非营利性住房租赁机构自筹资金，按照政府的相关标准建造住房及配套设施，对所投资建造的住房享有完全产权和社区商业设施的经营权，其所建造的住房只能用以租赁不得出售。

非营利性租赁住房机构以实际运营成本来确定租金并报请政府批准，租金根据实际土地成本、建安成本、资金成本和管理成本设定，以满足住房的正常运营为目的，不以营利为目的。非营利性住房租赁机构的财务状况应向社会公开。

非营利性租赁住房机构应作为租赁住房市场的主要供给主体，应与其他租赁住房供给主体进行充分竞争，按市场竞争原则为居民提供租赁住房服务。这种充分的竞争性既可以有效稳定住房供应，避免住房供应在过剩和短缺之间剧烈摇摆，又可以充分降低市场租金水平，引领租赁住房市场价格水平。

（2）营利性住房租赁机构——市场的有效参与者和竞争者

营利性住房租赁机构作为独立法人机构，自建或购置商品住房并将其提供给市场租赁，租金市场化确定，政府不予以干预。

居民私有住房也可以作为独立主体，以私人所有住房提供给市场进行租赁，并按市场原则收取租金。

（3）机关、事业单位、企业

具有一定规模的机关、事业单位企业也可以收购或自建住房、职工公寓、集体宿舍定向提供给本单位职工租住，但具体管理应参照非营利性住房租赁机构实行社会化运营管理，以避免产生传统住房福利体制中的不公平。

2. 建立多层次的租金补贴机制

为使每个家庭的居住支出与实际收入保持一个相当的比例水平，而不

至于影响或损害其他正常生活需求，政府应建立多层次的反向租金补贴机制。

首先，政府应根据当地经济社会发展的实际水平确定当地基本住房福利指标，包括：不同结构家庭的基本居住面积标准，居住支出占家庭可支配收入的合理比例（比如20%—25%），不同结构家庭所可以获得的租金补贴上限。

其次，对与家庭结构相适应的基本居住面积住房的实际租金与家庭可支配收入合理比例的差额予以全额补贴。实际租金以非营利性租赁住房机构给出的租金额度为标准，并以基本居住面积为限额，市场化租金和超出基本居住面积的租金超出限额的部分不纳入补贴核算基数。

3. 土地供应与相关税费

为保证非营利性租赁住房机构的运营效率，非营利性租赁住房机构建造住房的土地应通过市场化机制获得，但土地出让金可以实行年度支付制度。同时，为了有效降低非营利性租赁住房机构的运营成本以进一步降低住房租金水平，应对非营利性租赁住房机构免征所有相关税费。

4. 配租及租金确定机制

非营利性住房租赁机构（含机关、事业单位和企业）配租住房以家庭人口数量为唯一标准，超出家庭人口基本居住需要的租赁需求按成本价实行市场化加成，以市场价格确定租金。这样，通过多层次的租金补贴机制，既实现了可满足底线居住服务需求——基本居住面积标准——的住房福利的一致性保障，同时，对于超出底线的部分居住服务需求，通过市场化的租金机制也得以有效实现与调节。

由于住房的租金主要由土地租金、建安成本折旧和管理费用构成。在城市化的背景下，土地租金的主要构成部分是变化最大的部分，那么在非营利性租赁住房机构的土地在实现年度租金支付制度的情况下，也可以建立土地租金定期调整机制，但土地租金的调整幅度应根据实际土地租金水平和居民实际支付能力来综合确定。

非营利性住房租赁机构应公平对待每一个承租人，不得拒绝任何人的承租要求，但承租人在本地区及相邻地区（以大约30分钟的通勤时间为限）就业的可以优先租赁。

5. 租赁住房相关权益保障

为了确保租赁住房真正成为居民在私有住房之外的一个自由选项，必须对居民承租住房的相关权益通过立法手段进行有效保障。租赁合同到期后，承租人有合同续签的优先权；合同有效期内出租人禁止上涨租金；合同有效期内出租方不得单方解约（私有住房出租方若有充分的证据住房需用作他用或出售，可以提前解除合同，但也需给予承租人一定时间的过渡期），承租人有单方解除合同权（但需提前一定时间告知出租人）；合同期满后不能续约的，出租人应给予承租人一定时间（至少 2 个月）的过渡期，过渡期租金参照原合同执行。

6. 租金缴纳与租金补贴

租户每年可以根据上年收入情况到政府相关部门申请审核租金补贴标准。租户交租金时只需把实际租金与租金补贴的差额按时交给出租人，根据备案的租赁合同，租金补贴由政府相关部门直接支付给出租人。

7. 政府设立租赁住房管理机构

为保证普遍整合的租赁住房市场的有效运行和租金补贴的公平发放，政府应建立专门租赁住房管理机构，对所有租赁住房信息实现电子化动态管理，对租赁合同进行备案，并建立住房租赁信息的发布渠道供居民查询，降低居民租赁住房时的信息搜寻成本。同时，租赁住房管理机构也可接受私人房东的委托，为其提供住房租赁代理服务。

（四）建立空置住房强制出租制度

为保证土地和住房资源的合理使用，实现保障住房的居住功能，应建立空置住房强制出租制度，把更多的住房纳入租赁住房市场。为此，每个家庭只能指定其所拥有的一套住房作为自住住房，其他住房必须出租，或对于空置住房征收较高的住房空置税，并按空置时间累计长度提高税额，直到空置住房得到合理使用。

（五）发展有管理的私有住房市场——对于底线以上居住需求实现市场化调节

由于居民的居住服务需求是有层次、有差异性的，在通过建立一个普遍整合的租赁住房市场，以基本居住住房的租赁权的保障来实现居民住房福利底线一致性保障的同时，我们还应满足居民居住服务需求底线以上部分的需求，满足居民在租赁住房之外的私有住房的需求，也就是居民对于私有自住住房（包括改善型住房以及其他更高层次的住房）需求，而底线以上的私有住房需求的实现则必须以市场原则为基础。但考虑到我国实际的人口、资源以及城市化的时空条件的约束，居民的私有住房需求仍应以实现住房的居住功能为基本要求，以避免由于私有住房过度市场化造成住房对土地资源的过度侵占，为此更需要对私有住房市场实行差异化管理，构建一个有管理的私有住房市场。

1. 鼓励居民投资普通商品住房

对于以满足基本居住需求或改善型需求为基础的普通私有住房，政府应予以有效支持。这一方面是保持政府对租赁住房和私有住房形式的中立性，保障居民可以在租赁住房和私有住房之间根据自己的偏好与需求进行自由选择；另一方面也可以有效促进居民的资产形成，私有住房可以成为居民的一项资产并可以通过租赁获取相应的投资收益。但对于普通私有住房的投资除自住需求外，住房的投资价值应首先体现在住房租赁的租金之上，为此，对于普通私有住房的投资除了必要的扶持外还需要必要的管理。

（1）对于购买第一套一定面积（比如100平方米）以下的普通商品住房的家庭予以首付和相应贷款利率的优惠，住房按揭贷款的月供利息应予以冲减家庭成员的个人所得税。

（2）对于购买第二套（及以上）普通商品住房的家庭，除其中一套作为自住住房外，其他住房如果用于租赁，也可以享受相应的贷款利率优惠。

（3）对于拥有两套（及以上）普通商品住房的家庭，住房必须自住或租赁一定年限（比如10年）以上，才允许出售，否则按照自住或租赁时间征收反向累进递增的所得税，自住或租赁的时间越短征收的所得税税率越高。

2. 对于奢侈型商品住房予以适当限制

对于超出基本居住需求或改善型居住需求的奢侈型住房（比如100平方米以上）国家应予以适当限制，其首付和贷款利率应按照市场标准执行，不享受优惠。并应按照家庭人均居住面积征收累进递增的房产税，出售时也应征收相应较高税率的所得税。

（六）进行土地出让招标价格机制的改革

面对我国所面临的人口、资源和城镇化的时空条件的约束，为满足基本耕地的需求，国家对于城市建设用地应以节约为基本目标，城市建设用地应以满足基本居住需求为目的。因此，为了避免私有住房市场的过度商品化，还需要对现行土地出让招标制度进行适当改革，对于所出让土地最终中标价格实行按使用目的进行区别定价的机制。

土地的招标价格按照基础价格进行招标，每个投标方的基础价格价高者获得中标资格。但是，每个参与投标的机构必须提供土地使用建设使用方案，土地出让金的最终实际中标价格根据中标方的基础价格按照不同的使用目的进行一定的加成（容积率越低、非普通商品住房的面积占比越高，土地出让金价格加成率越高），非营利型租赁住房机构不进行价格加成。这样，通过对土地价格的分类管理引导住房建设以满足基本居住需求为基础，适当限制奢侈型住房的发展。

（七）普遍整合的住房保障制度的建设步骤

我国目前的住房问题并不是住房严重短缺的问题，而是在住房价格高企的情况下仍存在大量的空置住房的问题。考虑到在普遍整合的住房保障制度实施后，非营利性租赁住房机构的住房建造还需要一个合理的过渡期，对于普遍整合的住房保障制度的建设可以按以下步骤稳步推进。

1. 根据空置住房强制出租制度，首先进行住房普查，建立住房电子档案，了解每套住房的动态信息，以便将其有效纳入住房监管，充分释放空置住房使其进入租赁住房市场，以稳定租赁住房的房源和租金水平。

2. 由于市场供给结构，政府原有租赁官方房源和非营利性住房租赁机构新建造的租赁住房，在短期内还不能完全满足市场需求，因此，在制度执行初期实行弱者优先原则，根据收入的层次由低向高逐步向社会提供，保障社会住房租赁市场的有序运行。

（1）市场运行前1—2年，以户籍弱势群体优先。

（2）为促进人口合理流动，非营利性住房租赁机构住房的承租权和租金补贴应以可租人一定时期的稳定工作为前提，承租和领取补贴是应提供可靠工作证明。对非本地户籍人口以持续工作时间长短为标准逐步放开。

（3）短期流动人口和以市场化租赁为主，不享受租金补贴。

（4）新就职人员以单身公寓、集体公寓为主要供应手段。

3. 科学合理规划非营利性租赁住房机构的房型供给结构。一方面在制度执行初期，房型供给结构以满足基本居住面积的房型为主，在市场成熟之后可以根据市场竞争原则适当增加改善型租赁住房的供给；另一方面，对于社区各种房型合理搭配，有效保障老年人与成年子女在同一社区居住，以满足老年人的养老需求。

4. 在征收住房空置税的同时对于营利性住房租赁机构（含私人住房租赁）予以2—3年的免征租赁营业税的优惠，把存量住房充分动员引导到租赁市场中，确保租赁房源供应。

5. 由于我国住房政策严重倾向于私有住房形式，被有意识忽视和排斥的租赁住房无法被居民接受，从而形成了我国目前全民购房的局面，因此，在制度实施的前几年内（3—5年）应从政策上对租赁住房形式进行适当倾斜，引导居民形成合理的居住服务需求。为此，应建立租赁住房租金税前扣除制度，在规定限定额度内（具体限额由各地政府根据本地实际经济社会发展水平确定）的租赁住房租金可以在家庭个人所得税税前扣除，超出限额的以限额为标准进行税前扣除，实际扣除以在政府租赁住房管理机构备案的住房租赁合同及租金缴纳凭证为依据。

（八）其他配套政策

在当前的社会管理机制下，普遍整合的住房政策体系的有效运行还需要一些配套的政策改革举措。

1. 租金补贴的核算应以家庭收入为基础，但目前还没有完备的家庭收入核查机制，因此必须建立有效的家庭收入核查机制，避免住房福利的损失。

2. 建立以家庭为单位的个人所得税制度，促进社会公平。

3. 进行户籍管理制度改革，实现以居住地登记备案为基准的户籍制度，户籍随居民实际居住地的变动而进行相应登记备案变更。在还没有实现跨区域户籍流动改革之前，对于跨区域流动的群体也实行居住登记制度，只要租赁住房就进行相应的居住信息以登记备案。

（九）住房福利资金需求

在普遍整合的住房保障体系下，政府的责任一方面表现在对底线住房福利的保障上，也就是非营利性租赁住房的建设保障上；另一方面则具体表现在对于居民住房租金补贴的资金保障上。政府两方面的责任都必然要面临资金来源问题。

对于非营利性租赁住房的建设，在地方政府直接投资建设之外，还应充分整合社会力量，支持鼓励保险公司、公共基金和其他社会组织进行租赁住房的建设与运营管理。

而对于住房租金补贴的资金保障，一方面，地方政府应把住房保障纳入政府社会保障财政预算之中，对住房租金补贴资金拨付专项资金；另一方面，由于非营利性租赁住房机构是按照市场原则缴纳土地出让金的，而土地出让金实际上已经构成租赁住房租金的主要构成部分，因此，在分层次反向租金补贴的机制下，非营利性租赁住房机构所建设和管理的租赁住房每年所支付的土地租金可以专款专用，并基本可以弥补政府住房租金补贴的财政资金支出。

三　普遍整合的住房保障体系特点

普遍整合的住房政策体系，改变了目前我国住房政策由于过度市场化而过度倾向于私有住房形式的格局，保持了政府在私有住房和租赁住房两种住房形式上的中立，使居民可以在私有住房和有适当权益得到保障的租赁住房两种住房形式之间进行自由的选择。

（一）在这个以普遍整合的租赁住房市场和有管理的私有住房市场为基础的住房政策体系下，在住房租金补贴制度下，提供全面普适的住房福利，避免了对私有住房市场的过度扰动，有助于实现租赁住房市场和私有住房市场的协调均衡发展，使我国住房市场走向一个社会市场。

（二）由于租赁住房的相关权益得到了有效保障，可以满足部分群体持续居住的稳定感和安全感需求，有效稳定居民的居住预期，适度延迟部分家庭特别是青年白领群体进入商品住房市场的时间。在私有自住住房需求适度延迟之后，进入商品住房市场的家庭也具备了较为稳定的住房支付能力，也可以有效避免住房金融风险，从而促进住房市场健康发展，也有助于实现我国住房市场从市场社会向社会市场的转变。

（三）在我国分税制的体制下，土地财政已经成为地方政府发展经济和开展社会建设的主要资金来源，特别是在目前各项民生建设支出越来越大的情况下，完全断绝地方政府对土地财政的依赖是非常不现实的。在普遍整合的住房政策体系下，由于非营利性租赁住房机构的土地获得采取市场化机制，不会对目前地方政府的土地出让收入造成过度冲击，既有利于土地出让市场的发展，也有利于对地方政府土地财政状况进行渐进性改革。

（四）普遍整合的租赁住房市场中，非营利性租赁住房机构的价格领导作用可以有效降低租赁住房租金水平，而较低租金水平和租赁权益的有效保障可以有效吸引更多的家庭选择租赁住房，真正形成社会各阶层的有效混合居住，最大限度地避免居住空间的分化与社会隔离。

（五）在租赁住房和私有住房均衡发展的市场格局下，可以有效促进住房的流动性，实现居住与就业的最大限度融合，避免“空间失配”和“住房所有者陷阱”效应，也可以促进就业流动，提升我国经济发展活力。

四　农村住房福利体系的普遍整合

对于农村住房福利体系进行普遍整合，即要充分考虑农村传统生活耕作方式和社会习俗，又要考虑在当前城市化背景下农村劳动力大量频繁的跨区域流动的特征，因此，可以从如下几个方面着手。

（一）加强农村村镇规划和公共配套设施投入，提升农村居住品质和改善居住环境。由于农村以农户为单位的自建住房存在分布散乱、土地资源浪费严重、建筑质量参差不齐以及缺乏完善的基础设施和公共配套设施的现象，各级政府应加强农村村镇的科学规划和公共配套设施的投入，即要改变目前缺乏规划和“空心村”现象造成土地资源严重浪费的情况，也要避免假借“新农村建设”的名义进行不切实际的规划和强制农民上楼的现象。

（二）按“一户一宅”的原则，保障农村宅基地的供应。这是农村住房保障制度的底线保障部分，必须坚持统一性的原则，充分保障农村居民合理的建房用地需求。

（三）对农村新建住房实行专项金融支持服务，对农村弱势群体住房问题提供专项补贴。即要切实为底线以下的农村居民居住需求提供有效保障，在保障合理的建房用地需求的同时，也要对弱势群体提供专项补贴，保障每户居民适足住房权的实现。同时，也要按照市场调节机制，对于农村居民的建房提供必要的金融支持。

（四）把农村进城务工人员的住房福利纳入城镇住房保障体系之中，并可以根据农民工流动和工作的特点，整合各种社会力量，提供农民工集体宿舍和农民工公寓。

第十三章

社会服务体系建设

第一节 社会服务概念

一 引言

一个面对不同群体需求的、不同于实物和资金等经济保障的，被称为社会服务的社会福利项目在中国开始受到重视，并且正努力朝向更方便全体人民和覆盖人民生活各个方面的范围扩展。在中国，社会服务外在需求的扩大和内在需求的增长将把社会服务推向一个前所未有的发展时期。

在近 30 年的经济快速发展之后，中国开始进入一个重视社会发展的新时期。国家已经确定构建和谐社会的社会发展总体目标，并做出了全面的部署：一方面，提出了诸如关注弱势群体，尊重和保障人民的权益，逐步缩小和扭转城乡和区域的差距，更加完善基本公共服务体系和社会管理体系等任务；在另一方面，国家对政府部门的工作和职能转变也提出了新的要求：建立服务型政府，强化社会管理和公共服务职能。

对于走上市场经济发展道路的中国来说，社会发展与建设是一个新的关注点。中国的经济学家和企业家在市场经济改革中，勇于探索，交出了中国经济持续 30 多年增长的答卷。同样，面对人民群众的生活需求的不断变化，随着人民生活水平的不断提高，人民群众的社会服务需求日益强烈，以民生为本的社会建设事业，是赋予政府部门和社会科学人员的历史使命。而明确社会服务作为社会建设的基础性内容，既是人民群众的迫切需要，也是社会建设的内在要求。

其实，社会服务并不是一个新名词。新中国成立后在社会服务方面有自己独特的发展实践，例如城乡社会救助服务、救灾服务、残疾人康复服务等，为我国的社会主义建设和人民群众的生活福利提供了基本的保障。

改革开放以后，伴随城乡社会建设的进展和人民群众对社会服务需求的增长，我国社会事业发展很快。从 1987 年民政部提出倡导社区服务以来，20 世纪 90 年代的城市社区建设得到发展，中国城市的社区服务和社区建设已经有了发展经验，再到 2000 年出现的农村社区建设，经过多年来自基层的探索，全国农村的社区建设于 2007 年春天也正式由民政部宣布正式启动。近 10 年来，社会服务新概念的逐步提出，社会服务有了长足的发展。在积累了宝贵经验的基础上，我们应该把社会服务提升到理论的层面加以归纳。

纵观中国社会服务的发展，我们可以总结出以下几点：

（1）对社会服务的认识正在逐步从模糊转向明确；

（2）社会服务的体系正在确立；

（3）社会服务领域正在扩展，涵盖的内容日趋完善；

（4）社会服务所覆盖的对象正在从特殊人群转向普遍公民；

（5）社会服务资源拓宽，提供多元服务；

（6）社会服务管理运行形成多种方式；

（7）社会服务管理逐步走向专业化和技术化。

今天，着重强调社会服务，在新形势下具有特殊的意义。首先，社会服务概念的确立，不仅反映了从资金、物质保障到服务提供的转变，更重要的是明确了社会服务的范畴。其次，构建现代社会服务体系是服务型政府的基本职能。再次，社会服务是推动现代社会发展的良好引擎。最后，社会服务从内容到运行模式都在创新，丰富了社会福利领域的理论与实践。

对于中国来说，健全和完善社会服务体系是社会建设重要的一环。这是一个新的和艰巨的任务，而总结和提炼社会服务模式和体制创新，是推进这一体系发展的必要前提。

二　社会服务的内涵

中国社会服务的实践虽然有了很长的时间，社会服务概念的明确提出却是最近一些年的事情。最近几年中，社会服务一词在政府和学者的研究报告中，出现的频率越来越高；从实践角度讲，在全服务的功能在社会建设中也越来越突出。

观察分析中国社会服务体系，不难发现，首先，社会服务概念的使用是不确定的，社会服务和公共服务、社会保障、社会福利、社会救助等概念经常混淆；其次，社会服务体系还是分散的、碎片化的。因此，明确社会服务的内涵是首要任务。

（一）来自西方的社会服务概念

社会服务作为方法与实践早在19世纪的英国已经产生。根据1834年颁布的《济贫法》，英国政府管理部门给贫民习艺所的贫困者提供服务。1884年英国伦敦的汤因比服务所曾在伦敦城内教育条件极差的地区开展社会服务。在19世纪晚期，一些妇女在伦敦的贫民窟发展了一种提供出租房屋咨询的服务形式，此后这种社会服务拓展为帮助其他有服务需求的人。进入20世纪，英国的医院开始雇用评估病人是否可得到免费治疗的救济品分发员，他们被称为社会服务员或者社会工作者。1920年，英国建立了社会服务所。

美洲、澳洲和东亚等地区的社会服务都受到了英国的影响。1877年，美国布法罗的慈善协会将不同的民间服务机构组织起来，通过募捐资金、协调人员帮助穷人摆脱贫困。1886年，美国的一批在校师生在贫民社区创立了睦邻组织，与居民们共同生活，以了解、研究和解决社会问题，提供社会服务，实现改善居民生活质量的目标。1929年，澳大利亚墨尔本医院首次委任了一批施赈人员，同年，悉尼和墨尔本开始为这些实施赈济的社会服务工作人员提供培训课程。此后，社会服务在西欧、南亚、日本和北美等地区和国家逐步发展，特别是在北欧得到了充分的扩展。

1945年后，欧洲的社会服务断断续续地碎片式增长。社会服务作为一个学术概念于1951年由英国伦敦政治经济学院的教授理查德·蒂特姆斯首次提出。在此前的社会福利研究中，社会福利概念被基本固定并明确由教育、住房、收入保障和国民医疗健康四部分组成。蒂特姆斯认为，除了四种福利外，还有一种服务独立地存在，即社会服务。欧洲学者更加详细地阐述了社会服务的内涵。赛恩斯伯里认为，只讲提供给个人的服务还不太明确，应该加入一个重要因素：根据人类的不同需求提供服务。

欧洲学者更加详细地阐述了社会服务的内涵。赛恩斯伯里认为，社会服务是根据人类的不同的需求而提供的服务。他说："个人社会服务是关心有需求和困难的人，因为困难阻止了他作为个体在社会上所应能发挥的最大的社会能量，阻止了他自由地发展他的个性和通过与外界的接触实现

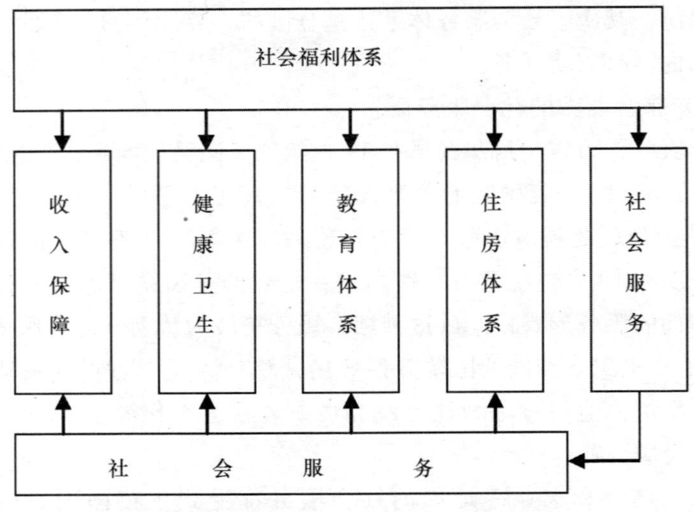

图 13—1　西方社会服务的概念范畴结构

自己的渴望。这种需要在传统上由个人和家庭的功能来帮助解决的；而目前改为社会服务来满足需求，并且是社会提供更高水平的帮助过程，并不是仅提供单一化的帮助；服务资源适应个人和群体的不同需求并不是提供对所有人提供单一的服务。”（Sipila ed.，1997：11）

英国在1970年成立了地方社会服务部并发表报告：“提供一个以社区为基础的和以家庭为导向的，提供给全体公民的服务。这个新的部门所做的将不仅仅限于发现和医治社会疾病；而是为了整个社会的福祉，它将最大限度地让数量更多的个人参与相互给予和接受服务的行为。”[①] 发达国家对社会服务所做的限定，即在英国被称之为个人社会服务（Personal Social Service）或者在北欧叫作社会关照服务（Social Care Service），在美国则被称为健康人类服务（Health Human Service）。

社会服务自出现以来，便成为社会结构中的一个新现象。社会服务在许多西方发达国家变成了社会政策完整构成的一部分，成了社会福利体系的一个重要组成，且其在金融投入、组织管理、生产程序和控制过程的快速增长已经使其变成了公共事业中一个独立负责的部分。在20世纪70—80年代的西方，没有其他任何主要的工业产业能够像社会服务一样飞速

① Young，Pat（2000），*Mastering Social Welfare*，London；Palgrave，p. 206.

发展和膨胀。

（二）中国社会服务的基本含义

在中国，社会服务是国家和社会为满足全体社会成员特别是一些特殊群体如弱势群体和有困难的群体的生活需求，以及提高其生活质量而开展的各种社会活动、社会工作和社会事务的总称①，其包括以下四层含义。

第一，从本质上说，社会服务是一种以劳动（物质的和精神的活动）形式满足社会成员生活需要的社会行动。作为一种社会行动，社会服务区别于资金（实物）保障，具有资金（实物）保障无法替代的功能和作用。

第二，从对象上说，社会服务对象包括一般对象和特殊对象。一般对象即全体社会成员，面向全体社会成员提供的社会服务即“大服务”；特殊对象即社会弱势群体，面向弱势群体提供的社会服务即“小服务”。根据“弱者优先”的公平理念，要优先发展面向弱势群体的社会服务，优先满足弱势群体的社会服务需求。

第三，从供给主体看，社会服务的提供主体是多元化的，包括各级政府、城乡基层自治组织、社会组织以及其他社会力量。

第四，从供给内容看，社会服务涉及民众生活的各个领域，主要包括城乡社会救助、社会扶持、福利服务、优抚安置、社区服务、社会工作服务、专项社会事务服务以及养老、健康、教育、就业、住房等与基本生活紧密相关的各类服务；随着经济社会的发展，广大民众的社会服务需求将越来越丰富，服务供给的内容还将不断拓展和扩大。

（三）社会服务与其他服务的区别

一个与现金及实物救助等社会保障方式不同的社会福利形式，即以行动来保障公民福祉的社会服务体系正在中国形成。我们需要明确社会服务和与它相近领域的关系。

从中国的实践看出，公共服务、社会服务、社区服务等概念通常都在被交叉使用，还有许多属于商品流通服务和其他生产服务的项目也掺杂在社会服务之中，这说明何为社会服务这一问题在实践中并不清晰。之所以如此，是因为在中国社区建设的探索中，缺少一个在社会政策学科框架下具有明确定义的社会服务概念，在社会福利体制中没有明确确立社会服务

① 中国社会科学院社会政法学部课题组：《中国社会服务体系建设课题研究报告集》，2010年8月。

这个领域。

1. 社会服务和社会保障不同。在西方社会政策的含义里，狭义的社会保障是以现金形式提供帮助或与收入相关的保障，它在一定程度上是社会保险制度的总称；而中国使用的广义的社会保障是社会福利的同义语，与社会服务不等同（下面阐述）。社会服务明确了不是以现金形式提供的帮助。社会服务强调从劳动或者行为形式提供服务。

2. 社会服务与公共服务不同。首先，社会服务强调提供给个人的服务或者是特殊群体的服务；其次，社会服务是在社会上，特别大多以社区为背景，或者以社区为目的进行的，或者指服务享用者在生活区域或工作区域接受的服务。而公共服务的范围则更加宽泛，包括所有公共事务，比如交通疏导、烟酒供应等。社会服务基本上仅仅限于社会福利的范畴及其有限延伸，限于人民的基本社会权利的保护与提高。例如，对全体公民提供的公共交通服务属于公共服务，而对残疾人在社区的康复属于社会服务。蒂特姆斯曾指出，公共服务包括社会服务，而社会服务属于公共服务的一部分。因为当时，社会服务基本上都是由公共机构提供的。但是，目前许多社会服务由社会组织、社会企业甚至私营企业提供，虽然它们提供的服务具有公益的性质。但是，由于企业的私营性质，是否所有的社会服务都是公共服务却值得进一步研究商榷。当然，在某些方面，它们的区别不是太明显，有点相互交叉。

3. 社会服务与社会福利的关系。社会福利囊括社会服务，社会服务是社会福利的一部分。社会服务有满足个人需求的社会救助特色，重点在关心照顾，是一种关心人的服务提供，比如照顾服务、咨询服务和救助服务。比如，青少年在学校接受的正式教育属于社会福利，而失学儿童在社区得到的救助，属于社会服务，而社会工作者对学校内的问题青年的介入也属于社会服务。

4. 社会工作是专业化和职业化的社会服务，社会工作者是专业化和职业化的社会服务者。我国的社会工作者专业队伍处于初创阶段，尚未成为社会服务队伍的主力军；发展中国的社会服务事业，需要大力加强专业的和非专业的服务队伍的培养，并需要逐步扩大社会工作者队伍，提高社会工作者素质。

5. 社会服务与社会救助有交叉，但是在表现形式上有所不同。如上所说，社会服务具有社会救助的性质，但它不是限于提供现金和实物的帮助，而是对个人的关心照顾服务。

6. 社会服务与社区服务有区别。人们常常把社会服务和社区服务混为一谈，因为，社会服务通常在社区来完成。不仅仅是我们中国，欧洲的社会福利体系也常常把社会服务当作社区服务的同义语。但根据社会政策的严格定义，社会服务应该是正式的专业词汇。社区服务是社会服务的具体方式，它是在西方国家，特别是英国把从医院提供的医疗照护服务转化为社区背景下的社会关照服务，强调服务在社区内提供服务的背景下提出的。“这个不同于那种久居医院的、属于医疗护理范围的医疗护理服务的，而是隶属于在社区内提供的满足不同的人群基本需要的照顾关心服务，在社会政策的学科框架下被称之为：社会服务。”

7. 商业服务与社会服务的关系。在中国的一些地方，社区服务主要内容是设立消费和娱乐的商业网点。例如，在社区中设立了诸多商户，把洗脚、美发美容、住店吃饭等项目的消费服务称为社会服务。相反，真正属于社会服务领域的养老院、托幼所、学龄前儿童小饭桌、残疾人、慢性病人护理照顾服务等却没有。还有一些地方，一提到社区服务，就是盖一个大楼，挂一个牌子，把所有能囊括的项目都包含进来，混在一起管理，对社会服务缺少清晰的思想指导与具体的专业管理。这不能怪地方政府，如果对社会服务的基本性质都没有确定，怎么能有实质的内容？实际上，这些商业服务如果涉及公益性质，就应该划归社会服务；但是如果是以纯营利为目的，则应该叫商业服务。

第二节　当前中国社会服务的特点与任务

一　社会服务面对多样的需求和全体社会成员

改革开放以来，我国建立了以解决民生问题为核心、提供基本生活保障的社会保障体系。同时，为促进社会公平和全体社会成员共享改革开放的成果，包括涉及社会救助、教育培训、医疗卫生、住房保障、社区建设和社会工作等领域的，涵盖儿童、老人、妇女、灾民、困难群体、农民工等特殊和困难群体以及全体居民的社会服务体系也逐步建成。

一些常规的社会服务项目需要得到进一步确立、普及、巩固和加强。比如，妇女儿童的保健和医疗；残疾人的社区康复、技能培训和心理健康咨询；青少年的心理健康咨询和就业指导；贫困人口（包括三无对象、单亲家庭等诸多群落）的生活帮助；等等。随着社会的变革，一些新的社会服务需求在不断涌现。例如，空巢老人需要生活和情感支持；高龄失能老人需要照护和精神慰藉；吸毒者、艾滋病人和精神病患者需要社区治疗与康复；下岗工人、新毕业大学生和新一代进城打工者需要就业培训；高校大学生需要就业指导、创业培训和待业大学生的心理支持；城市化进程中“失地农民”需要养老服务和再就业服务；“城中村”改造中“失房市民”需要临时住房安置服务；农村小学校集中后需要交通服务、安全服务和卫生服务。更多的服务包括：农村留守儿童、妇女和老人的抚养支持；流浪儿童的成长；进城务工人员的养老、住房、就业和医疗服务；等等。对新增社会服务需求迅速回应是社会服务体系面临挑战。

社会服务内容也在拓展，包括生活救助、人身照顾护理、医药卫生、文化娱乐、教育培训、法律援助、心理疏导等多种服务。因此，社会服务应该为全体社会成员解决他们在个人发展和生活中遇到的各种困难。

总之，社会服务不仅面对的是弱势群体，而且面对所有有困难的人、特殊人群和所有具有服务需要的人群。社会服务体系覆盖老年人、残疾人、慢性病人、妇女、儿童、农民工、困难群体和所有的公民。按照社会的发展需要，目前社会服务对象已经惠及全体公民，是一种改善全体公民福祉的服务。

二　当前主要和迫切的社会服务任务

中国的社会服务的任务非常艰巨，一方面，社会服务的发展水平滞后于经济的发展水平；另一方面，对社会服务的宏大需求证明它到了快速发展的紧迫阶段。

1. 老年人社会服务

我国的养老服务事业，正在经历以传统的家庭养老到人人享有基本养老服务的改革阶段。老龄化形势下家庭人口结构的变化使家庭养老功能弱化，养老的社会服务需求越来越大。政府强调养老的社会服务，将传统家庭养老的方式，调整为“以居家为基础、社区为依托、机构为补充的养老服务体系”。居家、社区、机构的养老服务是互为补充的系统工程。坚持居家养老的基础地位，可使绝大多数老年人老有所养；发挥社区的依托作用，可使居家养老的基础地位得以巩固；强化机构的补充作用，可使有特殊困难、需特殊照顾的老年人得到有效照顾，并可通过示范辐射提高养老服务水平，实现“人人享有基本养老服务”目标。社会服务要为不同经济状况和生活能力的老年人提供帮助，特别是为高龄人群提供机构养老照护服务。近年来，国家加强针对城乡孤寡老人、低收入老人及其他有特殊困难老人的收养型、护理型养老机构建设；加大资金投入，在城镇建立面向“三无”老人的社会福利院，大力发展老年公寓、养老院和老年护理院；在农村加强敬老院建设，为“五保”老人提供集中供养场所和生活服务。

2. 残疾人社会服务

中国的残疾人康复工作开展20年来，已经为1300多万残疾人提供了系统康复训练服务。但是，目前的社会服务也仅仅使占残疾人总数的35.61%接受过医疗服务，12.53%接受过救助或扶持服务，仅仅有8.45%接受过康复训练服务，以及7.31%的残疾人接受过辅助器具的配备服务。到“十二五”末的2015年，要基本实现残疾人“人人享有康复服务”都非常艰巨，因为这不仅关系到各级社区建立康复技术指导组，制定相关技术标准，推广实用技术，还涉及城乡社区委员会还要配备专职或兼职的社区康复员，为残疾人提供就近就便的康复服务等一系列工作。

3. 儿童社会服务

儿童社会服务覆盖贫困儿童、孤儿、农村留守儿童、流动家庭儿童和流浪儿童以及全体儿童。

首先要发展儿童福利机构服务。截至2009年年底，全国各类收养性机构共收养儿童11.5万人，比上年增长27.8%。全国独立儿童福利机构303个，比上年增加13个，床位4.4万张，比上年增长9.1%。2009年全国收养登记合计44260件。全国有国家投资的流浪儿童救助保护中心116个，床位0.4万张。全年救助城市生活无着落的流浪乞讨未成年人14.5万人次（民政事业发展统计报告，2009）。全国在乡镇、村分级建立针对留守儿童的“儿童活动之家”等，目前农村有留守儿童托管中心6500多所，农村留守儿童家庭教育服务机构3万多个。全国需要由国家抚养的孤儿童428万人，而各类福利机构能够提供的床位只有3.15万张，仅是需求总量的0.7%①。

国家引导孤残儿童养育向家庭化、亲情化、社区化方向发展。提倡公

---

① 时正新：《中国社会福利与社会进步报告》，社会科学文献出版社2001年版，第37页。

民收养、亲属监护、家庭寄养、社会助养以及小家庭养育等多种模式，多渠道妥善安置孤残儿童，从而使孤残儿童回归家庭、融入社会。

教育机构与社区在服务内容上的延伸，也产生了一些新的社会服务，包括低龄学生的校车接送服务、放学后的托管服务、校外寄宿服务等。此外，儿童社会服务还有许多空间要去探索，比如建立学校留守儿童教育管护队伍、代理家长队伍、留守儿童工作志愿服务队伍、留守儿童教育管护专家队伍等，使留守儿童“心有人爱、身有人护、难有人帮”。

4. 慢性病人及艾滋病人的社会服务

（1）慢性传染病和精神病人

我国正在把慢性疾病患者，主要是慢性传染性的艾滋病人和慢性非传染性的精神病人纳入社区卫生服务体制中，智障和精神疾病服务机构建设得到加强。

把精神疾患的预防与康复管理从专业医院转到社区，是精神卫生服务的国际发展趋势，也是保护精神病患人身权利的途径之一。结合精神病患者和家庭的实际需求，根据世界卫生组织极力推荐，中国近年开始实施精神病人以社区为基础的康复服务工作。各地纷纷建立了由政府出资，为精神疾病患者提供服务的社区康复机构。民政部、国家发展和改革委、卫生部共同完成了《精神卫生防治体系建设与发展规划》，形成以三级专科医院为依托，以社区卫生服务中心为基础的精神疾病预防与医疗、康复服务体系。残联和医疗卫生部门联合推进精神病人的社区康复服务工作，包括用药护理、特殊管理和心理康复等，引导精神病人学习生活技能并参与娱乐活动。

（2）艾滋病人和感染者

中国有艾滋病人和病毒感染者22万余例，对艾滋病流行严重的地区普遍建立了以家庭为基础、以社区为依托、以专业机构为指导的抗病毒治疗管理模式。国家在生活、教育、医疗、康复、住房、就业等9个方面提供优惠政策。但据科学估计，我国艾滋病总感染人数为70万人，且有大量的流动人口没有进入艾滋病防疫系统监测。因此，要将艾滋病服务体系融入社区的卫生服务体制之中，使艾滋病患者的康复服务主要来自社区支持和家庭关照。

5. 妇女服务

妇女问题和儿童问题一般都是联系在一起的，所以妇幼服务常常把二者结合起来。妇女的社会服务主要内容包括单亲家庭支持和单身母亲支持，反对家庭暴力，促进妇女就业等。

三　社会服务内容与方式

当下，社会服务还出现了新的需求和提供方式。

1. 社区照护服务

护理服务包括对有特殊需求的老年人、残疾人和儿童的照护或护理服务。社区提供的照护服务具体包括住养、日托照料、上门服务、紧急救援、康复保健等内容。

以老年社区照护为例，为老年人提供的照护服务包括基本生活支持供应照料、医疗护理和情感慰藉等。为满足老年人多样化的服务需求，中国正在初步形成以居家养老为基础、社区服务为依托、机构养老为补充的为老社会服务体系。在积极推进机构养老服务的同时，发展社区为老服务，不断改善老年人居家养老的支持环境。2009 年，平均每个街道有 1.32 个老年服务设施，每 9.8 个社区居委会有 1 个城市老年服务机构或设施（阎青春，2009）。各地采取上门服务、定点服务和巡回服务等方式，为老年人提供生活照料、家政服务、紧急救援以及其他便利老年人的无偿、低偿服务项目。

2. 社区卫生服务

基层医疗卫生机构向社区卫生服务机构转型包括，建立社区卫生服务网络，利用社区卫生中心和卫生站为妇女、儿童、老年人、慢性病人、残疾人及全体成员建立健康档案，为其提供预防、保健、医疗、康复、健康教育和计划生育技术指导为一体的卫生健康服务。社区卫生服务以满足公民基本医疗需求为目标，以便捷、费用低的形式让部分基本健康问题在社区得到解决。

例如老年医疗保健复纳社区卫生服务体系是指努力为老年人提供老年保健、医疗护理和康复等安全、有效、便捷、经济的卫生服务。基层医疗机构根据特殊需求，提供家庭出诊、家庭护理、日间观察、临终关怀等服务。而残疾人社区康复的社区卫生服务体系，则是从单一的医疗康复扩展到职业康复、教育康复等，是一个以专业康复机构为骨干、以社区康复为基础、以残疾人家庭为依托的社会化服务康复体系。

3. 社区文化娱乐服务

为社区居民提供文化活动场所，比如乡（镇）、街道设立文化活动站

（点），基层村（社区）开设各种（老年、青少年）活动室等，社区阅读室与城市的图书馆联网，改善当地的社会文化生活条件。有关部门将其管辖的文化活动场所向当地居民开放，包括国家财政支持的图书馆、文化馆、美术馆、博物馆、科技馆等公共文化服务设施以及公园、园林、旅游景点等公共文化场所向社区居民免费或优惠开放等。社区完善“全民健身工程”，加强公益性体育健身场地和设施建设，为民众开展体育健身活动提供场所。

4. 社会救助服务的拓展

社会救助服务指在社区为居民解决各种困难。它不仅为各种困难群体和特殊群体提供物资、资金救助，还包括为其提供心理救助和法律援助等服务以及社会工作者的介入给予的问题解决。具体的救助内容涵盖困难帮扶、医疗救治、生活保障、就业援助、养老援助、政策援助、爱心参与等各方面。逐步形成以实物、医疗、养老、就业、助学等多项配套援助为补充的社区救助体系。社会救助服务也有新的探索，如建立社会救助中心，互助中心、义工服务中心、老年人援助中心、生活援助中心等服务平台等。

5. 社区教育服务

许多地方建立了社区培训学院，或者建立了社区学校、小课桌、社区讲堂和远程教育学校等；对农民工和剩余劳动力开展就业技能培训、转岗培训、下岗职工再就业培训、残疾人生存技能培训等；在老年人群中开展社会文化活动，开展对外来人群的适应城市生活培训（对拆迁农民进入楼房的文明素质教育）和少年儿童假期培训，举办给妇女健康知识讲座，还为全体居民做政策解答、科学普及、安全知识教育、文化宣传、理财知识、生活技能和家政辅导等等社区教育培训工作。

6. 社区便民服务

社区的便民服务为社区居民，特别是为有生活困难的老年人、残疾人和各种困难群体提供多种便民利民服务。社区便民服务包括提供日常生活帮助，如房屋维修、物业管理、家政服务、就业服务信息提供，还有具体到如代购物品与登记配送服务等。在中国，便民的社会服务还有民事调解、婚姻、殡葬等各种民事服务。农村的便民服务包括建立商业网点和农业生产资料供销合作社等。

总之，社会服务就是要通过各种服务的提供，在社区内满足居民的各种需要，解决个人、家庭和工作单位解决不了的问题。截至2009年年底，全国共有各类社区服务中心17.5万个，其中综合性社区服务中心10003个。居委会社区服务站5.3万个，其他社区服务设施11.2万个。城市便民、利民服务网点69.3万个（民政事业发展统计报告，2009）。这些社区服务中心提供各种社会服务，包括社会救助、慈善公益、优抚助残、敬老扶幼、治安巡逻、环境保护、社区矫正、科普咨询和法律援助等。

中国的社会服务和发达国家的社会服务相比较有以下几个特点：社会服务的范围更广，涉及的人口多。社会服务的内容随着时代的进步、社会的变革而不断变化，因此有许多不确定的因素。同时，中国的社会服务现状也有许多问题。

第一，现有的社会服务不能满足日益增长的需求。

目前，中国60岁以上的老年人口达到了1.44亿，65岁以上人口超过1.1亿，分别超过了总人口的11%和7%，其中70%的老龄人口在农村社区[①]。我国5亿多人生活城镇社区中有4400万65岁以上的老年人，2600万已经移交社区管理的企业退休职工，200万城市贫困人口和1400万下岗失业工人。在农村，绝对贫困和低收入人口有6500多万，残疾人口8200多万，孤儿57.3万[②]。随着城镇化的不断推进，越来越多的农民将变成城镇社区居民；随着企业改革的不断推进，越来越多的退休职工将移交社区管理；随着人口老龄化、家庭小型化的加剧，城镇社区需要承担的社会管理事务和服务项目越来越多。

一方面是社会服务的需求增长，另一方面是我国社会服务业的发展滞后，许多残疾人、孤儿等，得不到应有的服务。如，全国需要进入福利机构寄养的残疾人有601万人，而残疾人服务机构的容量只有3.4万人，仅占有此需求人口数量的0.6%。全国需要由国家抚养的孤儿童428万人，而各类福利机构能够提供的床位只有3.15万张，仅是需求总量的0.7%[③]。全国1.44亿老人中约有11%的老年人要求进入福利机构养老[④]，

① 中国老龄事业委员会：《中国老龄事业白皮书》（草稿），2006年3月31日。

② 李学举：《民政部门首开先河，全面推广社工职业制度》，《中国民政》2007年第1期，第15页。

③ 时正新：《中国社会福利与社会进步报告》，社会科学文献出版社2001年版，第37页。

④ 同上。

但是中国现仅有各类养老服务机构3.8万多家，能提供给老人的床位仅120多万张[①]。据统计，目前全国还有约1/3的城市街道办事处和将近一半的社区居民委员会没有建立老年服务机构和设施，农村乡镇则更少[②]。中国的社区养老服务事业与西方国家和一些发展中国家相比，存在显著的差距。在北欧，19%的老人享有国家提供的社会服务，在英国接受政府和私人服务机构提供护理帮助的65岁的老人的比例为15%，加上享受其他种类社会服务，老人享有社会服务的比例高达26%[③]。

第二，一些基本社会服务欠缺。

随着生活方式的改变和生活水平的提高，人们对社会服务的需求量、内容和方式都有所提升。但是，很多地方进行的社区服务中还缺少社区居民需要的基本社会服务，对高水平的社会服务更存有差距。这些基本的社会服务包括养老照顾，妇幼保健和青少年心理、生理的健康咨询辅导，无业人员的心理指导和要求再就业人员技术培训甚至家庭生活安排和自救等服务，等等。

在城市，青少年问题过去是街道、学校和家长"一起抓"。由于现在在社区没有提供相应的社会服务，一些青年因缺少引导而沉浸于网络，并由此导致心理变态、吸毒甚至犯罪。刑满释放人员重返社会的心理帮助与再就业，以及艾滋病人的治疗后的心理帮助和安置等都成为社会服务的新缺口。

至于广大的农村，基本的社会服务更是空白。妇女没有地方接受孕期产期保健知识讲课，没有机会得到妊娠期的护理，幼儿没有托幼所，青壮年男性进城打工后留下老年人、妇女和儿童，缺少必要的社会服务的支持。在西北农村地区，许多老年病人，从来都没听说过护理一词，在劳累了一生，落下了一身病之后，通常都是由儿媳妇照顾，然后就是等待离世。

第三，服务设施布局不合理，人均服务设施差距大。

社会发展项目需要人和部门去做，目前，有政府、社会团体和私营单

---

① 阎青春：《我国人口老龄化特点及发展养老事业的基本思路》，载《中日韩社会福利国际研讨会论文集》（2007年3月28日），第341页。

② 夏学銮：《老龄化社会对公共服务和公共财政发出了强烈呼唤和挑战——北大教授如何应对中国老龄化社会危机》，《中国社会报》2006年12月19日。

③ 这个比例在发达国家的平均为8%，发展中国家为5%，国际社会通行的是5%—7%的比率。

位多方投入。但各方投入的目的不同。对那些可以经营且有盈利可能的，一些机构和企业争先涉足，按照自己的营业理念运作，甚至改变社会福利事业的性质。同时，另外一些社会服务的领域，由于政府缺少规划，面临"都不管"局面。

第三节　社会服务的管理问题

一　社会服务不明确，多头管理

尽管有20年之探索经验，但是我国社会服务还一直处于一种不确定的状态中。近年来，来自诸多领域如卫生、教育、法制和劳动保障等的交叉问题对社会服务现状提出了挑战。迄今，社会服务的范畴、性质、管理机构尚没有被明确定位。因此，在实践中，出现了由概念不清而导致的内容混乱，由部门职责不确定导致的管理混乱以及服务提供者不明确，以及服务项目的空缺和资金不到位。

面对城市多年社区建设探索的经验和农村社区建设的启动的关口，和福利体系内部各部门在实际操作中在服务领域出现的交叉和真空地带，很有必要把社会服务突出，明确它在社会福利体制中的地位，以利于推进社会服务科学化，促进中国社会福利体系的完善。

根据国际社会科学界中社会政策这一学科的确立和西方发达国家的社会福利体制的发展经验，社会服务被明确为社会政策构架中的一环和国家福利体制必要组成部分。基于这一科学划分，以及我国经济改革的基础与社会发展的需求，在我国的社会福利体系中需要明确一个新的组成部门——社会服务事业。

中国的社会福利制度在计划经济体制下仅仅包含社会救济、社会福利（在民政部原有工作范围内的小福利概念）、社会保险和优抚安置等几方面。这种分布是计划经济下的格局，对于市场经济形势下确立的和谐社会发展目标的要求，社会福利体制面临着资源与项目的重新整合与配置。随着社会发展需要和国家经济实力的增长，中国到了社会福利体制重组的时候。此刻，应该是确立社会服务事业在社会福利体制中框架中特殊位置的恰当时机。之所以这样讲，是因为对社会服务的需求量大而现有社会福利体制设置跟不上时代的脚步，以及宏观经济的布局不平衡问题。

二　政府提供社会服务的问题

政府部门各自提供服务，不能有效地整合服务资源。卫生部门、教育部门、民政部门、人力资源和社会保障部等部门的工作等都涉及社会服务，但是，有的工作交叉重叠，有的领域出现没有部门负责的真空地带。

举例来讲，在有关艾滋病的预防与治疗中，存在服务机构欠缺和服务供应者缺失的问题。在预防和治疗以后，除了医院和疾病预防监测机构外，在艾滋病人及家属的心理康复以及后期救助方面，比如生活救助、就业安排等，还缺少一个日常的社会服务机构。这个机构应该独立于医疗卫生体系，属于社会服务领域，但是应该有医生、护士、护工、心理医生和社会工作者介入。这样的社会服务机构不仅适用于艾滋病患者，也适用于慢性病人、高龄老人、青少年和其他相关需要的人群。

另外，在政府提供社会服务方面，还存在诸多问题，例如，成本较高、效率较低，政府和非政府组织之间管理关系不顺，政府购买服务的机制不健全，服务评估和监管制度缺失，等等。

目前，在社会服务领域内，出现了由非政府组织、私有企业，以及志愿者提供的服务来补充政府服务供应不足的做法。它们有些具体服务搞得很好，需要作为一种范式推广，但是因为缺少资金和政府的支持，很难拓展。这说明需要政府有专门的社会服务管理部门来制定规范，采取购买服务等方式把它们列入政府的社会服务发展计划中。但是，这些提供具体服务的部门有的也是没有明确的任务方向，哪里找到资助就给哪里工作，造成了社会服务投入的盲目无序或者不保证服务质量而以营利为目的。因此，要建立政府的评估和监管体系。

三　社会服务产业化的不同理解

社会服务的社会福利定位，是否就决定了全部是政府财政支出？社会服务作为一种特殊的服务业，其产业的性质是否决定者市场导向？在许多社会服务较为发达的地方，关于社会服务产业化等问题的讨论与实践非常常见。一些地方强调了社会服务的产业化性质，于是把社会服务完全推上市场，将其完全交由企业打理；还有人认为，应该由政府全面负责，但结果都是效率低下，造成行政化管理下的经费浪费。

社会服务有专业生产化的性质，比如家庭饭桌、专业照护和社区就业培训等。但是同时，社会服务被定性于社会服务等范畴。在各地也有不同的做法，有的地方把社会服务全部地商品化，比如老人进入养老院和购买照顾服务；还有的地方决定全部由政府建立服务机构并且政府提供全部服务。西方国家探索福利体制的内部市场作法应该有助于我们的探索，比如什么人免费什么人缴纳部分费用，以及具体项目的具体收费标准等。

面对这些问题，明确确立社会服务这一独立于社会福利体制中的事业，需要明确社会服务的性质与职责范围。特别要强调社会服务的社会福利的性质和社会服务的专业化。这样，才能把它和其他的生产产业区别开来，才能把它的特征突出出来，来强化对它的管理。如果我们没有对社会服务社会政策的概念，对这一社会福利体制的特殊部门没有清楚的认识，一切所有的实践都会走入歧途导致混乱。

四　社会服务事业在第三产业内份额很小

在第三产业中，传统服务业比重依然过大，批发零售贸易餐饮业与交通运输仓储邮电通信业仍然占第三产业的42%左右，其他是近年增长的房地产客户服务业等。另外，市场经济下的第三产业的商业服务重点在娱乐消费，一方面，提供给年轻人和有钱人的旅游娱乐项目多：包括风景区、度假区旅游，洗温泉浴和打高尔夫，等等；另一方面，公共社会服务匮乏。前者无疑也给部分经济和身体条件适应的老年人提供了服务。但是，对于大多数家庭中老人、妇女和儿童基本需求的社会服务项目和提供给残障人士的社会服务等的发展却处于匮乏的状态。在目前要做的是转变方向，调整现存的第三产业内的结构，把三产业的服务转向建立以社区为基础的社会服务。

在西方国家，从事农业的人口通常低于总人口的10%，从事服务业的人口高于总人口的50%，英国等一些发达国家从事服务业的人口比例通常高于75%。而我国的这个比例的情况正好与其相反。据经济学家樊纲的解释，农村的剩余劳动力仅仅转移了35%，还有35%的剩余劳动力，即4.8亿剩余劳动力需要转移。如果把这些剩余劳动力全部转移到城市，势必会出现东南亚国家出现的城市贫困人口爆炸的局面。同时，我国现在城市失业率已经超过了警戒线。据世界银行等机构的调查，我国失业率为8%，官方公布的数字是4%。另外，我国每年新增1000万劳动力、300多万大中专毕业生，还有2200多万城市贫困人口需要国家提供最低保障。

亟待发展的社会服务事业将促进这种劳动力的就地转移，农村社会服务业的发展将成为这些劳动力转移的主要溶解点。

面对社会服务的需求和大量劳动力的进入，我们的社会服务业准备好了吗？显然没有。目前社会服务是一个定位含糊、性质不明确、内容混乱的领域，即概念和实践上都属于处于一个不明确阶段。

我国的社会服务还处在探索之中，各地有各地的说法和做法，没有一个标准的定位。我国的社会服务的发展，和西方社会服务产生的具体环境与原因不一样。在我国，城市社区服务的启动源自国有企业的改革而带来的社会福利社会化，即把下岗职工返送回社会，把单位人变成为在社区内的社会人员，在社区内开展社区服务和后来的社区建设。因为农村社区建设正处于初步探索的阶段，农村社会服务和一些基本的商业服务、农村社区的基本设施建设几近处于空白。随着农村社区建设的提出，农村社区服务中心和邻里中心等设施在村、自然村和镇一级纷纷建立，提供给农民包括处理社会事务、改进农村基础设施、提高生产经营技术、建立社会保障、促进文化娱乐等多方面的服务。下个阶段农村社区建设要同时上马许多项目，社区建设的内容也会把所有这些一揽子项目划入。其实，在制定规划的时候，还是应该把社会服务和其他服务区别开来。由于社会服务具有专业化特点和社会福利性质，独立地划分出来，不仅便于管理还有利于政府投入扶持，有利于总结提高。当然，这并不是说其他的管理、建设与服务并不重要。

第四节　中国社会服务的框架形成和指导思想

目前，在经济发达地区的社区建设和社会服务中已经引进了诸如政府购买服务、服务多元化等概念。但是，社会服务整体框架不明晰，影响了相关部门对具体政策的理解与执行。根据国际社会科学领域社会政策的设置和西方发达福利国家发展的规律，我们国家的社会福利体制面临重新组合的任务。

第一，强调和突出社会服务的社会福利功能。把社会服务在社区建设中突出出来，从其他的政府公共事业和行政管理事务中分离出来。社会服务是隶属于社会福利事业的一个独立的部门，虽然服务的人群覆盖全体公民，虽然服务的内容与卫生、教育等有关，但它是与收入保障（救济、保险）、医疗、教育、住房政策等社会福利事业并列的一个福利事业。因此，应强调社区服务中心社会服务职能，调整城市现有的社区服务中心职能，把一些娱乐功能和消费功能服务中心与场所转移到商业和经营机构中。

第二，构建完整的社会服务体系。政府在构建这个服务体系中，要搞好包括社会福利体系中横向和纵向关系的衔接和整合。在纵向上，进一步完善社会保险、社会救助、慈善事业和社会福利等互相衔接的社会服务体系；在横向上，把政府部门之间，包括教育服务、卫生服务、救助服务、养老服务等各项服务领域的对象和资源有效整合，相互衔接，形成完善的社会服务体系。

第三，明确负责社会服务工作的政府管理部门。对应于西方的社会事务部，中国社会服务的管理机构应该是民政部。从我国民政部的职权特征来看，它承担了更多的社会福利业务，特别是目前担负着社区建设的任务。因此，应该由民政部门明确社会服务的职权范围，为社会服务制定具体的方针政策。目前，在农村一些地区，由于社会服务的任务不明确，当许多机构一起投入新农村建设时，民政部门在开展社区服务工作时得不到地方政府的支持。

第四，社会服务由地方政府承担主要责任。地方政府主要投入人力和物力资源，投入基础建设。具体要承担的任务是，第一步，在农村的社区建设的发展中，强调新成立的社会服务中心的社会服务功能。目前由于社会服务不很明确，相当多的地方政府没有设立社会服务职能，而是把更多的精力投入地方经济发展。社会服务应该成为新农村发展的重要组成部分，成为农村社区建设任务的中心。

第五，地方卫生、教育、社保部门要投入当地的社会服务中，并给予其技术支持。地方医务部门应从专业技术指导方面给予支持。因为，医护和日常照护，以及慢性病人的护理、残疾病人的康复、艾滋病人的长期服药监测、老人的照料，都需要专业医护医院的专业技术。地方政府应协调医疗部门进入社会服务领域，把卫生服务站和社会服务中心的功能结合起来提供社会服务；教育部门也应投入地方青少年的教育和培训中。我国的社会服务业应该是在地方政府领导下，以民政部门为主，并联合各个部门共同开展的社会福利事业。

第六，培养大批专业的社会工作者，使其成为社会服务专业的生力军。对社区青少年的青春期心理问题、艾滋病人的心理问题，下岗失业人员的问题，吸毒人员的问题，家庭邻里的纠纷，精神病患者的问题以及其他方面问题大量的技术咨询工作，都需要社区服务部门中的社会工作者承担。如果这一部门的工作做好了，社会就会更加和谐。

社区服务的发展不仅取决于社会工作者的数量，还取决于专业人员的精确分工和服务专业水平。“社会服务在于建立针对不同服务对象、人种的不同服务，比如对老人、妇女、儿童、残疾人的不同服务，提供在社区、小组、居民点和家庭的不同服务，和提供心理、生理和病理的不同方面层次的服务。老年人、残疾人、儿童、精神病人服务机构、救助部门管理、未成年人救助、收养服务、入户护理服务和其他咨询服务上需要配置有很高的专业化水平的技术工作人员，包括经过严密分工和严格培训的医生、护理服务员、护士、社会工作者、心理咨询医生和其他心理治疗工作者，以及康复人员、配餐员、清洁工、管家和娱乐员，由他们来处理包括安全、护理、技术、心理问题。社会工作者的任务是能够通过支持、恢复，保护或者修改行为来支持有困难的儿童、成年人、家庭、群组、和社区，促进社会福利和回应广泛的社会需求，促进每一个年龄、性别、阶层、种族、文化的人以平等的机会。”① 我国目前的这类人员大大匮乏，且受过专业基础培训的仅在少数。社区服务专业人员的培训是一项重要的工作。社区工作的好坏，部分取决于这些人员技术专业水平的高低与优劣。

还要构建社会工作运行机制。要建立健全社会工作专业和建立社会服务的专职人员队伍。根据社会急需的服务需求，通过高等学校和专业培训机构有针对性地分类培养或培训社会服务人才，提高社会服务人员的专业水平和服务技能，增加专业化的社会工作队伍和兼职的社会服务人员数量，大幅度提高社会服务的综合供给能力。但是，全国200多所高校社会工作专业每年1万多名毕业生，到一线做社会工作的不多。因此，完善社会工作专业岗位的条件，使其吸引更多的专业社会工作毕业生工作非常重要。

第七，发展和壮大志愿者队伍。充分利用学校的学生志愿服务队伍、

① Denney, David, *Social Policy and Social Work*, Oxford: Oxford University Press, 1998, 18.

低保对象、退休人员、享受失业保险的下岗失业人员，以及热心社会服务的各类人员，组建社区志愿组织，为社区居民提供便民服务和互助服务，提高社区服务的自给能力。

第八，加强社区建设以构建社区社会服务的基层平台。这依旧需要各级政府悉心打造，下大力合理发展。社会服务通过城乡基层社区得以实施，因此要发展基层社会建设，加强社区建设、社区管理，完善社区自治组织和社区民主建设，以保持社会服务的提供和运行。依据村（居）民委员会来开展社会服务。中国基层的农村村委会和城市居委会，这个现成的基层自治组织机构要转变功能，成为社会服务的组织网络和政府在基层的依托，这对推进社会服务的发展，将起到至关重要的作用。

第九，在社会服务中构建和发展社会组织体系，注重发挥 NGO 和其他民间社会组织的作用。NGO 在社会服务上的作用是，作为先驱探索一些案例，为国家普遍政策法规的制定提供依据；做一些特殊的案例，比如对吸毒人员和艾滋病人开展特殊开展心理和疾病护理。例如对于艾滋病人来讲，在中国目前的条件下，一些艾滋病患者对官办的机构有误解，存有恐惧心理，害怕被公开曝光，被伤害，受歧视，他们因此宁愿接受志愿组织的帮助。还有一些性病及吸毒病人也有同样的问题，NGO 可以发挥特殊的作用。一方面，各级政府要积极扶持民办社会服务组织，保护、调动和发挥社会力量举办社会服务组织的积极性，为民办社会服务组织提供优惠的政策扶持，包括降低准入门槛，实行税收、土地使用和贷款优惠等政策，同时帮助它们提高自我管理能力，使之尽快成为我国社会服务的生力军。另一方面，要发挥各类社会组织，包括社会企业的作用。引导各类团体和企业进入养老、健康、教育、住房、就业、托幼等社会服务领域，引入和鼓励良性竞争，运用准市场机制，促进社会服务质量的提高。人民团体和各种专业协会也应在社会服务体系中找到自己的定位，发挥其不可或缺的作用。

第十，探索多元化的社会服务。多元化的社会服务表现为由地方政府、私有企业和志愿者共同参与提供服务，包括收费服务、无偿服务等多类型的服务。目前，在中国一些经济比较好，城市社区服务开展的比较好的地区，如东南部沿海的南京、上海等地，出现了政府购买服务的现象。社会行业部门的作用是提供规范化服务，而政府可以购买其服务。但是，政府一定要制定规则、给予资金扶持和予以监督。

第十一，探索社会服务的产业化途径。创立社会服务产业，产品为社会服务，服务对象为顾客。因为部分社会服务是有偿服务，这部分社会服务作为社会福利事业中一种特殊的产品，有产出和效益。但是，它不以营利为目的，而是为了发展与壮大社会服务本身，由此提高更加优质的服务。

社会服务虽然在西方半个多世纪的发展中，形成了一个科学体系。但是，它要在中国的土地上发展，必须根据中国自身的文化、经济和社会的特点和政治体制的特点，找到适合中国的模式。

在社会服务的发展过程中，要把社区服务和社会福利体制的建设结合起来，和新农村建设和社区建设结合起来，还要充分弘扬中国传统文化在社区服务中的作用。中国的集体主义文化、家庭观以及尊老爱幼文化，是社会服务得以发展的主要精神和道德基础。我们应该在自己的文化遗产与社会传统基础上，借鉴现代管理方法，培养大量专业技术人员，建设具有中国传统文化精髓和现代社会组织网络的、覆盖全体居民的社会服务体系。

第十四章

社会治理创新与福利社会建设

社会保障或广义的社会福利建设，是社会安定的基础，也是最有效和最基本的社会治理。一个好的福利模式所要解决的不仅是养老、医疗、失业、社会救助等等事务性问题，而且更要着眼于基本的社会关系的平衡和社会基础的构建，这正是搞好社会治理的前提。福利建设具有无可替代的社会功能，它可以降低社会紧张度，增强社会团结，让穷人得实惠，富人有面子，政府得政绩，社会得安宁，从而使社会管理事半功倍。

第一节　现代社会治理的基础和前提①

如果把加强社会治理片面理解为加大“打压管控”力度，就会导致事倍功半，甚至事与愿违。发达国家提供的一条成功经验，就是把社会治理置于社会福利建设的基础之上，社会福利建设可以明显地缓解社会紧张，只有社会紧张度舒缓了，社会管理才能事半功倍。我国目前正处于矛盾凸显期，社会管理的治本之策是缩小社会差距，增进社会福利。这是社会管理创新的基础和重点。

一　社会治理创新要以解决基础性问题为依归

我们现在强调社会治理创新，不是在一般的社会发展和社会转型背景下提出的，而是在面临诸多严峻挑战的重要关头，把它作为一种应对战略提出的。这种“战略”超出了一般所谓“管理”的含义，而具有根本性的、基础性的社会建设意义。

---

① 本节文字曾发表在《北京工业大学学报》（社会科学版）2012 年第 1 期。征得该刊同意，作为本章第一节（略有删节），特此致谢！

首先，我国正在发生世界历史上规模空前的人口大流动，2亿左右的农民工常年在城乡之间、东部和西部之间频繁流动，每到春节期间，中国就有一大奇观，几亿人回家过春节，飞机、火车、汽车都挤得水泄不通，这给社会治理带来极其严峻的挑战。其次，我们也是世界上规模最大、发展速度最快的网络社会，而且地区分布极不平衡。在东部有些省市非常集中，例如，人口仅列全国第18位的福建省，互联网在2011年年初的域名总数就达到119万，居全国第5位；网民人数达到1629万，居全国第8位，互联网普及率达45.2%，居全国第6位。厦门市人口并不算多，但它是全国互联网管理的一类城市，托管的服务器和虚拟网站占全国的10%，占全省的80%。如何应对互联网迅猛发展所带来的治理难题，也是一个非常艰巨的任务。再次，我国也是世界上社会差距迅速扩大，而且涉及面最广的国家之一。就收入差距来说，基尼系数之大，在世界上已不多见，而且差距拉大速度很快，特别是城乡差距，在全世界更是名列前茅，由于在公共设施、福利补贴等各个方面长期实行二元体制，城乡的实际差距可能达到5:1或6:1。地区之间的差距历史上就比较大，改革开放以来，拉大的速度也很快。例如，上海市小学生的生均财政投入相当于贵州省的30倍，在如此大的差距面前，所谓起点公平真是无从谈起。所以，中央把我们现在的发展阶段概括为矛盾凸显期，既然是矛盾凸显期，社会管理如果不与这些基本问题的解决紧密结合起来，仅仅就“管理”谈“管理”，如何能有真正意义上的创新？

实际上，我们对社会治理的要求和标准都很高，甚至比发达国家还要高。比方说，美国校园的枪击案频发，国会却一再否决禁止个人拥有和携带枪支的提案，而我国校园前段时间出了点事情，我们就在包括幼儿园、小学、中学都派驻了公安民警。欧美国家经常有游行示威，但我们国家这方面管的就很严。2011年日本发生核泄漏，当日本人还没疏散的时候，我国老百姓就如惊弓之鸟，全国发生抢购食盐风潮，这说明老百姓对社会安全的承受能力、应对能力也很有限。如果我们首先下大力气解决前述凸显的基础性问题，同时加强社会管理，二者就可以相互促进、相得益彰；但是，在社会基础性问题未能根本触及的情况下，而又对社会管理提出过高要求，那就很容易造成追求短期效果，做表面文章，根本性问题却积聚下去，越发难以解决。

近年来，各地在社会治理方面积累了一些经验，但成本很高，工作压力很大。例如，福建省晋江市在一个较大的旧城改造项目中，认真开展社会稳定风险评估，把矛盾纠纷化解在事前，不到50天内实现4个镇15个村5000多户的“和谐拆迁”，实属不易。北京城南的丰台区，去年拆迁73个行政村，拆迁户达几万人，没出什么纠纷。其实在许多发达国家，要做好这样的事情也是很困难的。日本东京的成田机场，到现在还有“钉子户”拆迁不了。台湾同胞看见大陆迅速建设起来的高速路，都非常羡慕，而在台湾要想修个路、搞个拆迁其实不是那么容易。

我们在社会“管理”方面的力度不谓不大，但问题在于，我们今天面对的问题，只靠加大“管理”力度能够解决吗？或者说，是不顾成本地加大“管理”（打压管控）力度，赚取一时的稳定，还是把更多的人力、财力、物力投向解决前述基础性社会问题，赢得可以支持长治久安的社会基础？如果仍然延续打压管控的传统思路，不建设新的平台，就不可能有真正意义上的社会治理创新。我们认为，这个新的基础和平台，就是福利社会建设，福利社会建设可以为社会治理创新提供坚实的制度基础。

二　加强社会治理的前提是缓解社会紧张

社会治理是分为层次的，大致可划分为三个层次。

第一个层次，对于一般的社会矛盾来说，矛盾或者处于酝酿阶段，或者只是初露端倪，基本可以自行化解。大量的日常生活矛盾都处于这种状态，可以通过沟通、调解或者其他方式得到解决。

第二个层次，矛盾不但已经产生了，并且已经外在化了，但是仍可以用非冲突、非暴力的方式解决。我们很多工作大体上是处理这一类问题的，尽管矛盾已经表现出来了，但是可以用比较温和的方式调解，在这方面，我国积累了很多经验，例如人民调解制度；调解不了的，也可以依据法律法规，理性地、平和地加以解决。

第三个层次，矛盾已经产生并发生了不良的社会影响，一般地说，必须采取强制的甚至暴力的方式解决。

划分了这三个层次之后，我们就可以做这样的假设：如果一种社会治理的措施能够把第三层次的问题变成第一或第二层次的问题，我们就可以说这种社会管理措施是上策，它的代价低，效果好。对于本来是第一、第二层次问题就用解决第一、第二层次问题的方法去解决，本来是第三层次的问题就用解决第三层次问题的方法去解决，这是中策；如果一种社会治理把第一、第二层次的问题变成了第三层次的问题，或者说，本来不是第三层次的问题，却用解决第三层次问题的方法去解决，这是一种下策。例如，城市拆迁、农村征地过程之中发生的一些矛盾，本来可以通过其他办法解决的，但是，有些地方很轻率地就把公安民警派上去，往往反而不利于矛盾的化解。

为什么这样区分上、中、下三策？因为加强社会治理的前提就是要缓解社会紧张，不管什么样的治理措施，只要是在社会高度紧张的情况下，那无论何种治理措施的作用都会大打折扣。某种意义上讲，一个治理措施是否有效，很大程度上看它是增加了社会紧张还是缓解了社会紧张。从我们这些年的情况来看，之所以社会治理引起了中央和地方的高度重视，首先是因为我们国家这些年社会紧张度明显增强。一个主要表现是，在很多地方都会看到这样的情况：一方面，经济高速增长，另一方面，发案率增长速度更快。虽然不能绝对地讲，但大体上存在一种关联性：越是 GDP 增长快的地方，发案率可能就越高。好不容易创造的 GDP 并没有能够缓解和改善社会的状况，也没有用到改善人民生活方面，反而造成很多的社会问题。中国东部城市出现了世界上少有的一个奇观，城市的楼房大都安装防盗门、防盗窗，有的能装到十几层楼，它也许对提高居民的安全感有好处，但是碰到地震、火灾就麻烦了，而且外观上也把居所搞得像监狱一样，它对于提高人民的生活品质很难讲有什么好处。由于社会矛盾突出，很多地方，特别是维稳部门的压力和任务非常重，南方有的镇，经济虽然很发达，但一年不得不花 1 亿元用于“维稳”。东部城市外来人口多，农民工在人口总量中所占比例高，成为发案率高的主要因素之一。可是，这些农民工在农村的时候都是遵纪守法的，可为什么到了城市就成了“高危人群”呢？一个农民工来到城市找工作，兜里揣的钱不多，比方说只带 300 元，几天找不到工作，300 元钱花光了，饿一天、两天可以抗，饿三天就没招了，他就得抢。所以说，社会的一些基本建设，比如就业介绍、生活救助跟不上，就会给社会管理造成很大的难题。安装再多的摄像头，也防不住他铤而走险。

社会管理不是一两个部门的事，而应是被纳入整个社会建设大局之中。社会紧张度表现在很多方面，某种意义上讲，如果收入分配失衡、收入差距很大等状况不能从根本上得到解决，社会紧张度不能得到缓解，采取多少社会管理防控措施都只能事倍功半。

三　缓解社会紧张的上策是福利社会建设

社会福利和社会管理分属于不同部门系统，如果我们只是把社会管理理解为“打压管控”，社会福利和社会管理的关系就显得不是那么紧密了，但从发达国家的经验来看，可以把社会福利建设看成很基础的社会管理。因为要想缓解社会紧张，它的上策就是福利建设，还找不出比社会福利建设更好的、能够从基础上缓解社会紧张的办法。为什么“铁血首相”俾斯麦率先搞起社会保险？为什么二战硝烟未落，贝弗里奇就跑到德国去取经，提出了“福利国家”的基本国策？为什么二战过后许多国家争先恐后地建立现代福利制度？其显然不是突然善心大发，而是因为经验证明社会福利建设有3个无法替代的社会功能。

第一，提高穷人对贫富差距的容忍度。福利供给是穷人最欢迎的，即使是补缺型的、救助性的福利供给，也是雪中送炭。在实行市场经济的社会，收入差距较大往往难以避免，但是，如果对在市场竞争中失利的劳动者、底层群众、困难群体及时地给予福利支持，就可以很明显地提高穷人对贫富差距的宽容度，因为在基本生活无虞的情况下，人们就容易理性地容忍贫富差距的存在，不至于采取过激的行为。研究证明，补缺型的福利供给虽可解生活急需，但对于调节收入分配却作用甚微，对基尼系数几乎没有影响，只有比较完善的福利制度，才可以发挥力度不同的、调节收入分配的作用，从一些发达国家和发展中国家的经验看，只要适当加强社会保障和社会福利供给，将基尼系数降低0.1—0.2都是可能的。

在各项社会支出中，对底层群众、困难群体的福利支出还有一个重要优点，就是投入小，效益大。一般地说，底层群众、困难群体的需求是基本生活需求、低端需求，比较容易得到满足，且他们的消费量不大，而需求弹性很小，只要得到温饱就基本满足了，因而公共提供的福利不会有大的浪费，福利损失很小；而高端的福利需求，如保健型的医疗产品和服务、享受型的住房、消遣型的度假等，消费量大且难以得到满足，需求弹性很大，在很多情况下是福利提供越多，需求越大，形成无底洞，因而公共提供的福利容易被过度消费，损失就大，社会效益就差。

第二，激发富人的社会责任感。随着经济的发展，社会财富的增加，我国迅速形成了富人群体和富裕阶层，社会怎样看待他们，他们怎样树立自己的社会形象？不论是对于富人而言还是对于社会而言，这都是一个亟须解决的问题，不然，贫富矛盾就会成为社会不和谐甚至发生冲突的根源。

就富人而言，怎样看待财富？怎样看待自己？怎样对待社会？我国先贤圣人对财富是看得很透的，认为“福”与“祸”是相依而生的，财富是身外之物。尽管有些人占有财富的欲望是无止境的，但是，任何人消费财富的能力都是有限度的。过度占有，其实是祸；过度消费，其实是灾。过度了，并不能给富有者带来有意义的享受，也不能对经济带来有意义的刺激。

就社会而言，其也有正确对待财富，合理引导消费的责任。正如宗教发明了慈善事业一样，社会发明了福利事业，现代社会建立了完善的社会保障和社会福利制度体系。经济发展确立了增进社会福利的目标，人类良知树立了美好社会的理想，这个“理想社会”，在中国自古以来被称为“大同社会”，在现代，则叫“福利社会”。社会保障和社会福利制度就是现代社会解决贫富矛盾，协调阶层关系，保障社会健康良性运行的一项重大发明。

调整收入差距的措施虽然很多，但许多措施往往会遇到比较大的阻力，比如劫富济贫的一些措施，推行起来就很不容易，而且效果也不一定好。如果是搞福利，搞慈善，搞救助，既可伸张社会正义，又可弘扬社会美德，富人得面子，穷人得实惠，社会得安宁。一些有社会责任感的富人意识到这对于富裕阶层也是有好处的，因而，搞福利建设，也是富人最愿意接受的。这几年，富人的社会责任感提升明显，2008 年汶川大地震时，率先捐助巨款的还是港台企业家，但是最近这种情况有明显的改观，内地企业家也纷纷开始热心公益事业，改善职工福利，支持缩小收入差距，努力改善自身的社会形象。

根据帕累托效率原则，一种福利再分配只要能够使一部分社会成员提高福利水平，而又不至于降低另一些社会成员的福利水平，这种再分配就是有效率的。照此说来，如果一种福利再分配能够使多数人提高福利，又可以让另一些人增强社会责任心并改善其社会形象，其实也提高了他们所拥有财富的使用效益，这有很高效率的再分配，是公平与效率的统一，是富裕阶层与贫困阶层的双赢。我们实行的再分配调节就是要达到这样的社会效果。

第三，转变政府职能，增强执政的合法性。福利建设是政府最大的民心工程，而且最易于操作。近年来，我国在福利建设方面推出了一系列措施，效果十分明显。最初，充分显示福利建设对社会稳定起到意想不到作用的是1999年应对下岗失业“洪峰”，当时，国有企业改革深化，有几千万职工下岗，大部分集中在老工业区。例如，当时的沈阳市铁西区，工厂一片凋敝，下岗职工非常困难。在这之前，我国城市虽然有最低生活保障制度，但主要依靠地方财政，中央财政是不出钱的。但在一些国有企业集中的省份和城市，地方财政极其困难，中央财政必须出手，承担低保责任，于是，从1999年开始，中央财政为此拿出23亿元，2000年翻一番达到46亿元，2001年又翻一番达到92亿元，几年之间就把城市最低生活保障制度健全起来，使我们国家能够在几千万城市职工下岗的情况下社会没有发生大的动荡，其社会效果不容低估。这么大规模的下岗失业要是发生在任何其他国家，政府肯定难以应对，而我们能渡过难关，低保制度成本不多，却大显奇效。

同样，2002年，老百姓“看病难、看病贵”成为焦点问题，特别是广大农村呼声很高。我国又适时推出新型农村合作医疗制度，化解了民怨。什么是新型农村合作医疗？新就新在财政出钱。用老百姓的话说，就是“政府掏钱给群众看病”。过去的合作医疗，都不是财政出钱，人民公社时期靠给赤脚医生记工分，一根银针、一把草药，初步解决农民缺医少药问题。后来，集体经济瓦解了，合作医疗制度失去了经济支撑，全国各处只有在苏州的某些县市、山东招远县、广东肇庆地区高要市的少数农村勉强维持了农村合作医疗，其他地方的合作医疗都解体了。从2002年开始试点，2003年以后在全国迅速推广的新型农村合作医疗，开始时，中央和地方财政补贴标准并不高，每人每年20元，农民自己出10元，以后筹资标准逐年提高。几年时间，医疗危机就基本化解了。

无论是发达国家的经验，还是我们的切身体会，都充分证明福利建设是缓解社会紧张的最基础的措施。穷人最欢迎、富人愿意接受、政府最易于操作，或者说，穷人得实惠，富人得面子，政府得选票，社会得安宁，这是福利建设最突出的几大优点。

总之，福利社会建设是积极地调整和改善社会结构的有效措施，是缩小社会差距，形成橄榄型社会结构的最稳妥、最便捷的途径，也是加强社会管理的代价最小、效果最好的上策。

四　福利社会建设是社会建设和社会治理创新的基础和平台

也许有人会问：目前西方国家正在陷入债务危机，这在很大程度上与它们的福利制度有关，而且它们自己正在对福利制度进行改革，在这种情况下，提出建设中国特色福利社会是否适宜？首先，“福利社会”与“福利国家”在概念上有明显区别，吉登斯等理论家是在对“福利国家”进行反思的基础上，提出“福利社会”概念的，后者是指一种积极的、有利于经济发展的社会福利制度（吉登斯，2000）。其次，“福利社会”即使在西方国家也有很多种模式，且没有证据能够证明，福利社会必然导致福利危机。再次，即使“福利国家”制度发生了危机，也不能对它全盘否定，特别是不能否定社会保障和社会福利制度对于稳定社会所发挥的重要的、不可替代的作用。

对于我们来说，应该吸取西方“福利国家”的经验教训，但不能以偏概全，更不能因噎废食。应该确信，福利社会是人类普遍追求的目标，但它有不同的类型或模式。“福利国家”只是西方国家在特定的历史阶段和情境中创造的一种实践模式和特殊的福利制度，我们完全可以并且必须依据中国的国情和文化特点，创造适合我们自己的社会福利模式，建设具有中国特色的福利社会。

与西方发达国家不一样，我们国家在福利制度建设上主要有三大基本国情：一是经济总量大，人均收入低。这是我们建设福利社会必须考虑到的基本情况。经济总量大，达到了居世界第二位，人均收入低，低到居世界第100位以下。总量大也有我们的优势，我们可以搞转移支付，但收入水平低，比如说新型农村合作医疗，如果像欧美那样搞社会保险的方法去搞，肯定是搞不起来的，因为农民自己缴费是交不起的。所以，从2002年进行农村新型合作医疗试点的时候起，我们就把这个制度搞得比较灵活，国家财政补贴多一点，农民出一点，而且农民可以自愿选择参保不参保以及选择不同的档次，这样，我们就把西方国家制度的刚性变成柔性的，把强制性的制度变成强制性和自愿性相结合的制度，这是与西方医疗保险制度最主要的区别。因为农民不是按月领工资，他们的医保费用无法直接扣除，所以，他们是否参保就有更多讨价还价的余地，那么我们制度运行的成本就很高。因此，基于这样一个国情，就把强制性和自愿性结合起来，这样，我们才能在几年之内尽快实现新型农村合作医疗普遍覆盖。

同样的，城镇职工养老保险、医疗保险以及近两年连续推出的城市非职工的居民医疗保险、城市居民养老保险，新型农村养老保险等制度设计都更加符合我国的国情。当然，也可能有其他方面的问题。不管怎么说，我们完全可以根据自己的国情创造出适合我们国家的福利制度，这个福利制度不是高福利也不是高税收，而是现在学术界称为的“适度普惠”的制度。在这些制度中，主要由财政承担的部分，我们把它称作基础养老金、基本医疗保险的社会统筹部分；由个人或家庭承担的部分，我们把它称作个人账户，把这两部分结合起来。2004 年笔者提出底线公平理论，就是主张划分基础部分与非基础部分，基础部分是刚性的，非基础部分是柔性的，前者是政府承担责任的部分，后者是家庭、个人、社会承担责任的部分。这样做，我们的主体是多元的，方式是多样化的，制度结构是灵活的，这是我国福利制度建设的最大特色。

近年来，无论是在理论上还是在制度上，我们都有一些探索和创新，我们的路子因此就走通了，否则就走不通。大概从 2004—2005 年开始，我们年年强调社会保险要扩面，劳动保障部门为此花了很大力气，但从全国来讲，每年费九牛二虎之力，一年新参保的也就 1000 万人左右，这个数字对于小国家还可以，对于我们这么大的国家就不行，因为照这个速度，100 年才能扩面 10 亿人，那样的话，几代人都过去了，老百姓等不起。所以，我们立足于中国国情，进行了制度上的创新，在制度设计上，加进了选择性，加进了自愿性，加进了不同的档次，区分了基础和非基础的部分，这样我们的路子就走通了。这两年我们在社会养老保险和医疗保险上打开了广覆盖的新局面。尽管目前我们的保障水平还比较低，但思路打开了，制度设计合理了，适合中国国情了，路就走顺了。

对于缓解社会紧张、改善社会管理来讲，要高度重视福利制度的建设。不管建设什么样的福利制度，欧美型的也好，中国特色的也好，都是经济发展到一定阶段的必然选择。如果不搞福利制度，不从根本上缩小社会差距，从根本上改善不同群体之间的关系，那其他的社会管理措施的效果就会大打折扣。所以，搞福利制度建设是必然趋势，不是愿意搞不愿意搞的问题，也不是我们只要重视公安民警队伍建设就能解决的问题，因为经济社会发展到一定阶段应该解决何种问题是不可回避的。

搞福利制度建设当然需要一定的资金投入，但也不要以为搞福利就是“烧钱”。社会福利可以分为资金形式的福利和服务形式的福利。一定的资金形式的福利对于解决基本生活需要以及提高生活品质是必需的，但服务形式的福利也很重要，而且在人民群众基本生活需要得到满足以后将越来越重要。因此，不是只有钱多了才能搞福利，也不是只有发达地区才能建设福利社会，即使经济不太富裕，也可以发展福利服务。而且，以服务为主来发展社会福利，对社会管理更有效果，因为社会服务可以拉近人际关系。社区服务，便民服务，邻里互助，志愿服务，都主要靠社会组织来发动、来协调，不需要多大的资金投入，就可以收到引导社会关爱，密切社会联系的效果。我们中华民族本来就有这样的优秀传统，要维护和发扬，不能抛弃。大力开展福利服务，有可能是中国福利模式的最大特色。

总而言之，福利社会模式和道路多种多样，我们不能搞西方那样的福利国家，但不等于就不能建设我们中国自己的、适合中国国情的福利社会。就以近几年的事实来看，我们大力地推进了中国的社会保障、社会福利制度建设，同时也成功地应对了2008年国际金融危机，而且保持了经济快速稳定发展，保持了社会稳定。经验证明，社会福利建设与社会管理具有内在的密切关系，福利社会建设对于社会管理创新具有基础性的作用，“把民生优先作为社会管理的治本之策”是正确的。

当然，福利社会建设并不是万应药方，它的作用也是有限的，但它是一个必要的基础和平台，有了它，其他事情才可以逐步展开。特别是对于社会管理创新而言，这一点更应引起重视。

第二节　社会组织创新：社会治理和福利发展的关键环节

不论是加强社会治理还是推进福利社会建设，加快社会组织的发展和创新是关键环节。我国的社会建设进程与西方发达国家不同。一般而言，西方发达国家是首先自发地形成了各种社会组织，然后，由这些社会组织作为行动主体，开展社会服务，实行社区自治，在此基础上，政府购买服务，对社会服务和社会组织加以规范，依法实施治理。我国由于事先没有自发地形成多少社会组织，特别是缺少面向老百姓提供社会服务的公益性社会组织，但是群众的社会服务需求又特别强烈，需求增长迅猛，为了回应这种客观需求，政府只好率先出手。可是，在社会组织缺席的情况下，过多地依赖政府主导，容易造成以行政管理代替社会治理，以“打压管控”取代社会服务，也易造成社区建设行政化，把社区变成街道和乡镇政府的派出机构。把政府与社会组织平等的合作关系，搞成了社会组织隶属于政府的关系，反而抑制了社会自治组织的成长和发展。而缺少社会自治组织这个主体，社会治理和社会福利发展不可避免地会形成新形式的政府包办。

与社会治理和福利发展直接有关的社会组织，一是非营利性组织，二是虽可营利，但从事公益的社会组织，亦称“社会企业”。

一　非营利性组织的发展和创新

中国大陆社会服务需求现已进入急剧增长期，迫切需要非营利组织迅速发展。随着持续30多年的经济快速发展，中国大陆人均GDP从1978年的381元增长到2011年的3.5万元；到2012年年底，城乡居民的社会保障基本可以实现全覆盖，在得到资金保障之外，对社会服务的需求将呈爆发式增长。加之长期以来存在着“重经济，轻社会”，“强管理，弱服务”的政策倾向，城乡社会服务基础薄弱、设施匮乏、人才短缺、体制落后、欠账太多，致使社会服务的供需矛盾非常突出。特别是老龄人口正以每年3.28%的速度增长，其中，到目前为止，城乡失能和半失能老年人已达3300万人，占老年人口总数的19%（宋林飞，2012）。老龄人口、失能和半失能老人的养老服务需求特别迫切，而社会养老服务体系建设仍然处于起步阶段，与新需求严重不相适应，加快社会养老服务体系建设已刻不容缓。

由于子女外出打工或者异地工作，城乡空巢家庭比例很高。目前中国大陆1.8亿60岁以上老年人中，40%过着子女不在身边或没有子女的“空巢”生活，有的城市空巢老人家庭比例已高达70%以上（姚爱兴，2012）。空巢老人面对的最大问题，不仅是日常生活照料，更主要的是精神生活方面的心灵孤独。这对社会服务创新提出许多新的要求。在服务内容方面，不仅应包括生活照料、医疗保健，还包括精神慰藉、问题疏导和法律服务，还要鼓励和吸引老年人主动走出家庭，走向社会，减少寂寞和孤独感。

庞大的流动人口以及留守儿童、留守妇女和老人群体，提出了新的社会服务需求。以户籍制度为基础的现行社会服务管理体系导致流动人口在劳动就业、权益保障、子女教育、技能提高、生活居住、公共服务、社会融合等方面面临诸多困难与障碍。农村留守儿童、妇女和老人的数量激增，农业生产、农村养老、社会治安等问题也十分突出。

社会服务需求急剧增长的压力，同时也是大力发展社会组织的动力，特别是对在提供社会服务方面具有优势的非营利组织发展而言，这是难得的历史机遇。大力培育社会组织、发挥社会组织在社会服务中的作用，已经成为政府和全社会的共识。当前我国社会组织正面临着难得的发展机遇。然而，目前包括非营利性组织在内的社会组织的现状远远不能适应要求，迫切需要创新。

在提供社会服务方面，非营利性组织既不像政府那样具有强大的资源动员能力，又不如营利组织那样具有便利的市场运营机制，非营利性组织只有靠服务理念、服务方式、服务态度的创新，才能打开一片天地。如果服务能力不强，服务质量不高，单靠为市场所不愿为，为政府所不便为，即使面对巨大的发展空间，非营利性组织也恐难有很大发展。

目前，非营利性组织发展滞后，原因固然很多，但打铁先要自身硬，提高服务能力是首要的。而现在的突出问题是非营利性组织自身能力不足，服务内容单一，规范化程度不高。关键是缺乏高素质的人才，服务需求的增长与服务人员的数量、质量之间明显存在矛盾。因此，加强对社会服务从业人员提供包括免费培训在内的各种职业培训是首先要解决的问题。

非营利组织应是提供社会服务的基本主体，但是长期以来，由于政府包揽太多，没有很好地发动各方面的社会力量参与社会服务。当前，要转变观念，创造条件，采取得力措施，推动非营利性组织健康有序发展，积极培育引导各类社会组织（如公益性组织、社会团体、行业组织、志愿者组织等）参与和提供社会服务。

鉴于目前公益性社会组织自身发育能力较弱，东部较发达地区大多采取构建孵化平台，建立公益园区的办法，加快培育和发展各类公益性社会组织。政府部门向社会组织转移职能，向社会组织开放更多的公共资源和领域，重点培育和优先发展经济类、科技类、公益慈善类和社区服务类社会组织，积极扶持发展行业协会、公益慈善类组织、农村专业经济协会和城乡社区社会组织。推进社会组织登记管理创新，拓展社会组织直接登记范围，探索登记管理和业务主管职能一体化，推行社区社会组织社区备案制度。按照社会化、专业化的要求，进一步推进政社分开，加强社会组织制度建设，积极解决社会组织发展中的困难和问题，加快社会组织专职工作者职业化、专业化进程，营造社会组织发展的良好制度环境。加强对社会组织的管理和监督，完善法制监督、政府监督、社会监督、舆论监督和自我监督相结合的监管体系，加大对违法违规社会组织和非法组织的查处力度，健全社会组织退出机制，提高社会组织的公信力。

城乡社区是提供社会服务的基础和平台。社会服务要侧重基层，贴近群众，整合社区资源，建设以社区养老服务、法律服务、就业服务、卫生医疗服务、困难群众帮扶服务等为内容的服务平台，形成综合性的规范化服务体系。

社会服务不仅包括物质生活方面的服务，还包括精神文化方面的服务。要克服重硬件建设，轻软件建设的倾向；克服重专业性文化艺术活动，轻基层群众性文化活动的倾向以及重大型文化团体，轻民间文化和民营文化企业的倾向，在政策上支持非营利性文化组织，扶持民营文化团体，引导带动和支持公共文化服务体系建设。鼓励社会力量积极参与公益性文化建设，提高文化产品和服务的供给能力。

在社会组织管理机制方面，各地取得了许多新经验。广东在行业协会领域实行改革，实现协会“自愿发起、自选会长、自筹经费、自聘人员、自主会务”以及“无行政级别、无行政事业编制、无行政业务主管部门、无现职国家机关工作人员兼职”。从2012年7月1日起，所有社会组织均直接登记。北京、天津、浙江、安徽、湖南、海南等省市也先后探索双重管理体制改革，实行直接登记。为适应公共管理和服务重心下移，各地探索、实行由县（区、市）民政部门统一备案，由街道办事处（镇、乡政府）作为业务主管单位并履行指导监督职责的备案管理制度，使大量活跃于社区、为基层群众服务但又暂不具备法人条件的社区社会组织能够取得合法地位。上海、山东、江西、陕西、宁夏等地大力推动登记和备案双轨制，据不完全统计，目前全国备案的社区社会组织已超过20万个。①

二　社会企业的发展和创新

在社会治理过程中如何创新社会组织，这是一个难题。发达国家一个很重要的经验就是创建社会企业。社会企业的概念是在20世纪90年代初提出的，此前，这些国家的非营利性组织已经有很大的发展，但也遇到一个问题，社会服务，例如养老服务、残障儿童服务等其实很难盈利，因此

① 杨琳：《民政部民间组织管理局：社会组织面临难得发展机遇》，《公益时报网》2012年3月15日。

在发达国家这些公益性组织的活动经费基本上由政府来提供。但是随着需求不断扩大，财政的压力很大，有一些非营利性组织就难以维持。如何能够既扩大社会福利服务的提供，又使这些组织有较强的自生能力？这是一个很大的课题。20 世纪 90 年代初，美国哈佛大学等学术团体率先对社会企业进行研究，做了一些社会实验，试图解决在提供社会服务的同时增强社会组织自身的自我维持能力问题。这就触及一个棘手的问题——非营利性组织是否可以营利？这好像自相矛盾，营利了就不能叫非营利性组织了，但是不营利它们又怎么生存呢？

美国学者对这种社会企业总结了一些特征。

第一，它是一种企业战略，而不是企业性质。第二，结合营利和非营利的两种组织形式，它既是营利的，但在提供福利方面相对于企业的性质而言又是非营利的。第三，它的营利仅仅是为了服务于社会公益的实现，不像炒股、投资，完全是为了获取利润。第四，它以不同的服务方式来运作，可以收费，也可以免费、优惠等。第五，资金一般采取民间自筹方式（陈金贵，2011）。

社会企业的创新之点，就在于它可以像市场上其他企业一样运作，可以适当收费，但是，企业的经营范围不能违背它原来所设定的公益性目的，它的盈利只能用来扩大、改善它原来所既定的目标，这是最主要的含义。比如企业原定社会目标是提供养老服务，它可以面向不同老年人对服务的不同需求，提供不同的服务，对有较强缴费能力的老人，可以收费；如果提供特殊服务，可以多收费。但收益不能用于股东分红，只能用于养老服务等原定社会利益目标，提高服务水平，或者用于扩大规模等。这样，既增强了社会企业满足社会需要的能力，也增强了这些企业自我维持、自我发展的能力。

这种社会组织与我们原来所讲的“非营利性组织”有明显区别，对于我们国家来说，它可能更加符合我国福利需求量巨大而财政供给能力、个人缴费能力不是很强的基本国情。另外，在我国，也具备这类企业发育的适宜土壤。计划经济时期的社会福利企业、劳动服务企业（解决残疾人、烈军属、回城知青、失业下岗人员等的就业和生活问题），市场经济时期的非正规就业组织、民办非企业单位，都在一定程度上具有社会企业的性质。我们对这种组织创新有历史经验可借鉴。

事实上，我国现在的一些企业正在向这种企业发展。比如，武汉百步亭社区，它的经营者就是一家房地产企业，为了满足小区居民的生活需求，比如解决小孩放学后无人管的问题、垃圾问题、交通问题、卫生问题、老人日常医疗问题等，这个企业先是让企业一些职工来做这些事情。后来发现企业的人做得不够专业，企业就干脆出钱聘请社会上更专业的人来做这些事，其中就有社工师，但聘请这些人需要有一大笔开支，那就依靠房地产收入来支持，公司每年为此要拿出一两百万元。后来，这家企业干脆在集团公司下成立一个相对独立运作、提供社区服务的中心，聘请专业人才提供服务，相当受欢迎。

最近，宁夏回族自治区在黄河边上创办“黄河善谷”，它是一项创新性的扶贫助残实践，是社会福利创新管理的重大探索。“善谷”将慈善事业与现代产业相结合，依托黄河河谷，建设慈善事业集聚区，现代产业高地，同时开展生态移民，将生活在自然条件恶劣、水资源奇缺的苦瘠环境中的困难群众逐步迁移过来，为其提供新的就业机会，提高他们的收入水平，政府通过政策扶持，降低企业投资和经营成本，企业为困难群众提供就业岗位，或者将其所创造的部分利润注入专门的慈善基金，使企业既能赚取利润，又能完成慈善使命。目前，正在建设的有四个园区：在吴忠市创建社会企业园区，在红寺堡建设福利企业园区，在平罗县创建老年产业园区，在固原市创建生态产业园区。

可以预期，随着国家整体财力的提升，大量社会服务的开拓，以及企业家社会责任感逐渐增强，将会有大批企业投入社会公益事业，也会创办大批类似的社会企业，这种企业创新如果能够到处涌现出来，它们的生命力要比“非营利性组织”这种形式要强一些。这样，在我们中华大地上就会形成政府、企业、个人通力合作，满足人民群众福利服务需求的新局面。

第三节　社工队伍建设：社会治理和福利发展的人才保障

长期以来，我国在人才培养和教育的思路方面存在着严重的问题：重视科技人才，轻视社会科学人才；在社会科学人才中，重视科研和教学人才，轻视社会治理专业人才；在社会治理人才中，重视行政管理人才，轻视公共服务和社会服务人才。这些问题造成在直接为群众提供面对面的日常生活服务的第一线专业人才奇缺，因此无法实现规范的、专业的社会服务，远远不能满足人民群众快速增长的社会服务需求。

一　抓紧培养一支在规模上不亚于公安民警队伍的社会工作人才队伍，实现社会治理和服务专业化、柔性化、多样化。

推进社会治理模式创新，实现社会治理和服务专业化、柔性化、多样化，不仅需要培养造就大批的“打防管控”和应急处置方面的人才，以及信息科技人才，进一步提升社会治理的信息化、科技化水平，更迫切的是要加快建设一支规模较大、结构合理、素质优良的社会工作人才队伍，使他们在社会福利、社会保障、社会救助、社会慈善、残障康复、优抚安置、司法矫正、教育卫生等领域，广泛开展困难救助、矛盾调处、权益维护、心理疏导、行为矫治等专业化、职业化的社会管理和服务工作。

我国长期存在“重管理、轻服务”的倾向，现在应强调“服务优先”，“寓管理于服务之中”。重视社会服务，还要看到社会服务与公共服务的区别，公共服务的主要提供者是政府，它主要面向公共事务，如安全、交通、卫生、文化等基本生活条件和社会秩序；而社会服务主要面向群众的基本生活、社会福利、社会保障的需求，它的提供者是多元的，包括政府、企业、社会以及个人。

另外，我们还要区别行政管理和社会治理这两个概念。我们国家有个习惯，就是每遇到一种社会需要，就不断加大政府部门的权力。加强社会治理，就理解成加大政府部门的治理权力；讲社区建设，那就首先加强政府在社区的建设。对于社会治理，政府当然有重要的责任。但社会治理从概念上就与行政管理不一样，社会治理有社会治理的规范，行政管理有行政管理的专业，专业的训练和要求也是不一样的。一定要培养出专业的社会治理和社会服务队伍，做职业训练，就像工程技术方面有工程师队伍，医疗有医师的队伍，教育方面有教授队伍，道理是一样的。社会治理的主体或说主要承担者是社会组织，是社会工作者，要使社会管理专业化就一定要加强专业化队伍的培养。所以，我们要在人才建设方面，加快建设一些规模较大、结构合理、素质优良的社会工作人才队伍。

二　发展福利服务是壮大专业化社会工作队伍的最佳契机

社会治理要落到实处，最终要靠专门的人才队伍；福利建设也有一个福利提供的问题，不然也无法落实。我们以往讲社会保险、社会保障都特别强调资金保障，强调怎么提高社会保障资金的筹集水平和供给能力，这当然非常重要，且不说目前我们的资金保障水平并不高，就是今后，也还要提高资金方面的投入。但是从发达国家的经验来看，社会保障要想满足人民群众的要求，还要重视社会服务，这就有个由谁来提供服务的问题。发达国家的一条成功经验，是培养社会治理、社会服务的专业化的社工队伍。

为此，就要相应地解决两个重要问题：一是各个部门能够开发较多的社会工作岗位，不仅是民政事业要设置相当多的社工岗位，还有教育、卫生、公安、司法等部门以及各个人民团体都要拓展社会工作岗位，使社工专业人才能够及时就业。中国社会科学院研究生院的首届社会工作硕士班初次就业率基本达到百分之百，厦门大学的社工专业本科毕业生初次就业率高达97%，这说明社会特别需要这方面的人才。二是政府部门要采取项目管理的办法，政府设立项目、政府购买服务，从经费上支持社工在社区开展工作。从笔者调查的情况来看，各地社工待遇差别很大，很不规范，总体水平偏低。2010年，福州的社工月收入为1200—1600元，厦门为2500元；2012年，哈尔滨市社工月收入只有1000元，有些城市每月只给几百元补贴。就笔者所知，有许多地方在提高社工待遇方面做了很有价值的创新。济南市早在2008年就提出社工待遇要相当于职工平均工资水平，而浙江省嘉兴市出台了《嘉兴市社会工作人才专业技术职位设置及薪酬待遇办法》，明确规定事业单位社会工作者实行同职级专业技术职务聘任工资标准；城乡社区社会工作者平均薪酬不低于上年度城镇职工平均工资上浮10%的标准，并对取得国家职业证书的社工，每月给予100—200元的职称补贴；对民办社工服务机构社会工作者，建立以学历、资格、业绩、岗位等指标相结合的职业薪酬指导制度，薪酬标准达到上年度城镇职工平均工资上浮20%，提高了对专业社工的吸引力。

加强基层社会治理，重要的一条就是财政经费要向基层倾斜，并以优惠政策大力吸引社会资金投向基层、投向社区。使基层为老百姓直接提供服务的工作人员能够有较好的收入，社工这种职业系列不宜往行政级别上套，他们的待遇不要太行政化，不要太考虑他们相当于什么行政级别，一定要明确他们是一个专业系列，正如工程师系列、医师系列一样，否则他们的工资永远也高不了。北京市提出对农村进行社区化管理，对基层民警就要脱离类似行政工资的级别，否则这些基层民警的待遇上不去，难以吸引优秀人才安心在基层工作。我国的麻烦就在于行政化太严重，教育行政化、就业也行政化，现在社会管理也搞行政化，什么都行政化，事情就不好办。因为这里只讨论社会服务专业化问题，因此只谈到专业社工人员的待遇，实际上全体社区工作人员都存在待遇太低的问题。要发展社会服务，必须资金下沉，打破什么都往行政系列上套的习惯，让在群众身边直接提供服务的人员都有体面的待遇，而且要相对比较优厚。公务员固然需要素质较高的人才，直接为群众提供社会服务也需要高素质的人才，不能千军万马都去考公务员，要鼓励优秀人才愿意沉到基层，并且能留得住。公务员也要有到基层为群众服务的经历和锻炼。这样，才能真正体现“以人为本”，体现“服务为先”。

三　台湾培养社工人才的经验

台湾社会工作教育起步早，质量高；自愿服务队伍遍布各个社会领域；福利服务支出占比高于发达国家平均水平；社会工作有专门的立法保障。这四条很值得我们重视。

就社工教育而言，台湾高校开展社工专业教育要比大陆早得多，台湾大学、东海大学早在1968年就开设了社会工作课程，而大陆最早是北京大学1987年开设社工课程，其他高校到20世纪90年代甚至21世纪初才开设这一课程和设立社工系。台湾高校在社工课程设置、教育质量、专业水平方面都达到了相当水准，相关经验值得我们借鉴。

台湾的社工在社会生活的方方面面都发挥了很突出的作用。社工的素质较高，很敬业，他们是一支训练有素、专业化的队伍，活跃在所有的公共场所，每一个公园、展馆、社会福利机构，以及医院、学校等处都有他们的身影。专业社工，还有大批志愿者成为提供社会服务的主体。尽管大量的社会服务是由志愿者无偿提供的，但台湾的福利服务在社会总支出中所占的比例非常高，福利服务仅次于社会保险，在社会支出中占据第二位。这一比例甚至比许多发达国家占的比例都高，这一点很值得我们研究和思考。对于社会福利来说，福利服务起的作用往往是资金保障难以企及的。

台湾还有一个方面值得重视，社工的立法比较完备。台湾1968年颁布《社区发展工作纲要》，1969年颁布《社区建设纲领》，其中就有社会工作方面的内容，80 年代颁布的《老人福利法》《残障福利法》《社会救助法》都把社会工作作为主要内容。特别值得一提的是 1997 年专门颁布的《社会工作师法》，全面规范了社工师的权利、职责和待遇等各个方面，此后台湾在 2001 年颁布了《志愿服务法》，2004 年修订了《社会福利政策纲领》。台湾社工立法不仅比大陆早，在提升社工的专业化水平、规范社会服务方面发挥的作用也是不可低估的。

四　要像重视科技和经管人才一样重视社会工作人才

科技需要大批人才，经济管理需要大批人才，这在全社会都有高度共识。社会工作难道也需要专门人才吗？我们那么多年，社区里用些老大爷老大妈，或者非专业的“4050”下岗失业人员，不是也就这么过来了吗？现在提出加强社会治理，但社会治理也是一个专业，而且是一个与老百姓的日常生活最密切相关的专业。我们致力科技发展的目的是什么？努力发展经济的目的是什么？最终都要落实到人民群众生活水平的提高、幸福感的增强上。过去讲“先生产、后生活”的时候，“重经济、轻社会”，经济发展要聚集优秀人才，基层社区就交给大字不识的老大妈去应付了。现在不同了，经济社会发展到新阶段了，人民群众的期待也更多样化了，相应的，经济社会发展目标校正过来了，经济与社会必须协调发展的理念已经成为科学发展观的基本要求，中央已经明确提出人、财、物要下沉到基层，向基层倾斜。因此，不光财政资金要加大对基层的投入，优秀人才也要向基层流动，这里，既包括要求公务员、各行各业的从业人员特别是医务工作者、教育工作者、文艺工作者、公安民警等要深入基层，到群众身边为群众提供来自各个专业各个行业的服务，更要有大批社会工作专业人才，提供专业化的社工服务。目前，社会工作者承担着繁重的社会治理与服务工作，工作种类繁杂细致，工作量很大。但是，与大量的社会工作需求相比，社工从业人员明显不足，尤其是一线社会工作和社会服务人员严重短缺。如福州市第二福利院在岗服务人员 37 人、临时工 10 人，收寄养孤残智障人员 157 人，两者配比为 1∶3.3，远低于 1∶1.5 的规定标准。厦门市精神病院在岗服务人员 40 人、临时工 10 人，收寄养精神病人 251 人，配比更是仅为 1∶5。福清市、长乐市民政局反映，他们每年都要收养 20—30 名弃婴（多属残障），由于服务人员和经费不足，大部分只能寄养在农村家庭，无法做到有效救助和人性化服务。

第四节　简短结语

我们现在要加强的社会治理，是现代社会治理，它的职能是协调社会关系、规范社会行为、应对社会风险、提高生活品质。不是简单地“维稳”，不是片面地加强“控制”。现代社会有效治理是要有基础和前提的。

社会治理的重要制度基础之一，是社会福利制度。在此基础上，社会才能减少矛盾和冲突，在存在社会差距的情况下才能缓解社会紧张度，增加社会包容度，以此为前提，社会治理才能事半功倍。但也不是只要建立了福利制度就可以万事大吉，选择适当的福利模式具有关键意义。适宜的社会福利模式是社会治理创新的一个重要机制。一个福利模式会否导致福利危机，要看能否保持四个基本均衡：经济发展与福利支出的均衡，福利支出中的基础部分与非基础部分的均衡，福利机制中的刚性与柔性的均衡，福利责任结构中的政府与市场、家庭、个人之间的均衡。底线公平福利模式具有四个特点和优势：教育为基、劳动为本、服务为重、健康为要。它充分发挥中国优秀文化和社会结构优势，把发展性要素内置于福利模式之中，可以实现社会福利的内外平衡，支撑经济社会持续发展。

一个好的福利模式不仅包括制度机制，也包括福利组织、福利服务和队伍建设。同时，这些也都是现代社会治理必不可少的组成部分。

社会治理的重要组织基础之一，是福利组织，即主要是非营利组织和提供公益性服务的社会企业。加强社会治理，特别是基层社会治理和社区建设，要防止行政化倾向，要让非营利组织和社会企业成为实施社会服务的主要力量。政府既要鼓励和支持非营利组织和提供公益性服务的社会企业发展，又要善于加以规范和治理，这是政府在社会治理创新中必须做好的功课。

一个好的福利模式，还应该具有一个与之相适应的人才结构。社会治理的重要人才基础之一，是社工专业队伍，同时也要建立由政府工作人员、社会工作人员、广大志愿服务人员组成的，比例恰当、匹配合理的人才结构，形成各司其职而又密切配合的社会治理和社会服务大军。当前以及今后的重点，是鼓励和吸引优秀人才下沉基层、深入群众、服务群众，改变不合理的人才结构和流动导向。

总之，社会福利制度、社会组织、社会服务队伍，是创新社会治理的三项基础条件，是现代社会治理的必要前提。以福利模式创新为基础的社会治理，可以大幅度降低恶性事件的发案率，大幅度减少因福利待遇太低而导致的群体性事件，大幅度减少民事纠纷，增强社会和谐度，大幅度增强社会认同感、社会公平感，从而促进社会和谐，提高社会质量。

参考文献

中　文

［英］W. H. 贝弗里奇：《贝弗里奇报告——社会保险和相关服务》，中国劳动社会保障出版社 2004 年版。

蔡汉贤、李明政、徐娟玉编著：《中华社会福利经典选析》，台北：松慧有限公司 2011 年版。

戴香智、侯国凤：《“啃老”现象的社会工作视域分析》，《社会工作》2006 年第 11 期。

邓晓白：《问访深圳：特区新十年，民政将为特区发展再贡献什么》，《深圳民政局长采访录》，《中国社会报》2010 年 11 月。

冯明亮：《从教育保障入手完善社会福利体系》，《中国发展研究基金会·研究参考》2009 年第 17 号。

［德］弗兰茨—克萨韦尔·考夫曼：《社会福利国家面临的挑战》，王学东译，商务印书馆 2004 年版。

郜风涛、张小建主编：《中国就业制度》，中国法制出版社 2009 年版。

顾俊礼、田德文：《福利国家析论——以欧洲为背景的比较研究》，经济管理出版社 2002 年版。

顾昕、方黎明：《自愿性与强制性之间：中国农村合作医疗的制度嵌入性与可持续性发展分析》，《社会学研究》2004 年第 5 期。

古允文：《不确定的年代——走在钢索上的国际社会福利发展》，见詹火生、古允文编《社会福利政策的新思维》，台北：财团法人厚生基金会 2001 年版。

古允文：《东亚福利研究的发展与对台湾的启示》，豆瓣读书网，2010 年 10 月 18 日。

广东省省情调查研究中心、广东岭南文博研究院编：《与幸福同行——转型期社会建设专家谈》，广东教育出版社 2011 年版。

国家发改委社会发展司、民政部、国家发改委社会发展所课题组：《中国城乡养老服务机构发展模式研究》，2009 年。

胡锦涛：《高举中国特色社会主义伟大旗帜　为夺取全面建设小康社会新胜利而奋斗——在中国共产党第十七次全国代表大会上的报告》，《中国共产党第十七次全国代表大会文件汇编》，人民出版社 2007 年版。

黄明达：《2012 世界健康产业大会北京宣言》，2012 年 4 月 7 日，北京。

[丹麦] 考斯塔·艾斯平—安德森：《福利资本主义的三个世界》，郑秉文译，法律出版社 2003 年版。

[英] 安东尼·吉登斯：《第三条道路——社会民主主义的复兴》，郑戈译，北京大学出版社、生活·读书·新知三联书店 2000 年版。

贾康、王敏：《社会福利统筹与公共财政支持》，《社会保障制度》2009 年第 5 期。

[韩] 金渊明主编：《韩国社会保障论争》，中国劳动社会保障出版社 2010 年版。

景天魁：《中国要创造一个好的活法》，“岭南论坛”，2007 年。

景天魁：《底线公平：和谐社会的基础》，北京师范大学出版社 2009 年版。

景天魁等：《福利社会学》，北京师范大学出版社 2009 年版。

景天魁主编：《当代中国社会福利思想和制度》，中国社会出版社 2010 年版。

景天魁主编：《基础整合的社会保障体系》，华夏出版社 2001 年版。

景天魁、毕天云：《从小福利迈向大福利：中国特色福利制度的新阶段》，《理论前沿》2009 年第 11 期。

景天魁、葛雨琴主编：《海峡两岸社会福利基本经验》，海峡出版集团 2012 年版。

[美] 保罗·克鲁格曼：《萧条经济学的回归和 2008 年经济危机》，刘波译，中信出版集团 2009 年版。

克劳斯·奥菲：《福利国家的矛盾》，郭中华等译，吉林人民出版社 2006 年版。

[英] 莱恩·多业尔、伊恩·高夫：《人的需要理论》，汪淳波、孙宝莹

译，商务印书馆 2008 年版。

李立国：《回顾“十一五”，展望“十二五”》，民政部新闻办公室：《李立国部长访谈录》，2010 年 12 月。

李学举：《关于老年人权益保障工作情况的报告——2003 年 10 月 25 日第十届全国人民代表大会常务委员会第五次会议》，2003 年。

李学举：《民政部门首开先河，全民推广社工职业制度》，《中国民政》2007 年第 1 期。

刘俊霞：《人力资本投资、就业促进与社会保障》，《中南财经政法大学学报》2008 年第 3 期（总第 168 期）。

陆学艺：《走出“城乡分治，一国两策”的困境》，《陆学艺文集》，上海辞书出版社 2005 年版。

民政部：《2009 年民政事业发展统计报告》，2009 年。

彭华民：《社会福利与需要满足》，社会科学文献出版社 2008 年版。

［英］保罗·皮尔逊：《拆散福利国家——里根、撒切尔和紧缩经济学》，舒绍福译，吉林出版集团有限责任公司 2007 年版。

［英］保罗·皮尔逊编：《福利制度的新政治学》，汪淳波、苗正民译，商务印书馆 2004 年版。

齐心：《低保未就业人员求职意愿及影响因素研究》，《城市问题》2007 年第 7 期。

戚学森：《社工培训：风好正是扬帆时——民政部管理干部学院院长戚学森谈社会工作人才建设队伍》，《中国社会报》2006 年 12 月 26 日第 2 版。

乔万尼·阿里吉：《亚当·斯密在北京——21 世纪的谱系》，社会科学文献出版社 2009 年版。

时正新：《中国社会福利与社会进步报告》，《银发中国——中国养老政策的人口和经济分析》报告摘要，社会科学文献出版社 2001 年版。

［挪威］斯坦恩·库恩勒等编：《北欧福利国家》，复旦大学出版社 2010 年版。

首都社会经济发展研究所课题组：《中国医疗模式应由“重病治疗”向“重病预防”转变》，《北京日报》2008 年 7 月 7 日。

宋士云、李成玲：《1992—2006 年中国社会保障支出水平研究》，《社会保障制度》2008 年第 9 期。

索洛、罗伯特等：《工作与福利》，刘文忻等译，中国社会科学出版社2010年版。

苏振芳：《构建与我国社会福利事业相适应的福利模式》，《福建论坛》2006年第10期。

王绍光：《坚守方向、探索道路：中国社会主义实践60年》，中国人民大学中国法理网，2009年9月26日。

王正：《机会与平等：社会福利财源筹措与分配之探讨》，见詹火生、古允文编《社会福利政策的新思维》，财团法人厚生基金会2001年版。

乌日图：《医疗保障制度国际比较》，化学工业出版社2003年版。

习近平：《承前启后 继往开来 继续朝着中华民族伟大复兴目标奋勇前进》，新华网，2012年11月29日。

《习近平在新一届中央政治局常委同中外记者见面会上的讲话》，新华社，2012年11月15日。

夏学銮：《老龄化社会对公共服务和公共财政发出强烈呼唤和挑战——北大教授谈如何应对中国老龄化社会危机》，《中国社会报》2006年12月19日第2版。

徐学陶：《社会福利：台湾的经验》，松慧有限公司2009年版。

杨玲玲：《韩国社会福利模式的特点、问题及对我国的启示》，《中国党政干部论坛》2009年第9期。

阎青春：《我国人口老龄化特点及发展养老事业的基本思路》，载《中日韩社会福利国际研讨会论文集》，2007年3月28日。

阎青春：《我国人口老龄化的状况及老年人社会福利政策》，《第二届中国老龄国情与养老服务业发展论坛上的发言》，2009年12月。

杨宜勇等：《就业理论与失业治理》，中国经济出版社2000年版。

杨运勇：《我国未来的养老模式分析》，《第二届中国老龄国情与养老服务业发展论坛上的发言》，2009年12月。

俞可平：《中国公民社会成长的制度空间和发展方向》，《中国社会科学》2006年第1期。

岳经纶、刘洪、黄锦文主编：《社会服务，从经济保障到服务保障》，中国社会出版社2011年版。

张正中总编：《社会福利模式：从传承到创新》，台北：中华救助总会、财团法人中华文化社会福利事业基金会2011年版。

詹火生:《贫富差距下的社会福利政策省思》，台湾《中华日报》2002年8月31日。

詹火生、古允文编:《社会福利政策的新思维》，台北：财团法人厚生基金会2001年版。

詹火生、杨莹、张菁芬:《中国大陆社会安全制度》，五南图书出版公司1993年版。

詹火生:《台湾社会福利发展的政治、经济、社会、环境分析》，詹火生、古允文编《社会福利政策的新思维》，财团法人厚生基金会2001年版。

张秀兰:《金融危机与中国福利国家的构建》，《第五届社会政策国际论坛论文集》（上），第26页。

张秀兰、徐月宾、方黎明:《改革开放30年：在应急中建立的中国社会保障制度》，《北京师范大学学报》（社会科学版）2009年第2期。

赵星义:《解决就业和再就业问题之我见》，《改革与战略》2008年第4期（总第176期）。

郑秉文、方定友、史寒冰:《当代东亚国家、地区社会保障制度》，法律出版社2002年版。

郑秉文:《从福利国家走向债务国家——欧债危机对中国养老金制度提出的改革清单》，《战略与管理》2011年第9、10期。

郑秉文:《欧洲国家掉入“福利陷阱”了吗?》，腾讯博客，2011年12月7日09：57（http：//www. nbd. com. cn）。

郑功成:《从国家—单位保障制走向国家—社会保障制》，《社会保障制度》2009年第8期。

郑功成:《中国社会保障30年》，人民出版社2008年版。

郑功成主笔:《中国社会保障改革与发展战略——理念、目标与行动方案》，人民出版社2008年版。

中国残疾人联合会:《中国发布第二次全国残疾人抽样调查主要数据公报》，残联网，2007年。

中国（海南）改革发展研究院编:《政府转型与社会再分配》，中国经济出版社2006年版。

中国老龄事业委员会:《中国老龄事业白皮书》（草稿），2006年3月31日。

《中国共产党第十七次全国代表大会文件汇编》，人民出版社2007年版。

中国发展研究基金会：《中国发展报告 2008/09：构建全民共享的发展型社会福利体系》，中国发展出版社 2009 年版。

中华人民共和国民政部：《中国民政》2006 年第 6 期。

《中国民政统计年鉴》，2000 年，2001 年，2002 年，2003 年，2004 年，2005 年，2006 年，2007 年，2008 年。

中国社会科学院社会建设研究课题组：《我国当前社会建设若干问题研究》（内部讨论稿），2010 年。

中国社会科学院社会政法学部课题组：《中国社会服务体系建设课题研究报告集》（内部讨论稿），2010 年。

周建明主编：《社会政策：欧洲的启示与对中国的挑战》，上海社会科学院出版社 2005 年版。

朱民阳主编：《幸福江阴——科学发展观在江阴的实践与探索》，江苏人民出版社 2008 年版。

朱明国：《社会建设扎实推进　幸福广东阔步前行》，载《“加强社会建设创新社会管理”年会论文集》，2011 年，北京。

Peter Taylor-Gooby 等：《压力下的福利国家：变革与展望》，刘育廷等译，松慧有限公司 2006 年版。

英　　文

Anheier, Helmut K., *Civil Society, Measurement, Evaluation, Policy*, London: Earthscan, 2004.

Backman, Guy, *The Creation and Development of Social Welfare in the Nordic Countries*, University of Sheffield, 1991.

Baldock, John, Manning, Nick, and Vickerstaff, Sarah Eds. (2003), *Social Policy*, Oxford: Oxford University Press.

Barr, Nicholas and others, *The State of Welfare, the welfare state in Britain since* 1974, Oxford: Clarendon, 1995.

Brayne, Hugh, Carr, Helen, *Law for Social Workers*, Oxford: Oxford University Press, 2003.

Crouch, Colin, *Social Change in Western Europe*, Oxford: Oxford University Press, 1999.

Denney, David, *Social Policy and Social Work*, Oxford: Oxford University Press, 1998.

Ginsburg Norman, *Divisions of Welfare, A Critical Introduction to Comparative Social Policy*, London, SAGE Publications, 1992.

Glennerster, Howard and Hills, John, *The State of Welfare, The Economics of Social Spending*, Oxford Press, 1998.

Grand, Le Julian and Bartlett, Will Eds. (1993), *Quasi-Markets and Social Policy*, London: Macmillan.

Hall, John, A. and Trentmann, Frank Eds. (2005), *Civil Society, A reader in History, Theory and Global Politics*, London: Palgrave Macmilan

Harris, Margaret, and Rochester, Colin Eds. (2001), *Voluntary Organisations and Social Policy in Britain, Perspectives on Change and Choices*, London: Palgrave Macmilan.

Malin, Nigel, Manthorpe, Jill, Race, David and Willmot, Stephen, *Community Care for Nurses and the Caring Professions*, Buckingham: Open University, 1999.

National Statistics, http://www.statistics.gov.uk, 2005.

Nygren, Lennart (1997), *New Policies, New Words, the Service Concept in Scandinavian Social Policy*, In Sipial Ed., *Social Care Services.*

Office for National Statistics, *Social Focus on Older People*, London, 1999

Payne, Malcolm (1997), *Modern Social Work Theory*, London: Palgrave Macmilan.

Publishing Services, Central Office of Information, *Social Welfare, Aspects of Britain*, London: HMSO, 1995.

Sipila, Jorma Ed. (1997), *Social Care Services: The Key to the Scandinavian Welfare Model*, England: Avebury.

Sipilä, Jorma (2009), *Social Poilicy as Social Investent*? University of Tampere, A Speech Given at Zhengjiang University, in Dec. 2009.

Sipilä, Jorma; Anttonen, Anneli & Kröger, Teppo (2009), *A Nordic Welfare State in Post-industrial Society.* < in Powell, J. L. & Hendricks, J. (Eds.) The Welfare State in Post-industrial Society. A global perspective. Dordrecht: Springer.

Titmuss, M. Richard (1974), *Social Policy, in Introduction*, London: Pantheon Books.

Titmuss, Richard, *Essays on the Welfare State*, London: George Allen & Unwin, 1976.

Xie, Zexian, *Creating an Integrated Caring Environment for the Elderly, The Case in Finland and Some Comparison in China*, Helsinki: Hakapaino Oy, 1997.

Young, Pat (2000), *Mastering Social Welfare*, London: Palgrave.

后　　记

本书是景天魁主持的中国社会科学院重点课题“建设中国特色福利社会”的结项成果。写作分工如下：

景天魁：第一、第二章、第三章（第一、第二节，与毕天云合写第三节）、第四、第五、第六章、第八章、第十四章；

毕天云：第七章、与景天魁合写第三章第三节；

崔凤：第九章；

高和荣：第十章；

杨宜勇、高言：第十一章；

杨向前：第十二章；

潘屹：第十三章。

首先，感谢中国社会科学院科研基金的资助。在该课题于2010年立项时，学术界开展了对于中国社会建设目标的讨论，其中，从民生建设的角度，一些学者提出了建设中国特色福利社会的问题。较早发表有关文章的有：窦玉沛（2008）提出“适度普惠型社会福利”，徐道稳提出“构建发展型福利社会”①，郑功成提出“迈向中国特色社会主义福利社会”②，景天魁、毕天云以及刘继同等（2009）提出“建设中国特色福利社会”③，康新贵提出“多元化的福利社会”④，何平、李实、王延中提出“全民共

---

① 徐道稳：《以发展型社会政策构建发展型福利社会》，《深圳大学学报》2008年第1期。

② 参见郑功成《中国社会保障30年》，人民出版社2008年版，第378—380页；郑功成主笔《中国社会保障改革与发展战略：理念、目标与行动方案》，人民出版社2008年版，第107—110页。

③ 景天魁、毕天云：《建设中国特色福利社会的意义》，《学习与实践》2009年第9期；刘继同：《社会福利制度战略升级与构建中国特色福利社会》，《东岳论丛》2009年第1期。

④ 康新贵：《多元化的福利社会——对中国发展道路的探索》，《社会科学论坛》2009年第3期。

享的发展型社会福利体系”[①]，北京市等地的政府部门（2009）提出“大民政”概念等。此后，关于建设中国特色福利社会的研究不断深入，这些不仅构成了我们申请这项课题的学术背景，也对本项研究多有启发。在此，向提出和参与讨论建设中国特色福利社会问题的学界同人深表感谢！

作为课题主持人，我在本课题研究过程中得到了课题组成员的鼎力支持，在此向各位同事致以衷心的感谢！

2012年年底，完成结项成果；2013年顺利结项，并获评列入中国社会科学院成果文库资助出版。受此鼓励，我们又对文稿做了加工。高和荣教授统改了全部书稿，特别是对第九、第十、第十一、第十二章做了补充加工。最后，由我对全书章节结构做了调整，增加了若干小节和段落，并修改定稿。在书稿付梓之际，谨向院所两级各位评委表示衷心感谢！也感谢中国社会科学出版社的支持和责任编辑姜阿平付出的辛劳！

景天魁

2012年12月5日结项

2014年12月30日改定

---

① 《中国发展报告》（2008、2009），载中国发展研究基金会（何平、李实、王延中等执笔）：《构建全民共享的发展型社会福利体系》，中国发展出版社2009年版。